"中国古代国礼与国家外交"系列之一

先秦时期的国礼与国家外交

——从氏族部落交往到国家交往

张健　著

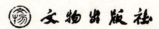文物出版社

封面设计　周小玮

责任印制　张　丽

责任编辑　贾东营

图书在版编目（CIP）数据

先秦时期的国礼与国家外交：从氏族部落交往到国
家交往 / 张健著. —北京：文物出版社，2013.7

ISBN 978 - 7 - 5010 - 3640 - 0

Ⅰ.①先…　Ⅱ.①张…　Ⅲ.①外交史—研究—先秦时
代　Ⅳ.①D829

中国版本图书馆 CIP 数据核字（2012）第 288290 号

先秦时期的国礼与国家外交
——从氏族部落交往到国家交往

张健　著

*

文 物 出 版 社 出 版 发 行

（北京市东城区东直门内北小街 2 号楼）

http：//www. wenwu. com

E-mail：web@ wenwu. com

北京京都六环印刷厂印刷

新 华 书 店 经 销

787×1092　1/16　印张：18.75

2013 年 7 月第 1 版　2013 年 7 月第 1 次印刷

ISBN 978 - 7 - 5010 - 3640 - 0　　定价：128.00 元

目　录

绪　言

　　在人类历史上，没有一个氏族部落乃至后来形成的国家是完全孤立、与世隔绝地生存和发展的。正是不同的部族、民族和国家之间的接触与交往，促进了不同部族、民族、国家之间的相互学习，在促进各自社会经济和文化发展的同时，促进了世界文明的发展。从物质文化史的角度看，所有的接触和交往都离不开"物"作为媒介。不可否认的是，国家关系的确立大都首先是从民间接触和交往开始的，最后通过具有鲜明目的性和较强组织性的、往往涉及政治、经济、文化、军事、宗教等方面的官方交往，对民间往来予以认可和规定。古代国家之间相互交往中馈赠的礼物——国礼，是历史上由统治集团组织进行的官方交往的重要媒介。

　　一般认为，国礼是国家之间在外交活动中相互馈赠的礼物。国家与国家之间的外交当然是在国家产生之后才可能有的现象，而国家又是人类社会发展到一定历史阶段的必然结果。但在人类社会的发展进程中，国家的产生经历了一个相当漫长而复杂的过程，并且自古至今，在普遍的规律性的现象之外，又存在着许多特殊的现象。例如，从没有国家到出现国家的萌芽，从孤立的一个国家实体与非国家实体的共存与交往；又如，中国汉代以后分裂、统一局面的多次出现，正是国家进程中受政治、经济、文化、军事、民族等因素影响而造成的。这一现象在当今的世界上仍然存在，如20世纪末苏联解体和东欧剧变后形成的许多新的国家实体等。而在如今的非洲、西亚，一些国家内部部落林立，从它们与中央政府之间的关系上，似乎也可以看到我国夏王朝、商王朝乃至西周时期王室与氏族部落、方国或诸侯之间关系的影子。2011年7月9日，从非洲第一大国苏丹分裂出来的南苏丹正式建国，与此同时，其内部却有一些部族势力因分权争议，扬言要推翻现政府。当今世界，一些小国在国家生死存亡或政权稳定问题上所采取的外交手腕，与春秋战国时期小国在大国之间搞依靠强势的外交活动也没有什么本质的不同。

中国是世界闻名的文明古国，更是礼仪之邦。"夫礼之初，始诸饮食，其燔黍捭豚，污尊而抔饮，蒉桴而土鼓，犹若可以致其敬于鬼神"①。发端于原始饮食习俗和对天地鬼神敬畏的早期礼仪，经过后世的丰富完善，逐步形成了规范的礼仪制度。《礼记·曲礼上》释"礼"为："夫礼者，所以定亲疏，决嫌疑，别异同，明是非也。"《荀子·修身篇》更是强调："故人无礼则不生，事无礼则不成，国家无礼则不宁。"《礼记·礼运》阐述道："是故夫礼，必本于大一，分而为天地，转而为阴阳，变而为四时，列而为鬼神。其降曰命，其官于天也。夫礼必本于天，动而之地，列而之事，变而从时，协于分艺。其居人也曰养，其行之以货力、辞让、饮食、冠婚、丧祭、射御、朝聘。"按《礼记》的说法，作为礼，时势最重要，其次是人伦关系，再次是具体表现，再次是实际意义，最后是配合适当。

"礼"体现了中华民族的价值观、行为方式。古人把"礼"当做道德和客观规律的代名词，中国古代典制的制定就强调一定要符合"礼"的原则。悠悠数千年来，"礼"在国家的政治生活和人们的日常生活中都占有十分重要的地位。当然，这里所谓的"礼"，指的是礼仪和礼制，是一种行为规范，正是这种行为规范的普遍存在使中国成为礼仪之邦。而作为实物的"礼"——礼物，是作为礼仪和礼制的属于观念范畴的"礼"在实际运用中的物化。甲骨文中"礼"的初文，形象地说明是在器具里放两块玉，象征着人向鬼神奉献。"礼物"中的"礼"原本是"敬神"之意，并由此演化为行为规范，具有了仪式和礼节等理念。由于在祭祀、敬神等活动中需要向祖先神灵敬献物品，所以"礼"从一开始就包含了"物"的成分，也就是要以"物"的形式出现。因此，"礼物"是在一定的礼节甚至仪式下的礼品，而"礼品"则纯粹是物质的东西。《礼记·曲礼下》记载："凡挚，天子鬯，诸侯圭，卿羔，大夫雁，士雉，庶之挚匹。童子委挚而退。野外军中无挚，以缨、拾、矢，可也。夫人之挚，椇榛脯枣栗。"与各项礼仪相关的物，往往都有一定的寓意。这正如《礼记·礼器》所言："大飨其王事与？三牲鱼腊，四海九州之美味也；笾豆之荐，四时之和气也。内金，示和也。束帛加璧，尊德也。龟为

前列，先知也。金次之，见情也。丹漆丝纩竹箭，与众公财也。其余无常货，各以其国之所有，则致远物也。其出也，《肆夏》而送之，盖重礼也。……宾客之用币，义之至也故君子欲观仁义之道，礼其本也。"它论述了进庙堂时鸣奏钟鼓表示祥和，贡献束帛玉璧表示恭敬恩德，进贡的宝龟排在前列表示能预知万事，进贡的金属器排在第二位表示诚意，进贡的丹砂、油漆、蚕丝、棉絮、竹箭表示与民众共有财物。其余的贡献没有一定要求，让各国用国内所有的特产进贡，表示招致远方的贡物。最初的礼物应该是源自部落兼并、冲突中出现的纳贡行为，先是食物、人、牲畜等，后来随着物质文化的丰富和对奇珍异宝的认识，各种珠宝玉石等成为礼物的重要组成部分，甚至还有美女、土地等。在古人看来，礼物必须具有一定的内涵，例如：宾客间用币帛相赠，是最有信义的表现；《礼记·郊特牲》还说进贡虎皮豹皮表示顺从威德，进贡币帛和玉璧表示尊重德行。

　　可以肯定的是，至少在"春秋以前，礼物与礼仪相结合的各种礼典自在各级贵族中普遍实行（包括聘礼）完全可以证实"①。《仪礼·觐礼》记载了西周时期古代诸侯国之间派遣使者相互聘问的礼节：在主宾见面的时候，使者要致送"国礼"——玉圭；在使者归国时，主人要举行"还玉"礼，即把对方致送的玉圭再郑重其事地奉还给使者。玉圭是珍贵的玉器，"送圭"与"还圭"不仅是这一时期必要的外交礼节，更体现了不因为礼物冲淡交往的真情实意，是"君子之交淡如水"的最好写照。在这里，作为实物的"礼"强化了作为观念的"礼"的作用。实际上，作为价值观和行为方式的"礼"对中国社会的影响，远远超出了文献记载中的描述和限定，作为实物的"礼"——礼物——也绝不限于属于价值观和行为方式的"礼"的规定。

　　外交是一个国家在国际关系方面的活动，以国家的名义在国际关系活动中互相赠送的礼物就是国礼，即国家领导人或国家派出的代表在国际交往中互相赠送的礼品。在当代国际关系研究中，国礼的史料价值日益引起人们的重视，因为它们不仅是国际交往中国家或国家领导人之间互赠的具有象征意义的礼品，还在外交关系中扮演重要角色，具有肩负着沟通、传达国家或国家领导人之间友好意愿、传递重要政治信息的作用。国礼馈赠是外交礼仪的

---

① 李无未：《周代朝聘制度研究》，吉林人民出版社，2006 年 1 月。

重要组成部分，也是见证国与国之间政治、经济、文化等领域交流的重要实物。由于国礼或因赠礼人特殊的目的和任务，或因赠受双方共同参加了举世瞩目的堪当载入史册的仪式，或因礼品本身所隐藏的重大历史事件信息，或因赠受双方的友好情谊，因此与普通礼品具有显著的不同①。中国国家博物馆顾问夏燕月研究员在关于国际友谊博物馆新版基本陈列的思考中提出，友博的基本陈列体系应该全面系统地反映自古以来中外友好交流的历史，其中第一部分表现古代至新中国成立的中外友好关系史，第二部分表现新中国的和平外交政策和全新的中外友好关系②。但是，尽管关于中国古代的对外关系和物质文化交流的研究成果丰硕，但从国礼与国家外交的角度进行系统研究的，尚未发现。尽管在波澜壮阔的外交大潮中，国家与国家之间在相互交往中互相赠送的礼品似乎是微不足道的，但作为外交关系的实物见证，国礼具有的特殊意义与作用不可忽视。对于国际友谊博物馆来说，夏先生所提出的第一部分至今还是空白。

正如中国社会科学院世界历史研究所所长于沛研究员所言："在当代中外关系史研究中，不仅存在如何认识、分析历史文献的问题，同时也存在着如何发掘、收集历史文献的问题"③。他认为，现在谈论"国礼学"为时尚早，但这门学科与其他任何学科一样，总有萌芽、形成和发展的过程，在研究"国礼"本身的同时，也要看到"国礼"所产生的历史环境和土壤，赋予它具体的社会内容与社会意义。汉唐以来，随着陆上和海上丝绸之路的开通与繁荣，中国古代的对外交往日趋成熟和活跃，而藩属制度和朝贡体系的建立，更是构建了古代中国的国际关系的基本框架体系。然而，在先秦时代，从部落大联盟时期开始，到后来出现国家萌芽，演变至发展成很长时期为东亚地区唯一的国家实体，不仅作为实物的礼品赠送大都是在一系列"礼"的规范下进行的，而且具有丰富的内涵，深深地影响了后世的国家交往。从这个角度上讲，研究先秦时期的国礼与国家外交有着重要的意义。

① 国际友谊博物馆编著：《带你走进博物馆——国际友谊博物馆》，文物出版社，2008年4月。
② 夏燕月：《迎时代潮流 谱友谊新篇——关于国际友谊博物馆新版基本陈列的思考》，国际友谊博物馆编《中国国际友谊》第六卷"专家论坛"，文物出版社，2007年1月。
③ 于沛：《"国礼学"与作为"史料"的国礼》，国际友谊博物馆编《中国国际友谊》第六卷"专家论坛"，文物出版社，2007年1月。

　　首先，中国古代物质产品向外输出和异域物品向内传入的路线在先秦时期已经基本形成，以后各朝代的对外交往没有脱离开这几条线路，只不过在不同时期有繁荣或衰落程度之分。

　　影响中国古代物质文明成果向外输出和域外物品传入的因素，既取决于政治、经济、文化发展状况，也受制于地理环境。华夏文明的主体起源于黄河流域和长江流域，中国古代的"国家"实体首先在中原地区形成，但与此同时，其他地域先后形成的文明在经过相对独立的发展后，相继融合于华夏文明，形成了今天的中华文明和地理疆域。

　　由于古代中国以丝绸闻名于世，所以，后世将以中国传统名产为媒介与世界上其他国家和民族发展政治、外交特别是经贸往来的几条路线，统称为"丝绸之路"，域外物品的几条传入路线也都是通过丝绸之路进行的。一是从周穆王西巡到春秋战国时期初步形成的从中国北方通往中亚地区的西北陆上"丝绸之路"，又称"北方丝绸之路"，对外交往的主体是中原文明和国家实体，其中西北地区的游牧民族发挥了极大的媒介作用。二是从中原商王朝时期就已经初步开辟，至春秋战国时期日渐成熟的从蜀入滇再经过南中出中国至缅甸、印度的陆上国际交通线，由此可到达南亚直至中亚、西亚，其对外交往的主体是古滇国、蜀国，又称为"南方丝绸之路"。三是东南海上"丝绸之路"，由于东南沿海地区与内陆往来受群山制约，从新石器时代末期开始的海上活动，经过春秋战国时期的继续开拓，到秦汉时期形成了通往马来半岛的航线，在经过三国时期的发展和唐宋时期的繁荣，成为最古老的海上航线之一，又称为"香料之路"，其终点经过斯里兰卡可到达非洲。四是东北海上"丝绸之路"，它肇始于西周王朝（公元前1112年）建立后封箕子到朝鲜，从山东半岛的渤海湾海港出发，可到达朝鲜半岛和日本列岛，并传去了中国的养蚕、缫丝、织绸技术。

　　其次，对后代影响深远的藩属体制萌芽于先秦，朝贡体系及朝贡外交也形成于先秦。

　　将藩属观念应用于边疆管理的第一个王朝是汉朝，因为"先秦时期，对藩属体制的构筑具有重要影响的大一统观念、服事制统治体制、夷夏观等已经形成，但由于当时的中原各地区尚未完成融合一体的过程，华夏各部凝聚为华夏族的进程依然在继续着，天下还没有形成真正意义上的二元结构，因而维护中原地区安定的藩属体制尚缺乏实施的基础。"完善的藩属观念是汉王朝在总结先秦时期夷夏观、天下观、服事制等相关理论的基础上形成的①。

部落大联盟时期的首领，已经开始以天下为己任，讲求顺乎天意。黄帝时期，"轩辕乃习用干戈，以征不享，诸侯咸来宾从。"帝高辛因"仁而威，惠而信，修身而天下服。"帝尧时，"其仁如天，其知如神"，使"百姓昭明，合和万国。"帝舜时，"四海之内，咸戴帝舜之功"②，都是这种治理天下理念的反映。禹建夏后，分天下为九州，设五服，以王畿为中心，王畿四周五百里为甸服，五百里外为侯服，侯服外五百里为绥服，绥服外五百里为要服，要服外五百里为荒服，构成了一个以王京为中心的空间观念；根据外地物产制为九等贡赋，集九牧之铜铸成九鼎，上刻各地方物③。九州之内各地区负有进贡的义务④。如果这是后人追记尚有不可信之处，那么商代建立的"越在外服，侯甸男卫邦伯"内外服制度，已经确实存在并明显地具有藩属和"朝贡"的意义了——内服（中原王朝）作为位居天下共主的商王朝直接统治地区，外服通过接受中原王朝的册封进行统治。早期的畿服制度是藩属体制的萌芽，也是朝贡体系的雏形，尽管它还带有一定的原始部落军事联盟色彩。

商代夏后，商王自认为"天帝"。周王则称为"天子"，为天下共主，追求"大一统"，构筑以"王"为中心的天下体系和统治体系，以《周礼》作为行为规范，谋求政治、经济、文化等方面的统一。西周时期，将畿服制度进一步细化，出现了"五服"、"六服"和"九服"的概念，详细规定了各服的贡期和进贡物品类别，特别是提出"九州之外，谓之番国"⑤，说明中原王朝已经试图将畿服制度推行到没有实际控制的区域，朝贡体系初步形成。《礼记·曲礼上》的"宾礼"和"藩臣之礼"，已经涉及了藩属关系，而且给包括蛮夷在内的各诸侯或王规定了尊王、纳质、纳贡、朝见等各种义务。

《礼记·王制》说："中国、戎、夷五方之民，皆有性也，不可推移。东方曰夷……南方曰蛮……西方曰戎……北方曰狄。中国、夷、蛮、戎、狄，

① 李大龙：《汉唐藩属体制研究》（序论），中国社会科学出版社，2006年5月。
② 《史记·五帝本纪》。
③ 《尚书·禹贡》。
④ 《尚书·大禹谟》。
⑤ 《周礼·秋官·大行人》。

皆有安居、和味、宜服、利用、备器，五方之民，言语不通，嗜欲不同。达其志，通其欲……"。为追求"大一统"秩序的稳定，早在先秦时期，中原王朝就开始对"四夷"实施统而不治的羁縻统治。为使藩属体制更加牢固，商周时期分封诸侯的主要目的，就是使其成为中央王朝的"藩屏"，因为统治者认为："怀柔天下也，犹惧有外侮。捍御侮者，莫如亲亲，故以亲屏周"①。

如果说《竹书纪年》所载："帝舜有虞氏……九年，西王母来朝。……献白环玉玦"还仅仅是历史传说，那么"献"、"奉"、"贡献"等在先秦古文献里时常出现，说明中国古代的朝贡外交由来久远，至少证明了先秦时期已有朝贡外交。西周时期，不仅边疆民族政权都被纳入到了朝贡体制之中，即"要服者贡"②，分封的同姓诸侯和异性诸侯也必须纳贡。不同区域贡纳也不同，其中甸服其贡祀物，侯服其贡嫔物，男服贡其器物，采服其贡服物，卫服贡其材物，要服贡其货物。"九州之外谓之藩国，世一见，各以其所贵宝为挚"③。从班固在《汉书》中说"修奉朝贡，各以其职"，始有"朝"与"贡"合并使用，范晔《后汉书》已多次述及"朝贡"，成为中原王朝与藩属国及异域外交关系的物化体现。隋唐时"朝贡"已成为专属名词，朝贡也成为一项重要制度延续至后世。这一以中原帝国为主要核心的等级制网状政治秩序体系，从西周时期初步形成到 19 世纪末结束，历时 20 多个世纪，范围涵盖了东亚、东南亚和中亚等广阔地区。

朝贡体系一经形成，就意味着它必然和贸易有着密切的关系。所以，朝贡体系所包含的朝贡外交和朝贡贸易，是古代物质文化交流的重要载体。特别是朝贡贸易，通过两国官方使节的往返，以礼物答谢的方式进行交换贸易，而每一次官方使节的往返，都伴随有礼物的赠送和物产的交易。朝贡体系从一开始就确定了其实质是宗主认同外交，像西周时期规定的繁琐庞杂的《周礼》一样，在朝贡外交或朝贡贸易中，仪式重于一切，政治上的象征意义高于一切。尽管其政治目的远远大于经济目的，不过是为了达到统治者"近无不听，远无不服"④的统治理想，不可否认的是，有大量异域物品正是伴随着

---

① 《左传·僖公二十四年》。
② 《国语·周语上》。
③ 《周礼传》卷五。
④ 《国语·周语上》。

"朝贡"而输入的。而且,朝贡体系是清中期以前中国与世界国际关系的中心内容,与近代以来西方对待他国的殖民和劫掠行为截然相反,只是到了清代中期终于获知自己既不是世界地理的中心也不是文化的中心和唯一文明的时候,才开始为醉心于"朝贡"而养成的傲慢与无知付出了惨重的代价。

无论是藩属体制还是朝贡体系,其建立的立足点都是基于"溥天之下,莫非王土。率土之滨,莫非王臣"① 的天下共主思想,反映了古代帝王执政观念上的国际主义抑或是自我中心主义。在地理概念上,认为华夏(中原地区)是世界的中心;在文化心态上,认为华夏文明是世界上最优秀的文明;在政治统治上,确立中外君臣之间的主从关系,努力营造的"四夷宾服,万国来朝"的华夷世界秩序;在表现形式上,要求外夷臣服朝贡,朝贡国行臣服之礼,宗主国对其进行册封和赏赐。不过,由于西周时期的分封制度以及因王室衰微和诸侯之间的纷争,特别是春秋战国时期的连年战乱,畿服制度在很大程度上还处于统治者的理想之中,没有得到真正有效的实施,但在春秋时期诸侯国对盟主的朝聘以及战国时期弱国对强国的朝聘,实际是这种体系的延伸。

第三,先秦时期诸侯国之间的关系具有明显的国际关系性质,为以后诸朝代的对外关系奠定了理论、礼仪基础。

国家是社会文明发展到一定阶段的产物。恩格斯说:"国家是社会在一定发展阶段上的产物;国家是表示:这个社会陷入了不可解决的自我矛盾,分裂为不可调和的对立面而又无力摆脱这些对立面。而为了使这些对立,这些经济利益互相冲突的阶级,不至于在无谓的斗争中把自己和社会消灭,就需要有一种表面上驾于社会之上的力量,这种力量应当缓和冲突,把冲突保持在秩序的范围以内,这种从社会中产生但又自居于社会之上并且日益同社会脱离的力量,就是国家"② 。原始社会的人们以原始人群、血缘公社、氏族、部落、部落联盟的组织形式进行生产与生活,没有明确的地域区划概念。在我国,部落联盟基础上形成的国家萌芽(如黄帝时期的所谓建国),至迟在夏商时期已经具备了国家的雏形。国家形成之后,有了凌驾于社会之上的公共

---

① 《诗经·小雅·北山》。
② 《马克思恩格斯选集》第四卷,《家庭、私有制和国家的起源》。

权力，统治阶级为了巩固其统治的需要，在原始社会组织的基础上，进行区划分级管理，产生了原始的行政区划，在此基础上出现了国家的行政管辖疆域①。现代意义上的外交是国家与国家之间的交往，因此，外交是有了国家之后才有的事情，不同国家之间的交往，形成了国家外交。国礼正是国家之间在交往中馈赠的礼品。

现在"中国"的形成有一个漫长的、复杂的演变过程。在这个演变过程中，"中"与"外"的概念也随着历史阶段的发展变化而不断地发生着变化，因此出现了某一历史阶段属于"外"的民族和地区，在另一个历史阶段中又融入了中华民族或中原王朝之中；而一些曾经属于"中"的民族和地区，在特定的历史条件下相对于中原王朝又以"外"的面貌而出现。而且，历史上的中国，不仅包括占统治地位的中原王朝，也包括中原王朝以外少数民族建立的国家或政权②。即使在中原王朝内部，国家形态也往往会有不同的变化。例如，西周时期的周王室经历了由集权到丧权的很大变化，到了春秋时期，它没有军事实力，缺乏经济基础，也没有支配和影响诸侯国的人财物权，尽管它在一个时期内仍然是名义上的天下共主，但发挥的作用和影响已经与过去有性质上的不同；春秋中后时期的晋齐郑等主要诸侯国也从过去政治上从属于周王室变成了独立国家，而楚秦吴越等南方和西部的蛮夷部落成长为新兴的独立主权国家，它们与近代的独立主权国家并无本质上的区别③。有学者认为，自西周建立到秦始皇统一中国，中华经历了八个多世纪的"国际关系"时期；从春秋时代开始到形成中华大一统的公元前 221 年，先秦的中国经历了五个世纪的国际关系。先秦时代各国的关系属于"主权国家"之间的关系，是"外交关系"而不是"国内关系"④。理论上，没有大一统的政府，就有"国际关系"。关于先秦时期的"国际关系"是有是无，其性质到底如何，是研究国际关系史专家的职责，但笔者赞同上述分析，并认为夏、商王朝虽然已经建立，但其与诸侯和方国之间也仍然具有"国际关系"的性质。夏、商、

---

① 孟昭华、王涵编著：《中国历代国家机构和行政区划》，中国社会出版社，2003 年 3 月。

② 张维华主编：《中国古代对外关系史》，高等教育出版社，1993 年 4 月。

③ 叶自成：《中国外交的起源——试论春秋时期周王室和诸侯国的性质》，《国际政治研究》2005 年第 1 期。

④ 潘维：《研究先秦时代的国际关系》，《凤凰周刊》2004 年第 28 期。

西周三代，天子为"共主"，但这个"共主"经常处于"缺位"状态，所谓的"大一统政府"——如果有的话——是极其脆弱的，了胜于无，夏、商王朝与诸侯和方国的关系特别是征伐证明了这一点，诸侯国与方国之间的关系也证明了这一点。从秦汉以降，历经统一、分裂、统一的若干时期，而分裂时，国与国的关系就变成了国际关系。同样，我们把现中国版图以内的独立于中原王朝以外的历史上不同时期的少数民族建立的区域性政权与外部世界的官方联系，也作为国际关系来看待。基于此，笔者将先秦以及诸侯国之间、分裂时期的各国之间的外交关系及其礼品赠送作为了本书内容。

此外，还有关于战争与民族融合的问题。战争和兼并是上古史的永恒主题，现在中国的版图正是历史上不同时期的战争兼并与民族融合的结果，其中先秦时期的作用不可小视。

原始社会的氏族部落战争历时长久，而夏商时期同样历经了长期而残酷的战争与兼并，使黄帝时期所谓的"万国"的数量急剧减少为只有数百个不同规模和地位的诸侯国。西周时期，中央王朝致力于对诸侯国和方国部落的控制，并不断开拓疆土扩大势力范围。到了春秋时期，在我国境内形成了若干势力不等的以诸侯国形式存在的国家实体。战国时期，兼并与融合达到了高潮，直至秦统一六国，建立了大一统国家。在这个过程里，中原以外被称为蛮夷戎狄的部族或方国，不断地被融合进以中原为主体的国家实体中。有学者研究认为，我国历史上至少有四个由分裂到统一的阶段，即：远古到秦汉为第一次，三国到隋唐为第二次，五代至元为第三次，明清为第四次，这基本概括了中华民族形成和中国疆域形成的阶段性特点①。

历史上，中国对外交往的主流是和平友好的。自从有了藩属观念和建立了朝贡体系以后，除了春秋战国时期的诸侯之间互相攻伐，中国历史上就很少有主动出击的掠夺性和占领性的军事进攻，一般是在获得被攻伐者臣服或朝贡的承诺后即班师回朝，例外的是蒙古帝国时期成吉思汗以掠夺财产为目的的军事征服和远征。世界古代历史上一个国家对另一个国家的战争，大多是野心侵略、宗教冲突、民族世仇及文化对立，而古代中国的对外战争大都是为了清除安全隐患，而且对宗教、对蛮夷戎狄等华夏以外部族、对异域文

---

① 李大龙：《汉唐藩属体制研究》（序论），中国社会科学出版社，2006年5月。

化等都具有极强的包容性。正是构筑天下统治秩序的"大一统"理念、君权至上的封建体制、文化的强盛以及厚往薄来、友好平等的对外交往原则，才使古代中华文化成为东亚文化的核心，并成为东亚、东南亚许多国家的宗主国。没有先秦时期奠定的对外关系和贸易往来基础，也就不会有周边国家学习中华文明，并仿效建立了类似于中国王朝的封建体制。而在中国的现疆域内，华夏族与所谓的蛮夷戎狄从先秦时期就开始融合，而后世在中原建立政权的少数民族也能够融入到中华民族的血液里。

　　战争也是促进中外物质文化交流的因素之一。如先进的铸铁技术是通过"汉使亡卒"传播到了西方，大宛国因为"新得秦人"而学会运用穿井技术，造纸术是通过751年恒罗斯（今中亚江布尔）战役中被俘的中国军士传播到了中亚地区[①]。当今世界，无论是19世纪发生在中国的鸦片战争、八国联军入侵、中日战争，还是20世纪的一战、二战、中东战争、伊拉克战争、阿富汗战争，乃至21世纪的今天刚结束不久的利比亚战争，战争之前，总是少不了外交官的穿梭往来，战争之后，也少不了战胜国对势力范围的重新划分，瓜分胜利所得。先秦时期的战争与此相比，本质上并无二致，战败国往往会以臣服，或以赠送土地、财物、人员给战胜国。因此，先秦特别是春秋战国时期，各诸侯国之间因外交关系所引发的战争或因战争所引发的外交往来中，失败者向胜利者赠送礼品乃至割让城邑土地，也就成为极为频繁的事，历史文献对此也多有记载。

　　中国历史的发展证明，中国古代文明的发展离不开对异域不同民族物质、文化的引进，也离不开通过与异域不同民族的接触和交往在文化、经济、政治、军事、宗教以及社会风俗等方面带来的有时是巨大的影响。就像我国改革开放之后普通民众看到一件来自异国的物件会异常欣喜一样，远古时期的人们同样会对来自异域的物品感兴趣，而对珍奇异宝以及财富的喜爱既是统治者也是普通民众的固有心态——社会学和心理学都能够对此予以解释，因此，在国家交往中就有了为了政治目的贡献和赠送，有了政治和经济目的的贸易往来和学习借鉴，也会有为了占有目的的索取和掠夺——特别是在人类社会初期，而这实际是古代物质文化交流的一个重要组成部分。当然，无论

---

　　① 卢苇：《中外关系史》（前言），兰州大学出版社，1997年8月。

在"礼物"的概念还是赠送方式上,古代都与现在有很大不同。对于整体的中外文化交流史,有学者将其分为肇始期(远古到战国)、发展期(秦汉至南北朝)、高峰期(隋唐)、繁荣期(宋元)、调适与会通期(明清)和复兴期(民国)等六个时期[1],本书是以远古到战国时期为主要内容的。"但即使相信历史是按照规律发展的学者,也不否认具体的史事都是发生在特定的时空之中,都有其当时当地的特点和限制。"[2] 因此,我们也应该把先秦时期的国礼与国家外交放在当时的背景下来看,而不应该要求其与当代的国际关系及在国际关系中的礼物赠送一一对应。

本书在写作上根本离不开中外物质文化交流的范畴,吸收了大量此类研究成果。在此基础上,笔者希望尽力立意于"国家关系"亦即国家外交的时空背景下,着重于"异域"或是一国对另一国具有官方色彩的物品输入,特别是礼物的馈赠。为了体现系统性,本书从原始氏族部落交往开始,以期理出国家交往的源头,进而不显唐突地转入国家交往,包括具有国家实体性质的交往。

---

① 王介南:《中外文化交流史》,书海出版社,2004 年 3 月。

② 罗志田:《相异相关的往昔:史学的个性与通性》,《社会科学战线》2012 年第 2 期。

一　迁徙与碰撞

——从原始社会的部落交往说起

从广义上说，文明的产生表现为古人能够人工制作和使用生产工具、用火以及绘画艺术、埋葬习俗及图腾崇拜的出现。如此说来，在原始社会的新石器时代人类就有了文明[1]。但是，正如夏鼐先生所说："现今史学界一般把'文明'一词用来指一个社会已由氏族制度解体而进入了国家组织的阶级社会的阶段"[2]。经过旧石器时代、新石器时代漫长的发展过程，我国的历史从夏、商开始进入断代史时期，也就是学术界公认的进入有了"国"的概念的文明史时期。根据史书记载，在中华大地上，夏禹时有万国，商汤时还剩三千余国，周武王时有八百国，春秋见于史籍的不过百余国，到了战国时期仅余十几国而已。秦始皇统一六国，是在原始氏族部落大联合形成若干国家雏形的基础上，经过夏、商、西周特别是春秋战国时期诸侯国不断兼并和民族融合的结果。而现在中国行政疆域的形成，同样是在复杂的历史进程中不断演变的结果。

能够制造器物是人类文明发展到一定阶段的产物，而器物的传入和传出，最初则是伴随着人类的早期交往特别是为寻找适合生存环境的迁徙以及政治、经济和文化交流发生的，并在以后发展成为社会交往礼仪和国家外交活动的组成部分。

在原始部落时期，古代人类在不期而遇的交往中一定也有相互之间的从大自然中索取的被认为是"特别的东西"作为礼物馈赠，只是我们还无法获知更具体的信息。但可以肯定的是，到了能够制作简单的劳动工具的旧石器时代，不同区域的不同类型的文化在制作器物方面的相互影响，也许可以说明这种具有礼仪性质的相互赠送礼物现象的存在。从不同区域不同文化类型发现的在器

---

[1]　陈淳：《从考古学谈人类的早期文明》，《上海大学学报》，1984 年创刊号。
[2]　夏鼐：《中国文明的起源》，《文物》1985 年第 8 期。

物制作上的某些类似现象，可以明显地看到其中的借鉴和影响，这种影响说明了相互交往的存在，也间接证明了有礼物交换的可能。考古发现的此类事例非常丰富，例如，地处黄河下游的大汶口文化，与位于太湖流域北部的崧泽文化，相距遥远，而且在审美等方面也肯定存在差异，但崧泽文化的"圆和弧边三角"在器物制作上的运用，就源自大汶口文化的镂空陶器①。晋南陶寺文化的扁陶壶可能来自远在山东的大汶口文化，而其石制切割器则来源于浙北杭嘉湖地区②。我们在后面还会涉及更多这样的更具代表性的实例。

　　由于中国古代国家的形成有一个从无到有的长期发展演变过程，在不同的历史时期，疆域也有很大的而不同。而且由于中国古代历史上多次出现分裂局面，在现在统一的中国疆域内，历史上还经常存在着不同的主权独立的国家。更由于现代意义上的国礼与国家外交关系，实质上在原始部落时期已经萌芽，因此，我们在谈及先秦时期的国礼与国家外交并同时述及古代中国域外物品的传入之前，有必要从中国古代国家产生以前的部落交往说起。

（一）部族迁徙与早期文化传播

　　有了原始人类，才有原始部落。关于我们生存和繁衍的这个星球上的人类是如何出现开始他们的伟大创造的，中国有盘古开天辟地、女娲造人的传说，西方则有亚当、夏娃的故事。考古学家在非洲发现了距今300万年的早期人类化石，于是出现了人类起源于非洲的说法。埃塞俄比亚国家博物馆的镇馆之宝，是1974年美国古人类学家在阿尔法地区发现的距今320万年前的名为"露西"的一位20岁左右的女性化石，于是，"人类文明的曙光是从这里升起的，这里是人类的故乡"③，远古的人类大约在200万年前走出非洲走向世界，成为科学界的共识。诚然，在埃塞俄比亚国家博物馆还陈列有距今200多万年、100多万年、40多万年和20多万年等不同年代的人体化石，但现代人类的祖先是否就是非洲古人，目前还有很多争议。23年前发现于云南蒙自的万年古人类遗址、"蒙自人"化石研究获重大进展，云南省文物考古研

---

　　① 梁丽君：《崧泽文化的"圆和弧边三角"与大汶口文化的镂空陶器》，《中国文物报》2011年3月4日第6版。

　　② 苏秉琦：《谈"晋文化"考古》，《文物与考古论集》，文物出版社，1986年12月。

　　③ 云彬：《文化的非洲》，《人民文学》2012年第3期。

究所研究员吉学平认为，这类化石可能代表早期智人幸存最晚的记录，或可能代表东亚地区一种未知的已灭绝的古代人群。[①] 在古人类学界对于现代人起源问题上，尽管多数科学家支持"走出非洲说"，即非洲是现代人的故乡，但也有相当数量的科学家，特别是中国的古人类学家支持"多地区起源说"，即现代人是在欧、亚、非洲各自起源。近年来，东亚地区特别是中国的现代人起源研究不断有新发现，有力地支持了这一观点。

旧石器时代从大约 250 万年或更早时间开始，考古学家在中国境内发现的古人类化石和旧石器时代早期遗址已有三、四百处之多。在重庆巫山县发现的巫山人距今约 204 万年；位于山西南部西侯度文化距今 180 万年，是已发现中国最早的旧石器时代文化之一；云南元谋人及其文化距今约 170 万年（一说 250 万年前）；河北阳原境内的小梁河及东谷坨文化距今 100 万年左右。之后还有陕西蓝田人距今约 90 万年；郧县人距今约 58 万年；北京人，约 50 万年前生活在周口店一带；南京人，距今约 35 万年前；金牛山人，约 25 万年前；和县人，约 20 万年前。这已经足够说明，中国人的远古祖先产生于中华大地，东亚同样也是现代人类的起源地之一。尤其是在华北地区，考古学家已经建立起了旧石器时代的发展序列。

人类的进化历史和考古发现告诉我们，对远古人类而言，石器的制作使他们掌握了向自然界索取食物、求得生存的重要手段，而从利用野火到保留火种，更在人类进化过程中具有深远意义。进入旧石器时代中期，我国已经发现的有代表性古人类遗址有湖北长阳人、广东马坝人、山西丁村人等。这个时期，人们已经开始使用生产工具，制造简单的器物。约 5 万年前，原始人群进入氏族公社时期，我国已经发现的古人类遗址包括四川资阳人、广西柳江人、广西来宾人、宁夏水洞沟人、内蒙古河套人、北京山顶洞人等。这个时期，女性是氏族的组织者和领导者，由于生存、生产和争夺生存空间的需要，氏族之间开始有了初步的联合。这种联合是后来氏族部落联盟产生的滥觞，也是国家产生的重要前提之一。

在漫长的旧石器时代，人类为了寻找食物以及与大自然抗争，需要不断地迁徙，无法长期定居生活。迁徙的过程中，一个族群与另一个族群或许不期而遇，

---

① 据中新社昆明 2012 年 3 月 15 日消息。

或许在这种不期而遇中有了一定形式的交流。但是，在旧石器时代长达数百万年的时间里，原始部族之间在大部分情况下是相对独立地生活着，生活在不同地区的人们之间除了迁徙偶遇之外，主动交往很少，因此，文化传播的信息也非常微弱。或许，还有很多不为人知的史料特别是考古证明等待我们去发现。

在遥远的上古时期，"一个民族也许有机会接触别的民族，也许没有机会；接触了，遇见新思想了，也许张臂以迎，也许木然无动。于此可见'偶然'之大力，于此可知文化史之无终南捷径"①。但是，可以肯定的是，在旧石器时代后期，原始部落已经有了在器物制作上彼此借鉴得比较深的交往，特别是当土著部落遇上远道而来的游牧部落的时候。距今约 3 万 5 千年（或认为在 7~14 万年间）的河套文化，明显是草原文化与黄河文化融合的产物。而在距今约 4 万年属于旧石器时代晚期的宁夏灵武水洞沟古人类文化遗址中，出土了大量与欧洲古老的莫斯特文化和奥瑞纳文化接近的石器，其石器工业似乎处于发达的莫斯特文化和成长中的奥瑞纳文化之间。有人认为这是受古人类大距离迁徙同化的影响，甚至有人认为水洞沟人本身就是从西方迁徙来的②，陕西长武的旧石器文化也与水洞沟文化类似，而旧石器时代的华北地区，确实存在不同的传统文化③。远古时期，水洞沟一带是一处水草肥美的地方，很适合人类生活，如果水洞沟人不是从西方经过北方草原迁徙来的，他们至少与从北方草原游牧而来的西亚或中亚古人有过交往。如果确实是从西方迁徙而来的，他们在到达水洞沟的路途上以及在水洞沟定居之后，也必然会与其他部族有过接触。无独有偶，在内蒙古阿拉善右旗的巴丹吉林沙漠岩画中，发现有距今 3 万年之久的布布手印岩画和额勒森呼特手印岩画。考古学家认为，这两处手印岩画与欧洲西班牙卡斯提里奥、法国的高姆洞窟和加加斯洞窟内手印岩画相比较，在作画环境、手型、形状、排列方式、共存图像、保存现状等方面，都有着惊人的相似之处④。

---

① 罗伯特·威路著、吕叔湘译：《文明与野蛮》，三联出版社，1984 年 2 月。

② 张森水：《中国北方旧石器工业的区域渐进与文化交流》，《人类学报》1990 年 4 期。高星等：《宁夏旧石器考古调查报告》，《人类学报》2004 年 4 期。

③ 贾兰坡、黄慰文、卫奇：《三十六年来的中国旧石器考古》，《文物与考古论集》，文物出版社，1986 年 12 月。

④ 付宁：《色彩斑斓的历史画卷——巴丹吉林沙漠岩画》，《中国博物馆》2010 年 3 期。

水洞沟遗址

巴丹吉林沙漠岩画

　　旧石器时代文化具有超国家的性质，人们为了生活自由迁徙，可选择这里，也可以选择那里，其文化创造也不会受到所谓国界或文化传统的影响。距今1万年左右，古人类进入新石器时代，开始制造和使用磨制石器，出现

水洞沟文化遗址出土的器物

了农业和养畜业，发明了陶器，开始了真正意义上的器物制作。农业的出现，使人类可以有相对可靠的食物供应保障，能够长期定居的聚落出现了。没有定居的聚落，就不会有城邑，也就不会有后来的国家。在新石器时代，相邻的聚落之间肯定存在相互交往，对不同于自己族群的其他族群的生活方式特别是所使用的器物的好奇，不仅当今存在，在远古时期同样存在。一个地域、族群的文化现象在另一个地域、族群的文化现象中出现，原因之一就是在迁徙过程中，有过相互之间的学习、交流和借鉴。考古发现的不同地域器物之间的影响关系，证明了新石器时代文化传播和影响的普遍存在。我们不能否认，这种相互影响有时是通过战争和暴力手段获得的，有时应该是通过礼物赠送等和平手段实现的。

　　远古时期，在北纬 35～55 度的欧亚大陆之间，从我国东北到欧洲多瑙河下游，横亘着一条宽阔而长远的草原地带，产生了具有巨大影响的草原狩猎畜牧文化和农耕文化，孕育了人类的早期文明，并在燕山、阴山、贺兰山、祁连山、阿尔金山、天山两侧形成了人类文化交流和遗传因子交换的通道。在距今 15000 年前的旧石器时代晚期，也许就是从水洞沟人或河套人的后裔开始，包括在黄河流域掌握了先进细石器的猎人和游牧人，出现了向北方迁徙的现象，以致远到我国的东北和现中国境外的贝加尔湖一带。

贺兰山岩画

　　水洞沟人和河套人都接受过异域文化，并在文化交流中发展成为当时、当地比较先进的文化，但又随着迁徙成为先进文化的传播者，甚至有学者根据对贺兰山岩画的研究认为，北美的土著民族就来自古代的中国①。宁夏贺兰山岩画正处于这条东西大通道的关键位置上，其内容丰富的岩画记录了古代先民放牧、狩猎、祭祀、争战、娱舞、交媾等场景，尤其"太阳神"岩画揭示了原始氏族部落自然崇拜、生殖崇拜、图腾崇拜、祖先崇拜的文化内涵。当然，贺兰山先后作为不同氏族部落的祭祀场所，可能存在了几千年。例如，公元前8世纪至前3世纪，黑海沿岸及伊朗高原和西伯利亚的古斯基泰人，也曾沿着草原大道游牧来到贺兰山，并留下了斯基泰鹿的形象。

（二）部落大联盟时期的交往礼物

1. 联邦制政权的出现

可以追溯的中国古史传说最久远的是"三皇"、"五帝"。关于三皇，一说是女娲氏、伏羲氏和神农氏，一说是燧人氏、伏羲氏和神农氏。拨开传说与神话的面纱，我们可以看到，或许燧人氏所代表的正是古人对火的使用时期，属于早起人类阶段；女娲氏所代表的是人类进入母系氏族社会阶段；伏羲氏所代表的是处于母系氏族社会晚期或由母系氏族社会向父系氏族社会过渡时期；神农氏时期属于已经发明了栽培农业的时代，已经进入了父系氏族社会时期。在古人类为了生存同大自然进行艰苦争斗的长期过程中，正是农业的发展给原始部落的生存带来了光明。

从自然地理环境看，关中、中原和陇南地区优越的条件都是非常适合农业栽培的。神农氏是从羌水流域的天宝地区发展起来的，其部落在关中、中原和陇东地区经历了从父系氏族社会时期开始长达近2000年的发展。由于农业栽培的发达，其文化一直处于领先地位，因此在各个部落中享有崇高的地位，成为松散的部落联盟的领袖。有学者认为，神农氏部落到炎帝临魁时期，以其强大的部落实力为后盾，经关中到达中原后，于公元前2592年成为中国历史上第一个统一国家的天子。历经261年，到公元前2331年，起自姬水经关中到达中原与炎帝争夺天下的黄帝，经过阪泉之战，最终战胜炎帝部落而

---

① 据2010年8月18日宋耀良教授在宁夏银川的"人面像岩画——跨太平洋的史前人类大迁徙"专题讲座。

践天子位①。此外，黄河下游地区、长江中下游地区、辽河地区等很多地区，当时都具备人类繁衍生息的自然条件。

新石器时代晚期，中华大地上分布有各个互不隶属的不同的部落联盟，他们之间既有文化联系，也有政治排斥。黄河中游被以河南龙山文化为代表的华夏集团占据，他们先后以黄帝、颛顼、唐尧、虞舜为著名首领。黄河下游及海滨地区被以山东龙山文化为代表的东夷集团占据，他们以太皞、少皞、风伯为著名首领。长江中游被以石家河文化为代表的三苗集团占据，他们以帝江为著名首领。长江下游地区被以良渚文化为代表的九黎集团占据，他们以蚩尤、共工为著名首领。这些集团就是地域性质的部落联盟，并且已经出现了具有初期形态的国家政权，如良渚文化。炎帝和黄帝同属华夏集团，炎帝失败后，其部族南迁进入长江中游地区，与三苗集团融合，使江汉平原在大溪文化（距今五六千年）、屈家岭文化（距今四五千年）之后，创造了高度发达的石家河文化（距今四五千年）。

按照学术界流行的观点，国家的产生需要两个基本条件：一是社会生产力达到一定水平，二是社会公共事务需要强有力的权力。从这个角度说，原始社会的氏族公社后期，已经有了孕育国家产生的萌芽。按《史记·五帝本纪》所载："轩辕之时，神农氏衰，诸侯相侵伐……而神农氏弗能征。"于是，轩辕氏依靠强势武力，迫使诸侯臣服宾从。"炎帝欲侵陵诸侯，诸侯咸归轩辕。"《史记·五帝本纪》还记载，黄帝"与炎帝战于阪泉之野"，"与蚩尤战于涿鹿之野，遂禽杀蚩尤。而诸侯咸尊轩辕为天子，代神农氏，是为黄帝。天下有不顺者，黄帝从而征之，平者去之，披山通道，未尝宁居。"颛顼、尧、舜曾发动对共工的战争，尧、舜、禹曾发动对三苗的战争。蚩尤时，九黎在向北扩张中灭了东夷，继而与以黄帝为首领的华夏集团发生激战。蚩尤的失败使华夏集团与东夷集团结成更为强大的部落军事联盟。在距今4200年左右，继承蚩尤事业的共工再次北扩失败，被迫退出太湖流域及杭州湾一带，一部分向南迁移，一部分逃往三苗集团所在区域。还有一部分成为俘虏，被放逐到甘肃青海地区，这也是为何石峡文化和齐家文化的玉器具有良渚文化特征的可能原因。距今4100年左右，华夏集团的舜、禹南下大战江汉地区的

_____

① 于俊德、于祖培：《先周历史文化新探》，甘肃人民出版社，2007年12月。

三苗集团，三苗大败后，其部族大多向西、向南迁徙①。可见，在新石器时代后期，以血缘为纽带的各个氏族部落之间经常发生战争，以黄帝为首领的部落不断取得胜利，并通过与其他部落长年的战争与融合，促进了国家的产生。甚至有学者认为，"自从黄帝统一了中国，标志着一种新王朝的诞生。也就是说，诸侯都来承认黄帝这种新政权的诞生，承认黄帝的统治权力。也标志着黄帝对当时一个版图很大国家的统一活动"②。因此，我国以文明为标志的"国家"开始于"黄帝时代"，已有 5000 年之久。有学者认为，"五帝时代"或称"黄帝时代"，已经属于早期国家形态阶段，为部落酋长王国制的奴隶制国家形态③。

关于古史传说的"五帝"时期，《史记·五帝本纪》以黄帝、帝颛顼、帝喾、帝尧、帝舜为五帝，《吕氏春秋》以太昊、少昊、黄帝、炎帝、颛顼为五帝。黄帝时期的势力范围"东至于海……西至于空桐……南至于江……北逐荤粥，合符釜山，而邑于涿鹿之阿。"但却依然"迁徙往来无定处"，"置左右大监，监于万国。"到帝颛顼时，其势力范围"北至于幽陵，南至于交趾，西至于流沙，东至于蟠木。"在这个范围内，族群、部落林立，故有"万国"之称，但黄帝能"置左右大监，监于万国"④。传统上，我们把中华文明的起源地确定在黄河中下游地区和长江流域。实际上，中华文明的起源也是多元化的，东北、西南、西北、东南不同地域孕育的古代文明，相继融合于中原文明，形成了以华夏文明为主体的中华文明。

夏王朝建立之前的原始社会末期，在今天的黄河中下游和长江流域，普遍建立起了部落联盟组织，出现了部落国家或国家集团，即联邦制国家的雏形。其中分布在黄河流域的部落有活跃在陕西一带的姬姓黄帝部落和姜姓炎帝部落，在晋、冀、豫交界一代活跃着以蚩尤为首领的九黎部落。黄帝部落战胜炎帝部落后，两大部落组成的以黄帝为领袖的更大的炎黄部落联盟与蚩尤部落又发生过长期的激烈战争，最终以黄帝杀掉蚩尤而终⑤。在黄河下游一

---

① 刘森淼：《湖北古代城市发展的基本脉络》，《武汉文博》2010 年第 4 期。
② 郑光：《关于黄帝城的有关问题》，《先秦史研究动态》1996 第 1 期。
③ 陈昌远：《谈中国古代文明与早期国家形态》，《河南大学学报》2003 年第 4 期。
④ 《史记·五帝本纪》。
⑤ 《史记·五帝本纪》。

带，有太昊氏（活动中心为陈，在今河南淮阳）和少昊氏（活动中心为奄，在今山东曲阜)[1]。黄帝氏族的后裔在进入黄河流域以后，与夷人部落（奉颛顼、帝喾、伯益、皋陶为始祖）等结成更大的部落联盟。这是典型的原始部落与族群之间的依靠强大的武力，以掠夺资源和争夺地盘为目的展开的部落重组。有学者研究认为，东夷人在与以炎黄为代表的华夏系氏族之间，也存在这广泛的交流与融合，可见东夷人也是现今汉民族的先世之一[2]。帝尧年老时，命舜摄政，舜"五岁一巡狩，群后四朝，遍告以言……"而且"流共工于幽陵，以变北狄；放讙兜于崇山，以变南蛮；迁三苗于三危，以变西戎；殛鲧于羽山，以变东夷；四罪而天下服"[3]。至少从尧舜时期开始，远古时期的中国就进入了从邦国文明向王国文明过渡的历史阶段[4]。

五帝时期出现的联邦制政权，为夏王朝的建立奠定了政治基础和社会组织基础。此时，已经有了臣僚分工，不同的官员分别掌管司法、礼仪、手工业、山林水产、农业、民政、接待宾客等事务，此外，还建立了贡纳制度等。在帝舜的政权中，"禹、皋陶、契、后稷、伯夷、夔、龙、倕、益、彭祖自尧时而皆举用。"舜帝在位39年，后来在巡狩南方时"崩于苍梧之野。葬于江南九疑，是为零陵"[5]。舜政权中的禹后来建立了夏王朝，而代夏的商的先祖契官职司徒，主管民政使百姓亲和，代商的周的先祖弃（后稷）主管农业使百谷时茂。此时，物质文明已经达到相当水平，礼仪意识已经具备，我们有理由相信各个部落和部落联盟之间在交往中也会有礼物赠送。

2. 向中原汇聚

我国境内发现的新石器时代遗址十分丰富。考古发现证明，在新石器时代，我国境内的文化发展呈现出多样化的趋势，中原关陇的仰韶文化、齐家文化，辽宁的红山文化，蒙古草原的细石器文化，江南的良渚文化、河姆渡文化，甘肃西部的马家窑文化等，无一不显示出不同地域的文化类型具有独立发展的多样化的特征。这时，黄河流域的粟作农业与长江流域的稻作农业

---

① 《左传·昭公十七年》。

② 许海山：《亚洲历史》，线装书局，2006年9月。

③ 《史记·五帝本纪》。

④ 陈智勇等：《夏史话》，中州古籍出版社，2008年4月。

⑤ 《史记·五帝本纪》。

分别成为本地区居于主导地位的经济类型。

在新石器时代后期的近 4000 年里，现在中国境内的文化迁徙和交流融合呈现了一次高潮。考古发现和古史传说表明，黄河流域文化带东西迁移往返至少有四五次，长江流域文化带则是以自西向东迁移为主，东南沿海地区则是自南向北迁移。河南地区发现的大汶口文化的墓葬，是大汶口文化居民迁徙中原地区最有力的见证。伴随着迁徙而带来的文化交流，在不同的文化中某些器物制作方面也有着深刻的反映，或许这些器物有的最先就是通过礼物赠送的方式，从一种文化传播到另一种文化中的。例如，属于渭河流域庙底沟文化中的陶釜，在伊洛—郑州地区的同类文化因受到大汶口文化中鼎的影响，将釜、鼎结合制作了釜形鼎，而这种造型新奇的釜形鼎又

新石器时代彩陶瓶

被大汶口文化所接受，并传播到长江流域的同期文化中。龙山文化中的陶鬶因广受各地部落文化的喜爱，波浪式地传向广大地区①。考古发现也确实证明，在龙山文化末期，部族迁徙的主要趋势是各地先民从四面八方向中原地区汇聚。但其中也有一些文化迁移具有独特性，例如在新石器时代中晚期，即古史传说时代的颛顼至帝喾时期，古东夷族从山东向西南迁入华中的江汉地区，之后又向北到达陇东、洮水"三危"。古史传说的尧舜时期，东夷人已经到达陇东南地区，又从这里向南到了今四川、云南一带，成为彝族、巴人、畲族的祖先②。

---

① 张忠培：《研究考古学文化需要探索的几个问题》，《文物与考古论集》，文物出版社，1986 年 12 月。

② 许海山：《亚洲历史》，线装书局，2006 年 9 月。

　　在新石器时代后期，位于黄河、渭河流域的文化类型发展得更快，走在了所有文化的前列，但这并不意味着这里的文化发展具有唯一的必然性。对于神秘消失的长江流域的良渚文化，有一种解释是良渚文化的居民越过长江北上进入到了中原地区①，而且根据学者的研究成果，良渚文化的迁徙是新石器时代后期部族迁徙并在迁徙中文化传播和影响最具代表性的。

　　良渚文化是长江下游太湖流域的一支中国史前重要的古文化，距今约5300 年～4000 年，良渚遗址出土的大量玉器举世闻名，而莫角山大型建筑基址的发现，更是证明了它是中华五千年文明史的初期阶段，最具规模和水平的地区之一，具备了萌芽时期的国家的形态，作为中华文明的曙光地位并不亚于黄河流域。尽管没有明确的文字记载良渚文化的盛况，但蚩尤部族创造了盛况空前的良渚文化是有考古发现根

新石器时代五鱼纹彩陶盆

据的②。古史传说的蚩尤是中国东南方的蛮夷部落领袖，而黄帝打败蚩尤正值良渚文化衰落的时期，结合良渚文化遗址出土的实物，从时间和空间上分析，我们可以认为，当时以蚩尤为领袖的居于山东南部和长江三角洲一带的东夷集团，其所属的九黎大部落联盟的一支，即古史传说的羽民之国，应该就是良渚文化的土著居民，其祖先是生活在今浙江宁绍平原的古越族人。

　　在距今4200 年左右，辉煌灿烂的良渚文化在经历了1000 多年的发展后突然神秘地消失了，究其原因，最大的可能是气候变化引发的海侵摧毁和洪涝灾害③，或许还有部族内部战争等因素。总之，良渚居民不得不开始了大规模的迁徙，或南下，或北上，或西进，并在迁徙中把先进的文化成果传播到了几乎相当于现今大半个中国的广泛区域，如广东、江西、湖南、湖北、安

---

①　朱乃诚：《金沙良渚玉琮的年代和来源》，《中国文化论坛》2005 年第 4 期。

②　纪仲庆：《良渚文化的影响与古史传说》，《东南文化》1990 年第 5 期。

③　吴建民：《长江三角洲史前遗址的分布与环境变迁》，《东南文化》1986 年第 6 期。

徽、河南、山东、甘肃、四川等地，都突然出现了大量的具有良渚文化典型特征的玉器①。这不可能完全是作为部族之间交流和礼品馈赠的结果，尽管我们不能否认这种结果的存在。这一现象的出现必定是族群在迁徙、定居过程中的相互交流和影响所致，或许在迁徙的过程中还不可避免地和当地土著部族发生过争夺财富和生存环境的战争。蚩尤首先联合东夷的太昊、少昊部族与炎帝部族激烈开战，难以应对的炎帝向黄帝求援，《史记·五帝本纪》所载"蚩尤作乱，不用帝命。于是黄帝乃征师诸侯，与蚩尤战于涿鹿之野，遂禽杀蚩尤。"这段记载或许正隐含了良渚部族北上的历史。而《拾遗记》关于"轩辕去蚩尤之凶，迁其民善者于邻屠之地，迁恶者于有北之乡"的记载，恰好可以说明，为何在当时的北方高寒之地，即现今的山西陶寺和陕西延安等地，发现了具有浓烈良渚文化特征的玉器②。

良渚文化玉琮

　　正是在这次连年的迁徙中，良渚人把以玉器为代表的良渚文化精华，或者还包括王权、军权、神权统一的统治制度等，带到了他们所到达的地区，并被当地土著居民部分地接受。从这个角度上说，我们认为良渚文化促进了黄河流域文化的更快发展，并对以后的礼仪制度的出现产生了久远的影响，似乎并不为过。因为流行于夏商周直至秦汉时期的玉璧、玉琮等瑞玉，特别是殷墟妇好墓出土的大批风格与良渚文化相同的玉琮③，都与良渚文化玉器具有一脉相承的发展演化关系，被公认是对良渚文化遗产的继承和发展。商周以来"以玉事神"的观念，或许也来自良渚文化的宗教信仰。

　　不仅如此，2001 年在四川成都市西郊金沙遗址发现了属于良渚文化时期

　　① 黎忠义等：《良渚文化玉器出土地点分布图》，《良渚文化玉器》，文物出版社、雨木出版社，1989 年。

　　② 中国社会科学院考古研究所山西工作队等：《1977 - 1980 年山西襄汾陶寺墓地发掘简报》，《考古》1983 年第 1 期；姬乃军：《延安发现的古代玉器》，《文物》1984 年第 2 期。

　　③ 中国社会科学院考古研究所编：《殷墟妇好墓》，文物出版社，1980 年。

的在良渚文化分布区域内由良渚人制作的玉琮，被考古学家称为"金沙良渚玉琮"。金沙文化是著名的三星堆文明的延续，其时代比良渚文化要晚1000年。专家的研究结果表明，金沙玉琮的制作不少于距今4800年，在距今4300年前由良渚人从环太湖地区随着向北迁徙带到了中原地区，又在商代随一批良渚人的后裔进入四川成都平原，在西周早期或中期埋藏在成都金沙遗址内。因此，金沙遗址和三星堆遗址的两座祭祀坑的高层次文化遗存的所有者，不仅是早蜀时期的统治者，还可能与良渚人的后裔有关①。司马迁在《史记·五帝本纪》中说："帝颛顼高阳者，黄帝之孙而昌意之子也。"而根据晋常璩《华阳国志·蜀志》"封其（高阳）支庶于蜀，世为侯伯"的记载，早期蜀的统治者也是华夏族的一支。

　　总之，在新石器时代后期，那些曾经是独立发展的具有不同特征和内涵的文化，随着迁徙有了越来越大范围和越来越深层次的相互影响，表明古人类在进入新石器时期后，随着生存能力的提高，活动范围的扩大，以及为了争夺生存环境，原始部族之间的交往明显增强，劳动工具和器物的制作也有了越来越多的相互影响，物质文化交流的时代真正开始了，部族之间交往中的礼物赠送也应该越来越多了。

　　有学者认为，古代的两河流域、印度河河谷文明等古老文化，在新石器时代就和中华大地上的原始部族有了交往②。可见，不仅现中国境内不同类型文化之间在迁徙和向中原地区汇聚的过程中有了更广泛深入的交往，而且，居住在现中国境内的古老部族也开始了与域外——现中国行政区域以外——的文化交流。不过，我们可以想象，在当时的地理环境险恶和交通能力低下的状况下，这种交往会是多么的艰难，多种情况下是经过多个部族的间接地交往。我们也可以想象，伴随着这种交往和文化融合，部族酋长之间的礼物赠送应该是存在的。不可否认的是，当时的中国土著先民与域外文化的交流或许只是被动地发生，而且与游走于中西之间的游牧部落有着很大的关系。

　　正如以上所述，遥远古代的文化交流和物品传播更多的往往是伴随着部落战争和部族迁徙发生的，而在我们至今还在很大程度上定为传说历史和古

---

① 朱乃诚：《金沙良渚玉琮的年代和来源》，《中国文化论坛》2005年第4期。
② 沈福伟：《中西文化交流史》。上海人民出版社，1987年2月。

代神话中，恰好可以找到反映上述文化传播和民族迁徙的证明。

例如黄帝统一各部落后，落败的蚩尤、炎帝、夸父族①开始大规模迁徙。其中夸父族的一支向西迁移，这与仰韶文化的向西传播并发展成为马家窑文化的关系，或许不仅仅只是一种巧合。属于大河村文化（公元前 4500 年 ~ 公元前 3000 年）的河南汝州红山庙遗址陶缸上描绘的追日徽铭，以及河套地区的阴山岩画、贺兰山岩画的刻划，都保留有他们向西迁徙的史迹。或许还另有一支向北迁徙，到达贝加尔湖一带，后继续向黑龙江流域迁徙并在那里建立了博父国②，黑龙江石刻上的猴面人像以及贝加尔湖附近出土的类似仰韶文化陶器上的猴面人像，时间均在公元前 3000 年左右，应该就是随着这次迁徙传播的。他们甚至再向北到达勘察加半岛，越过白令海峡到了阿拉斯加，然后来到加拿大西海岸定居，而这里被有的学者认为正是《山海经》里"桃木三千里"的桃都山③。

3. 古史传说时期的国礼：西王母献白玉和息慎来朝

如上所述，黄帝时期，采用武力征伐的方式"以征不享"，使诸侯"咸来宾从"。《诗经·小雅·楚茨》有"以享以祀"，《礼仪·聘礼》有"受享束帛加璧"。郑玄注："享，献也"④。可见，此处的"享"即"献"，指的当是献上地方特产。

尽管远古历史留给我们的印迹实在是过于模糊，但在拼凑捡拾的历史碎片和拨开传说的迷雾后，我们不难发现，至少在以黄帝为领袖的部落大联盟时期，中国古代的先民就已经与域外有了交流，并伴随着交流有了域外物品的传入，这当中自然应当包括以礼物赠送形式的物质文化交流。但在这里，域外的概念并不仅仅是黄帝部落大联盟实际控制的区域以外，它甚至涵盖了现今中国的疆域以外，它们之间的关系并不是隶属关系，而是不同的部族、联盟和初步具有了国家实体性质的政治集团或组织之间的关系。

关于黄帝时期部落大联盟与周边许多部族有交往的史实，史书记载颇丰。如《汉书·律历志》记载："黄帝使泠纶自大夏之西，昆仑之阴，取竹之解谷。"《庄子·天地篇》有"黄帝游乎赤水之北，登乎昆仑之丘。"贾谊《新

---

① 《吕氏春秋》认为夸父即炎帝。
② 史书载大禹九鼎有记录。
③ 李贞颖：《神话：远古记忆的重述与解读》，华东师范大学出版社，2008 年 1 月。
④ 《辞海》（缩编版），上海辞书出版社，2008 年 1 月。

书》也有黄帝"涉流沙，登于昆仑"的记载。

尧时，不仅有宾客自远方来，"宾于四门，四门穆穆，诸侯远方宾客皆敬"①，而且"教化及雕题蜀、越，抚交趾，身涉流沙地，封独山，西见王母，训及大夏、渠搜"②。远方而来的宾客在面见帝尧时，肯定不会空手而来，至于面见西王母和"训及大夏、渠搜"也不会空手而回。

舜在位期间，曾经到南方巡狩，分别祭祀了东岳泰山、南岳衡山、西岳华山、北岳恒山。所到之处，均有诸侯酋长朝拜和进贡，而舜也向他们规定了朝拜的礼仪和进贡的物品。大的部族朝拜时，要进献五种瑞玉，并在朝拜后予以归还，这在后来成为西周礼制的定制，而进献的其他物品则由舜收留。

在中国古文献中，域外部落首领前来朝贡的明确记载即发生在五帝时代的帝舜时期，例如，《竹书纪年》记载：

西王母像

"帝舜有虞氏……九年，西王母来朝。……献白环玉玦。"

《竹书纪年》还记载：

"帝舜有虞氏二十五年，息慎来朝，贡石矢。"

息慎即肃慎，这支原始居民早在新石器时代就生活在我国东北的白山黑水之间，是东北地区最早的土著居民，也是后世隋唐时期的靺鞨、宋辽金元明时期的女真、明末至清代的满族的先祖。

拨开传说的面纱，这或许是历史记载的最早的来自尧舜部落大联盟所实际控制区域以外的属于异域输入的物品。为了接待异域朝贡者或是前来交往的人员，尧舜部落大联盟设立了专职外交官员。按照《史记·五帝本纪》记载，舜时"龙主宾客，远人至……"，说明"龙"是部落大联盟中掌管接待

---

① 《史记·五帝本纪》。
② 贾谊：《新书·修政篇》。

远方宾客的官员，也是中国古代史上最早的外交官，无论是"西王母来朝"还是"息慎来朝"，可能都少不了这位外交官出面接待。而且，既然有受礼，也必然会有礼物回赠。不过在后来的史书记载中，赠送礼物往往称之以"朝"或"献"，回赠礼物都是以"赏"或是"赐"名义的。这不难理解，即使在当今的国际交往中，例如我们的邻国泰国，若有泰王宴请某位到访的外国元首，见诸当地媒体报道所用的往往是"国王赐宴"。

由历史文献记载我们发现，到了尧、舜、禹时期，与部落大联盟有过交往的国家或部族显著增加，除上述西王母、息慎外，还有蜀、越、交趾、大夏、渠搜（或渠庾）、西戎、氐、羌、发、东长、鸟夷等，有的还明确记录了所赠（献）的礼物。例如：《史记·五帝本纪》记载，在大禹治水之后，"（帝舜）南抚交趾、北发，西戎、析枝，渠庾、氐、羌，北山戎、发、息慎，东长、鸟夷"。《大戴礼记·五帝德》："（帝舜）南抚交趾、大教，［西］鲜支、渠庾、氐、羌，北山戎、发、息慎，东长［夷］、鸟夷羽民"。《大戴礼记·少闲》："昔虞舜以天德嗣尧，布功散德制礼，朔方幽都来服，南抚交趾，出入日月，莫不率俾，西王母来献其白管，粒食之民，昭然明视。民明教，通于四海，海外肃慎、北发、渠搜、氐、羌来服"。刘向《说苑·修文》："南抚交趾、大发，西析支、渠搜、氐、羌，北至山戎、肃慎，东至长夷、鸟夷。四海之内，皆戴帝舜之功"。

上述与尧舜部落大联盟有交往的国家或部族中，大夏至少在黄帝时期即公元前 2500 年左右似乎就已经建国①。到帝尧时，大夏已经开始接受我国土著部族的教化。此时的大夏大致处于今新疆和阗和玉门关之间。但大夏一直处于经常迁徙的过程中，这也许就是上古时期国家或部族的生存方式，或是为了寻找更合适的生活环境，或许是被其他国家或部族所逼迫。除交趾在现越南一带，肃慎在现中国东北一带外，其他国家或部族均在现中国西北以致更遥远的葱岭以西的地方，也就是所谓的西域。在古代中国的地理概念中，侠义的西域在汉代仅指西域 36 国，大致在今新疆的南疆地区，而广义的西域是指玉门关、阳关以西直至欧洲的广大地区。尧舜禹时期，已经与这些地区有了较为密切的往来关系。

---

① 桑秀云：《大夏考略》，见段渝：《南方丝绸之路研究论集》，巴蜀书社，2008 年 8 月。

(三) 游牧民族与土著世界

1. 中华文明西来说

新石器时代后期，随着生产资料和生活用品的日益丰富，种种社会不平等现象开始出现，人们的社会地位形成差距，预示着文明社会即将到来。新石器时代后期中国的原始文化以彩陶文化和龙山文化为主，分散的部落聚居逐渐形成了早期的城市，为城邦国家的出现奠定了基础。在中国所处的东亚地区，世界文化界和史学界公认是以中国为中心，形成了向周边辐射的儒家文明板块。中国在相当长的时间里，也是东亚地区唯一的国家，对周边"蛮夷"之国的文明进程发挥了巨大而深远的影响。在中国古代文明产生和发展的同时，西亚的两河流域、南亚的印度半岛以及北非埃及等地区，古代文明也有了相当程度的发展，而且有些域外文明从新石器时代开始，在以后的不同历史时期，以不同的方式或多或少地与中国的本土文明有过间接或直接的交流，甚至是民族与文化的融合。

在 19 世纪末到 20 世纪初期，国际上流行所谓"中华文明西来说"，认为中华文明是由西方传播而来的，如果没有西方文明的影响，中华文明仍将继续在黑暗与混沌中继续摸索不知多长时间。例如，1654 年，德国耶稣会教士基什尔提出中国文化源于古埃及；1853年，法国人哥比诺提出中国文化源于古印度；1894 年，英国伦敦大学

仰韶文化彩陶瓶

教授拉克伯里在其《中国古代文明西源说》中，主张中国文化源于古巴比伦；19 世纪末，曾在中国从事地质工作的李希霍芬认为，中国文明的发祥地是现新疆地区的塔里木盆地；后来，埃利奥特·史密斯等人根据所谓的文化传播

理论，认为中国的古代文化是埃及和希腊文化的延伸和发展。瑞典学者安特生根据仰韶文化彩陶与近东和欧洲的彩陶有近似之处，在 1923 年提出"彩陶文化西来说"的假设，提出以黄河流域为中心的仰韶文化，是在公元前 2500 年前后从西亚传播而来的。一些中国学者如章太炎、刘师培等也赞同中国文化西来说①。

　　根据上述观点，中国的原始社会后期的文明以及在此基础上生成的夏商

马家窑文化彩陶壶

文明，都成为西方文明传播的产物，从根本上否定了中华文明的独立生成、存在和发展历史。好在历史需要证据，20 世纪上半叶以来大量的考古发现证实，仰韶文化是中原地区土生土长的具有分明系统的彩陶文化②。在距今 6000 年前，仰韶文化的一支在华山脚下形成庙底沟类型文化，并到达河北西北部，与辽西红山文化的一支融合。仰韶文化还向东发展成为龙山文化，向西发展为马家窑文化③。仰韶文化曾以其强大的先进性和传播能力，影响到了上古时期"中国"的全境，说明中原文化在中国境内有着极强的广泛扩散和辐射，并影

响了周边其他地区文明的进程。况且，山东章丘龙山镇城子崖遗址的发现证明，在距今 4200 年左右，在中国的东部还有一个土生土长的黑陶文化，普遍存在的城址说明它是古代东方的中心之一④。

---

　　① 参见沈福伟：《中西文化交流史》。上海人民出版社，1987 年 2 月；许海山：《亚洲历史》，线装书局，2006 年 9 月。

　　② 苏秉琦：《关于仰韶文化的若干问题》，《考古学报》1965 年第 1 期。

　　③ 安志敏：《略论我国新石器时代文化的年代问题》，《考古》1972 年第 6 期。

　　④ 李文儒主编：《中国十年百大考古新发现》，文物出版社，2002 年 5 月。

　　事实证明，以中国为主体的东亚文明是自身发展形成的，但在其漫长的发展过程中，肯定与域外文明特别是西亚文化有过交流，甚至与从西方游牧而来的部落有过融合，但不能因此就说中国古代文明来源于西方。即使在现中国境内，如上所述，文明的起源也是多中心的，不仅包括黄河流域文明、长江流域文明、北方草原文明等大的系统，各个系统内还有若干不同的文化类型。学术界流行说法是，古史的传说时代，也就是新石器时代晚期，在现中华大地上有黄帝集团、炎帝集团、太昊集团、少昊集团、三苗集团等几个大的部落联盟集团，在这些大的部落联盟集团之间或周边，还存在着独自发展的小的氏族部落或氏族部落联盟，而黄帝、炎帝、蚩尤、共工、祝融等传说中的著名人物正是这些大的部落联盟的领袖，其中黄帝和炎帝是公认的华夏族的领袖。

　　史书记载的黄帝时期的所谓万国，实际就是不同的部落或部落联盟，包括因战败而丧失管辖权的炎帝所领导的部落。尧舜禹时期，部落大联盟的范围已经包括了东起朝鲜半岛北部、西至陇西、南至淮河流域、北至燕山南北的广大区域，在其内部，部落和邑落相处。这样的一种社会政治秩序，是经济文化发展、各部落和族群之间联系日益加强的必然结果。尧舜禹时期部落大联盟下的社会组织结构，包括部落联盟、血缘氏族部落（氏）和地缘组织邑落（国）等多种形式[①]。但在以黄帝为领袖的部落大联盟经过尧、舜到禹的时候，只有禹所在的夏部落崛起于中原。出现这个历史奇迹的基础，是始于五帝时代尧舜联邦政权先进的政治制度、文化优势，和在强大的军事实力支持下连年征战中所树立的其他部落难以匹敌的威望和军事地位。这样的政治、文化和军事优势，对于外来文化能够有选择地吸收和改进，但不会被外来文化所同化。

　　2. 游牧部族与土著世界的碰撞

　　一般认为，国家是有自己的固定疆域的，原始部落也有自己的活动范围。超出这个疆域或范围的对外交往，可以简单地认为都是与域外的交往，特别是如果所交往的对象具有明显不同的文化特征的话。

　　但是，我们根本无法精确地判定原始社会一个氏族部落的实际控制范围，

----

① 　许海山：《亚洲历史》，线装书局，2006 年 9 月。

从某种角度说，或许在当时这样的活动范围就根本不存在，因为当时的人们还没有如此清晰的概念，最多只是"我在这里"和"这里是我的"。定居特别是出现邑落之后，疆域的概念逐步生成了。在现中国境内，这些定居的土著部落不仅要与相邻的以及还在迁徙中的土著部落交往，还会与从更遥远的地方游牧而来的异域部落交往，并因此发生文化的碰撞。

在新石器时代后期的现今中国的范围内，尽管已经出现了很多城市邑落，出现了城邦国家，但这些城市邑落之间，还有大面积的不被邑落或部落联盟或城邦国家所控制的区域。在这些区域内，散落着很多的与黄帝所建立的部落大联盟不具有隶属关系的方国和游牧部落，上文所涉及的大夏等国和部落就属于这类情况。

大夏建国于黄帝时期，却似乎一直处于迁徙之中。按《新唐书·西域传》挹怛国条记载："大夏即吐火罗"。实际上，大夏和吐火罗或许是塞种民族两个不同的部落，原分别在黑海以北草原和咸海以东地区游牧①。黄帝时期，大夏从现新疆地区迁徙到甘肃一带，尧至禹向东移至陕西和山西境内，与尧舜禹部落大联盟常有交往。以后，至商汤时，大夏残部又东迁到今河北一带，公元前 7 世纪，因侵犯中国西北遭到驱逐，到了秦朝，又回到了山西②。可见，大夏部族一直徘徊在中国北部，直到汉王朝建立后才越过了中国现在的西境，到了今阿富汗境内，在西汉开通西域后继续与中国保持了往来③。后来，大夏被同样从中国西北向西迁徙的大月氏所灭。

游牧部族与土著世界的碰撞，在新时期时代中后期是比较频繁地发生的，并延续到后来的夏、商、周和更晚的时期。原因很简单，早期的没有疆域概念的游牧部族并不认为你所生活的地方就是你的，这是一种对领土的无意侵犯，与后来如西戎攻入周王朝的都城具有性质上的不同。游牧部族与土著世界的碰撞，或以和平的方式，或以战争的方式，且应该是以战争的方式居多。而且，土著国家的居民因为一般的是定居，相互之间的征伐往往只在局部发生，但在文化上的可借鉴信息也往往比较少。游牧部族则不同，他们往往能

---

① 桑秀云：《大夏考略》，见段渝：《南方丝绸之路研究论集》，巴蜀书社，2008 年 8 月。
② 据《汉书·律历志》、《尚书·禹贡》、《逸周书·王会篇》、《史记·秦始皇本纪》等。
③ 据《史记·大宛列传》、《汉书·西域传》。

在很大的地域空间里是自由驰骋，使同一个部族可以在先后与相距遥远的两个具有完全不同文化的土著世界都发生直接关系。

除上文所言的横贯东西的北方草原大通道外，新石器时代后期，由中国经中央亚细亚、印度、波斯而达西亚及东欧的广袤原野上，驰骋着大大小小的不同上的游牧部族。到公元前 3000 年左右，中国、印度、两河流域、埃及尼罗河流域等地区，都已进入以农业为主的氏族社会晚期或阶级社会初期的阶段，甚至有了国家的雏形，其相对富庶的生活难免招致游牧民族的掠夺。到公元前 1000 年左右，大部分游牧世界也开始向国家过渡，致使游牧部族与土著世界的冲突与碰撞更加惨烈，这个局面前后延续达一千年之久，而且对中国古代的国家外交产生了深远影响。

之所以在此要强调土著世界与游牧民族的关系，是因为正是通过这些不断迁徙的游牧民族，古代中国的土著世界才与西亚、南亚次大陆以致更远的地方发生了交往，与这些地区有了物质文化交流和国家交往中的礼品赠送。

（四）中国原始居民与域外的早期文化交流

亚非欧大陆是现代人类及其文化的产生地，以中国为中心的东亚地区是人类文明最早的发祥地之一。早在远古时期，原始居民就与四周有了早期的文化交流，向外传播了中国古代的先进文化，也接收了来自异域的物质文明成果。向西、向南、向北自有大陆相连，即使向东北、东南，也是可以自由通往。古代地理环境告诉我们，300 万年前开始的第四季冰期，使全球海平面下降至少 140 米，东亚的日本群岛与朝鲜半岛、库页岛得以相连，东南亚的中南半岛、苏门答腊岛、菲律宾群岛也得以相连，甚至与澳洲大陆之间也仅仅相隔一条狭窄的海峡。以中国为中心的亚洲的原始居民通过冰期形成的各式陆桥，可以很容易地到达现在的这些岛国。

考古发现证实，大陆的原始居民至少在 25000 年前到达菲律宾群岛，在距今 1 万年左右进入日本群岛①。进入新石器时代，冰期结束，大陆的原始居民又通过逐渐形成的海路与一些岛国交往。在朝鲜半岛的南北以及俄罗斯的

---

①　研究发现，日本人的头骨指数最接近江苏一带居民。见王介南《中外文化交流史》，书海出版社，2004 年 3 月。

远东滨海地区，都发现了与属于辽东半岛新石器时代文化特征相似的器物，如小朱山下层和后洼下层文化的压印席纹直口筒形罐、小朱山中层刻划纹直口筒形罐等器物①。属于龙山文化的陶器制作技术也通过辽东半岛传到了朝鲜半岛、日本群岛。在浙江跨湖桥遗址出土的距今 8000 年的独木舟和在余姚河姆渡遗址发现的距今 7000 年的船桨表明，原始先民早已掌握了造船技术，继之而起的百越居民则将有段石锛、几何形印纹陶器传到了菲律宾群岛等东南亚一带，甚至远达太平洋的波利尼西亚群岛②。

如前所述，经过白令海峡到达美洲在理论上是存在可能性的。通过这些岛国继续向东，原始居民也许已经到达了美洲。有学者认为，印第安人的祖先是大约在新石器时代从东亚地区越过白令海峡到达美洲的亚洲人。关于早期中国人到过美洲的论争早已有之③，甚至有一种猜测，早在两万年前就有亚洲人移民美洲，成为当地土著人的祖先。有学者通过对世界岩画的研究论证，认为北美土著人来自中国，如岩画专家宋耀良把中国岩画放在整个世界岩画的坐标系上去考察研究，并把人面像岩画的分布状况和史前人类迁徙联系在一起，认为目前分布在北美洲太平洋沿岸的人面像岩画是从中国传承扩散而来，这个结论也印证了北美洲土著居民是从东方大陆迁徙而来的观点。宋耀良认为，北美洲人面像岩画出自距今 4000 年前，而中国的人面像岩画出自距今更早的 1 万年前，东亚和北美的岩画具有共同的制作技法、构图特征、表现风格及对岩画凿刻地的要求。这些人面像岩画具有共同的文化宗教背景和基础，人面像岩画沿着太平洋海岸和阿留申群岛有着文化同源的传播关系。他的论点证明了美洲印第安人是从亚洲越过白令海峡到达美洲的，岩画向美洲传播的具体线路为贺兰山—阴山—红山—俄罗斯远东黑龙江下游—阿留申群岛—加拿大—美国。他还大胆地推测，具有镌刻人面像岩画宗教文化传统的中国史前居民，经赤峰沿着大兴安岭东麓到达黑龙江，沿江而下并在黑龙江下游，留下人面岩画遗址；而后出海，在阿留申群岛上，以跳岛的方式向

---

① 孙光圻：《中国古代航海史》，海洋出版社，1989 年。

② 高萍：《跨湖桥遗址和河姆渡遗址文化差异性探微》，《丝绸之路》2012 年第 6 期；林惠祥：《中国东南亚新石器文化特征之一：有段石锛》，《考古学报》1958 年第 3 期。

③ 石钟健：《古代中国船只到达美洲的文物证据》，《思想战线》1983 年第 1 期。卫聚贤：《中国人发现美洲》，台湾说文书店 1982 年版。

美洲大陆前进，登上美洲西海岸，沿海岸线向南传播至加州北部，一路留下密集的具有中国远古文明特征的人面像岩画①。

如果说古代中国在与东北亚、东南亚的交往中主要是输出文化，那么与西亚、中亚地区的交流则是双向的了，在文化输出的同时，也吸收和借鉴了西亚而来的文明成果。除中国外，当时世界上其他地方也创造了灿烂的早期文明，中国古代文明就是在与域外文化的交流与碰撞中发展起来的。当时，起源于西亚的美索不达米亚文明即"两河流域"文明，已经有了相当高的程度，并与古代中国古代文明有过强劲的交流和融合。从时间顺序看，"美索不达米亚"文明于公元前15000年在"肥沃月湾"的东方即两河流域形成，公元前12500年在"肥沃月湾"的西部形成传统村落社会。公元前9500年，新石器时代农业萌芽，主要从事大麦与小麦种植。公元前4500年，美索不达米亚最早的城市埃里都建成。公元前3100年，南方苏美尔人进入城邦时代，主要城邦有乌鲁克、乌尔等。公元前3000年，城市纷纷在各地建立起来。故乡在欧洲中部和东部的吐火罗人在公元前3000年就开始到达黑海草原、中亚草原，并在公元前2000年末到达塔里木盆地，随后又迁到了河西走廊和中国北部，成为中国与欧洲交往的媒介。古埃及文明同样达到了极高的程度，在非洲北部的尼罗河沿岸，因非洲气候开始变得干燥炎热，吸引了大批古埃及人的迅速聚集，孕育了灿烂的埃及古国。当时，古埃及人为了争夺粮食和水源，在沿尼罗河流域的相互杀戮中，建立了若干小国。随着小国逐渐被消灭，形成了上埃及和下埃及两个大国。公元前27世纪，第三王朝的埃及在富强与和平中建造了埃及历史上第一座金字塔。但就在古代中国的部落大联盟即将被夏王朝取代的时候，公元前2134年，古埃及开始进入长达100多年的混战，使古埃及文明开始衰落。古希腊则在公元前7000年～前6000年就发展了早期的爱琴海上贸易②。古印度文明的最早源头可以追溯到公元前7000年左右，在古印度河的滋养下出现了农业定居点，种植小麦等农作物。公元前2500年，古印度迎来了第一个文明高峰——哈拉巴文明，不仅有繁荣的城市，以

---

① 见2010年10月宁夏银川世界岩画馆举办的"人面像岩画——跨越太平洋的史前人类大迁徙"专题讲座。

② 国家地理系列编委会：《失落的文明》，蓝天出版社，2009年1月。

小麦为主的农业种植，而且有活跃的国内、国际贸易，与现今的缅甸、伊朗、中亚、西亚等地都有贸易活动，与中国的西南地区也有频繁的交往。

古代中国与西亚、中亚游牧民族的交往至少在水洞沟文化时期即已开始。最早与来自中亚的游牧民族发生关系的可能是曾居住在西北湟水和渭水之间的古羌人，也有学者认为，古羌人是古东夷人的后裔。古羌人曾经向南、东、西几度迁移，向南最远到达了川、滇、藏，往西最远到达新疆帕米尔高原，其中彝族就是西羌先人南迁的后裔。毫无疑问，古羌族在远古时代的中国对外文化交流中，曾经充当过重要的中介作用。研究民族文化的学者发现，在我国盘古创世神话和彝族创世神话中，都有"左眼为日，右眼为月"的描述，并认为这两个神话都源于西亚巴比伦混沌之神的传说。无独有偶，在陕西临潼姜寨仰韶文化遗址（距今约 5000～6000 年）出土的一个虎首类人面彩陶葫芦瓶上，装饰有"左眼睁"（表示太阳）、"右眼闭"（表示月亮）的人面图像，而距今约 7000 年位于伊拉克北部的西亚萨马腊文化遗址中，出土的一个人面瓮上也有同样的装饰，两者画法和艺术风格也几乎完全一致。这被认为是盘古神话、彝族创世神话以及姜寨虎首人面彩陶葫芦瓶，可能都接受过来自西亚文化的某些影响[①]。

如果不是各民族的远古神话有着惊人的相似或雷同纯属偶然，那么，这种文化交流的结果就是确实存在的。事实上，它确实存在，而且随着交流传入的不仅仅是具体的日用物品——在物质匮乏的时代日用物品太珍贵了，还有根据某种精神或信仰创造的具有原始宗教性质的物品。除此之外，我们仍然可以找到其他更具体的物证，例如小麦。

7000 多年前，粟是中国古代北方居民的主要粮食，河北武安磁山遗址曾发现距今 7300 年的大量储存的粟。在新石器时代晚期，中国特产的粟开始向西传播至中亚、西亚地区，向东传播到朝鲜、日本。而中国南方居民的主要粮食是稻米，长江中下游地区是世界栽培水稻起源的中心，浙江余姚河姆渡遗址发现了距今 7000 多年的水稻。已经完全掌握了水稻种植技术的中国古代先民们陆续将水稻种植技术向长江上游、江淮平原、黄河中下游一带传播，

---

① 王新中、刘精忠：《上古中国与西亚文化交流》，《安庆师范学院学报》，社会科学版，第 24 卷第 3 期。

并北到朝鲜、日本，南到越南、老挝、泰国、缅甸北部以及印度的阿萨姆地区，直至公元 5 世纪时最终传播到世界各地[1]。

《山海经》说，炎帝和黄帝的后裔皆"食黍"或"食谷"而不见有麦，这说明早期的华夏先祖不知有麦。在甲骨文中，"麦"字是用的"来"字表示的，足以证明"麦"是由域外而来。小麦确实并非中原华夏族居住地原产，而是在新石器时代后期，由中国西部的先民从遥远的西亚引入后再传入中原地区的。印度发现了公元前 7000 年用于收割小麦的石镰，公元前 4000 年小麦已经在印度广泛种植。公元前 6000 年，希腊爱琴地区的人们已经开始种植大麦、小麦和豆子，并驯养了绵羊、山羊等家畜。在埃及第 18 王朝图坦卡蒙的胃里，研究人员不仅发现了用小麦做成的面包，而且还有牛羊肉。公元前 21 世纪在中国刚刚进入夏王朝时期，古埃及人已经能够用小麦酿酒[2]。我国学者研究认为，小麦传入中国内地的时间应在公元前 3000 年以前，到中唐以后取代粟成为黄河流域居民的主食，经历了三千多年的漫长岁月。因此，至迟在距今 5000 年左右，中国新石器晚期文化就与西亚的史前文化有了直接或间接的往来，原产西亚的小麦经过新疆与河湟，或许是以来自中亚的游牧民族为中介，传入到了中原地区[3]。

---

① 李昆声：《亚洲稻作文化的起源》，《社会科学战线》1984 年第 4 期。
② 国家地理系列编委会：《失落的文明》，蓝天出版社，2009 年 1 月。
③ 王新中、刘精忠：《上古中国与西亚文化交流》，《安庆师范学院学报》，社会科学版，第 24 卷第 3 期。

二 华夏有礼

——夏代的国家外交萌芽

史学界公认我国历史上形成的第一个国家是夏，而夏王朝正是在大禹时期的部落大联盟中的夏族部落拥有了部落共主地位的基础上诞生的。

新石器时代后期，为了生存而不断发生的交流和战争加快了部落之间的融合，原来松散的没有共同利益和制约关系的氏族部落，演变为大大小小的若干部落联盟。特别是黄河流域、长江流域和辽河流域，由于具备更适合人类生存和发展的自然条件，确立了快于周边地区发展的格局。在黄河流域的黄帝，凭借强大政治、文化和军事的势力，成为这些部落联盟的共主。这样一种部落共主与部落联盟的关系，是这个时期的社会组织形态，其影响一直延续到夏商甚至是西周时期，与商周的大部分时期"天子"与诸侯国关系的现象具有某种传承和演变关系。

关于黄帝时期的文献记载十分丰富，尽管有一种观点认为这只是传说，但研究者普遍认为还是具有很大的可信度。黄帝被尊称为华夏始祖，他所处的时代大致相当于考古发现所证实的中原龙山文化时期，即约公元前3000—前2000年之间。黄帝轩辕、颛顼高阳、帝喾高辛、帝尧放勋、帝舜重华，上下相承袭，传统上称为"五帝"①。其中"黄帝能成命百物，以明民共财，颛顼能修之。帝喾能序三辰以固民。尧能均刑法以仪民。舜勤民而野死。"②借助"龙主宾客。远人至……各以其职来贡"，"于是禹乃兴《九昭》之乐，致异物，凤凰来翔"③。这里的"致异物"，当是进贡物品，实际上也具有礼物

---

① 《史记·五帝本纪》。
② 《国语·鲁语上》。
③ 《史记·五帝本纪》。

赠送的性质。

综合《史记·五帝本纪》、《史记·历书》、《史记·封禅书》、《管子·五行篇》、《左传》、《路史·疏仡纪·黄帝》、《括地志》等文献记载，我们得知在黄帝时代，已经有了比较完备的属于国家政权性质的机构设置，而且人才济济，官员们有明确的分工，物质文化也发展到了一个崭新阶段，为对外部世界的探索和交流奠定了物质基础。考古发现证实，在新石器时代晚期的龙山文化阶段，也就尧舜时期，各个部族的迁徙趋势是各地先民从四面八方向中原汇集，甚至吸引了江南地区的文化，可见中原部族的先进的政治和文化对其他部族具有强大的吸引力。在舜时期，其势力范围已经是"南抚交趾、北发，西戎、析枝、渠廋、氐、羌，北山戎、发、息慎，东长、鸟夷：四海之内，咸戴帝舜之功"①。考古发现也证实，这一时期，我国各地特别是黄河流域和长江流域的文化发展已经达到比较高的水平，夯筑城、石砌城址普遍存在，与文献记载的五帝时代普遍筑城建国的现象相吻合。

（一）大禹时期的外交活动

1. 征战与巡狩并重的外交策略

在黄河流域文明产生的同时，我国其他地区的文明也在以各自的方式发展着，并随着文化、经济交流而相互影响。但是，传统上仍然把黄河流域视作中华文明的主要发源地，是当今"中国"的起点。根据《尚书·禹贡》记载，当时的全国分为九州，其中黄河中下游地区作为华夏政治、经济和文化的中心，称为中国。这个地区相当于今天的河南北部、山西和河北南部、陕西东部和山东西部，面积只有大约 50 万平方公里。但是，就是这大约 50 万平方公里的土地，孕育、发展成了连绵不绝 5000 多年的中华文明，是世界上少有的古代文明中心之一。作为中国古代文明的主体，古代中国正是从这里出发（至少是以这里为主），开始了古代中国与外部区域的政治、经济和文化交流，从这里开始有了真正的国家外交与国礼的赠送，从而促进了中外物质文化交流的发展。

据历史文献记载，在尧舜时期，洪水滔天，民不聊生，治理洪水是当时

---

① 《史记·五帝本纪》。

的首要大事。禹的父亲鲧曾被舜任命治水，历时九年没有成功。舜处死鲧后，又命令禹继续治理水患，历时十三年终成大业。有意思的是，沿北纬30°一线，世界上很多古老民族的远古记忆中，都有关于大洪水的传说，这难道仅仅是一种巧合吗？例如，在美索不达米亚平原发祥的属于苏美尔文明的一块公元前3090年的泥板上，记录了乌纳皮施汀君王执政期间一场大洪水的事例，其与《圣经》所记的诺亚方舟的传说颇为相似。在中美洲阿兹特克人的传说中，只有两个人躲过了洪水之劫。玛雅族印第安人的神经《波波武经》中，也有天神发怒用洪水惩罚人类的记载，只有"大父和大母"逃生。在古希腊神话中，宙斯为了灭绝罪孽越来越多的人类，发动了一场大洪水，只有他的儿子夫妇得以生存。3000多年前古印度吠陀时代，流传着本民族经历大洪水的传说，只有曼努一人生还，他与从水里冒出的一个女人结合后繁衍了种族。在古埃及《亡灵书》中，详细记述了月神索斯指责人类罪行并降洪水于世间。

大禹治水是先从当时的京畿地区冀州开始的，然后是黄河流域和卫河流域的兖州、青州，最后是江淮流域的徐州、扬州和荆州①。治水所需物资均由所经之处提供，如荆州一带主要提供羽、旄、齿、革，金三品，干、栝、柏、砺、砥、砮、箸、楛等。通过治水，在各方诸侯中形成了集权统一的思想观念，为后来建立集权王国奠定了思想基础。根据文献记载，因治水有功，禹得到天下诸侯的拥戴和朝贡，舜也顺应民意"禅位"于禹。

后世一般认为，部落大联盟采取民主推荐的方式选举首领，而后尧、舜、禹相继成为最大的部落联盟的领袖。据田昌五先生研究，夏文化的直接源头是中原龙山文化中的王湾类型和三里桥类型，并且在龙山文化晚期已经进入到了夏王朝建立时期。鲧和禹并非实有其人，而是分别以龟和蛇为名称（或图腾）的两个父子部落，因此，上述两个类型的文化分别是以鲧和禹为代表的部落集团文化。在鲧因治水失败而遭放逐后，两个部落合而为一。同样，尧只是有戎氏部落的称号，陶寺类型文化属于尧部落集团，这个集团称雄中原后，相继征服了一些以动物为名称（或图腾）的部落，如《淮南子·本经》所记载的猰貐、凿齿、九婴、大风、封豨、脩蛇等，成为天下共主，建

---

① 《尚书·禹贡》。

立了部落国家。王油坊类型是帝舜及其弟象所建立的国家留下的文化遗存，在战胜帝尧的部落国家后，帝舜成为中原霸主，而禹部落又战胜舜，建立了夏王朝。实际上，"尧、舜、禹不过是几个不同的部落国家，先后在中原地区争为霸主而已。"① 也就是说，夏王朝的天下是大禹通过武力夺过来的。

　　公元前2183年，禹即帝位于阳城（今河南登封）。禹本姓姒，曾被舜封为夏伯，因占有了大夏故地，故氏曰有夏，国号"夏"；又因禹治水有功，声望远播，深受百姓爱戴和诸侯尊崇，是为"华"，故后世有"华夏"之说。舜帝退位之前，还把协助禹治水的契封于商（今河南省商丘市），后稷封于有邰（今山西省武功县）。契到商丘立国后，其原居住的嵩山以东颖水流域被夏部落占据，从而使夏占据了黄河中游的中原地区。大禹建国后，继承了舜时部落大联盟的区域，但夏王朝或夏国的实际统治区域只限于今河南中部、北部和山西南部地区，也就是考古学上的二里头文化分布区域。

　　根据《史记·夏本纪》记载，夏原是部落联盟的名称，由12个姬姓氏族组成，包括有夏氏、有扈氏、有男氏等等等。夏王朝的创建者禹是黄帝的玄孙，也是原始社会末期氏族部落大联盟的最后一位领袖。夏王朝建立之前，原始氏族社会的最高组织形态是部落联盟，参加联盟的各个部落是平等的和独立的，相互之间没有后世所谓的行政隶属关系。

　　夏人主要活动在今豫西、晋南一带，夏王朝的中心区域北起山西汾水以南，南到河南汝水以北，西到华山以东，东到郑州以西，在此中心区域周边还有一些与夏人同族、与夏王室关系密切的姒姓方国，这些构成了夏王朝统治的核心区域。实际上，夏人能够直接控制的区域仅仅限于西起太华山以东、东迄豫东平原、北至黄河北岸、南达南阳盆地的比较狭小的范围。② 这个范围比部落大联盟所涉及的范围要小得多。后来所谓的夏王朝也只是部落大联盟中夏部落所拥有的区域，以及奉夏王为天下共主的部落所拥有的区域。

　　作为部落大联盟的领袖，禹的地位随时都会受到其他部族的威胁，征战与讨伐成为禹的重要任务。禹在即位之前，就长期握有兵权，《竹书纪年》记载："帝命夏后征有苗，有苗氏来朝"，就是他以不合作治水为由，"亲把天之

---

①　田昌五：《先夏文化探索》，《文物与考古论集》，文物出版社，1986年12月。
②　许海山：《亚洲历史》，线装书局，2006年9月。

瑞令"①，多次征战有苗氏迫使顺服。尧、舜曾多次发动过对三苗的战争，屈家岭文化就是苗蛮文化的杰出代表，在其强盛之时，曾经北上争夺中原霸权，一度赶走或同化了仰韶文化居民并占领其地，后又被中原地区的部落国家赶走或同化。因此，在考古学发现中，出现了自下而上存在的仰韶文化、屈家岭文化、龙山文化叠压现象。大禹当上中原地区的霸主后，继续征伐三苗，因此使我们今天看到了河南南部存在的二里头文化、下王岗类型和屈家岭文化的叠压现象②。既然"有苗来朝"，当有行礼。大禹还率军攻打如曹、魏、屈、骜、有扈等其他不顺从的氏族部落"以行其教"③，发动了对共工的战争并取得胜利④，成为震慑四方的唯一军事领袖，树立了至高无上的权威。

禹在长期治水过程中了解各地的地势物产和风俗人情，为了加强中央部落与其他部落的联系，他将大联盟所控制的区域划为九州即雍州（约当今陕西之地）、冀州（约当今山西南部）、豫州（约当今河南）、兖州（约当今河北南部）、青州（约当今山东）、徐州（约当今苏北、皖北）、扬州（约当今皖南、苏南）、荆州（约当今豫南与湖北）、梁州（约当今陕南），分为五服，以王畿为中心，王畿四周五百里为甸服，五百里外为侯服，侯服外五百里为绥服，绥服外五百里为要服，要服外五百里为荒服，从而构成了一个以王京为中心的地域空间观念；根据各地物产，制为九等贡赋，集九牧之铜铸成九鼎，上刻各地方物⑤。九鼎一直是后世传国重器，也是国家的象征，直至春秋战国时期沉入泗水而不知所终。

《史记·五帝本纪》记载有"五岁五巡狩，群后四朝"。郑玄解释说："巡狩之年，诸侯见于方岳之下；其间四年，四方诸侯分来朝于京师也。"巡狩和朝觐，是黄帝加强对各个部落和方国统治的主要方式，巡狩是对部落的监督，朝觐则是部落表示服从。巡狩和朝觐以及部族、方国对帝王的贡纳制度，构成了帝王部族与被统治部族之间的政治关系。

---

① 《墨子·非攻下》。

② 田昌五：《先夏文化探索》，《文物与考古论集》，文物出版社，1986年12月。

③ 《吕氏春秋·召类》。

④ 《荀子·议兵篇》。

⑤ 《尚书·禹贡》。

禹在位末期，曾到东方巡狩，并在会稽山（原称苗山，今浙江省绍兴市）召见各部落首领，之后大会诸侯于涂山①。当时执玉帛而来与会的有"万国"之多，即《左传·哀公七年》记载："禹会诸侯于涂山，执玉帛者万国"。其中执玉的是大诸侯（氏族部落），执帛的是小诸侯（氏族部落）。在大禹的安排下，演奏了中原地区的大夏之乐，表演了干戚之舞，仪式隆重，规模宏大，令各方诸侯无不惊讶、佩服和畏惧。参加会盟的各方诸侯当场向大禹进献了礼物，其中九夷②因世代与三苗通婚，没有随大禹讨伐三苗，一直惴惴不安，此次也当场进献了玉帛等贡品，表示愿意臣服于夏。

但就是这样一次盛会，自恃也在治水中有功、在吴越一带享有盛望的防风氏部落首领却最晚才到，禹以严明纪律为名把防风氏斩了。一般认为，这是禹已经从部落联盟首领变成名副其实的国王的证据，但实际上，这也许只是禹利用自身的强势对一个不顺从或弱小部落首领的处置，是通过"会盟"维护大部落联盟秩序的行为。大禹也在这次巡狩中因劳累过度，死于会稽山，并葬于此。后来秦始皇南巡时，曾"上会稽，祭大禹，望于南海，而立石刻颂秦德"③。

涂山会盟进一步巩固了大禹的地位和在诸侯中的威严，之后，各地纷纷按照九等贡赋的规定，向大禹所在的夏部落进贡。据《尚书·禹贡》记载，各地特产以贡品形式、按照不同路线输往中原地区，其中有兖州的漆、丝、彩绸等；青州的盐、葛布、蚕丝、大麻、锡、松、奇石等；徐州的大山鸡、桐木、磐石、鱼、珍珠、绢绸等；扬州的金、银、铜、美玉、奇石、竹子、象牙、犀牛革、旄牛尾、羽毛、木材、橘柚等；豫州的漆、细葛布、苎麻、玉磬、奇石等；梁州的玉、铁、银磬、熊、狐狸、野猫等；雍州的美玉、美石、珠宝等。

2. 积极开展与域内外部族的外交关系

为了寻求治国贤才，更为了与夏王朝周边地区的部族搞好关系，大禹曾

---

① 关于涂山今属何地，凡有三说，即现在河南嵩山县伊水河畔的三涂山、现安徽省当涂山，或说在现浙江省绍兴市。大禹治水期间曾娶涂山氏女娇为妻。

② 按《后汉书·东夷传》记载，九夷包括畎夷、于夷、方夷、黄夷、白夷、赤夷、玄夷、风夷、阳夷等九个东方强大部族。

③ 《史记·秦始皇本纪》。

积极开展对各个部族的外交关系。东边到达了鸟谷青丘之乡的黑齿之国，南边到过交趾弥朴绩樠之国、九阳山的羽人之国，西边到达三危之国，北边到达人正之国、犬戎之国、夸父之国和禹强之国①。显然，这些国都不是在夏王朝势力的实际控制范围内。

在这样的开展外交关系的过程中，禹是否与这些"国"有礼物交换，或者说，是否得到过这些"域外"赠送或朝贡的物品，我们不得而知，但根据帝舜时的事例推断，在大禹时也是应该有的。《尚书·禹贡·雍州》明确记载："织皮：昆仑、析支、渠搜、西戎即叙"，说明这些地方向大禹进贡皮毛。《大戴礼记·少闲》也记载："舜有禹代兴，禹卒受命，……民明教，通于四海，海之外肃慎、北发、渠搜、氐、羌来服"。《宋书·符瑞志下》有："渠搜，禹时来献裘。"《荀子·大略》还记载大禹曾"学于西王国"，等等。他在拓展外交的过程中，与各方国、诸侯国建立了良好的关系，情况极为熟悉，对天下"万国"诸侯，"大禹皆知其体"②。而且，大禹还积极推行夏的先进文化和政治制度，包括"颁夏时于邦国"等③。

禹时期的夏并不是完全意义上的国家，但却进一步完善了黄帝时期开始建立的国家的雏形。此时，并没有完全摆脱部落联盟的性质，只不过由各个部落国家组成的国家集团或联盟的规模扩大了，秩序严密了，建立了一个全新秩序的部落大联盟。所以，这种部落大联盟只是建立了一种规范各个部落、氏族、邑落之间关系的新秩序。作为大联盟的首领，禹是各部落、邑落矛盾的最高仲裁者，也是大联盟所规范的秩序的保护者，但并不干预各个部落、邑落的内部事务。维护部落大联盟秩序的重要形式是会盟，没有会盟就意味着大联盟的瓦解，因此，拥有强大武力作为后盾的禹才斩了防风氏以维护联盟的统一。可见，推选武力强大的部落首领担任部落大联盟的领袖，正是为了使大联盟的秩序得到维护和保障，春秋战国时期频繁发生的诸侯会盟，概可追溯于此。

3. 家天下的建立与钧台之享

夏王朝是中国历史上建立的第一个王朝，从公元前 2070 年到公元前 1600

---

① 《吕氏春秋·求人》。

② 贾谊：《新书·修政篇》。

③ 《竹书纪年》。

年，延续470年之久。夏从禹算起，共传14世17王。在考古学文化上，夏所对应的是二里头文化和中原龙山文化晚期，大约同时期存在的太湖地区的良渚文化、江汉地区的屈家岭文化、海岱地区的龙山文化，都是当时比较发达的文明。

至迟在夏晚期，夏王朝已经是黄河流域形成的唯一国家，也是东亚最早形成的国家。据考古和文献资料，夏朝的中心地区在今豫西嵩山附近的颍河上游伊洛河流域和黄河北岸的古济水流域，晋西南也是其重要统治区，其势所及南至江汉北，东近淮泗。中国的主体民族华夏族的力量就是在这一地区发展起来的。古代的中国人正是以这里为大本营，不断发展和完善国家体系，加强与外部世界的交流与合作，在战争和融合中改变着中国的地理和政治版图。尽管此时的夏王朝与各部族之间的关系仍然延续了部落联盟的形式，但也没有明确的疆域四至。

二里头时期素纹爵

夏王朝的政治地位并不稳固，作为处于大部落联盟领袖地位的强势部落，也时常会受到其他部落的威胁，这几乎贯穿了夏的始终。为了巩固自己的权力，夏王朝的领袖经常利用各种机会召集各部落，并由此检验权力的效用，对敢于轻视自己的部落实施讨伐，对弱小部落进行威吓。追根溯源，夏王朝是在破坏了从黄帝以来部落大联盟的"禅让"制度的基础上建立的。

"禅让"是部落联合体规范的理想的选举制度，但从《竹书纪年》："尧之末年，德衰"和"舜囚尧于平阳，取之帝位"以及"舜放尧于平阳"的记载看，"摄政"权力经常是来自于争夺，也说明部落联合体尽管存在最高权力机构，但内部实际上并不平等，舜是"践天子位"当上了部落联合体首领的。禹晚年本要承袭"禅让"制，推举夷人首领皋陶为继承人，但皋陶却先他而去。按照禅让制度，禹决定让皋陶的儿子东夷伯益做继承人。伯夷是古东夷部落首领少昊氏的后裔，女祖是黄帝族颛顼的后代，嬴姓，所以也是秦的始祖。但当禹死后，伯夷在会稽山为大禹守丧三年，这期间远离了政治统治的中心，给禹的儿子启夺取政权提供了充分的准备，部落联盟中一些实力较强的氏族也公开拥立禹的儿子启即位。对伯益的反对引发了动乱，启在动乱中镇压了起兵反对的部落，杀了伯益夺得王位（约公元前1988年～前1979年），通过历史上有名的"钧台之享"，大会诸侯于钧台（今河南禹县和许昌之间），巩固了王权。

"钧台之享"或许就是夏部落对其他部落的一次力量展示，也是正式废弃天下公选禅让制度，建立私有制的家天下的标志。"钧台之享"又是一次即位大典，"享"有"献"之意，在这样的大典上，各路诸侯当不会空手而来，如彭伯寿（尧时被封于彭城，在今江苏徐州）就贡品丰厚①。但仍然有一些部落甚至包括夏族部落在内的部族不服，如有扈氏等。尽管属于同姓部落，但在大禹时期，有夏氏就曾发动过对有扈氏的战争，《庄子》有"禹攻有扈"且"用兵不止"的记载。有扈氏是因为自己的辈分较高，认为应由自己部落的首领登"天子"位而不服夏启。启率兵与有扈战于甘，《尚书·甘誓》记述了"甘之战"前夕发布战争动员令的内容。启灭有扈氏后，既巩固了夏王朝统治，又确立了新的传子制度，典型的宗族宗法奴隶制的国家形态初步确立。

夏启通过"钧台之享"废除禅让制，建立了君主世袭制度，标志一个旧时代的结束和一个新时代的开始。夏，这个原由夏后氏等十几个同姓部落组成的部落联盟的名称，变成中国第一个家天下奴隶制王朝的代号。从此，以国王为中心的国家机构体制也随之逐渐建立了起来。因此，真正的夏王朝，应该肇始于禹，建成于启。启即位后，仍然有不少部落对启破坏禅让制度不满，对启的位子虎视眈眈，穷国首领后羿正是因此兴兵伐夏的。夏后氏等同姓部落也常有内讧，造成了江山不稳。但在彻底消灭有扈氏等反对部落后，"天下咸朝"②，夏启基本上稳定了夏王朝的大局。这期间，在夏启政权中负责农业的官员、弃的儿子不窋做出了很大贡献，夏启将灭亡的有扈氏的领地并入有邰氏给了不窋，周族正是从此走上了逐渐强大之

---

① 陈智勇等：《夏史话》，中州古籍出版社，2008年4月。

② 《史记·夏本纪》。

路的。

(二) 夏王朝与部落方国的关系及朝聘制度的初创

　　进入夏朝，部落逐渐演变成为夏国家中的区域组织，王是最高权力的象征。但是，各个部落并不会甘心情愿地服从王的统治，对于不服从的部落，夏王会以武力讨伐征服，直到其被消灭或臣服。这也因此造成了王权位置的不稳定，甚至被其他部落联盟夺取政权。通过连年战争，消灭强国、占领弱国，使"国"的数量不断减少，这种现象从夏、商、西周一直延续到春秋战国时期，直至秦始皇统一六国。

　　夏是以中原为核心建立的上古联盟国家，夏后氏政权的建立也是鲧、禹父子长年治水功绩的结果。夏启即位后，有扈氏的反抗惨遭镇压，太康失国后得到部落、方国的支持，终成少康复国，都说明夏王朝的家天下得到了一些部落、方国的拥护。但这种拥护或许只限于夏族部落，因为太康失国后，支持少康复国的只有斟鄩氏、斟灌氏等夏族部落，而没有商族和周族的参与。由此可见，夏王朝与其他四方诸侯的关系并不密切，或者说并没有严格的隶属关系。《尚书·皋陶谟》也记载，尧舜时期的中央政权势力远大，而夏仅仅占据了中原地区的一小部分。帝孔甲时，因其好方鬼神，事淫乱，"夏后氏德衰，诸侯畔之"①。其他部落的挑衅也一直伴随到夏王朝灭亡。

　　"禹为姒姓，其后分封，以国为姓"②。在夏代的社会政治结构中，同姓分封国（氏族部落）仍然占据主导地位，是确保夏王朝统治的基础。除此之外，夏分封的诸侯国包括有仍氏、有虞氏、有鬲氏、昆吾氏、豕韦氏等，还有英、六、许、观、韦、顾、葛、莘、薛、商等方国③，诸侯国和方国在理论上成为夏王朝的地方统治机构。所以，夏王朝名义上是全国性政权，但真正实际统治的区域是很有限的，不仅没有把一些夏族分支部落包括进去，更没有把居于东方的商族和居于关中腹地的周族的地盘包括进去——

---

① 《史记·夏本纪》。
② 《史记·夏本纪》。
③ 陈智勇等：《夏史话》，中州古籍出版社，2008 年 4 月。

正是这两个部族成为后世争夺天下的强大势力，先后有了商王朝和周王朝。

由于夏王朝对其他氏族部落或方国的根本利益也没有任何的损害，甚至依靠它建立在强大的以武力为后盾基础上取得的盟主或天下共主的身份来协调各个部落或方国的矛盾和冲突，因而也得到这些部落或方国名义上的拥护。由此，各个部落或方国小范围的家天下，就成了夏族家天下的社会基础。夏王朝的家天下与部落或方国的家天下在某种意义上是平等的，它们之间的关系属于外交关系。

夏王朝与其他氏族部落的关系是所谓的"氏族封建制"，即夏人承认其他氏族部落存在的合法性，不干涉其内部事务，也不试图改变其原有的统治结构。各个顺从的氏族部落则承认夏人是他们的"共主"。夏王朝的470年，实际是在全国政权名义下方国部落诸侯割据的470年，这个全国性政权在概念上不仅与以后的全国性政权有根本的不同，即使与取而代之的商王朝也有本质的区别，而这正是国家雏形——上古联盟国家的形态。夏王朝在其统治的中心区域以外建侯国，侯国以外建立五服，形成统治力量呈力度依次递减的环状统治结构①。这个时期的所谓"万国"、诸侯，实际是大小不等、文明程度各异的宗族城邦。因此，所谓夏朝，实际上是夏后氏为盟主，由众多独立族邦组成的族邦联盟。这种族邦联盟松散而不稳定，具有城邦即城市国家的特点，但却因此产生了对后世具有深远影响的朝聘制度。

"国家及相关制度以及诸多重要思想观念萌芽于尧舜时代"②。《史记·五帝本纪》记载："宾于四门，四门穆穆，诸侯远方宾客皆敬。"四门就是部落酋长。处于国家产生前夜的尧舜部落联合体时代，氏族酋长仲裁近邻各族纷争时，就已经有了朝聘的萌芽。《尚书·尧典》："觐四岳群牧"和"五载一巡狩，群后四朝"，说明觐见和朝礼已经出现。《尧典》还有"修五礼、五圭、三帛、二生、一死贽。如五器，卒乃复"的记载。《禹贡》所说的甸、侯、绥、要、荒"五服制"，或许是统治者的理想，或许只是后人的臆想，但伴随着国家制度的形成，各方首领对禹尽朝觐纳贡的义务应该是存在的。《左

---

① 许海山：《亚洲历史》，线装书局，2006年9月。

② 吕绍纲：《中国文化史宜从尧舜讲起》，《社会科学战线》1998年第3期。

传》哀公七年所记季康子说："禹合诸侯于涂山，执玉帛者万国。"玉帛就是赘见之礼。

启的即位是部族联合体内部各方酋长拥戴的结果，也是部落联合体首脑最高权力向国家权力转化的标志，而朝觐是拥戴的重要形式之一。《战国策·燕策一》记载的："禹授益，而以启为人吏。及老，而以启为不足任天下，传之益也。启与支党攻益而夺之天下。是禹名传天下于益，其实令启自取之。"似乎是说大禹内心了还是希望破坏禅让，建立"家天下"的。夏启通过钧台之享成为历史上第一位真正意义上的君王，也由此开始了一次集体朝觐。钧台之享，就是钧台之献，各方首领在钧台对启贡献，以尽臣礼。尽管"有扈氏不服，启伐之，大战于甘……"但"遂灭有扈氏，天下咸朝"[1]。

《竹书纪年》记载了很多夏与诸夷的关系，如："（帝相）元年，征淮夷、畎夷。二年，征风夷及黄夷。七年，于夷来宾。""少康即位，方夷来宾。""后芬即位，三年，九夷来御。"而"后发即位，元年，诸夷宾于王门，再保庸会于上池，诸夷入舞。"宾，《说文·贝部》王国维释："古者宾客至，必有物以赠之……故字从贝。"

从《左传》襄公四年和哀公元年记载看，东夷有穷氏的后羿利用夏王朝的衰落夺得政权，而少康在恢复夏的统治过程中则借助了东夷有鬲氏的力量，可见，夏与诸夷有着良好的关系。二里头遗址出土的很多玉柄形器是古代重要礼器，也是夏王赐予各部落或方国的一种表明身份的礼器。在夏时，启对各个部族能够有效控制，但不久之后就进入衰退。诸夷虽然承认夏王室对自己的控制，并承担一部分贡赋义务，但也有相对的独立性，使得王室不得不尊重这个事实的存在，所以有以"宾"示"敬"。

（三）九夷来朝及与丁零族会于中国

古埃及文明在公元前4245年南、北国王首次联合后，进入了长达三千多年的法老王朝，之后发生战乱。夏王朝建立之时，古埃及的战乱结束，并很快恢复了元气，建立了比较成熟的国家。"当帝国威震地中海及西亚的时候，

---

[1] 《史记·夏本纪》。

由外国进贡来的珠宝更是把每一个埃及人都装扮的金光闪闪"①。公元前 20 世纪，古希腊的克里特出现了早期国家，并在公元前 2000 年发展到了青铜器的鼎盛时代，尤以克里特文明与希腊本土的迈锡尼文明组成的希腊青铜文明具有极高的成就。其中克里特文明与古埃及文明有密切的贸易往来，而古希腊文明则间接地影响了中国西南地区的古蜀文明。在古代中国进入夏王朝不久，公元前 1894 年，阿摩利王朝入主巴比伦，进入巴比伦第一王朝时期。到夏王朝后期，公元前 1700 年，古巴比伦开始使用马匹，两轮战车改变了战争形态使其对外扩张迅速。

在中国，夏启在位时好逸恶劳，生活淫逸，喜好乐舞，沉湎酒色。其子太康则更加荒淫，导致了夏王朝统治下百姓和联盟中其他部落成员的不服。大联盟中的重要成员东夷有穷氏首领后羿趁机作乱，太康被迫迁斟（今河南巩县），历史上称为"太康失国"。此时，正是相土为商族首领的时期，商族趁夏朝对诸侯无力控制之机，积极扩张商族的势力范围，《诗经·商颂·长发》以"相土烈烈，海外有截"描述了威武的商族军队甚至打到了东海之滨的壮举。

其实在夏代，曾经或因政治动乱，或因谋求生存环境的改变，夏部族有过多次迁徙。后羿似乎短时获得了天下共主的地位，但却没有尝试恢复部落大联盟的旧有秩序，而是不断强化个人权力，将自己所在的部族凌驾于其他部族之上，沉湎于捕猎取乐，不理政事，逐弃良臣，任用奸人。不久之后，有穷氏内部也发生了激烈的权力斗争，投奔后羿的东夷寒国（今山东潍县北）贵族寒浞篡夺政权并杀后羿。为免后患，寒浞又弑相（流亡中的太康死后，其弟仲康继立；仲康死后，其子相继立）。若不是相之妻缗正怀有身孕并逃脱生下遗腹子少康，夏将国统不存。少康及大，由有仍（今山东济宁）流亡到虞地（今河南虞城），任有虞氏疱正，并娶有虞氏的首领思女儿为妻，得到封田地方十里及民众五百人。少康以此为资本，联系夏朝旧众，终于灭掉寒浞，复兴夏朝，建都安邑，史称"少康中兴"。各地诸侯得知少康成功复国重振王室的消息后，纷纷携带贡品前来朝贺，昆吾、彭、顾、豕韦与葛国为少康中兴贡献最大，当场得到分封。少康即位后，吸取太康失国教训，致力于德政，

---

① 国家地理系列编委会：《失落的文明》，蓝天出版社，2009 年 1 月。

积极改善与四周夷族的关系，国势逐渐强大。

但在少康迁都阳夏举行的庆典上，那么多的东夷部族中只有方夷前来祝贺，少康子杼即位后，为报国仇家恨，大举征伐东夷直至东海，加上积极发展国力，是夏朝国势最为强大的时期，在部落大联盟中的地位几可与大禹比肩。到杼子槐即位时，各地夷族包括有畎夷、于夷、方夷、黄夷、白夷、赤夷、玄夷、风夷、阳夷等纷纷表示归顺，带着贡品共同来朝觐夏王，史称"九夷来朝"。以后几代也基本能保持着稳定的政治局面，特别是能维护对东部夷族的有效统治。帝芒统治时期曾东狩于海，帝泄时曾对东部的畎夷、白夷、赤夷、玄夷、风夷、阳夷颁行过新的王命，说明夏王朝的势力已经达到东部沿海一带。

在夏代，在外贝加尔湖和米努克斯生活的古代居民被称为狄历，属于"丁零族"。据何秋涛《王会篇笺释》引《禹四海异物》，"丁零族"曾与夏"会于中国"，是"夏成五服、外簿四海"之一。"会于中国"时是否带有礼物相赠，史书没有记载，当相信"丁零人"不会空手而来。当时，在夏朝的北方，还有一个荤粥族，应当也与夏朝有所接触，可惜没有更为丰富的历史文献记载。

（四）从妹喜到伊尹送美女珍宝救商汤

帝不降时，曾伐九苑，说明其时夏王朝的武力还十分强大。从帝不降到夏王朝第十四位王帝孔甲荒怠朝政，内部出现了比较激烈的王位争夺，以致诸侯纷纷背叛，夏王朝开始走向衰落，故有"孔甲乱夏，四世而陨"[①] 之说。夏王朝的最后一位王帝履癸就是著名的暴君桀，他好大喜功，常以种种借口向各方大兴问罪之师，终在艰苦消灭有缗氏的战争中耗尽国力，史说"桀克有缗纷丧其国"[②]。其实，此时中央统治区域内遭受的大旱，也给了夏王朝致命的打击。

夏桀自恃武力，不修德政，搜刮民财，大兴土木，终日沉湎于犬马声色，荒淫奢侈，朝臣或被杀，或弃之投商。与此同时，世居东方的商国势力日益

① 《国语·周语下》。
② 《左传·昭公十一年》。

强大。商族原是东方的古老部落，祖居今内蒙古赤峰市克什克腾旗的白金山一带①。商人之先祖契是帝喾高辛氏之后，是诸夏之族中有着悠久历史的民族之一。《史记·殷本纪》记载："殷契，母曰简狄，有娀氏之女，为帝喾次妃。三人行浴，见玄鸟堕其卵，简狄取吞之，因孕，生契。"《诗经·商颂·玄鸟》记载："天命玄鸟，降而生商，宅殷土茫茫。"契是其母吞食玄鸟卵而生，故有"玄王"之称②，因佐禹治水有功被帝舜封于商。契曾是尧舜之际部落大联盟的重要军事首领之一。"玄王勤商，十有四世而兴"③，为了生存和接受中原地区先进文化，商族从辽河流域经河北平原不断向南迁徙。

在夏代很长时期内，商族立足于豫、鲁、冀之间，选择近水源且宜于农耕的河流两岸或沼泽边缘建立聚居点。传十四世至汤，商族部落成为夏王朝主管征伐的诸侯，可见其实力非同一般。《史记·殷本纪》："汤征诸侯"，《集解》孔安国曰："为夏方伯，得专征伐。"汤利用征战之便，笼络各个部落，对夏的附属国进行过多达几十次征战，包括韦、顾、昆吾、苏、温、董、有洛、葛、荆等④，《史记·夏本纪》称"汤修德，诸侯皆归商"，汤遂率兵以伐夏桀。《墨子·非攻下》说："汤奉桀众，以克有（夏），属诸侯于薄，荐章天命，通于四方，而天下诸侯莫不宾服。"由于商汤积德行义，与夏桀形成鲜明对照，诸侯多叛桀而归汤。夏桀也早已感受到了商汤对自己的威胁，把他骗到斟鄩，关进夏台（夏王朝的监狱，内设水牢，故址在今河南禹州）。商汤正是在征伐韦、顾两诸侯后，被夏桀囚禁的。

夏桀的大臣曾建议以商汤多年没有进贡为名攻打商国，清除威胁，但夏桀没有接受，而是命令攻打有施国，因为有施国国君的女儿妹喜貌若天仙，令夏桀早已垂涎三尺。被围困的有施国君只得带女儿妹喜前来请罪，夏桀才撤兵。这是历史上最早的以美女作为礼物赠送的事例之一。对此，大臣多有不满，提出攻打有施国是因为它背叛夏王，连年不朝贡，怎么可以因为贿赂一个美女就撤兵？夏桀却说并不在乎那一点点贡品，得一妹喜足矣。

妹喜本是风骚女子，进入夏宫后，在专门为她营造的"倾宫"内与夏桀

---

① 黄斌、黄瑞：《走进东北古国》，远方出版社，2006 年 3 月。
② 《吕氏春秋·有始览》："北方曰玄天。"故有学者认为玄王为北方之王。
③ 《国语·周语下》。
④ 见《诗经·商颂·长发》、《国语·郑语》、《孟子·滕文公下》、《越绝书三》等。

终日享乐，后又让夏桀在"瑶台"内设酒池肉林，赤裸狂舞。之后，夏桀又在攻打有缗氏时，得到了有缗氏进贡的琬、琰二美女，与其终日淫乐不止，并将她俩的名字刻在传国玉玺之上，名为"韶华之玉"。历史文献记载了这两件以美女为礼物的事例。据《国语·晋语一》载："昔夏桀伐有施，有施人以妹喜女焉，妹喜有宠，于是乎与伊尹比而亡夏。"《竹书纪年》也载："后桀命伐岷山，岷山进女于桀二人，曰琬，曰琰。桀爱二人，女无子焉，刻其名于苕华之玉，苕是琬，华是琰，而弃其元妃于洛，曰妹喜氏。妹喜氏与伊尹交，遂以间夏。"《史记·殷本纪》记载："伊尹名阿衡。阿衡欲干汤而无由，乃为有莘氏媵臣，负鼎俎，以滋味说汤，至于王道。或曰，伊尹处士，汤使人聘迎之，五反，然后肯往从汤，言素王及九主之事。汤举任以国政。伊尹去汤适夏，既丑有夏，复归于亳。"

如果按照《孟子·万章上》"汤使人以币聘之"的记载，伊尹是商汤以厚礼聘请才来的。伊尹所在的有莘氏与夏本是姻亲关系，也是一个较大的氏族，后来成为夏王朝经济文化较为发达的诸侯国。而据《列女传》记载："汤妃有莘氏女"，说明伊尹与商汤是郎舅关系。商汤的重臣伊尹深知夏桀的骄奢淫逸和对美女的喜好，也显然了解到有施国和有缗氏向夏桀赠送美女所起的作用。为了营救被夏桀囚禁的商汤，伊尹命令手下到处搜集美女和珍宝，进献给夏桀。贪财好色的夏桀见到商国送来的美女和珍宝，不仅释放了商汤，还把赞茅之地赏赐给他，留下了灭国大患。

商汤获救后，首先征伐昆吾，之后才出兵灭桀。公元前1751年，商汤俯顺舆情，率已顺从的诸侯之兵讨伐夏桀，与夏桀大战于鸣条（今山西安邑）。在著名的"鸣条之战"中，夏桀屡战屡败，逃向东南方，终被商汤俘获后流放在南巢（今安徽巢县）经三年而死，夏王朝灭亡。商汤灭夏，是先从消灭夏王朝的盟国葛（今河南宁陵东北）、韦（今滑县东南）、顾（今山东范县）和昆吾（今河南许昌）开始的，消灭了夏王朝的盟国，又得到了其他各国的支持，所以史书有所谓"诸侯由是叛桀附汤，同日职贡者五百国"[①]的记载，说明夏王朝的灭亡已是大势所趋。商王朝的建立与其说是朝代更替，不如说是部族革命，是原来部落大联盟中的一个部落国家取代了另一个曾经占据主

---

① 《帝王本纪》。《太平御览》卷83引。

导地位的部落国家成为部落大联盟的新领袖。而从二里岗文化和二里头文化的比较也可以看出，夏商文化没有绝对的界限，商文化对夏文化有着明显的继承关系。当然，商文化的源头除二里头文化外，还有其他渊源。商的先祖属于颛顼之族，曾在南到濮水、北漳水流域往返迁徙八次，其往东则进入现山东地区，向西到达太行山，活动区域基本都在原帝舜部落国家的范围内。帝舜的南支为有虞氏，北支则是商的先祖。[①] 夏王朝是被其一直拥有友好关系的商国灭亡的，但商汤在《尚书·尚书·钟虺之诰》中把它说成是"奉若天命"，是"替天行道"。

---

① 田昌五：《先夏文化探索》，《文物与考古论集》，文物出版社，1986 年 12 月。

三　莫敢不享

——商代征服中的外交开拓

商的先祖"契长而佐而治水有功……封于商……成汤，自契至汤八迁。汤始居亳，从先王居，作《帝诰》。"灭夏桀之后，"诸侯毕服，汤乃践天子位，平定海内"①。与夏一样，商在立国之前，曾为开辟新的生物圈在不断地迁徙，并在迁徙中与土著部族发生过殊死拼杀。但与夏族的迁徙不同的是，它始终以占领夏朝故地和征服新地、获取资源为行动原则，同时争取四方异姓部族的拥护，壮大商族的力量。立国后的迁都，也具有同样的目的，这大不同于夏集团收复夏众、巩固邦土的内向型择都。

商王朝共历 17 世 31 王。商王和神混一，王权和神权一体，是商王朝政权的重要特点。商王朝的国家机构比夏王朝更加完备，虽然就社会性质来说，商与夏并没有本质不同，但生产力水平的提高促进了社会经济、文化的发展。尤其是甲骨文开创了我国古代文字记录的历史，农业成为最重要的经济部门，以青铜器、丝织品、冶铁、酿酒为主的手工业进入一个新阶段，天文历法、音乐等都比夏代进步很大。商王朝的财政来源，一是王室直接经营的产业，二是贵族、诸侯、臣服方国的贡物。

因为既有占领的夏朝故地，又有顺从和征服的氏族部落新地，商王朝的势力范围比夏朝扩大很多，东至山东沿海一带，西达今陕西西部，西南到达今四川地区，东北达到今辽宁，向南跨过长江到达五岭以南广大地区。因盘庚迁都殷（今河南安阳小屯），故称为殷商，是古代东方强大的奴隶制国家。商朝的周围还有许多部族和方国，如在今东北有肃慎，滦河下游有孤竹，内蒙古东南部和山西境内有鬼方、土方，陕西北部有羌方、犬戎、熏育（荤

---

① 《史记·殷本纪》。

粥），西部有周、氐，西南有巴、蜀，长江中游有濮、楚，淮河流域有淮、夷等等。其中西北的氐、羌族部落，在夏时就与夏王朝保持密切关系，但终商一代也没有顺服。而实际上，即使在以羌人为主体的西戎诸部落地区，所生活的也不完全都是羌人，也有其他迁徙而至的部族。商人本与夏王朝的实际统治区域为邻，代夏后，其直接统治区与势力范围扩大，但与诸侯方国的关系及双环式疆域结构没有发生根本变化，直到商朝后期对方国的统治力度才有所加强。

（一）商王朝与诸侯国的关系及诸侯国外交

1. 建立在贡献基础上的商王朝与诸侯国关系

成汤灭夏后，以商族为统治核心建立了一个比夏王朝在部落大联盟中的地位和势力更为强大的国家，四方部族为了祝贺商代夏的历史性时刻，抑或为了寻求与商的交往，曾经集体前来进献，带来了各自以及他们与远方民族交换的异物。《尚书·仲虺之诰》说"成汤放桀于南巢"后，"缵禹旧服，兹率厥典"，似乎是奉行了夏代旧制，但由于这个记载属于后人伪作，事实不一定如此。但从《诗经·商颂·玄鸟》记载的"正域彼四方。方命厥后，奄有九有"以及诸侯国"龙旂十乘，大糦是承"看，成汤建商后，确实遍告诸侯，要求朝觐贡献。其中从北方和西方来进献的民族就有十多个，包括鬼方。

上古时代是中国的早期国家形成期，夏王朝虽然具有了国家的性质，但仍以部落联盟为主，到商前期还是采用部落联盟的形式，后期才开始称王，并以诸侯、方国的形式进行地方统治，国家形态进一步完善。商王朝的国家机构比夏代更加系统，主要表现在官制、军队和刑罚三个方面。商王是最高统治者，独揽大权。王之下设相，也叫做家宰，是百官之长，辅佐商王以统治全国。相之下有小耤臣、耤臣、小众人臣等，管理农业生产；有工、多工，管理手工业生产；有卜、史、巫、尹等，为卜筮、记事之官；有马、射、多射等，为统领军马征战之武官。商朝的军队庞大，有一定的编制。甲骨文记载，商王一次出兵三千或五千人，有时多达一万三千人。又记载商王编军队为左、中、右三师，士兵主要由平民组成，有时也有奴隶在内。商朝的地方政区是以原有的部落或方国为单位，一般称作邑或方，以其首领为方伯统治地方，后代称作诸侯。

《尚书·酒诰》说："自成汤至于帝乙……越在外服：侯、甸、男、卫、邦伯。"商王朝已经有了比较完备的朝聘体系，与外服的外交主要通过朝聘来实施，而被征服的"外服"只有承认从属，接受赐予的名号，履行纳贡义务，才能成为商王朝的诸侯。当然，这种朝聘是在不对等的基础上实施的，并且具有不稳定性。朝聘并不只是在王室和臣属的诸侯国之间进行，还包括没有臣属的方国或部落，商王室与他们是一种平等和互惠的关系。但是，正如《诗经·商颂·殷武》所说："昔有成汤，自彼氐羌，莫敢不来享，莫敢不来王，曰商是常。"各个诸侯国并不一定心甘情愿地向商王贡献，只是惧怕商的威势，不得不按照商王朝的规定和安排朝觐贡纳。例如缶国长期与商为敌，拒不贡献，通过武丁率军亲征才迫使缶国前来朝拜。

商代的朝聘制度比夏朝有了进一步发展，其中包括按时朝见商王、纳贡述职的朝觐。朝觐时，各个诸侯国、方国要向商王室缴纳各种贡品，各项礼仪包括贡朝礼、殷同朝礼、巡守朝礼、会盟朝礼等。此外，商王还要对诸侯国、方国聘问，派遣使者往来于邻国和臣属贵族之间，包括遣使聘问和主要是贡献礼物的贡纳聘问[1]。不过，商代朝聘制度的实行与王室的兴衰有着直接的关系。这一点，司马迁在《史记》中记载的很清楚，例如，"帝太甲有德，诸侯咸归殷，百姓以宁"。帝雍己时，"殷道衰，诸侯或不至"。"自中丁以来，废适而更立储弟子，弟子或争相代立，比九世，乱。于是诸侯莫朝"。帝盘庚之时，尽管"乃五迁，无定处"，但"殷道复兴，诸侯来朝"，直至"帝甲淫乱，殷复衰"[2]。

两周之际贵族芮公夫人仲姜的墓葬位于陕西韩城梁带村，其中出土了以大量玉器为特色的随葬品。其中一件玉戚形环，青玉质，微透明，做工精细，在立沿部刻有铭文"小臣奚□"四字；另一件由189颗玛瑙珠及16颗玉贝、16颗玉蚕、48颗玉龟、8颗玉珠和4颗玻璃料珠有机编排的玉握，是我国目前发现的最为复杂和奢华的两周玉握[3]。尤其值得注意的是此墓葬中出土了前世商代的遗物。发掘者将此器铭文与三门峡虢国墓玉璧上的刻文加以对比，

---

① 李无未：《周代朝聘制度研究》，吉林人民出版社，2006年1月。
② 《史记·殷本纪》。
③ 陕西省考古研究所等《陕西韩城梁带村遗址M26发掘简报》，《文物》2008年第1期。

认为它们在内容和书体方面大体相同。青铜器和古文字专家对三门峡虢国墓出土的玉器进行研究的结果表明，其铭文释为"小臣系献"，其中"小臣"是谦称，"系"为人名，说明这件玉器是一个叫系的臣下进献给商王的①。"小臣系"是商代晚期地位显赫的人物，仲姜墓（M26）出土玉戚形环铭文中的"奚"字，与三门峡虢国墓玉璧上的"系"字相同，也应释为"系"，因此这件玉戚形环也应是小臣系进献给商王的礼物。献给商王的进贡品，却到了后世芮公夫人手中，再加上墓葬中出土的其他前世遗物判断，此人生前应有收藏爱好，或是因为器物本身的宝贵而珍藏之②。至于这件商代的遗物何时以及怎样成为芮公的藏品，我们不得而知。

　　商朝初期，商王室控制的京畿区域以外，尚有3000多个诸侯国。各诸侯国拥戴商国，不仅因为其地域广大，更因为其军事、经济势力强大，因为畏惧而臣服，延续并发展了氏族部落联盟的形式，尊商国国君为共同盟主，从而形成了以商国为核心的政治结构版图。商国为中央大国，各诸侯国拥有一定主权和疆域，但对商国表示拥戴和臣服。诸侯国之间则或为利益而结盟，或为冲突而交战。诸侯国之间随着势力的消长时而发生相互间的归顺和兼并，使诸侯国的数量不断发生变化，到商朝末年，已经只有1800多个诸侯国。对于诸侯国之间的纷争，在商国强盛时期，商王以天下共主的身份出面调停。但在商朝末年，已经对诸侯国之间的纷争无力干涉了，只能听之任之。

　　在商代，诸侯国之间的政治和文化交流发生频繁，特别是各诸侯国之间经常为了争夺地盘和财富而发生战事，一个诸侯国或方国的物品就会随着交流进入另一个诸侯国或方国。因此开始了先秦王室与诸侯国之间以及诸侯国之间的特殊外交。甲骨文中有很多商王朝派遣使者到各方国的记录，其中"史（使）人"担当了执行外交使命的特殊任务，如"史于犬延"（《屯南》1009）、"史人往于唐"（《合集》5544）、"又史人至蜀"（《合集》21911）等③。四川广汉三星堆文明所代表的古蜀国，与商王朝并没有严格的隶属关系，但出土了很多与中原商文化一致的青铜器、玉器礼器等，显然是由于在

---

①　李学勤：《谈小臣系玉瑗》，《故宫博物院院刊》1998年第3期。

②　李缙云：《新见周代贵族收藏的前世文物》，《中国文物报》2008年5月28日第6版。

③　黎虎：《殷代外交制度初探》，《历史研究》1988年第5期。

平等互惠关系上的礼物交换所致。又如，文物和考古研究者指出，成都金沙遗址出土的长玉琮，上面刻有原始符号，是一件典型的良渚文化玉器，显然是相互交流所致，不排除是相互赠送礼品的见证。这个时期最善于利用赠送礼品来达到外交斡旋目的的外交家，当属姜尚，我们将在下文叙述。

2. 商王朝的国策：四方来献及剿杀与征伐

武丁是商代开疆拓土的著名帝王，商人在祭祀武丁王时，有这样的记载："挞彼殷武，奋发荆楚，罙（深）入其阻，裒荆之旅。有截其所，汤孙之绪。维女荆楚，居国南乡，昔有成汤，自彼氐羌。莫敢不来享，莫敢不来王，曰商是常。天命多辟，设都于禹之绩。岁事来辟，勿予祸適，稼穑非解。天命降监，下民有严，不僭不滥，不敢怠遑。命于下国，封建厥福。商邑翼翼，四方之极，赫赫厥声，濯濯厥灵。寿考且宁，以保我后生。陟彼景山，松柏丸丸，是断是迁，方斲是虔。松桷有梴，旅楹有闲，寝成孔安"①。其中的"莫敢不来享，莫敢不来王，曰商是常"，是各方臣服者朝见商王并贡献礼物的真实记录。

《孟子·公孙丑上》云："王不待大，汤以七十里。"《淮南子·泰族训》说："汤处亳七十里。"商代前期，就以王畿区为中心，直接控制着周围二、三百里方圆范围，并有相当大的武力来支配圈外至少300公里的范围。"四土"或"四方"即王畿区外范围广大的政治疆域，但是并没有明确的国界线，也没有后世所谓的中央与地方政府间严格的政体统属关系。但在商王权可控范围内，"设官分职"具有一定规度。《尚书·酒诰》记载，商王朝的行政制度分为内服与外服，云："越在外服：侯、甸、男、卫邦伯。越在内服：百僚、庶尹、惟亚、惟服、宗工。"由此我们看出，外服是建立在维持域外大小国族固有地缘性组织基础上的，它是王权对诸侯或臣属邦国的册封和认可。在巩固王畿统治的同时，商还不断地对周边地区发动征服战争，西北众多的方国部落，如土方、羌方、面方、芍方、鬼方等均先后被征服。对江淮至山东沿海一带的群舒、夷方和江汉地区的荆楚，也常举兵征讨，迫其臣服。

《逸周书·王会解》以及所附的《商书·伊尹朝献》记录了商汤命伊尹制定诸侯朝贡事。商汤问伊尹："诸侯来献，或无马牛之所生，而献远方之

———————
① 《诗经·商颂·殷武》。

物，事与实相反，不利。今吾欲因其地势所有献之，必易得而不贵，其为四方献令。"伊尹受命，于是乎为《四方献令》。《伊尹朝献》记录了37个不同的方国朝见商汤时所贡纳的地方特产，规定了东南西北诸侯贡献的具体内容，例如对南方的瓯邓、桂国、损子、产里、百濮、九菌，"请领以珠玑、玳瑁、象齿、文犀、翠羽、菌霍鸟、短狗为献。"商代甲骨卜辞中，也有大量"方服"（方国职贡）和"御史"（御王事）以及诸侯国"来"和"至"的记录，与贡纳有关的用语有"氏（致）"、"共（供）"、"入"、"见（献）"、"登"、"取"、"眉"等，而贡纳的种类则包括奴隶、牲畜、农产品、野兽、贝、玉、象齿、手工业品、城邑、卜龟、卜骨等，这些都说明对诸侯国进贡有明确要求。如果五帝时期的舜接受到了西王母赠送的白玉环和息慎朝献的石矢还具有传说的或后人追述的不可信的因素，那么这是古代文献中较早的关于域外异族向中原王朝进献礼品的明确而真实的记载了。

很显然，商王所规定的"朝献"能够得以实现，首先是以强大的武力为后盾的。"兵者，圣人所以讨强暴，平乱世，夷险阻，救危殆"，"昔黄帝有涿鹿之战，以定火灾；颛顼有共工之陈，以平水害；成汤有南巢之伐，以珍夏乱。递兴递废，胜者用事，所受于天也"[①]。但在商代，"国之大事，在祀与戎"。兵戎相见的目的，一是为了征服不顺从的部族，二是为了开拓势力范围，三是为了获取物产资源。

首先，对夏族后裔的剿杀，几乎贯穿了商王朝的始终。甲骨文记载的历史，已属于商朝后期，但仍然有许多讨伐羌人的记录。羌本是西戎牧羊人，后来在甘肃一带活动。《史记·六国年表》说禹兴于西羌，说明了羌人与夏族有着密切的渊源关系，商时羌人，有很多就是夏民族的后裔。而商人来自东方，夏亡后，迫于商族的追伐，大部分夏人选择向西迁徙并融入羌族。甲骨文那么多"伐羌"记载，实际上反映了商族对夏族从未停止的追杀，并用俘获的羌人祭奠祖先。如：祭祖乙时"伐羌十有五"（《存》1499）是杀十五个羌人来祭祀祖先。"今夕用三百羌"（《卜》245）是说用三百羌祭祖先。甲骨文中"断十牛，羌十人"（《甲》2124）记录了用十个羌人和十头牛作为牺牲一起祭祀祖先。这些羌人都是商族在对夏族后裔的追杀中俘获的，用被推翻

---

① 《史记·律书》。

王朝的遗民祭祀先祖，在商王朝的统治者看来是再合适不过的了。

由于大举剿杀俘获过多使祭祀有余，有一部分人夏族的后裔便沦为奴隶，他们大都为殷人服役种田或养马，如"多羌贵田"（《粹》1222）、"令多马羌"（《粹》1554）、"多马羌臣"（《陈》116）等。代夏之后的商族以复仇一般的心态对待灭亡的夏王朝后裔，是氏族部落时期残酷的战争行为的延续。终商一代，殷人对待羌人都是十分严厉而残酷的，这也是当时部族间生死存亡斗争的必然结果。

实际上，夏王朝灭亡后，一部分夏人投降商朝，而不愿投降的夏人则四处迁徙，历尽艰辛。他们或南流入越地，或北迁为匈奴，或西徙为羌，甚至远到东北地区，后世的若干少数民族都是夏族的后裔。月氏及前文所述的大夏是在夏朝灭亡后经过很长时间逐渐迁徙到西方的。大夏最先迁到夏王朝实际控制区域以北，在后来继续向西的迁徙中，其中留下一部份与夏朝遗民融合，成为匈奴民族的祖先。《史记·匈奴传》说匈奴自称"其先祖夏后氏之苗裔也"。夏民族向东北边区迁徙的有豕韦氏，在契丹兴起以前多为夫余、高丽、突厥所役属，《金史·世纪》说金的先祖出于靺鞨，应也是与夏的后裔有关，后世的金代和清代都是女真部族建立的国家。可见，这次民族大迁移的过程，也是夏族与当地土著大融合的过程，在迁徙地发展成为不同的少数民族，不仅带去了中原地区的先进文化，促进了这些地区原始生产方式的改变，充当了中外物质文化交流的中介，有的还对中原政权产生了深远影响，如辽、金、元、清四朝的建立。从这个意义上说，辽、金、元、清政权的统治并不是外族入侵，而是走出中原的华夏民族又回到了中原。

根据近年来考古发现，我国的西北、东北各地和荆楚地区的汉东、汉西以及湘赣一些地方，先后发现大量商代文化遗址和遗物，说明商王朝的政治、军事势力和文化影响，不仅扩及西北、东北一带，而且也已深入到荆楚及长江以南地区了。商王朝以通过直接控制王都周围直属地域为立足点，间接控制了更广大的范围，以获得王室所需要的各方贡献或交易。

商代的青铜器制作极为发达，为支撑大规模制作青铜器的需要，商王朝经常利用迁都来寻找矿藏资源。除直接从事探矿、采矿、冶炼外，商王朝还把势力伸向更远的地方，其中对铜矿资源丰富的南方的经营最为突出。江西清江吴城遗址是商代后期方国"峐国"所在地，这里出土的大批器物的造型和纹饰具有明显的中原文化风格，表明了与中原地区有着密切的交往关系。湖北黄陂盘龙城遗址的考古发掘证明长江中游已经成为商朝疆域的一部分或者是商之"南土"①，无论盘龙城为中原王朝派出的军事据点抑或为方国所在地，这里臣服于商、向中央王朝承担纳贡义务的地位似乎被学者广泛认同②。特别是大量贮酒用的壶、卣，温酒用的斝、盉，饮酒用的爵、觚等实物的出土，证实了盘龙城内饮酒风气的兴盛。尤为突出的是属于商早期的兽面纹十字孔青铜瓿等文物的发现，其装饰风格彰显了商代王权的神圣③。而北方中原王朝对南方荆楚之地的征服，早在夏王朝建立之前就开始了，舜、禹大战三苗，使江汉一带几乎千里荒无人烟，早在龙山文化时期，中原文化就对长江中下游文化有了很大影响，甚至摧毁了南方地区的文化体系并取代了一些地区的土著文化。夏末商初，中原王朝以西、以南、以东的一些部族，陆续向江汉地区移民，其中包括了楚人的先祖。为占有这一地区丰富的资源，商汤时大举出兵讨伐荆蛮。

《诗经·商颂·殷武》："维女荆楚，居国南乡，昔有成汤，自彼氐羌，莫敢不来享，莫敢不来王，曰商是常"，反映了商王朝对长江中游地区的控制，荆楚是商王朝统治下"南乡"的一部。由于"南乡"诸部不堪忍受商王朝的奴役，时常起兵反抗，终商一代，这种征服和反征服的战争一直存在，至后期更是愈演愈烈，商王朝最高统治者竟卜问是否亲征。见于史料记载的商与荆楚最激烈的一次战争，在《商颂·殷武》有如下记录："挞彼殷武，奋伐荆楚，深入其阻，哀荆之旅"，说明战争规模很大，也说明在商王朝势力已进一步深入后受到了荆楚力量的强劲抗衡。商人以盘龙城为据点，继续向南扩张，不仅掠夺大冶铜绿山的铜矿资源，而且以此向西到达了长江三峡地区。随着商王朝对周边地区的征战或征服，先进的商文化也传播到了这些地区，最远已经到达现云南地区。云南自古富产铜矿、锡矿，

① 湖北省文物考古研究所：《盘龙城——一九六三～一九九四年考古发掘报告》，文物出版社，2001年。
② 刘莉、陈星灿：《中国早期国家的形成——从二里头和二里冈时期的中心和边缘的关系谈起》，北京大学中国考古学研究中心《古代文明》第1卷，2002年。
③ 朱莉主编：《律动的足音——武汉博物馆展览解读》，湖北美术出版社，2010年1月。

商早期盘龙城遗址

通过对殷墟 5 号墓出土的部分青铜器进行测定，发现其青铜器原料不是来自中原，而是来自遥远的长江中下游以至云南地区。从商代中期开始，长江中游地区显然已逐渐不属于"王土"，长江流域出现了三星堆文化、吴城文化等不同的青铜文化并反过来影响了中原文化，说明商王朝势力在逐渐削弱，不受商王朝控制的具有国家性质的政治实体在这些地区出现了。不过，这一地区仍然有一些与商王朝保持密切关系的同盟方国存在，如宁乡一带的方国"大禾"，不仅甲骨文中有关于"禾侯"的记述，"大禾"铭文人面方鼎在宁乡的出土，也说明这个方国具有一定的势力，而且与商王朝关系良好。

从新石器时代末期就生活在内蒙古阴山或阴山以北草原地带的游牧民族，在商代初期又南下到阴山河套地区，正式成为以经营畜牧业为主体的游牧部族，被称为土方或鬼方，也是商代活跃在中国西北部的一个强势部族，显然，他们并没有被纳入到商王朝的统治范围内。《世本》称鬼方为鬼戎，《竹书纪年》称为西落鬼戎，世居河西走廊。鬼方的发祥地在三危山之西、天山之东①，这里作为鬼方游牧之地，在汉代仍然存在，被称为先零羌，属于羌族的一支。商代后期，鬼方经常渡过黄河，侵扰商的西部，成为商王朝的一大隐患。商王武丁时期，曾经与鬼方发生过多次战争，鬼方也必定是骁勇善战的，其中最长的一次激战三年，商军才获得最终胜利。他们也是后世匈奴的先祖，自夏商以后，继续与中原王朝有着剪不断、理还乱的复杂关系。

3. 姜子牙施礼救文王助周灭商

商纣王帝辛是商王朝的亡国之君，史书中多把纣王与夏桀相比，使他承受了很多骂名。其实，正如春秋末年子贡所言："纣之不善，不如是之甚也。是以君子恶居下流，天下之恶皆归焉"②。关于商纣王的特点和淫逸，《史记·殷本纪》中有这样的记载："帝纣资辩捷疾，闻见甚敏；材力过人，手格猛兽。"但也"好酒淫乐，嬖于妇人。爱妲己，妲己之言是从。"特别是"益收狗马奇物，充仞宫室。益广沙丘苑台。多取野兽蜚鸟置其中……以酒为池，悬肉为林，使男女倮相逐其间，为长夜之饮。"

商王朝末期，商纣王延续其前代的征伐政策，大举出兵进打攻东夷，使商都空虚，居于西方的周国乘机占领商都，灭亡了商王朝。而周国得以灭商，固然有都城空虚的因素，但也确实是因为商纣王奢侈淫逸，并犯了与夏桀同样的错误，那就是因为美女珍宝等厚礼释放了周国的国君西伯昌，为亡国留下了后患。

在夏朝末年，周族首领不窋率军攻夏失败后，带领族人西迁至位于现陇东地区的豳，与戎狄相处。到周古公亶父时，已到商王武乙时期，周公被封为周侯，"三年，命周公亶父，赐以岐邑"③。周族从此得以在今陕西岐山与扶风两县北部建立城郭居邑，即后人所称的"周原"。商王起初并不把周人放在眼里，到古公子季历继为周侯时，周在伐程、义渠连胜后，周国已经成为商王朝专管征伐的一方诸侯，并在伐燕京之戎、余吾之戎、始呼之戎、翳徒之戎后势力大增，终使商王感到威胁，乘来朝献捷之机将季历囚禁。后来商

---

① 《山海经·西次三经》。

② 《论语·子张》。

③ 《竹书纪年》。

王为安抚拉拢周人，将王室的女儿嫁给了周侯姬昌（即周文王），封为西伯，但周族对季历在商王朝的监狱中忧愤而死却从未忘怀，伺机报仇。

姜尚，名望，字子牙，被后世尊称为姜子牙。他曾在商朝为官，因痛恨商纣王残暴无道，弃官游历，直至被周文王赏识。自此以后，他辅佐周文王、周武王兴周灭商，为周王朝的建立做出了重大贡献。姜尚本是炎帝的后裔，在商朝为官时即抱有远大志向，游历各诸侯国期间更是盛赞三皇德政，劝各国国君安民、利民，劝民众安穷待时。由于商纣王难以容忍姜尚在各诸侯国宣传反对自己，通令缉拿，迫使姜尚回故乡东海（今山东省日照与莒县之间，古称东海乡）隐居。此时，居于渭水流域的周国是商王朝在西方最强盛的诸侯国，年逾古稀的姜尚听说西伯昌礼贤下士，广纳人才，便来到了周国领地内的渭水西隐居，终日以垂钓为乐，等待时机。姜尚从商朝弃官后游历各诸侯国，使他对各国的情况非常了解，又心怀雄才大略。后来，西伯昌到渭水一带游猎，果然与姜尚相遇，听姜尚高论天下大势，认为他是难得的兴国人才，于是同车回宫，共谋兴周灭商大计。

西伯昌继承其父仍为"殷牧师"，他治国有方，在各诸侯国威信渐立，使商纣王再次感受到潜在的威胁。《史记·周本纪》记载："崇侯虎谮西伯于殷纣曰：'西伯积善累德，诸侯皆响之，将不利于帝。'帝纣乃囚西伯于羑里。"羑里位于今河南省汤阴一带。

姜尚深知商纣王好奢、好色、好猎，为营救西伯昌，采取了向商纣王送大礼的办法。他一是选派周国工匠为纣王营建亭台楼榭，二是挑选周国的美女和骏马进献，三是送去了很多精美的玉器和珠宝，并利用对商王朝上下的熟悉和多方沟通，使商纣王为之所动，最终释放了西伯昌。《史记·殷本纪》记载："西伯之臣闳夭之徒，求美女奇物善马以献纣，纣乃赦西伯。"而《史记·周本纪》则更详细地写道："……囚西伯于羑里。闳夭之徒患之，乃求有莘氏美女、骊戎之文马、有熊九驷、他奇怪物，因殷嬖臣费仲而献之纣。纣大悦，曰：'此一物足以释西伯，况其多乎？'乃赦西伯，赐之弓矢斧钺，使西伯得征伐。曰：'谮西伯者，崇侯虎也。'西伯乃献洛西之地，以请纣去炮烙之刑。纣许之。"

西伯昌回到周国后，表面上拥护商纣王，但在内部继续实行德政，加紧了国家建设，军事实力不断增强。各诸侯国敬仰西伯昌，甚至诸侯之间发生纠纷，也请西伯昌出面公断。东方的虞国和芮国发生土地之争，周国出面解决了争端并使两国归顺。此事又影响了其他诸侯国，之后又有 40 多个诸侯国公开尊西伯昌为王，使周国逐渐拥有了天下共主的地位。

"西伯归，乃阴修德行善，诸侯多叛纣而往归西伯。西伯兹大，纣由是稍失权重。"周文王西伯死后，"周武王东伐至孟津，诸侯叛殷会周者八百"[①]。随着周国的日益强大，姜尚认为周国取代商国成为中央大国已是大势所趋了。在诸侯国纷纷归顺周国之时，商纣王却更加荒淫不止，众叛亲离。重臣微子数谏无果愤而离商，王子比干又谏惨被挖心，纣王的叔父箕子再谏反而被囚，其他一些商王朝重臣见状，携带贵重的祭器、乐器等礼器，奔往周国求生。姜尚见商朝发生内乱，于公元前 1046 年即周武王四年十二月，命令各诸侯国出兵伐商，甚至边远地区的蛮夷邦国大军也积极参与，共同攻向殷都朝歌（今河南淇县）。尽管商纣王率领 70 万大军迎战，但周武王率军在距朝歌不远的牧野（今河南省汲县）誓师使士气大振，加上商军临阵倒戈，商纣王一败涂地，只身逃回朝歌，自焚于鹿台。周武王被各诸侯国拥戴为天子，时达 630 多年的商朝从此灭亡，中国历史进入西周时代。之后，周王室东迁丰京，势力扩大到江淮、江汉地区和西南地区的巴蜀，三分天下周已得其二。

姜尚联络诸侯，兴周灭商，功勋卓越。西周建立后，姜尚被封于齐，此时的齐地强国林立，东夷仍有 10 余国不归附，南境的淮上九伯与东夷五侯相继叛乱，使刚即位的周成王统治面临危机。姜尚凭借外交智慧和军事势力，先降服淮上九伯，又平叛东夷五国之乱，靖平不顺从的 50 余国，巩固了周王朝的统治。在封地齐国，姜尚推行举贤尚义，因俗简礼和通工商之业、便渔盐之利等国策，使齐国成为雄踞东方的第一大国，为齐国的春秋争霸奠定了坚实基础。

（二）商文化对异域文明的接受和文化输出

1. 与中亚民族的交往及物品传入

在商代，生产力水平的提高促进了社会经济文化的发展，不仅能够制造精美的青铜器，制陶技术和丝织业的发展，特别是独立的蚕桑和丝织品经营，

---

① 《史记·殷本纪》。

又促进了商业的兴盛，使商代与周边国家和部族的经贸往来明显增多。商代的商业活动地区，已经能够北到内蒙古的克什克腾旗、辽宁的喀喇沁左旗，西到陕西城固，南到湖南宁乡和常宁、江苏靖江，东到山东海阳。但是，我们并不能因为它的商业活动范围，就断定这就是商代的国家疆域范围。实际上，商代的军事、文化活动范围比它实际控制的区域更为广阔。

在商王朝建立及其强盛之时，世界上其他地区也有着较为发达的文明。公元前1750年，雅利安人摧毁了古印度的哈拉巴文明。公元前17世纪，来自北方的游牧民族闪民特人给古代埃及带来了杀戮和混乱，直到公元前1550年古埃及开始了底比斯时代。古埃及底比斯已经被后来的荷马称作"世界之都"。他在史诗《伊利亚特》中称赞道："哦，底比斯，这里人们的豪宅里辉映着无尽的珠宝；哦，底比斯，这里有城门百座，宽阔的大道笔直通达；百名身披重甲的武士，骑着雄马日日巡城；哦，底比斯，世界之都!"在中国的商王朝刚刚建立的时候，公元前1600年，爱琴文化达到极盛时代。公元前1595年，巴比伦第三王朝，进入卡西特人统治时期，也被称为巴比伦史上的黑暗时代①。在商王朝盛世，埃及的拉美西斯二世于1286年发动了与强大的赫梯帝国的战争。16年后，赫梯和埃及的6位特使在拉美西斯的宫殿里签署了世界史上第一个国家间的和平条约，因被刻在银板上，又称为"银板条约"。而西亚两河流域也是世界上较早产生发达文明的区域之一，两河流域的文化也对其北方的欧洲文明和东方的亚洲文明的发展产生过很大的影响。至迟在夏商时期，来自西亚的文明就已经传入中国，对中国土著文明的多元化发展产生过很大影响，而且夏商周时期盛行的爵位制度应该在夏代或夏之前就已经传入了②。

商代不仅大量使用青铜器物，还大量使用玉石器，尤以妇好墓出土的大量玉器最具代表性。妇好是商王朝第23代王武丁60多位妻子中的一位，生活于公元前12世纪前半叶武丁重整商王朝使"殷国大治"、"殷道复兴"③的时期。武丁通过连年征战，将商朝的政治版图比夏王朝扩大了数倍，使商王

---

① 李彦编著：《两河之间：美索不达米亚揭秘》，中国画报出版社，2009年5月。
② 许海山：《亚洲历史》，线装书局，2006年9月。
③ 《史记·殷本纪》。

朝进入强盛时期，而为武丁带兵东征西讨的大将就有他的王后妇好。妇好生前不仅主持国家祭祀大礼，而且能征善战，她曾向西北征讨羌人，向北攻伐土方，向东攻打夷人方国，西南击败巴人。甲骨文中有她担任统帅，东征西讨打败了周围20多个方国的记录。妇好为商王朝开疆辟土立下了赫赫战功，是中国历史上第一位有据可查的女英雄、女政治家和军事家，妇好墓的随葬品不仅规格高，而且品类极为丰富。

妇好墓位于河南安阳殷墟，出土的随葬品除了1928件各类器物外，还有来自遥远的东南沿海的海贝，以一对司母辛大方鼎为首的200多件青铜礼器，以及15种共156件酒器，16名殉人、6条殉狗，这是武丁对这位后妃的极高礼遇；而龙纹铜钺和虎纹铜钺，则注释了妇好的征战辉煌；7000多枚海贝和海螺，显然是来自遥远的东南沿海甚至更远的印度洋。从妇好墓出土的青铜器铭文看，它们很多原来并不属于妇好所有，而是他人赠送给妇好的礼物，其中当有其他方国部落的馈赠。至于755件玉器和47件宝石制品，经鉴定多为透闪石和阳起石，透闪石属于新疆玉。毫无疑问，与夏王朝一样，商王朝的实际控制疆域并不包括今天的新疆地区，因此，我们有理由本着实事求是的原则将其列为当时的域外。新疆玉在殷墟的发现具有重要意义，除了妇好墓外，在其他殷商墓葬中也有很多新疆玉石出土，说明遥远的新疆往商王朝输入了大量的玉石。妇好墓出土的玉器中，有大量应该是商王朝的贵族和方国部落呈献给她的礼物。

在当时商王朝的势力范围内，现中国内地的中原地区和东部都不产马牛羊。《后汉书·东夷传》记载了倭（日本）"无虎豹马牛羊鹊"，《隋书·琉球传》说琉球"尤多猪，无牛羊驴马"。现日本和琉球都与中国大陆隔海相望，但在遥远的古代都曾与大陆相连，这些岛屿上都没有马牛羊，间接证明了中国内陆和沿海地区不是这些家畜的原产地。1962年，考古工作者在位于巴林左旗北部乌尔吉木伦河东岸山冈上的富河文化遗址（炭14测定距今为4730±年）中，发现了很多动物骨骼，但没有草原奇蹄类动物，从考古学上给予了证明。

中亚地区是马牛羊的原产地，通过生活在西北地区的游牧民族，马牛羊等家畜才传入中国。在属于夏王朝的二里头文化遗址中并没有发现车的遗迹，但从殷墟时期开始，有了两轮大车的出现，说明在马牛等家畜输入的同时，

车也开始在中原地区使用了。孔子《论语·卫灵公》说:"行夏之时,乘殷之
辂,服周之冕,乐则韶舞。""乘殷之辂"说明商代才有这样的车。《汉书·
西域传》记有古代中亚地区的康居国因乘高车得名,康居属于丁灵族,或称
之为狄历或狄,商代的车或许正是通过西来的游牧民族或是西徙后又往返的
夏族后裔,从狄历那里传入的。夏族的统治地位在被商族取代后,遗民四处
迁徙,或许正是通过迁徙到西北地区的夏民后裔与西北地区游牧民族的交往,
将马牛羊输入到了中原地区。

以青铜文化为主要特征的商王朝,已发现的其前期青铜器遗址主要有河
南偃师二里头和郑州洛达庙商代早期遗址,中期主要有河南二里岗、湖北黄
陂盘龙城遗址。到了商代后期,高超的青铜器制作技术和宏大的冶炼规模,
甚至超过了早于商代进入青铜时代的古埃及和巴比伦。而且考古发现还证明,
商代青铜器的制作工艺完全不同于西亚、中亚和西伯利亚等地区,而是自成
体系,但又在发展的过程中吸收了其他地区的青铜器制造成果,这正是域外
物品制作技术传入的结果。

大约与商代青铜文化同时,在亚洲北部位于西伯利亚南部叶尼塞河上游
的阿凡纳西沃文化—安德罗诺沃文化—卡拉苏克文化(公元前2000年~公元
前700年)、以南土尔克曼为中心的纳马兹文化(公元前2000年~公元前
1000年),以及里海以东地区的青铜文化(公元前2000年左右),已经与现
中国北方和西北地区有了文化接触。1914年发现的活跃在欧洲伏尔加河和奥
柯河一带的塞伊玛文化(公元前1600年~公元前1300年),在由西向东的传
播中,在现内蒙古南部与商文化有了交流。1929年发现的卡拉苏克文化在发
展过程中受到了塞伊玛文化的很大影响,塞伊玛文化的白玉指环、弯形刀、
棱形矛等兵器和工具正是通过卡拉苏克文化继续向东传入了商代的都城安阳。
不过我们也不难发现,强大的商文化在与外来文化的接触中,对外来文化的
影响远远超过了外来文化对它的影响,例如卡拉苏克文化中的陶鼎、陶鬲、
青铜弯刀、半圆形装饰品、青铜矛、铜镞、曲柄剑等,都带有明显的商文化
的烙印,而叶尼塞流域的某些器具就是当时中国北方民族迁移时携带过去
的①,这说明了当时商文化的相对强势。

---

① 沈福伟:《中西文化交流史》,上海人民出版社,1987年2月。

　　这个时候，在夏代就生活在其北部边境的荤粥，同样是商的邻国，并与商王朝有了经济文化交流。随着鬼方的东侵而受到挤压，他们不断向北迁移，在迁移过程中，将商代的青铜器文化带到了外贝加尔湖地区。林梅村在《商周青铜剑渊源考》中指出："正如现代考古研究所揭示的，中国文明有独立的起源，但中国从未脱离世界其他五大文明而孤立发展。中国考古新发现以及中亚古代语言研究的最新进展为我们探讨商周青铜短剑渊源问题提供了重要线索。大量证据表明，商末周初突然出现于中原的青铜剑是中外文化交流的产物"。考古资料表明，青铜柳叶剑和青铜管銎斧最早产生于西亚杰姆迭特·那色文化（公元前 3100～公元前 2900 年），后经伊朗高原传播到中亚、南西伯利亚和蒙古高原。而在传播中起关键作用的是当时广布于欧亚大陆的印欧语系游牧民族。其向我国的传播大致是由伊朗洛雷斯坦青铜文化到中亚的马尔基安纳文化、再到南西伯利亚的安德罗诺沃文化，最后，通过我国北方的鄂尔多斯青铜文化的中介作用约在周代传入中原地区。古吐火罗人很可能在这一传播过程中起了重要作用，他们在四坝文化衰落后，一度东进到鄂尔多斯草原，但公元前 13 世纪鄂尔多斯文化的兴起，遏制了古吐火罗人的向东迁徙并使其向南发展。四川成都十二桥遗址和广汉三星堆遗址出土的晚商柳叶剑和模仿柳叶剑的玉剑大概与古吐火罗人的向南迁徙有一定的传承关系。尤其是广汉三星堆遗址的仿柳叶剑玉剑的发展，说明古代巴蜀在通过南亚与西亚有间接交往的同时，与西域并通过西域与更远的西部地区有间接交往。历史语言学研究者发现丝绸之路上流行的 17 种古代东方语言或方言中的"剑"字无一例外都源于古印欧语。汉语对"剑"的称呼很可能来自吐火罗语月氏方言。

　　强大的商文明在接受其他文明成果的同时，也将中国特产的丝绸等向外输送。中国是世界上最早开始养蚕并制作丝织品的国家，据宋人罗泌《淮南蚕经》所记，传说黄帝的妃子嫘祖就已经教民养蚕制衣。距今约 4800 年的浙江吴兴钱山漾新石器时代遗址的考古发现的盛在竹筐中的绢片、丝带和丝线等证明，居住在江浙一带的新石器时代的先民就已经懂得饲养家蚕和制造丝帛了，山西夏县西阴村仰韶文化遗址中出土有蚕茧[①]，全国多处新石器时代遗址中出土有纺轮。商代的蚕丝生产已经十分普遍，养蚕缫丝成为重要的手工

---

　　① 见王介南：《中外文化交流史》，书海出版社，2004 年 3 月。

业部门。在殷墟甲骨文中已有"蚕"、"丝"、"桑"等文字，甲骨文中的"专"字即是源于古人纺纱的形象。出土的商代青铜器上也发现了"蚕纹"，出土的玉器中有生动的蚕的形象。更为重要的，是发现了商代青铜器上包裹的丝绸残片，在河北藁城台西商代遗址和河南安阳殷墟妇好墓出土的青铜器上，都发现了附着的丝织品，其中妇好墓青铜器上附着的有纱纨（绢）、朱砂涂染的色帛、双经双纬的缣、回文绮等。商代丝织物还有暗花绸和刺绣等品种，已有平纹的纨、皱纹的縠、绞经的罗、菱纹绮等①。

中国丝织品的成批向外传播大概开始于商代，这与"殷人之王立帛牢，服牛马，以为民利，而天下化之"②以及"肇牵车牛，远服贾"③有着密切的关系。其中移民美洲是商文化向外输送最典型的事例。

在古代，一个部族或王朝灭亡后，为了躲避仇杀，遗民往往要四处逃窜。商灭亡后，王畿内的部分商人追随夏王朝灭亡后夏人的脚步，向西逃跑到原来周人在今陕西的地盘，他们不仅带去了商朝青铜器，还带去了文字和发达的手工艺。没有西逃的则留了下来，被称为"殷人"，周天子为了笼络商王朝的后裔，封商纣王的儿子武庚为诸侯，并由周武王的弟弟管叔、蔡叔辅佐管理，但武庚一心密谋反周复商，终被周成王镇压。之后，周又立微子于宋，始有西周时期开始的宋国。

距今8000年的浙江跨湖桥文化和距今7000年的浙江余姚河姆渡文化已经能够造船，经过3000多年的发展，到了商代，造船技术已经有了长足的进步，不仅能够制造载重量大的木板船，而且还能够以风帆为动力，并掌握了天文导航技术。商王朝末年，即周武王伐纣前两年，师尚父曾为兴师发布号令："总尔众庶，与尔舟楫，后至者斩。"因此，有在孟津诸侯不期而会者八百。两年后，周武王遍告诸侯讨伐商纣，后"遂率戎车三百乘、虎贲三千人、甲士四万五千人，以东伐纣。十一年十二月戊午，师毕渡孟津，诸侯咸会"④。能搭载如此浩大的军马渡河，可见其船之大、之多。

---

① 卢苇：《中外关系史》，兰州大学出版社，1997年8月；萧魏：《从出土物看我国古代纺织技术》，《丝绸之路》2012年第6期。

② 《管子·轻重》。

③ 《禹贡·酒诰》。

④ 《史记·周本纪》。

　　此时，船舶不仅在内河使用，也用于驶向茫茫大海。周灭商后，除留下来臣服于周的以外，大部分商王室成员向西向北逃跑，与戎狄杂处，也有一部分离开王畿经过东北，或经过胶东半岛再向北到朝鲜半岛、日本列岛，甚至向北美洲移民，所经过和到达之处，都留下了先进的商文化。1975 年，美洲发现了沉入海底两三千年之久的 5 件古船碇（锚），其岩质不属于北美太平洋沿岸，而与中国东南沿海一带的岩质一致，被认为是属于中国商代的遗物，也是古代中国人到达美洲的重要物证①。有美洲学者研究认为，商代末年，一批逃亡的殷商遗民到达了美洲大陆，并在墨西哥拉文塔建立了城邦，留下了商代文化特征浓厚的遗物和遗迹，例如装饰有饕餮纹的陶器，以及"帆"、"亚"等与商代甲骨文相似的文字等。在印第安人中盛行的"且"字形祭奠祖先的牌位，也源于商代。此外，在美国一些地区发现的土墩文化遗存及出土的石斧和燧石箭头，也带有明显的商文化特征②。

　　始于公元前 1200 年的奥尔梅克文化是美洲最早的文明，拉文塔是奥尔梅克文化后期主要遗址。1992 年 2 月 28 日《华声报》》发表了题为《古代美洲奥尔梅克玉圭商殷文研究——中华文明东迁美洲的文字学论据》的文章，认为奥尔梅克文化拉文塔遗址出土的 6 块"玉圭"上所刻的图案，是用殷商文字所写的商代祖先名号，由此证明殷末将领率众东渡美洲建立新家，将中华文明带到新大陆，该文在同年第 7 期《新华文摘》等许多报刊上被广为转载，一些研究者还对哥伦布发现新大陆提出了质疑③。支持这种观点的学者还提出，现有 15 尊奥尔梅克人头像与中国人模样酷似，危地马拉发现的一尊巨石女神像的形态几乎与商代的一尊大理石分娩神像一样，印第安人使用的云雷纹也同中国相仿，最关键的是，在美洲各地发现了数量颇多的酷似甲骨文的文字。对此，也有学者认为，这类文章所依据的材料存在问题，主张古代中国居民到达美洲的人，往往根据器物形状的类比进行论证，人类学的材料也无法证明古代中国居民曾大规模地来到美洲，而且还存在许多其他无法解决的问题④。

　　印第安人是美洲的土著民族，但其基因具有蒙古人种的特征。印第安人

---

① 房仲甫：《中国人最先到达美洲的新物证》，《人民日报》1979 年 8 月 19 日。
② 王介南：《中外文化交流史》，书海出版社，2004 年 3 月。
③ 郝名玮：《哥伦布研究中的几种观点质疑》，《世界历史》1992 年第 4 期。
④ 龚缨晏：《古代美洲奥尔梅克玉器匡谬》，《世界历史》1992 年第 6 期。

"亚洲起源说"认为，蒙古人型的亚洲人早在18000年甚至4万年前，就通过白令海峡的路桥到达了美洲大陆。不仅如此，新西兰的毛利人与现代中国人的基因也完全一致，有可能是早期中国居民在几万年前乘坐舟伐从东南沿海漂流而至。在公元前1066年周武王伐纣时，商纣王正率领商王朝的大军位于现山东境内的东夷"人方国"，一些东夷人渡海逃生，而得知商王朝灭亡的消息后，正在东夷的由攸候喜率领的10万商朝精兵却杳然无踪。由此看来，商人到达美洲大陆是完全有可能的，他们在美洲大陆尤其是墨西哥一带留下了与商代风格极为相似的墓碑、祭坛、雕塑、石器、文字、图腾崇拜以及其他一些器物和装饰等①。

2. 古蜀国的开放与对外交往

尽管关于古蜀国的族属有氐羌、濮人、巴人、越人、东夷、三苗等不同看法，但一般认为，上古时，居住在古青藏高原的古羌族人向东南迁徙进入岷山地区和成都平原后，发展成为蜀山氏部落。蜀山氏女子嫁给黄帝为妃生蚕丛，蚕丛建立了古蜀国。商代以三星堆文化为表征的古蜀王国，是一个实行神权政治的文明古国，而且已经从酋邦制社会进入到国家阶段②。它尽管受到了中原文化因素的某些影响，但并不是中原夏商文化传播的结果或其分支，而是自为系统并在对外交流中广泛吸收其他文明的成果发展起来的③。因此，我们有理由将其作为一个独立的古国来谈它与域外的政治、经济和文化交流。

代表了古蜀国曾经的辉煌的是四川广汉三星堆文化，它既有土著文化的因素，也有外来文化的影响，但它表现更多的是具有复合型文明的特征，与中原地区、周边地区以及东南亚、近东文明都有广泛的交流，并在交流中吸收了这些文明的精华。在古蜀的神话中，对于黄帝、嫘祖、大禹、蚕丛、鱼凫、杜宇等有很多记载，古蜀的历史也有自己比较完整的历史脉络。早在夏代以前，三星堆文明的曙光已经显露，而到了中原商王朝统治时期，属于早商时期城市遗址的发现、中晚商时期大型同雕像群、金权杖和金面具的发现，使我们看到古蜀国以其灿烂的青铜文明和城市文明。尽管古蜀国地处内陆盆地，但

---

① 房仲甫：《殷人航渡美洲再接》，《世界历史》1983年第3期。
② 段渝：《从三星堆文化看古代文明的本质特征》，《社会科学研究》2006年第1期。
③ 段渝：《巴蜀是华夏文明的又一个起源地》，《社会科学报》1989年10月19日。

它创建的三星堆文化，以其与同一时期中国大地上的其他文化相比更具特异与复合性、包容和开放性，辉煌灿烂，成为中华文明的重要组成部分。当时的三星堆古城内生活了至少 20 多万居民，至少从商代开始，古蜀国就与南亚和近东文明有着密切的关系，使其成为古代中国西南地区的国际文化交流的枢纽①。

首先，在与中原和周边地区的交往方面。史籍记载了黄帝与蜀山氏的关系，古蜀的某些陶器形制和玉器形制与中原夏代二里头文化确实有传承关系②。甚至有学者认为，古蜀文化的发展比中原地区还早，夏文化的源头之一可以追溯到古蜀文化③。至于三星堆文化与中原地区夏商文化的交往，学术界有通过长江西进④、在陕南、川东鄂西相遇⑤等几种不同观点。三星堆遗址出土了丰富的陶器，其中陶盉和高柄豆具有中原夏文化的陶器形制，显然是古蜀先民所学习、借鉴的结果。种类较多的玉石器中的玉琮、玉戈、玉圭、玉璋、玉刀、玉瑗等，与夏商文化的同类玉器近似，说明其礼制最初也受到了中原文化的影响。古蜀国的青铜器文化具有鲜明的个性和特征，自成体系，但中原青铜文化的明显影响也处处可见，例如，许多礼器直接仿制了中原青铜器，所饰云纹、夔龙纹饰等都是中原青铜器常见的典型纹饰，青铜罍、尊、盘等器物也明显是渊源于中原商文化⑥。在接受夏商文化的同时，古蜀文化也对商文化产生了很大的影响。"例如青铜无胡式三角形援蜀式戈和柳叶形剑，便是古蜀文化赠与中原文化的礼品。"商代前期，古蜀发明了蜀戈，之后出现在蜀国北方屏障与商文化政治势力交接地带的陕南汉中一带，商代晚期又继续向北传播，到达了中原和商都殷墟地区。古蜀国的柳叶形剑在商末周初传播到了陕南、甘肃一带⑦。

分析检测证明，古蜀国制作青铜器的主要原料，一部分可能来自长江中游地区，但大部分来自云南，与滇文化青铜器比较接近⑧。古蜀文明与周边地

---

① 段渝：《古代巴蜀与南亚和近东的经济文化交流》，《社会科学研究》1993 年第 3 期。
② 李学勤：《〈帝系〉传说与蜀文化》，《四川文物》l992 年专辑。
③ 李炳海：《夏楚文化同源于巴蜀考辨》，《天府新论》l990 年第 6 期。
④ 李学勤：《商文化怎样传入四川》，《中国文物报》1989 年 7 月 21 日。
⑤ 林向：《三星堆遗址与殷商的西土》，《四川文物》1989 年专辑。
⑥ 谭晓钟：《论三星堆古蜀文化的开放性特征》，《文史杂志》2004 年第 3 期。
⑦ 谭晓钟：《论三星堆古蜀文化的开放性特征》，《文史杂志》2004 年第 3 期。
⑧ 中国科学技术大学科研处：《科研情况简报》，1983 年第 6 期；金正耀等：《广汉三星堆遗物坑青铜器的铅同位素比值研究》，《文物》1995 年第 6 期。

区的长江三峡鄂西、陕西南部汉中、云南东部和贵州西部的古代文化交往，主要是在文化输出的同时，获得更多的原材料和资源。在这个过程中，先进的古蜀文明对上述地区的器物制作产生了深刻的影响，如滇文化青铜兵器中的无格式青铜剑、无胡式青铜戈，都具有浓厚的古蜀文化的色彩。

在与南亚的交流方面，三星堆文化中发现了大量的只产于印度洋深海海域齿货贝。当时，这种贝应该是作为货币使用的，如同中原地区的贝币。印度洋深海贝的发现表明，三星堆文化不仅与南亚地区有过交流，而且商品贸易比较发达，随之会有更多的域外物品输入到古蜀国。云南大理、禄丰、昆明、晋宁、楚雄、曲靖以及四川的凉山、茂县等地，也出土了很多这样的海贝。尤其是三星堆还出土了很多青铜海洋生物雕像，说明深处内陆盆地的古蜀先民对印度洋沿海已经有比较高的熟悉程度[1]。根据考古和文献资料，古蜀文化对东南亚大陆文化也产生了持久深刻影响。通过在今四川、云南等地的考古发掘，证明至迟在商代中期，中国西南地区与古印度地区的陆上交通线蜀身毒（印度）道，即南方丝绸之路已经开通，三星堆文明通过这条古道与古印度，继而向西与西亚地区有了通畅的文化交流。这也可以解释近东文明向东方到古蜀国的传播路线。

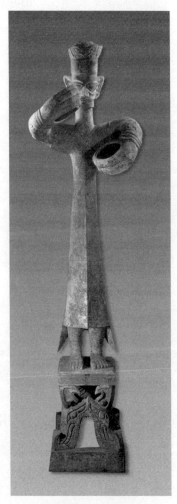

三星堆青铜人物雕像

古蜀国与近东文明的交往，最突出的是反映在三星堆出土的金杖、金面罩、青铜人物全身雕像、人头像、人面像、兽面像等方面。这些出土物不仅在巴蜀本土找不到文化因素渊源，在商王朝实际控制范围内以及现在中国的

---

① 谭晓钟：《论三星堆古蜀文化的开放性特征》，《文史杂志》2004 年第 3 期。

全国范围内，也没有这种类型文化的形式和渊源，更不同于商之前的夏文化和商之后的周代文化，但却可以从近东地区找到其渊源①。

考古证据表明，至迟在公元前3000年初，西亚美索不达米亚地区就开始形成了青铜雕像文化传统，制作有青铜人物雕像、动物雕像等。三星堆青铜人物雕像群的艺术手法，与西亚雕像手法相同。三星堆青铜人物雕像一部分是西南夷人物形象，更具特点的却是高鼻、深目的以突出面部特征为表现手段的人物形象，与古蜀文明所接触到的中国范围内的中原地区、长江中下游一带的人物特征显著不同，这证明它们只能是来源于域外文化。学术界公认，权杖作为权力的标志起源于美索不达米亚。青铜时代的美索不达米亚，有用权杖标志神权和王权的传统。在西亚近东地区以及古埃及和古希腊、古罗马，都曾普遍采用权杖作为政治、经济、军事、宗教等独占权力的特殊象征物。权杖约在公元前4000年前半叶起源于西亚，考古学家在以色列的比尔谢巴发现了公元前3300年的铜权杖首。埃及考古也发现了大量各式权杖，并证明其与西亚文化的传播有一定关系。在开罗博物馆收藏的一件盾形调色板上，描绘了距今约5000年的上埃及王美尼斯一手持权杖、一手揪住敌人头发的形象。在埃及第十八王朝图坦卡蒙的金字塔中，出土了130根权杖。希腊神话中的众神之王宙斯，拥有至高无上的权力，他的形象就是一手执权杖，一手托胜利女神②。而中国古代的夏商周时期，都是以鼎作为权力象征的，各类中国本土文化中均不见权杖。黄金面罩也最早发现于西亚，并在迈锡尼文明中最为常见。除此之外，从使用功能上看，三星堆发现的青铜人物雕像、权杖、黄金面具等也与近东文明的同类器物相类似。

由此可见，三星堆文明具有极强的开放性和包容性，与商王朝同期的这个西南古国能够对外来文化精华进行借用和改造，以兼收并蓄的文化心态，多方位地对待外来文化。三星堆文化的对外交往规模是巨大的，在对外交往中，无论是对古代中国的本土文明，还是对域外文明，都不能排除交往中的礼品赠送。

---

① 段渝：《商代蜀国青铜雕像文化来源和功能之再探讨》，《四川大学学报》1991年第2期；段渝：《论商代长江上游川西平原青铜文化与华北和世界古文明的关系》，《东南文化》1993年第2期。

② 国家地理系列编委会：《失落的文明》，蓝天出版社，2009年1月。

四 礼仪天下

——西周时期规范外交礼仪的建立及其对外关系

对于世界古代文明史来说，公元前 12 世纪具有特别的意义。这一时期，古埃及文明开始从极盛走向衰落，欧亚大陆西部的地中海北岸发生了特洛伊战争。而在欧亚大陆的东部，强大的周王朝正在诞生。

关于周族的起源，《史记·周本纪》记载："周后稷，名弃。其母有邰氏女，曰姜原。姜原为帝喾元妃。姜原出野，见巨人迹，心忻然悦，欲践之，践之而身动如孕者。"姜是神农氏部落之姓，姜原生弃，即周之始祖，又称后稷。弃也是非凡人物，尤其好耕农，"帝尧闻之，举弃为农师，天下得其利，有功"①。周人自己也说："昔我先王世后稷，以服事虞、夏"②。可见，周的始祖也是尧舜部落大联盟的重要成员。据《尚书·虞书》记载，弃还对协助大禹治水做出了贡献，与大禹共事的经历使他们建立了特殊的关系，使弃的子孙在夏王朝时还能继续担任农官。直到"及夏之衰也，弃稷不务，我先王不窋用失其官而自窜于戎、狄之间，不敢怠业，时序其德……"③，到西伯昌（周文王）时期，周国日益强盛。虽然商纣王曾一度囚禁了西伯昌，但在周人向其进献了玉器、珠宝、骏马、美女等厚礼后，西伯昌得以释放，兴周灭商已是难以扭转的大势所趋了。

西周王朝自周武王到周幽王共经历 12 王，历时 300 余年。公元前 770 年，周平王因戎狄入侵被迫东迁成周，并建都邑王城（今洛阳王城公园一带），史称东周，进入春秋战国时期。东周末年，从周王室又分出两个势力微弱的姬

---

① 《史记·周本纪》。
② 《尚书·周书·吕刑》。
③ 《国语·周语上》。

姓小国，即西周国和东周国，最终均被秦国所灭。

（一） 四邻朝贺与分封诸侯

周人起源于今陕西武功一带，早期的周人是生活于渭水上游地区的农业部族，很长时间里他们与戎狄民族杂处。夏末，不窋军事攻击夏王朝失败后，退到现甘肃庆阳一带立足，到了公刘时期，迁居邠（今陕西彬县西北）建立了自己的国家，时当夏代晚期。在商王朝夺取夏政权后，周族便臣服了商王朝，成为商的方国，被称为"邠"。但与戎狄相处的周族，时常受到戎狄侵扰，即使送上礼物也不得解脱。《史记》、《孟子》、《庄子》、《吕氏春秋》都记载了古公亶父被戎狄逼迫，送上金、玉帛、马匹等都被拒绝，后又得商王朝所赐，只得迁居周原的事。如《孟子·梁惠王下》记载："昔者大王居邠，狄人侵之。事之以皮帛，不得免焉；事之以犬马，不得免焉；事之以珠玉，不得免焉。乃属其耆老者而告之曰：'狄人所欲者，吾土地也。'吾闻之也：君子不以其所以养人者害人……去邠，踰梁山，邑于岐山之下居焉。"古公亶父定居岐山之南周原后，改国号为周，也称岐周。

根据考古发掘，岐周遗址在陕西岐山县的凤雏村、扶风县召陈村、齐家村和庄白村一带，这里也是先秦文献中所指的宗周。商代晚期，偏居西部的小邦周国逐步壮大起来，特别是在周文王被商纣王释放之后，凭借征伐之利，先后讨伐犬戎，战胜一些周边小国如密须、耆国、邘等，进而向东面的山西、河南地区拓展。周文王晚期，沿着渭水向东，将国都迁移到丰（今陕西西安西南沣河西岸），不断剪除了商朝在关中的势力。此时，商纣无道，在诸侯国中的威信丧失殆尽，很多诸侯转而拥护周文王为天下共主，但也有一些诸侯国此时仍然紧紧追随着商纣王。

有必要一提的是，在周文王为扫清障碍推翻商王朝统治的进程中，尽管周文王对于不服从的与自己对抗的商王朝的诸侯国一般是采取武力征伐将其消灭或者迫其臣服，但有时也不用军事手段而用政治、外交手段予以打击，通过分化、瓦解和削弱敌人，为最终用军事手段消灭敌人创造条件，这就是"文伐"。文伐具有典型的外交策略特征，春秋战国时期的诸侯国外交中曾大量运用，在当今的国家外交中也不乏实际运用。在文伐策略中，有时需要通过赠送礼物来实现目的。

　　据史书记载：周文王问太公文伐之法，太公指出了十二种文伐的方法：一是顺从敌人的喜好和意愿，使其滋长骄傲情绪去做邪恶的事情，我方再因势利导将其铲除；二是亲近拉拢敌君近臣以分化其力量，使敌国朝中没有忠臣而面临危亡；三是通过赠送厚礼贿赂收买敌君大臣建立私交，使其为我所用；四是向敌方国君大量赠送珠宝和美女，使其放纵享乐，再以卑下言辞迎合讨好他，使其忘记与我为敌，借机消灭他；五是故意尊敬敌国忠臣并送给他微薄的礼物，在他出任使者前来交涉时却故意拖延，而对所交涉的问题不予答复促使敌君改派使者后再诚心解决所交涉的问题，通过用不同的态度对待敌国的忠臣和奸佞，离间敌国君臣之间的关系；六是通过收买敌国君主的大臣，使其有才干的大臣里通外国；七是通过赠送大量礼物加以贿赂使其君臣忽视生产，造成国库粮食空虚；八是通过用贵重的财宝贿赂敌国君主进而乘机与他同谋别国，密切敌与我关系为我所用，最后再致其惨败；九是通过尊崇和夸耀使其狂妄自大而荒废政事；十是通过对敌君假意卑微屈从获取信任，之后巧妙加以控制利用从而消灭他；十一是用各种方法闭塞敌国君主的视听，暗中给其大臣许诺尊贵的官位、秘密赠送大量财宝来收买其英雄豪杰、收纳敌国的智谋之士，使敌国的大臣、豪杰、智士成为我方党徒，从而破坏其统治；十二是通过扶植敌国奸臣迷乱其君主的心智，进献美女和良犬骏马使其沉溺淫乐以迷惑其君主的意志，经常报以有利形势使其高枕无忧，进而利用有利时机与天下人共谋夺取他的国家。通过对以上十二种方法的正确运用，在时机有利时就可以一举兴兵讨伐了。

　　周武王即位后，力主经营东方，在沣水东岸营建了镐京（今陕西西安西南），严重威胁了商王朝的统治。经过孟津会盟，诸侯叛殷归周者八百。趁商军精锐部队攻伐东夷之际，周武王联合各地方国部落，于公元前1046年一举灭商，以镐为都，建立了周王朝，史称西周。但此时周王朝的统治并不巩固，武王死后，周公率周军东征，相继征服了商朝残余势力和东方诸小国，巩固了西周王朝。

　　《国语·鲁语下》记载："昔武王克商，通道于九夷百蛮，使各以其方贿来贡，使勿忘职业。于是，肃慎氏贡楛矢、石砮，其长尺有咫。"肃慎氏就是隋唐时期的靺鞨、宋辽金元明时期的女真、明末至清代的满族的先祖。武王推翻商王朝后，包括肃慎氏在内的很多部族前来朝贡表示降服或祝贺。尽管这些部族并不都是真心愿意臣服的，但前来朝贡是免不了携带厚礼的。

　　周王朝建立后，一些殷商时期的奴隶主并不甘于商王朝的灭亡，不断掀起叛乱。周成王时期（公元前1115年~公元前1079年），终于平定了前朝奴隶主的叛乱，使天下归于太平。为庆祝平叛胜利，周边各部族纷纷前来朝贺。尤其值得一提的是，见于史载的贺礼有来自中亚细亚的渠搜（费尔干纳）国赠送的鹓犬，康民（撒马尔罕）赠送的桴苢，祁连山以北的禺氏（月氏）赠送的騉駼，这些国家距离周王朝都很遥远。

　　西周初期，居住在周王朝以西的国家有9个，又被称为九侯，或鬼侯。北部则有猃狁，也就是夏、商时期的荤粥或狄族。周王朝正是通过这些民族，与葱岭以西的民族有了往来。在周朝的西北地区，游牧民族戎狄时常侵扰周境，周穆王时期（公元前1001年~公元前947年），戎狄的势力日益强大，并且阻碍了周与西北部族的交往，周穆王决定西征，打击戎狄。《史记·周本纪》："穆王将伐犬戎……王遂征之，得四白狼白鹿以归。自是荒服者不至。"取胜导致犬戎叛离。周穆王的西征取得了决定性的胜利，降服戎狄，"益国二十"，再次打通了通往大西北的道路。戎夷蛮狄或方国对西周中央政权一直或臣服或叛离。

　　西周的政治组织和社会制度，是因袭夏、商，经武王、周公、成王和康王几代建立起来的。周天子是最高权力的执掌者，诸侯的争执，都诉之于周天子。《诗经·大雅·假乐》云："百辟卿士，媚于天子"，金文《献簋》云："受天子休"，都说明了这个历史事实。《尚书·酒诰》云："越在外服，侯、甸、男、卫、邦伯；越在内服，百寮、庶尹、惟亚、惟服、宗工，越百姓里居。"所谓"内服"，即指中央政府而言。"百寮"、"庶尹"就是中央政府的官吏。以天子为首的中央政府，是西周王朝的最高权力机关，统辖着无数实际上或是名义上臣服的以诸侯为首的地方政府。地方政府是天子的"外服"，侯、男、邦伯就是地方诸侯。当时中央政府的组织极为庞大，官吏的名称极为复杂。

　　西周具有中国早期国家的典型形态，但还不是成熟的国家，而是类似于联邦或国家联盟，各邦国都是政治独立的自治国家。灭商之初，周人仍然沿用商王朝的双环式疆域结构，直接统治区域仅有渭水流域，其他则是刚取得的商人直接统治区域和征服、归顺的方国。在此之外，是数量更多的与商人、周人一样有着悠久历史、拥有自己的领地、政治上独立的方国。对此，周人只能承认现状，满足于他们名义上的臣服。通过土地分封制，周人牢固控制了原商人直接统治区域，开创了一种周王室与诸侯国关系的新模式，也就是通过武力征伐、宗法制、礼制和同姓不婚原则，采用会盟、朝觐、巡狩等方式，由夏、商时期的盟主与盟友关系，逐渐变为君臣隶属关系，极大地强化了中央集权，将黄河、长江流域大部分区域纳入到周人的直接统治下。

西周王朝的疆域除了原有统治区域、占领的商王朝统治区域外，还有被消灭的方国，疆域远大于商朝。为了控制新取得的领土，王室推行分封制，将周朝王畿之外的地区分封给宗室、勋戚功臣、先圣后裔，通过建立统治据点拱卫周室。史书记载，周初分封有 71 国，以后随着占有新的领土继续分封，多至数百国，各类诸侯国达到 1700 多个。其中主要的有东方的齐、鲁，北方的燕、晋等大国，黄河下游的卫、管、陈、曹、蔡，汉江流域的"汉阳诸姬"，以及长江下游的宜和太湖流域的吴。疆土的北方到达了今辽宁喀左、朝阳一带，西方到达今甘肃渭河上游，西北抵达汾河流域霍山一带，东方到了山东半岛，南方扩至汉水中游，东南抵长江下游和太湖流域，西南势力所至巴蜀一带。雒邑（今洛阳附近）成为控制东方的政治中心。然而，周王朝间接控制的领土也并没有连成一片，其间除了荒无人烟之地外，还杂居着许多没有归服的夷狄和方国。而在其周围同时存在着更多的部落、部族和方国，有东北的肃慎，内蒙古东南部和山西北部的鬼方，西有犬戎、羌方，江汉平原有荆楚，荆楚以西有群蛮，西南地区有巴、蜀，淮泗之间的淮夷、徐夷等，他们并没有被纳入到周王朝的实际统治区域内。

因此，周王朝的对外关系，既包括王室与其分封的诸侯国及臣服的方国、部落的关系，也包括与没有臣服的甚至更为边远的方国、部落的关系。

西周的政治制度有两大特征，一是宗法制，一是分封制。宗法制的主要特征是"嫡长子继承制"，这不同于商朝的帝位大多传给弟弟，最后由最年幼的弟弟再传给长兄的长子。分封制就是给王室成员、功臣分封土地成为诸侯国。周初分封有同姓诸侯国五十多个，以齐、鲁、卫、晋为主体，以燕、宋为南北两翼，同时被分封的还有前世王朝的后裔和没有完全征服的异族，如周武王将神农氏之后封于焦，伏羲之后封于宿，黄帝之后封于祝，帝尧之后封于蓟，帝舜之后封于陈，将夏王朝的后裔东楼公封于杞国，将商纣王之子武庚封于宋等等，以追思先圣王之名，维护周王朝的统治。分封诸侯有两个一致的目的，那就是"制夷"与"屏周"。如周王朝为了加强对荆楚的控制，"以蕃屏周"，在汉水以东以北和江、淮间，分封了不少姬姓或姻亲诸侯国，即所谓"汉阳诸姬"，有随、唐、申、吕、曾、厉、贰、轸、蓼等分封国。"屏周"之诸侯主要分封在中原地区，这里是周王朝统治的中心地带。"制夷"之诸侯则分封在周王朝的边缘地带，主要在东、北、南三个方向，用以对抗当地的抗周势力。

西周时期将除了王畿以外的全国所有土地分封了数百个诸侯国，将土地连同人民分别授予王族、功臣和贵族，让他们建立自己的领地，拱卫王室。诸侯国高度自治，拥有行政、军事、经济社会发展的所有权力，而且国君可以世袭。但诸侯必须服从周王室，按期纳贡，并随同作战保卫王室。这些诸侯国分为公爵国、侯爵国、伯爵国、子爵国、男爵国五级以及"附庸"国，分别享有不同的政治地位。但这一时期还有见于文献的诸侯国并不完全是周王所封，有很多是被分封的诸侯国再次分封的，如曲沃是晋侯所封，萧是宋公所封，夔是楚子所封。此外，还有很多属于少数民族国如白狄、赤狄等，以及一些没有归服的方国。

在周王朝统治者看来，"溥天之下，莫非王土；率土之滨，莫非王臣"①。但这只是一种天子在名义上是天下共主的政治理想，也是当时统治者试图作为已知世界的准则，尽管事实并非如此，但它确实深深影响了后世藩属体质与朝贡体系的形成和发展。正是分封制这种具有怀柔与包容性质的政策，使各个诸侯国、方国任由马缰的独立地发展，带来了从西周时期就已开始，到春秋时期发展得更为繁荣的诸侯国与诸侯国之间频繁发生的具有国家实体性质的国家间外交关系。

（二）中国古代规范外交礼仪的建立

1. 周公制礼与"三礼"传世

"礼"是中国传统文化的核心。《礼记》集序中说："前圣继天立极之道莫大于礼；后圣垂世立教之书莫先于礼。"中国自古重视以礼治国，因此创造

---

① 《诗经·小雅·北山》。

了"礼仪"，其中"礼"是内核，"仪"是形式。在古人的观念中，"礼"是人与兽类区别的重要标志，所以《礼记·冠义》说："凡人之所以人者，礼义也。""礼"又是最高的自然法则，"夫礼，天之经也，地之义也，民之行也"①。在历代统治者看来，"礼"在安邦定国方面具有纲领性的作用，是治国的方法与根本，正所谓"礼，经国家，定社稷，序民人，利后嗣也"②。因此，"礼"又成为法度的通名，在古代中央与地方、上级与下级以及同级的关系方面，都是以"礼"作为处理问题的原则。推而广之，"礼"也成为古代社会活动和人际关系的准则，规范了人们的交往方式，也规范和制约了中国古代的外交关系。作为制度和规范的礼仪，《尚书大传》记载："周公摄政，一年救乱，二年克殷，三年践奄，四年建侯卫，五年营成周，六年制礼作乐，七年致政成王。"似乎是说西周初期的周公建立了规范的礼仪制度。

实际上，"礼"是物质文明发展到一定阶段的产物。《易·序卦传》说："物畜然后有礼"，即财物有了积蓄，就需要有礼仪制度。在新石器时代，随着物质文明的发展，古人的生活、习俗也随之有了根本性的改变。对神农氏、燧人氏、有巢氏以及黄帝、炎帝、尧、舜、禹的崇拜，诞生了祭祀祖先之礼，原始部落之间的礼物交换和随着生产能力的提高带来的饮食文化的变革，也促成了礼仪的产生。在古史传说时期，颛顼就开始重礼和制礼，舜帝时已经统一了觐见的礼仪，明确规定了公、侯、伯、爵、子、男朝觐天子时必须遵守的各种礼仪。

《尚书·尧典》记载：正月上旬的吉日，舜在尧的太祖的庙堂里接受了尧禅让的帝位。舜即位后，用美玉做成仪器观察日月五星的运行，然后举行祭天帝和山川神灵、群神的典礼。随后，舜聚敛了四方诸侯的信圭，再选择吉日，召见四方诸侯之长和众多诸侯，举行隆重典礼，把信圭颁发给诸侯，表示对诸侯的任命。此年二月，舜巡察东方，召见东方各国诸侯。之后，舜修订了吉礼、凶礼、宾礼、军礼、嘉礼等五种礼法，规定了桓圭、信圭、躬圭、谷璧、蒲璧等五种玉器的使用规格以及三种用以籍垫玉器的不同颜色的丝织品的规格，规定了初次相见时赠送的礼物，还规定仪式上所用的五种玉器，

---

① 《左传·昭公二十五年》。

② 《左传·隐公十五年》。

在典礼结束后都归还诸侯。每隔五年，舜都要到各地视察，届时四方诸侯分别在四岳朝见舜，进献各地特产，舜也根据他们的功绩赏赐车马衣服等。此时，各地朝贡的物品和天子、诸侯、卿大夫、士、庶民的五种礼法，都已经有了明确的规定①。到大禹时期，对各地进贡的物品规定得更加详尽了②。产生于古史传说时期的礼仪制度，经过夏、商两代的发展，至少在商朝后期，已经形成了比较完备的封建等级制度和贡赋制度。

周王朝建立之初，采取了商朝的成法，受封的诸侯在王朝内也都有一定的等级，即存在畿服贡制和五等爵制。周公，名姬旦，因周王分封的采邑在周，故称周公。他本是周文王姬昌之子，在辅佐武王伐商中功勋显赫。周成王即位后，因年幼不能亲政，周公摄政。为巩固周王室的统治，周公采取一系列安定大局的措施，包括制礼作乐。毫无疑问，正是周公依照周朝制度，参照殷商之礼，确定了规范的礼仪制度，建立了贵贱尊卑的等级秩序，尤以宗法制和等级制相结合产生的礼仪制度最为严格。

西周时期的国家呈现的是以周王国为核心的国与国联合体形态，同时还存在着其他形式的联合体。在这个联合体内，周王室与诸侯之间、诸侯与诸侯之间的频繁交往，促使了中国早期外交礼仪和外交规则的产生。在各种礼仪中，必要的形式是不可或缺的，外交活动中的"礼物"就起到了彰显和强化"礼"的内核的目的。尽管从古公亶父时期就已建立国家机构，但直到灭商建国，周王朝虽然已有了疆域范围的概念，但还没有明确的国界概念。

在古代，进贡、赏赐和互相赠送的礼物，也必须与仪式本身相符合，而周王朝更是重视进献物品（礼物）时必须遵循的礼仪形式，甚至上升到了对周王是否敬重的高度，否则就是对周王的侮辱。《尚书·洛诰》记载，周公在向周成王报告十分顺利地运用殷商之礼在新邑举行了祭礼后，特别严肃地告诫周成王说：你虽然是年轻人，但是处理国家事务也要有长远考虑，以期达到最好的效果。你要慎重而仔细地查看诸侯们的进献，也要记住那些没有进献贡品的诸侯。进献贡物需要有很多仪式，以表示诸侯对王的尊敬和诚意。如果进献贡物时的仪式所表达的敬意不如所献的礼物那样隆重，就等于他没

---

① 《尚书·皋陶谟》。

② 《尚书·禹贡》。

有来进献贡品，这是因为他并没有诚意来进献。人们不来进献，或者是没有进献的诚意，那么国家的政事就会错乱，王朝就会因为诸侯的不尊敬而受到侮辱。像这样的事情，今后要靠你年轻人自己去分析辨别，我就没有多少闲暇时间来过问这些事情了。《尚书·梓材》也曾记录：王说，先王既然勤勉地实现其美好、光明的德行，怀柔诸侯，使他们成为王室的辅佐，那么众多的诸侯国也都会进贡给王朝，邻近的邦国也会来归附。如今，我们也要按照先王那样美好而光明的德行去做，这样，诸侯也会经常来朝见，众多的邦国也会前来进贡。

由此可见，周公在制礼之初就十分重视由来已久的礼仪中"礼物"的作用，甚至将其作为判断诸侯是否忠诚的标准。周公的这一思想体现在西周以来制定的各项礼仪制度中，对国家之间在外交活动中互相赠送礼物产生了深刻影响。我们考察西周时期的各项礼仪，包括规范的诸侯国之间的外交礼仪，离不开三部被称为"经"的儒家典籍，即《周礼》、《仪礼》和《礼记》。东汉末年，经学大师郑玄将这三部儒家经典并列合称为"三礼"，并以《周礼》为"三礼"之首。

《周礼》，汉代称《周官》，西汉末期始称《周礼》，全书分为天官、地官、春官、夏官、秋官、冬官六篇，六官又各自统领若干属官。尽管有人认为《周礼》是西周初期制礼作乐的周公所作，但目前还是有西周说、春秋说、战国说、甚至秦汉之际说等各种说法，比较一致的看法是，它是在形成于春秋定稿于战国时期的各国官制和礼制的基础上汇编而成的。其中冬官篇已遗失，汉代儒家学者摘取了性质相似的《考工记》予以补充完善。纵观《周礼》，其中最为系统和完善的是具备了一套规范的礼制体系，既包括祭祀、朝觐、封国、巡狩、丧葬等国家大典，用鼎、礼玉、服饰、车骑等具体规制，也有礼器等级、陈设组合、形制等描述。准确地说，《周礼》首先是一部关于官制的书，对中国古代官制的建置产生国重要影响。无论是隋唐时期的"三省六部制"还是明清时期的紫禁城，无不体现了《周礼》的思想。虽然其中所涉及的严格的官僚机构，不仅在有西周一代难以做到，就是在战国之后的秦帝国时期也没有做到①。总之，《周礼》的六官向我们展示了一个井然有序

---

① 吕友仁：《周礼译注》，中州古籍出版社，2004年10月。

的、完善的国家典制，涉及社会生活的方方面面。尽管《周礼》的规定具有较大的理想成分，但我们还是可以从其记述中，尤其是系统的礼制体系中，探索到西周时期的外交礼仪以及周王朝与诸侯国之间的关系。而且，它对春秋战国以及以后各朝代的外交礼仪也具有深远的影响。

　　成书于先秦的《仪礼》是中国最早的关于礼仪的重要典籍，或认为是周公所作，但普遍认为是孔子所作。尽管人们习惯把《周礼》、《仪礼》、《礼记》合称为"三礼"，但《仪礼》是礼的本经，又称《礼经》，在"三礼"中成书最早，而且首先取得了经的地位。《仪礼》一书中详细记述了古代宫室、车旗、服饰、饮食、丧葬之制，以及各种礼器乐器的形制、组合方式等，共有17篇，内容涉及上古时期贵族生活的各个方面。汉武帝建元五年（前136年）初置五经博士时，《仪礼》即居其一，唐时的"九经"和宋时的"十三经"，《仪礼》均在其中，成为儒家经邦治国的大典。宋人王应麟根据《周礼·春官·大宗伯》的划分之法，将《仪礼》的篇章划分为四类，分别为吉礼、凶礼、宾礼和嘉礼，其中宾礼中的《士相见礼》记载了贵族之间第一次交往，带着礼物登门求见和对方回拜之礼；《聘礼》记载了国君派遣大臣到其他国家进行礼节性访问的仪节；《觐礼》记载了诸侯朝见天子的礼节。另有《公食大夫礼》记载了国君举行宴会招待来访的外国大臣的礼节，《燕礼》记载了举行酒会的详细礼节。特别是其中那些具有程式色彩的对话和携带的礼物，有助于我们从不同于《周礼》的角度，深入探讨西周以及春秋战国时期王室及贵族交往的礼仪，以及诸侯国之间的外交关系。

　　《礼记》又称《小戴礼记》，是由西汉时期的礼学家戴圣编纂，所选均为战国至汉初孔子弟子及其再传弟子所记的各种有关礼仪的论述，分为礼仪制度和思想理论两大类，是中国古代礼乐文化的论著汇编。虽然它在"三礼"中最晚取得"经"的地位，但它论述了先秦的礼制、礼仪，解释《仪礼》，记录了孔子和弟子的问答，很快成为礼学大宗，较《周礼》和《仪礼》流传更为广远。

　　2. 西周时期宾主会见的主要礼仪及礼器

　　西周时期建立了各种形式的礼仪，并以其维护的周王朝的统治，规范了社会秩序。礼仪的种类繁多，其中尤以五礼最为著名，这些礼仪有不少都在当时的外交关系中得到了运用。一是吉礼，即祭祀之礼，祭祀对象涉及天上、

人间和地下，目的是向鬼神祈求吉祥安康。《左传》记载商王朝"国之大事，
在祀与戎"，说明商代已经十分重视对鬼神的膜拜。古代的吉礼都是由王、天
子或皇帝亲自主持的，属于国家祀典。《周礼·春官·大宗伯》将吉礼归纳为
天神、地祇和人鬼三大类。二是嘉礼，用以亲近臣民，包括饮食礼，即国君
通过宾射、飨燕之礼，与宗族兄弟、四方宾客等饮酒聚食以联络感情；宾射
礼，有天子、诸侯、卿大夫在祭祖、祭神前举行的射箭礼（大射礼），因诸侯
前来朝见或诸侯想会见时举行的射礼（宾射礼），天子与群臣燕息举行的燕射
礼，以及地方为推贤举能而举行的乡射礼，共四种，春秋时期的投壶游戏正
是因射礼而衍生的；飨燕礼，是招待宾客的礼仪，包括只重视仪式而不重视
内容的天子招待宾客的飨礼，和在国中无大事时天子、诸侯为了联络君臣感
情设宴共饮的燕礼；赈膰礼，即将宗庙中的祭肉分送给周围的人吃，这在当
时被认为是一种福分，周天子经常将祭肉赏赐给诸侯；贺庆礼，即在异性诸
侯国有喜庆之事时，派遣使者携带礼物前去庆贺；巡狩礼，即天子到地方巡
狩，了解民情。后世朝代在西周嘉礼的基础上，又衍生发展出了改元礼、正
旦朝贺礼、冬至朝贺礼、圣节朝贺礼、皇后朝贺礼等多种仪式，都属于嘉礼
的范畴。三是宾礼，西周时期重视"以宾礼亲邦国"[1]，诸侯朝见天子、诸侯
之间会见、使臣往来等都要遵守一定的礼节，对附属国使臣的接待以及士与
士之间的相见，也都属于宾礼范畴。关于这一点，我们将在后文详述。四是
军礼，即军队操练和征伐的行为规范，包括天子亲自率师出征的大师之礼、
以核查户口为重点的大均之礼、以田猎为主的大田之礼、以在诸侯相互侵伐
夺回领土后确认疆界的大封之礼等等。战争中获胜之后的凯旋、告庙、献俘、
献捷、受降等都属于军礼。五是凶礼，是关于丧葬、天灾人祸等的礼仪规范。

　　如果说上述礼仪都属于官方运作的，那么，具有民间色彩的人生、婚嫁、
丧葬、家庭、社交、节俗等礼仪，也都必须按照相关的礼仪规范进行。特别
是社会交往礼仪，深受官制礼仪的制约，并且不仅重视见面的形式，也重视
礼物的选择。在西周时期的社会交往礼仪中，尤其重视"礼尚往来"，正如
《礼记·曲礼》所言："往而不来，非礼也；来而不往，亦非礼也。"

　　据《仪礼·士相见礼》记载：士与士初次相见，冬天用鲜活的雉为礼，

---

　　[1]　《周礼·春官·大宗伯》。

夏天则用风干的雉。宾客到达主人家大门口求见时，要将雉的头朝左捧着，说："某也愿见，无由达。某子以命命某见。"主人回答："某子命某见，吾子有辱。请吾子之就家也，某将走见。"宾客应道："某不足以辱命，请终赐见。"主人说："某不敢为仪，固请吾子之就家也，某将走见。"宾客对应："某不敢为仪，固以请。"主人对答："某也固辞，不得命，将走见。闻吾子称挚，敢辞挚。"即"听说您持礼物而来，岂敢担当，所以谨此辞谢。"宾客说："某不以挚，不敢见。"意即"如果不持有礼物，就不敢见尊者。"主人回答："某不足以习礼，敢固辞。"宾客对应："某也不依于挚，不敢见，固以请。"主人说："某也固辞，不得命，敢不敬从。"于是，主人出大门迎接宾客，行再拜之礼，宾客以再拜之礼作答。主人拱手行礼，请宾客入内，自己先从门的右侧进入。宾客捧着雉，从门的左侧进入。主人在庭中再拜之后接受礼物，宾客则在再拜之后送上礼物，礼毕出门。主人让摈者转达希望与宾客相见叙谈之意，宾客返回与主人相见，叙谈完毕退出。事情到此并没有结束，改日，主人要到来访的宾客家回访，回访携带的礼物就是宾客来时所带的雉，而且是通过对方摈者与其主人对话，无非是说前日所见，今来奉还大礼云云。

士初次拜见大夫，大夫推辞两次后还是不接受礼物。而且，士到来时，大夫也不到门口迎接，只是在他进门后以一拜之礼感谢他屈尊光临。宾退出送行时，也不送到大门口。如果是大夫家过去的家臣求见大夫，大夫只辞谢一次就可以收下礼物。下大夫之间初次相见，用鹅作为礼物，鹅的身上要裹有绘着纹饰的布，鹅的双足用绳子系着。捧持的方式与士相见一样，鹅头朝向左方。上大夫相见以羔羊作为礼物，羊身上用绘有纹饰的布裹着，四足两两相系，绳子要在羊背上交叉后到胸前打结，羊头朝向左方，相见的仪节与士相见一样。

新臣首次见君，必须要携带礼物，容貌要显得恭敬。庶人见君时，进退都要疾走。士大夫首次见君，把礼物放在地上后，行再拜叩首礼，君以一拜之礼答谢。

《仪礼》还记载：如果是外邦之臣来见君，礼毕后要让摈者把礼物还给客人，并说："寡君使还某挚。"客人回答："君不有其外臣，臣不敢辞。"于是再拜叩首，收下礼物。如果大夫不是奉国君之命出使而是因私事出访，则摈者不能称他为寡君的某人，只能称其名。如果大夫卿士奉国君之命出使，则摈者称其为"寡君之老"。凡是手执币帛去见国君，不能走得太快，越是走近国君，容貌越要恭敬。执玉器去见国君的，步伐要缓慢而小，脚跟不离地。

任何礼仪活动都离不开特定的器物，即礼器。最早的礼器使用的只是生活用品，随着礼仪的不断规范，礼器的使用也愈加复杂和精良，有了一些特定的器物和使用数量、搭配、规格上的要求。主要有：

食器：按照王国维《观堂集林·释礼》的考证："盛玉以奉神人之器谓之丰，推之而奉神人之醴亦谓之醴，又推之而奉神人之事通谓之礼。"可见"礼"字源于食器，这或许与古人对从茹毛饮血到能把食物放在容器中使用而产生的膜拜有关。西周时期礼器中的食器主要有青铜制作的鼎、鬲、簋、簠、盂、俎、豆、甑、匕等，尤其是鼎与簋，在使用上有严格的等级规定，如天子用九鼎八簋，诸侯用七鼎六簋，上大夫用五鼎四簋，士用三鼎二簋，只有一鼎则不配簋。

酒器：我国至迟在夏王朝建立之前就掌握了酿酒技术，酒自出现之后就与礼有了不解之缘。最初的酒器多为陶制，进入夏商之后，随着青铜器的发达，酒器主要有以青铜制作的盛酒用的尊、卣、瓶、方彝和壶等，饮酒器有爵、角、觚、觯、觥等。

乐器：礼为天地之序，乐为天地之和。"礼"与"乐"在重要的礼仪中难以分割，礼乐制度是商周以来礼仪制度的重要柱石，礼仪中的乐器也超越了音乐演奏功能，具有了法器和礼器的功能。周公"制礼作乐"时，就对礼仪中乐器的使用作了严格规定。西周时期礼仪中

曾侯乙墓出土的编钟

的乐器主要有：编钟、编磬、钟、鼓、铃、铙、钲、錞于等。

玉器：玉器是最早出现的礼器之一，西周时期的玉礼器主要指"六器"，即璧、琮、圭、璋、琥、璜。《周礼·春官·大宗伯》记载："以玉作六器，以礼天地四方：以苍璧礼天，以黄琮礼地，以青圭礼东方，以赤璋礼南方，以白琥礼西方，以玄璜礼北方。皆有牲币，各放其器之色。"上述六器在西周时期的礼仪和外交活动中，又有新的内涵，其中考古发现最早属于红山文化和良渚文化的玉璧，西周时期用以表示对德行的敬重；流行于新时期时代的玉琮，西周时期主要用以祭祀；玉圭是西周时期天子和诸侯大臣身份地位的象征，也是朝会典礼以及使者出访的必须信物；玉璋是朝聘、祭祀、丧葬、发兵时的瑞信。除此之外，在礼仪中还有玉斧、玉戚、玉钺、玉戈、玉刀等属于各种重大礼仪时的仪仗用器。

3. 与礼仪、礼物有关的官制和规定

《周礼》展示的是国家机器的完美构图，但也记载了天子与诸侯、诸侯与诸侯之间应该如何交往的各种礼仪。在此，我们依据《周礼》各篇的记载及官制顺序，简单梳理一下西周时期与礼仪、礼物有关的主要的官制和规制。

据《周礼》记载，天官冢宰主管国家大政和宫中事项，下设63个属官。其中大宰的职责是掌管制定和颁行王国的六典，辅佐天子治理天下，包括：用九种赋征收财货；用九种用财的方式来调节财用，包括祭祀、招待宾客和聘问所赠送财物支出的法式；用九贡收取诸侯国的财物，包括贡献祭祀、招待宾客、制作器物和馈赠所需用的物品，以及木材、金石龟贝和各地土特产和王室游玩所需用的物品。周王会见诸侯的时候，太宰要帮助他接受诸侯们进献的各国的珍异物品和玉几玉爵。招待宾客之类的事项，都由太宰全权处理。

小宰的职责主要是执掌修立王宫中的刑法，推行王宫中的政令，掌管王宫中的一切纠察禁令，包括以治职来平治诸侯邦国调节国家财用，以教职来安定诸侯邦国使他们善待宾客，以礼职来协和诸侯邦国，以政职来平服诸侯邦国使他们及时贡赋，以刑职来制止诸侯邦国的不轨。

宰夫的职责是执掌治朝法令，以规定周王和三公六卿大夫在各项礼仪中的位置。凡有朝觐会同接待宾客时，按照以牲牢招待宾客的法式，掌管供给宾客的牢礼、委积、膳献、饮食、飨牵及其陈列等。

内府掌管由大府移交的通过九贡、九赋等收取上来的财物及质地优良的兵械、车旗，以供国家大事时使用。凡是诸侯所进献的玉帛、金、玉、齿、革、兵械、器具以及一切珍贵的物品，都纳入内府。凡是出使四方的使臣，供给他们赠送诸侯的礼物并送交给他们。周王及冢宰赏赐群臣的礼物，也由内府供给。

外府掌管钱币的收入与支出，依据法定项目购置物品供官府使用。凡祭祀招待宾客、丧典、会同、军旅等事情，供给所需要的礼物和行路所用的费用。

地官司徒主管国家土地和京城附近的民众教育，下设78个属官。其中掌节掌管周王所用的玉节，辨别各种节的用途，辅助行使周王的命令。守邦国的诸侯在城内可以用玉节，守采邑的大夫在境内可以使用角节。凡是诸侯国的使节出使时所用的节，山地国家用铸有虎形的节，平地国家用铸有人形的节，沼泽地国家用铸有龙形的节。各种节都用金属铸造，并以刻有文字的竹箭作为辅助证件。出入门关用的符节，货物通行用玺节，在道路上通行用旌节。

春官宗伯主管宗教和文化，下设70个属官。其中大宗伯主管建立国家有关祭祀天神、人神、鬼神、地祇的礼仪，帮助天子建立并安定国家和地方政权。负责吉礼、凶礼、宾礼、军礼、嘉礼等各种礼的使用。特别规定的是，用宾礼来亲密天子和诸侯的关系，《春官·大宗伯》记载："春见曰朝，夏见曰宗，秋见曰觐，冬见曰遇，时见曰会，殷见曰同。"诸侯春天朝见天子称作朝，夏天朝见称作宗，秋天朝见称作觐，冬天朝见称作遇；天子有事约定时间会见称作会，各方诸侯一起朝见称作同；天子有事，诸侯派遣臣子来聘见称作问，诸侯定期派臣子来看望称作视。这些礼仪中，最重要的是诸侯朝觐天子，有所谓朝、觐、宗、遇、时会、殷同六事，目的在于用宾礼来建立与邦国的亲密关系。会与同都是天子在国外接受诸侯朝见。王使臣到诸侯国，有间问、归赈、贺庆、致襘四事。

大宗伯还负责用美玉制成六种具有瑞祥含义的玉器，用来使诸侯国之间等齐而不违法：天子执镇圭，用以安定四方；公执桓圭，用以安卫君上；侯执信圭，伯执躬圭，表示慎行以保全自身；子执古璧，男执蒲璧，用以安人。用六种禽兽作为礼物，用以使大臣们等齐而不违法：孤执拿虎豹皮和丝帛，卿执拿羔羊，大夫执拿大雁，士执拿野雉，庶人执拿鹜，工商执拿鸡。用玉制作成六种礼器，用来礼拜天地四方神灵：用苍色的玉璧来礼拜天神，用黄色的玉琮来礼拜地神，用青色的玉圭来礼拜东方之神，用赤红色的玉璋来礼拜南方之神，用白色的玉虎来礼拜西方之神，用玄黑色的玉璜来礼拜北方之神。对各方之神都由牲畜和币帛奉献，分别仿照礼器的颜色配置。大宗伯还负责用礼仪和音乐来融合天地化育生产的万物，用以敬事鬼神，调谐万民，保证获取各种物质需要。在天子与诸侯朝觐会同时，大宗伯是最高陪同人员。

小宗伯是大宗伯的助手，其职责包括主管设立国家的神位等。在大型接待宾客活动时，负责接受献上的礼物。

典瑞主管收藏保管平常使用的玉瑞和玉器，辨别它们的名称和品质以及使用场合，并为它们配置包饰。在朝觐宗遇会同等晤见场合，王的腰带上插三尺大圭，手里拿着一尺二寸长的镇圭，套袋上画着五圈五色花纹；公的手里拿桓圭，侯的手里拿信圭，伯的手里拿躬圭，套袋都画着三圈三色花纹；子手里拿谷璧，男手里拿蒲璧，套袋上画着两圈二色花纹。诸侯相见也是如此。瑑圭、瑑璋、下瑑璧、瑑琮，其套袋都画着一圈二色花纹，在大夫们规聘会见时使用。四圭——中间为璧四面为圭的组合体，用来祭祀天神和五方上帝。两圭——一种两圭底部相连的长圭，用来祭祀地神和四郊之神。裸圭上面有勺形的瓒，用来祭祀死去的君王。圭璧用来祭祀日月星辰之神。底部磨有尖角的璋，用来祭祀山川之神，以及登门回访时送给宾客。土圭用来测量四季日月的影长，给诸侯封疆建国时用它来丈量土地。珍圭用来征召守国的诸侯，用来赈济灾荒。牙璋用来调动军队，节制军队的领导。谷圭用来调节怨仇，以及婚聘女儿。琬圭用来修治德行，缔结友好。琰圭用来改变行为，除去邪恶。有大的祭祀天地、祭祀上帝天望，有大会宾客的时候，典瑞要供应当用的玉器；有大的凶丧的时候，要供应饭玉——像米饭粒一样的细玉粒，含玉——含在死者口中的玉，以及赠礼用的玉璧等。凡是周王赏赐玉器，由典瑞捧着送去。

典命掌管诸侯的五种礼仪和诸臣的五等命礼。三公中有德的上公受九命之仪为伯，他的国家都城规模、宫室规格、车旗衣服制度、礼仪规格都以九为节度，侯、伯以七为节度，子、男以五为节度。王的三公受八命之仪，他们的卿受六命之仪，大夫受四命之仪。等到受封外出，都加一等，他们的国家、宫室、车旗、衣服、礼仪的规格也都加一等。凡是诸侯的嫡长子得到天子的任命代行国君的职责，就比他的国君低一个等级行礼仪，未经任命的，就较子、男低一级而在朝会时执拿皮币和束帛。公的孤卿受四命之仪，手执皮币、束帛，礼仪比照小国的君主。公的卿受三命之仪，大夫受再命之仪，士受一命之仪。他们的宫室、车旗、衣服、礼仪都根据其命仪之数来确定，侯、伯的卿、大夫也如此。子、男的卿受再命之仪，大夫受一命之仪，其士不守仪，他们的宫室、车旗、衣服、礼仪也都根据其命仪的等级来确定。

夏官司马主管军政和四方诸侯的各项事务，下设 69 个属官。其中大司马的职责是主管建立诸侯的九种法律，帮助王管理诸侯国，包括划分诸侯国的疆界，确定诸侯国的范围；设立礼仪，辨别诸侯及诸臣的地位，使其君臣大小尊卑各有等差。使大国亲小国，小国敬事大国，各国和睦相处。合理分派贡物和赋税，以适合各国的承受能力。用九畿（按《周礼·夏官·大司马》记载：京城周围方圆千里为国畿，国畿外五百里为侯畿，侯畿外五百里为甸畿，甸畿外五百里为男畿，男畿外五百里为采畿，采畿外五百里为卫畿，卫畿外五百里为蛮畿，蛮畿外五百里为夷畿，夷畿外五百里为镇畿，镇畿外五百里为蕃畿。）的簿籍作根据，确定各诸侯国应进献的贡物。

射人主管国家的三公（太师、太傅、太保）、孤（卿之长）、卿、大夫朝见天子时的位置。三公面向北，孤面向东，卿和大夫面向西。他们执拿的礼品分别是：三公执拿玉璧，孤执拿皮币和帛，卿执拿羔羊，大夫执拿雁。诸侯来到朝廷时，也都面向北，射人受命协助他们以礼行事。射人还负责安排射礼仪式。

校人掌管君王及官家用马的管理，其职责之一是，在马作为礼物送人的时候，负责将马洗刷干净，并手持马鞭站在马的后边。会见宾客的时候，校人负责接受人们赠送的马匹。凡是国家派遣使者出去，校人供给作为赠礼的马匹。

职方氏掌管天下地图以及全国的土地。分辨全国土地中的邦国、都、鄙、四夷、八蛮、七闽、九貉、五戎、六狄的人民，以及它们的出产如九谷、六畜的数量，了解各地的有力条件和不利条件。分别九州即扬州、荆州、豫州、青州、兖州、雍州、幽州、冀州、并州的形势，使它们的负担和利益得以协调。职方氏还要辨别九种服从君王的邦国，以京城为中心方圆千里为王畿，其外面以五百里距离，分别是侯服、甸服、男服、采服、卫服、蛮服、夷服、镇服、蕃服。

怀方氏负责招来远方的少数民族百姓，采办那些地方的产品以及贡物，负责迎接和送行，并办理通行证明。

山师和川师分别负责了解山林和江河湖泊的情况，及时向各个邦国颁布命令，将那里的珍贵奇特的东西供给君王。

秋官司寇主管刑狱和司法，下设66个属官。其最高官职大司寇的职责是掌管建立国家的三刑法，协助天子对各邦国实施刑法，督查四方。其中的大行人掌管接待大宾大客的礼仪，为的是接近和睦诸侯。春天让诸侯来朝见是为了商议天下大事，夏天召见诸侯是为了让他们陈述对国家大事的政见，秋天接见诸侯是为了考察各诸侯国的政绩，冬天会见诸侯是为了协调诸侯间对问题的看法，不定期召诸侯来会见是为了对突发事件发出禁伐处理的命令，远近诸侯一起拜见天子的殷见是为了推行全国的政令。天子有事，诸侯派遣使臣来聘问的时聘是为了与诸侯结好，诸侯国定期派遣卿来探视天子的殷聘是为了宣告清除各诸侯国政务弊端的禁令。天子隔年派遣使臣去诸侯国的问候，是为了告慰诸侯向诸侯致意。给诸侯赠送祭肉是为了向他们祝福，向诸侯庆贺赠送礼物是为了增加吉庆，诸侯受到灾害要带财物前去慰问。按照九仪来分辨诸侯的等级和臣下的爵位，用与各自相应的礼仪来接待他们。

上公朝见的礼仪是：拿九寸长的桓圭，九寸长的垫玉采版，穿着九种花纹的冕服，树起有九旒装饰的龙旗，有九条彩饰的马腹带，副车九辆，传话的介九人，献上有九牢的大礼。在祖庙进行授玉和三献礼。君王按照礼仪，派大宗伯向上公赐酒的祼礼进行两次，上公用玉爵回敬君王。宴飨的礼节是九次举牲体。上公从来到去的路上，主人有五次馈赠粮饷的接待，从远到近派人三次问安，三次慰劳。

侯爵朝见的礼仪是：拿着七寸长的信圭，七寸长的垫玉采版，穿着七种花纹的冕服，树起有七旒装饰的龙旗，有七条彩饰的马腹带，副车七辆，介七人，献上七牢大礼。在祖庙进行授玉和三献的礼仪。君王按照礼仪派大宗伯向其行一次祼礼，侯用玉爵向君王回敬，宴飨的礼节是七献，按照饮食礼节七举牲体。从来到去的路上，主人接待四次粮饷，派人两次问安，两次慰劳。伯爵朝见的礼仪是：拿着躬圭，其他和侯爵的礼仪一样。

子爵朝见的礼仪是：拿着五寸的穀璧，垫玉的采版五寸，礼服上有五种花纹图案，树着有五旒装饰的旗，有五条彩饰的马腹带，副车五辆，介五人，献上五牢的礼品。在君王的祖庙了举行授玉的三献礼仪。君王大宗伯举行一次裸礼，宴飨的礼仪是五献，按照饮食礼仪五举牲体。从来到去的路上主人接待三次粮饷，派人在近郊问安一次，慰劳一次。男爵朝见的礼仪是：拿着蒲璧，其他和子爵的礼仪一样。

凡是公爵大国的孤受聘见君王，拿着豹皮包帛的礼物，在小国君主接见后被接见，从来到去的路上受到三次粮饷接待，君王不派人问安，只慰劳一次。在祖庙行聘礼时，不用礼赞的相，用齐酒敬礼，其他礼仪都比照小国君来聘的礼仪。凡诸侯的卿来朝聘的礼仪，比照他们的国君降低两个等级。至于派大夫、士来朝聘的礼仪，以此类推再降两个等级。

国都周围方圆千里的地方是邦畿，其外五百里的侯服，每年朝见天子一次，进贡祭祀用的牺牲包茅等；再外五百里的甸服，每两年朝见一次，进贡的是接待宾客用的财物；再外五百里的男服，每三年朝见一次，进贡的是尊彝等物品；再外五百里的采服，四年朝见一次，进贡的丝麻布帛之类；再外五百里的卫服，进贡的金玉木石等；再外五百里的要服，每六年朝见一次，进贡的是龟贝之类。上述六服以外的地方为蕃国，只在君王去世太子即位时来朝见一次，各自用他们当地出产的贵重宝物作为进献的礼品。

天子用来安抚境内诸侯的做法是：头一年派遣使臣到各诸侯国慰问抚恤；第三年派遣使臣普遍到各诸侯国视察；第五年派使臣到各诸侯国察看；第七年召集各诸侯国的翻译官，学习通用语言，协调彼此间的政令和外交言辞；第九年召集各诸侯国的乐师、大史、小史分别学习音乐、文字等文化知识；第十一年，天子派出使臣协调各国的符节，统一度量单位，平衡迎宾待客的礼仪；第十二年，巡视各国或在侯国召见诸侯。

凡诸侯来会同朝觐天子的时候，要分别尊卑等级，按等级就朝位，施行觐见的礼仪，由接待的傧引见天子。若六服以内诸侯国有兵寇等派人来告急时，天子就派大行人接受送来的礼物并听取报告。凡是诸侯国之间的邦交，每年派使臣互相问候，过几年派官员进行一次较隆重的聘问，新君即位的时候派官员到小国聘问到大国朝见。

小行人掌管诸侯国的宾客到时记载来宾名位尊卑的登记簿，并接待诸侯的使臣向诸侯国发布通令，让他们春天缴纳贡品，秋天送来考核政绩的述职报告，君王亲自接收，小行人按照所登记的不同身份，用相应的礼仪接待他们。凡诸侯来朝见天子，小行人就要在王畿迎接慰劳，到近郊慰劳，安置客馆。到祖庙授玉时，小行人作为大行人的助手帮助接待宾客。凡是四方来的使臣，六服以内诸侯的使臣就引见给天子；蕃国来的使臣，小行人接受他的礼品，听取他的报告然后转达给天子。小行人出使到各诸侯国，协调各国接待的九等礼仪。朝、觐、会、同，这些是诸侯国君拜见天子的礼节；存、规、省、聘、问，这些是天子的使臣和诸侯的使臣用的礼节。颁布通行全国各地的六种符节：山区诸侯国的使臣用虎节，平原的诸侯国使臣用人节，多沼泽的诸侯国使臣用龙节，都用金属铸成；道路通行用旄牛尾饰的旌节，城门、关卡通行用竹片制的符节，到都城边邑用截竹管制的管节。统一六种瑞信的规格：天子用有四镇之山图形的项圭，公爵用两面各琢两棱的桓圭，侯爵用有人形图案的信圭，伯爵用有弯采腰人形的躬圭，子爵用有禾苗图案的毂璧。统一规定与六种瑞信相配合的六种聘享礼品：圭用马来配，璋用虎豹的皮相配，璧用丝织物相配，琮用彩色的锦相配，琥以刺绣来相配，璜用黼来相配，这六种礼物用来协调诸侯的友好关系。如果诸侯国有灾祸，就下令让其他诸侯国送来财物支援，如果诸侯国有喜庆的福事，就让别的诸侯国送来礼物庆贺。

司仪掌管对各级宾客接宾、赞礼方面的礼仪，并把有关仪容、辞令和宾主相见揖让的礼节报告给君王。"将合诸侯，则令为坛三成，宫旁一门，诏王议，南乡见诸侯，土揖庶姓，时揖异姓。及其摈之，各以其礼：公于上等，侯伯于中等，子男于下等。其将币，亦如之。其礼，亦如之。"说明行授玉礼是这样，行裸礼也是这样。"王燕，则诸侯毛。凡诸公相为宾，主国五积三问，皆三辞拜受，皆旅摈，再劳，三辞，三揖，登，拜受，拜送。主君郊劳，交摈，三辞，车逆，拜辱，三揖，三辞，拜受，车送，三还，再拜。致馆亦如此。致飧如致积之礼，及将币，交摈三辞，车逆拜辱，宾车进，答拜，三揖，三让，每门止一相。及庙，唯上相人，宾三揖三让，登，再拜授币，宾拜送币，每事如初。宾亦如之，及出，车送，三请，三进，再拜，宾三还三辞，告辞。"在祖庙阶前经过多次谦让后，宾客退至西阶相互馈赠礼品，凡是朝会都由礼品赠送，而且仪式都是如此繁琐。举行朝礼后，主人归还玉器，向宾客赠送礼品，同样要经过多次谦让。宾客回报主人的礼物，大致和主人送来的礼物相当。以上是公爵互为宾客时的礼仪，各侯爵、伯爵、子爵、男爵互为宾客时，各按照与他们的命数相等的礼仪接待，其形式与公爵相似。"诸公之臣相为国客，则三积，皆三辞拜受。及大夫郊劳，旅摈三辞，拜辱，三让，登听命，下拜，登受，宾使者，如初之仪。及退，拜送，致馆，如初之仪。及将币，旅摈三辞，拜逆，客辟，三揖，每门止一相。及庙，唯君相人，三让，客登，拜，客三辞授币，下出，每事如初之仪。"除了公开场合的礼仪外，宾客之间还常常有私下会见，而私下的会见也是需要赠送礼品的。"及礼，私面，私献，皆再拜稽首，君答拜，出及中门之外，问君，客再拜对，君拜，客辟而对。"所谓"私献"，就是私下会见时赠送礼品。凡是侯爵、伯爵、子爵、男爵的使臣，按他们在各自国家中的官位等级以相应的礼节招待，进退揖让的礼仪规矩也与公爵的使臣大体相同。凡是四方诸侯的宾客，接待方面的礼节仪式、仪客辞令、饮食招待、往来礼品等，都按照爵位的高低相差二等为基点加以适当调整。凡是宾客，迎来送往的礼节是一样的。对于互相赠送的礼品数量和品质，诸侯国之间的聘使往来，各按照自己国家的实际情况给使臣筹办礼品的多少，东道国也按使臣礼品的厚薄给以相应的回报，即"凡诸侯之交，各称其邦而为之币，以其币为之礼。"充分反映了在礼物往来方面的平等原则。

秋官中还设立有掌讶，掌管各诸侯国九仪等级的礼籍，并以此作为接待宾客的规矩；设立有掌交，掌管拿着旌节和玉帛之类的礼物巡行各诸侯国，晋见诸侯，以及到列国以外老百姓聚居的都邑巡行，宣扬天子的威德和恩惠。

冬官司马主管工程建设和土地、水利，下设 30 个属官。由于秋官篇早已遗失，后人以内容与之相似的《考工记》补充，其中对各种器物的制作作出了规定。

4. 最早的外交礼仪——聘礼

盟会是西周时期以至春秋战国诸侯国之间发展外交关系、解决重要问题的常见方式。诸侯之间如果很久没有盟会，就应该派遣使者互相聘问。《仪礼·王制》记载："比年一小聘，三年一大聘，五年一朝。"小聘和大聘的仪节基本相同，只是使者的身份和携带的礼物有所区别。但如果国内发生灾难，则应该停止聘问。《仪礼·聘礼》记载了大聘的仪节，而《礼记·聘义》阐述了聘礼的礼仪。

　　所谓聘，就是问候之意，而聘礼正是诸侯国问候天子以及诸侯国之间相互问候的礼节。诸侯国之间的聘礼，主要目的是结交盟友，巩固邦交，其礼仪规定的出发点是在相互尊重、相互平等、互不干涉内政、睦邻友好的基础上进行的，因此，聘礼是中国古代最早的外交礼仪。在古文献中常见"发币"一词，就是在聘问之时，客方向主方有关人员赠送礼物。

　　诸侯国之间的聘问遵循着一套严格的礼仪，如果说《周礼》的相关记载是从官制的角度予以确定的话，那么《仪礼·聘礼》则给我们提供了从选派使者、准备礼物到出使全过程的主要细节，更便于我们了解当时诸侯国之间的外交礼仪。《仪礼》十七篇除《士相见礼》、《大射礼》、《少牢馈食礼》和《有司彻》四篇外，其余各篇之末都有记，一般认为它们是孔子的门徒所作。《聘礼》的"记"对《聘礼》的内容进行了进一步的解说，并且补充了很多聘礼的细节。下面，我们结合《聘礼》及其所附的"记"，看一下诸侯国之间的聘问礼仪。

　　根据《聘礼》的记载：诸侯之间相互聘问的书简（亦即后来的国书）要放在束帛上，由使节恭敬地捧着向对方的国君致命。书简的字数超过一百字就写在策上，若不满一百字就写在木板上。对方国君在接受使者致送的书简后，随使者下堂出门，国君让内史与使者在门外宣读书简内容。使者将要回国时，国君派大夫到宾馆，将使者致送的束帛归还。次日，国君将回复的书简送到宾馆，请使者早日送达。用以朝见天子的玉器，圭和垫板都是九寸长，圭的顶部左右各削去一寸半使之呈锐角形，厚为半寸，宽为三寸；托版上用三种颜色横向画六圈，顺序是朱色、白色、苍色。聘问诸侯用的圭和垫板都是八寸长，垫板只有朱色和绿色。垫板的末端都有上为玄色下为熏色的丝带，丝带长一尺，上有纹饰。聘问大夫用的束锦，由宰夫拿着到近郊等候并预先陈列好，使者到来时，将赠送给对方大夫的皮革和马匹一并交给使者。大夫出聘接受使命而不接受辞令，因为聘问的辞令并没有固定的内容，只要顺从对方心愿使其预约即可。遇到不能接受的礼遇时，要推辞说："不符合礼，岂敢接受？"如果主人仍然坚持，要回答说："不符合礼，岂敢不推辞？"出聘时也不能在与自己的身份相当的人的宗庙中下榻，而应该降一等级，即卿住在大夫的宗庙，大夫住在士的宗庙，士则住在工商之人的舍中。管人接待宾客，要满足客人三天洗一次头两天洗一次澡的要求。

　　聘问，首先要任命使者。《聘礼》记载："君与卿图事，遂命使者。使者再拜稽首，辞，君不许，乃退。"国君在上朝时与诸卿商量往聘的国家和使者的人选，接着任命使者（正使，一般由卿担任，称为宾）。使者向国君再拜叩首，谦虚地说自己的才能不足以担当如此重任，予以推辞，国君则不准许其推辞。聘问之事决定后，就要任命上介（副使，一般由大夫担任），也是经过一番推辞后答应下来。之后，宰命令司马任命众介（随从人员，一般由士担任，由司马任命），众介不必像使者和上介那样谦虚地推辞。由于使者的爵位不同，所带随从人员名额也有差别，规定是"上公七介，侯伯五介，子男三介"①。使者接受国君的命令后准备出使，出门后就去见宰，按照确定的出使路线和时间请其付给出使的路费。

　　出使人选确定后的下一项主要工作就是准备出使的礼物，"宰书币，命宰夫官具。及朝，夕币"②。宰要开列出使所用礼品的清单，并命令宰夫交给各部门筹办。出行之日前一天的傍晚，要检视礼品。届时，使者身穿朝服，率领随行人员去见国君。管人在寝门外铺设幕巾，摆放礼品。其中皮革的首部要朝北，由西向东一张一张地摆放；献给聘问国国君的礼物要放在西侧，献给国君夫人的布帛之类的礼品要放在皮革的左半边之上；如果礼品中有马匹，也要朝北，币帛之类放在马的前面。使者在幕巾之南面朝北而立，随行人员站在他的左侧，以东首为尊。卿、大夫在幕巾的东侧，面朝西而立，以北首为尊。宰禀报国君礼品已经准备完毕，国君从门的左侧走出，面朝南而立。这时，"史读书展币。宰执书，告备具于君，授使者"③。由史官宣读礼品清单，并一一核对实物。然后，宰手执礼单，禀报国君礼品齐备无误，并将礼单交给使者，使者将礼单转交给副使。国君向众臣拱手行礼，请诸臣入路门。有关官员则在副使的监视下，将礼品装在车上，礼品清单也放在车内。

　　次日出发前，要举行告庙仪式。其程序是："宾朝服释币于祢。有司筵几于室中。祝先入，主人从入。主人在右，再拜，祝告，又再拜。释币，制玄纁束，奠于几下，出。主人立于户东，祝立于牖西。又入，取币，降，实于

---

① 《礼记·聘义》。
② 《仪礼·聘礼》。
③ 《仪礼·聘礼》。

箅，埋于西阶东。又释币于行。遂受命。上介释币亦如之"①。上述程序完成后，副使和随行人员在使者的门外等候。使者在车上插上旒旗表示将要出使，并率领副使和随行人员前往宫廷接受国君的命令。授圭、准备玉璧和玉璋是这一程序的主要内容。国君身穿朝服，面南而立，卿、大夫面西而立，以靠近国君的北首为尊。国君请卿招呼使者，使者带随行人员相继而入，都面朝北而立，以东首为尊。国君拱手行礼，让使者和副使上前，听候国君的命令。贾人面朝西坐下，从藏玉的匣子内取出圭交给宰，宰拿着圭从国君的左侧交给使者。使者接过圭听取国君之命并复述后，将圭交给副使，副使出门时再将圭授还贾人。接着，使者接过献给聘问国国君的放在束帛之上的玉璧和献给聘问国国君夫人的玉璋，以及放在玄束帛上的玉琮，才能正式启程。出行开始，使者及其随行人员要祭道路神，卿大夫们在土堆旁祭酒和干肉，接着饮酒为使者送行。使者一行走到郊外时，要脱下朝服换上深衣，并将车上的旒旗收起来。

出使途中，如果要经过其他国家的领土，要派次介前往借路，行"过邦假道"礼，如果不借道强行穿越，就是侵犯其他邦国的主权，可能引起诸侯不和甚至战争。借路的礼物是帛，次介带着五匹帛，以奉国君之命的口吻，到过往国的外朝请求借道，并请派人引路。过往国的下大夫拿起束帛回去禀告国君，回来时说国君已经同意并收下束帛。过往国的国君依照礼仪，要给过境人员馈赠，除给上宾身份的使者赠送牛、羊、豕三牲，以及路上喂养牲口的草料，使团的其他成员也都有不同的馈赠。为过往的使团引路的是士，他要引导使团直至走出过境。

使者和随行人员进入聘问国国境之前，都要宣誓绝不扰民，还要演习一次聘问仪式，包括如何向国君和国君夫人敬献礼品。到达聘问国国境时，要张开旒旗，所有人员发誓绝不违反聘问国的礼法。之后，向关人报关，经国君同意后得以入境。

入境后，使团要收起旒旗，再次展陈和核验所带的礼品。此时，贾人要专门告诉使者说圭还在，因为如果没有了圭，就失去了出使的信物，聘礼难以进行。走到远郊和到达宾馆时，都要再次进行礼品核验。

---

① 《仪礼·聘礼》。

使者到达离国都约三十公里的近郊，要展开旐旗，国君派卿身穿朝服，带着五匹帛前往慰劳，称为郊劳。之后，将使者一行安排到宾馆，举行正式发的慰劳仪式。届时，上介出馆舍之门，询问卿缘何而来，然后回去禀告使者。使者谦辞一次后，到馆舍门外迎接，行再拜之礼，慰劳者不必答拜。使者向慰劳者拱手行礼，先行入内，在门内接受慰劳和设宴款待。"劳者奉币入，东面致命。宾北面听命，还少退，再拜稽首，受币"①。慰劳者捧着束帛，在门内西侧面朝东而立，代表国君表示慰问。使者面朝北恭听，然后稍向后退，行再拜叩首之礼，上前接过束帛，慰劳者出门等候。使者将束帛交给家臣，副使出门请慰劳者入内，慰劳者谦辞不入，经使者亲自出门揖请，慰劳者才随使者进入。门内正陈设着送给慰劳者的四张麇鹿皮，外加五匹锦，慰劳者再拜叩首后收下，使者再拜叩首后，致送币帛，慰劳者拱手行礼后执皮而出。此外，还有国君夫人派下大夫持两个方蓝的食品前来慰问，使者接受礼物的礼节与卿来慰问时一样，使者也像回赠卿以礼物那样，回赠下大夫礼物。之后，来慰劳的下大夫为使者带路，进入国门。

使者来到外朝，国君说："鄙先君之庙早已扫洒完毕，就等待您的到来了。"使者说："不必如此仓促，还是等您闲暇时再来吧。"于是，大夫奉国君之命引使者到馆舍，上卿在此致礼，使者迎受，答以再拜之礼。卿代表国君致辞，请宾在此下榻，使者再拜叩首致谢。卿退下，使者以再拜之礼相送。宰夫身穿朝服陈设食品，为使者准备的有：在庭西有煮熟的牛、羊、豕各一，设九鼎，另有三个陪鼎；在庭东有生的牛、羊、豕各一，设七鼎。堂上的食品都以八为数，西夹室前的食品以六为数。门外有米、禾草各二十车，薪草的数量是禾草的一倍。为副使准备的有：在庭西有煮熟的牛、羊、豕各一，设七鼎，另有三个陪鼎。堂上的食品都以六为数，门外的米、禾草都是十车，薪草是禾草的一倍。随行人员的食品都是牛、羊各一。

聘问之日，国君派到宾馆迎接客人的人的级别，要根据对方的身份而定，使者是卿，要派大夫迎接，副使是大夫，要派士去迎接，随行人员都是士，也各有专门的迎接人员。一般仪式是，下大夫奉国君之命到馆舍迎接使者。使者在致馆时，迎接者要告诉使者说国君让自己在此等候，然后拿着礼物去

---

① 《仪礼·聘礼》。

拜见使者。使者公事完毕后，要用迎接者送的礼物去回见。

聘礼的最主要仪式是聘享，均在宗庙举行，包括聘与享两部分。届时，使者身穿皮弁服前往聘问，到达宗庙大门外时，宗人为他安排四周围以帷布的休息之处。此时，有司在庙门陈设带来的礼品。国君任命卿为上摈，大夫为承摈，士为绍摈去迎接使者。摈者出门请问使者为何而来然后回去禀报国君，国君身穿皮弁服，在大门内迎接使者。使者从大门左侧进入后，国君向使者行再拜之礼，使者避让表示不敢当。国君向使者行拱手礼后为使者引路，每进一门或拐弯处，都要行拱手礼。

走到庙门前，国君拱手行礼后先进入，站在中庭等候使者，宾客进门后站在靠近西塾的地方。有司在庙中为神铺设几席完毕后，摈者出门向国君请命。于是，贾人在所陈设的礼物之西面朝东坐下，打开玉匣取出玉圭交给副使，由副使转递给使者，准备举行极具象征意义的授圭仪式。圭的分量虽轻，但副使要像拿着很重的东西一样交给使者，以示慎重。使者掩其上服，然后持圭。摈者入内禀告国君，接着出来推辞使者所赠之圭。然后，摈者引导使者进庙门，使者进庙门时神色庄重，持圭的双手与胸口平。副使等同使者一样都面朝北站在门内左侧，以西首为尊。国君与使者三次拱手行礼，来到阶前，然后三次相让，国君先走上二级台阶，副使接着走上第一级台阶，再走到堂上西楹柱之西，面朝东而立。在摈者退到中庭后，使者代表自己的国君致辞，国君则向左转身，面朝北而立准备行拜礼，摈者上前在堂下阼阶之西为国君赞礼。国君在正对着前梁的地方向使者行再拜之礼，使者三次向后避退，到西庭前站定。使者将要把圭授给国君时，脚步要小而快，国君亲自掩好上服，在堂中间与东楹柱之间亲手接过圭。之后，摈者退下，背靠东塾而立，使者下堂，随行人员按照与进入时相反的次序依次退出。

使者在堂上授圭时，要恭敬地屏着气，走出来到台阶下才开始舒气。在使者一行退出后，国君亲手将圭授给宰，然后袒露左袖露出裼衣，再次下堂立在庭中。摈者出门请问使者是否还有事，使者袒露左袖露出裼衣，然后捧着上面放着一块玉璧的束帛，说准备献给国君。摈者进门禀告国君，接着出门告知使者说国君同意他们入内行享礼。

所谓享礼，就是使者向国君敬献礼物。"庭实，皮则摄之，毛在内；内摄之，入设也。宾入左门，揖让如初，升致命，张皮。公再拜受币。士受皮者自后右客；宾出，当之坐摄之。公侧授宰币，皮如入，右首而东"①。放在庭中的礼品，如果是兽皮，则应左手执两前足，右手执两后足，将兽毛朝里对，在庭南三分之一处并立。使者进门后站在左侧，与国君互相揖让后上堂致辞，同时执皮者将对折的兽皮打开。国君行再拜之礼后接过币帛，在堂下接受兽皮的士从执皮者身后走到其右侧，使者退出，士在对着使者站过的地方坐下，表示兽皮是受之于使者，然后将兽皮依原样对折好。国君亲自将币帛交给宰，士将兽皮收藏起来。聘问夫人时，玉器用璋，献礼时用琮，其他的仪节与向国君献礼时一样。至此，如果使者还有其他事要禀告国君，则要像向国君献礼那样，再奉献五匹帛。这样，在摈者出门问使者是否还有事，使者告诉他公事已经完毕后，朝聘礼的主要内容和仪式就完成了。凡是陈设在庭中的马匹或皮革都要逐一相随而入，并且让陈设在庭右侧的先进入，皮革与马不必同时有，而是可以互相代替。使者向国君赠送的币帛等，只有马被牵至门外马厩，其余物品都在庭东收藏。

诸侯之间的聘问在于礼节而不在于礼物的多少和贵贱，如果陈设的玉器太多会被看做有伤于德行，如果束锦太美则会被认为淹没了礼的本意。回赠给对方的礼物，也是看对方带来的礼物而定，厚薄要相称。凡是以玉器为礼，如果下面没有束帛为衬托，则持玉者要掩好正服。国君赠给使者的马匹，在国君出门后，由使者的随行人员迎受并牵走。

如果双方是兄弟之国，使者还要聘问国君夫人。凡是将要受到使者币帛赠礼的卿大夫，退朝后来不及脱下皮弁，就要到宾馆慰问使者。

聘问之日起，国君要向使者等赠送饔食。次日，使者等聘问大夫。傍晚，向夫人行馈赠之礼。国君致送饔食后，如果过了十天使者还未回归，则要再次赠给食粮等，以免难以为继。宰夫则开始向使者赠送与饔饩之牢数量相等的乘行之禽。对于随行人员，不必每日致送，隔日赠送两对乘行之禽即可。凡馈赠乘行之禽，要拿着一双向使者致辞，其余的放在使者面前。

私觌是聘问的重要仪节，即使者、副使等要趁私觌以私人身份会见国君以及公卿等人，并赠送币帛。使者如果要私下见国君，要捧着束锦请求。摈者进门禀告国君，接着出门推辞使者来见。国君请求使者允许他行醴礼，使

———————
① 《仪礼·聘礼》。

者先谦辞，接着表示服从国君之命。摈者入内禀告国君后，宰夫将庙中为神而设的几和席撤去，重新为使者设席。国君出门，迎接宾客进入，双方像聘问时那样互相揖让。国君上堂，在东序南头亲自从宰夫手中接过漆几。接几之前，宰夫三次从外向内拂拭漆几上的灰尘以免弄脏国君的衣服，然后捧着漆几的两端向前。国君面朝东南，向外侧拂拭漆几上的灰尘三次，之后抖落衣袖上的灰尘，双手执住几的中部，上前面朝西而立。摈者禀告使者说：国君将要向他授几。使者上前，在席前迎受漆几，面朝东等候。国君向使者一拜之后，送上漆几。使者拿着漆几避让表示不敢当国君如此之礼，然后面朝北放下漆几，在西阶之上以再拜叩首之礼作答。宰夫往觯中酌醴酒后，在觯上放一把勺，勺的把要朝前，呈送给国君，使者对国君行一拜之礼后走过去接过醴酒。宰夫酌、祭三次后，有司在庭中陈设作为礼物的四匹马，使者再尝一口醴酒，国君在摈者的协助下向使者赠送束帛，使者推辞一番后接受。

据《仪礼·聘礼》记载："宾觌，奉束锦，总乘马，二人赞。"使者私下会见国君时，要捧着束锦，一手总揽四匹马的辔绳，另有两人在两马之间协助牵马。"入门右，北面奠币，再拜稽首。摈者辞。宾出。摈者坐取币出。有司二人牵马以从，出门，西面于东塾南"①。之后，摈者请使者以客礼相见，使者谦辞后表示从命。于是，使者的四位随从在马的左边用右手牵着马进入庭中，面朝北站好，使者捧着束锦进门后站在左侧，随行人员也进门站在左侧，以西首为尊。国君像先前那样与使者相互揖让后上堂，面朝北行再拜之礼，使者三次后退表示不敢当。然后，使者用袖子拭去锦上的灰尘，上前授给国君。接受马的四位士走到牵马者的前面，再转身走到其身后右侧接过马匹出门。使者下堂，在西阶之东准备行拜送礼，在国君的要求下又走上堂。国君接过束锦后交给宰，宰将其收藏于庭东。

在使者私觌国君后，副使相继私觌。摈者出门问副使为何事而来，副使捧着束锦，四位随行人员也各捧着束锦，请求私见国君。国君同意后，副使捧着束锦和两张麋鹿皮，在两人的协助下进入等候。"摈者执上币，士执众币。有司二人举皮，从其币。出请受。委皮南面，执币者西面，北上。摈者请受。介礼辞，听命。皆进，讶受其币。上介奉币，皮先，入门左，奠皮。

_____

① 《仪礼·聘礼》。

公再拜。介振币，自皮西进，北面授币，退复位，再拜稽首送币。介出。宰自公左受币，有司二人坐举皮以东"①。接下来，摈者又引导随行人员进门献束锦等礼物。"介士入门右，奠币，再拜稽首。摈者辞，介逆出。摈者执上币以出，礼请受，宾固辞。公再答拜。摈者出，立于门中以相拜，士介皆辟。士三人，东上，坐取币，立。摈者进。宰夫受币于中庭，以东，执币者序从之。"私见礼节完成后，摈者还要问使者还有何事？使者说事已办完后，摈者进门禀告国君，国君出庙门送行，自然少不了一番寒暄拜礼。

使者私见国君之后，如果还有奇珍异宝等要私相敬献，要捧而献之，并以君命相献。摈者得知使者将有私献，先进门禀告国君，再出门谦辞一番后表示接受。进门后，使者面朝东坐下，放下礼物，向国君再拜稽首，声明因为礼物微薄，不敢在刚才私见时呈送。摈者从门东走到使者南侧，面朝东坐下拿起使者放下的礼物，举着进门禀告国君，然后出门谦辞请使者收回。使者当然不许，于是国君在庭中以再拜之礼表示感谢，摈者站在门槛外协助国君行礼，使者回避表示不敢当此大礼。摈者在庭中将礼物交给宰夫。

出庙门时，使者要请求聘问对方的卿、大夫，国君谦辞一次后表示同意。使者回到宾馆休息时，对方的卿、大夫前来慰问使者，使者以不敢劳其大驾登门为由加以推辞。卿、大夫将作为见面礼的雁放在地上，副使代表使者收下。

飨宾是国君设宴酬谢使者一行。为增加飨宴的热烈友好气氛，在飨宴时，宾主往往要互赠礼物，赋诗酬酢。

在使团下榻的宾馆里，国君要派遣卿前去向使者馈赠杀好的及活的牛、羊、豕共五牢。接到副使的禀告后，使者身穿朝服，谦辞后收下，有司进入宾馆的庙门陈设五牢。有煮熟的牛、羊、猪一共三牢，其中煮熟的一牢，用正鼎九个，陈设在西阶之前，陪鼎陈设在正对着西阶东廉处，一律朝东摆放；以北首鼎为尊，北首的正鼎与陪鼎都与碑对齐，由北向南排列。九鼎的每鼎都有鼎杠和盖，鼎内分别盛有牛、羊、猪、鱼、腊肉，牛、羊的肠、胃在同一鼎内，还有细切的猪肉、新鲜的鱼、尚未晒干的腊肉等。三个牛、羊、猪的陪鼎内分别盛着牛肉羹、羊肉羹、猪肉羹。尚未煮熟的牛、羊、猪二牢，

_____

① 《仪礼·聘礼》。

共十四鼎，全部在阼阶之前分两行排列，与西阶前陈设的九鼎相比，没有新鲜的鱼和未晒干的腊肉，其余相同。堂上陈设的食品按照豆的数为八的规格，两个食器并列为一组，在室户之西朝西摆放，最东首是腌制的韭菜，其南侧是多汁的肉酱。接着往西有盛着黍、稷的八簋，盛羹的六铏，盛粱、稻的二簋，以及八壶等。东、西夹室分别陈设有六豆、六簋、四铏、六壶。在碑的两侧有宴会用的酒和肉酱一百瓮。尚未宰杀的牛、羊、猪共二牢，陈设在庙门之西。庭中还有米一百筥，每筥容量五斗。门外还有米三十车，每车二百四十斗；禾草三十车，每车一千二百把；柴薪和草料的数量是禾草的一倍。除了食品之外，使者还要接受大夫亲自上门拜见并赠送礼物。届时，"宾皮弁

汉代画像砖"宴饮图"

迎大夫于外门外，再拜，大夫不答拜。揖入。及庙门，宾揖入。大夫奉束帛，入，三揖，皆行。至于阶，让，大夫先升一等。宾从，升堂，北面听命。大夫东面致命，宾降，阶西再拜稽首。拜饩亦如之。大夫辟，升成拜。受币堂中西，北面。大夫降，出"①。大夫出门后，使者将收到的礼物交给家臣，再次出门迎接大夫，一番谦让后，大夫跟随使者来到堂上。使者将收到的束锦回赠给大夫，大夫辞让后收下，并下堂将庭中并排的四匹马最左侧的那匹牵走。次日，使者在大门外拜谢国君，感谢他馈赠杀牲和活牲。馈赠给副使的食物是已杀死的和活的牛、羊、猪共三牢，正鼎七个，陪鼎三个。副使回赠给下大夫的礼物是两匹马和一束锦。随行的其他人员也按照等级接受不同的食品和礼物。为增加宴会的热烈气氛，在宴会进行过程中，宾主双方还要酬酢，饮酒时互相敬献，并互赠礼物以尽欢。

　　之后，使者要按礼节先去聘问卿，赠送的礼物是束锦和四张麋鹿皮。接

---

① 《仪礼·聘礼》。

着，使者前去聘问大夫，所准备的币帛与私见国君时一样。副使请求私见大夫，所准备的礼物与使者私见大夫时一样。如果有某位下大夫曾经作为使者聘问过自己的国家，则要由副使带着束锦前去慰候，以表示不忘旧交。如果有大夫因故不能与使者等相见，则国君要派遣与这位大夫爵位相同的人代为接受礼物，其仪节与大夫本人接受对方礼物时一样，只是不必拜谢。公卿等人收到使者等人私觌的礼物后，要设宴招待使者等人并回赠币帛，否则就是没有把使者等人当做贵宾看待。大夫馈赠使者和副使的礼物是大牢，米八筐，馈赠随行人员的礼物是少牢，米六筐。

聘问期间，国君要宴请使者，其中食礼一次，飨礼两次；如果宴请副使，则食礼一次，飨礼一次。宴请时，所用食物没有定数，完全看双方交情。宴请后，使者和副使都要在次日到朝上拜谢国君。如果国君因故不能亲自参加宴会，则要派遣与使者爵位相同的大夫参加。宴会中，为增加欢乐气氛，宾主上方要通过赠送礼物进行劝酒。期间，国君夫人派下大夫去向使者回礼，礼物包括食物和束锦。使者回赠四匹马和束锦，副使回赠两匹马河束锦。次日，使者要到朝上拜谢国君夫人的恩惠。

馆宾是在聘问即将结束时，国君派卿到使者的馆舍归还玉圭、玉璋等礼器。将玉圭、玉璋奉还，有德不可取之于人之意。还圭、璋时，"君使卿皮弁，还玉于馆。宾皮弁，袭，迎于外门外，不拜；帅大夫以入。大夫升自西阶，钩楹。宾自碑内听命，升自西阶，自左，南面受圭，退负右房而立。大夫降中庭。宾降，自碑内，东面，授上介于阼阶东。上介出请，宾迎，大夫还璋，如初入。宾裼，迎。大夫贿用束纺。礼玉、束锦、乘皮，皆如还玉礼。大夫出，宾送，不拜"①。使者从大夫手中接过圭后，将圭交给副使。之后，副使问大夫还有何事？大夫像前一次进来一样，将璋交还使者。使者袒去左袖露出裼衣，上前接过璋。在这个仪式上，大夫赠送的礼物是束锦，而国君赠送对方国君的礼物，有礼玉、束锦、四张虎豹皮，赠送的仪式与还圭、璋一样。

使者在公事完毕之后，请求国君准许回国。如果使者不再去别的国家，则应厚赠礼物并全部归还使者赠送给国君和夫人的礼物。临行前，国君要亲

---

① 《仪礼·聘礼》。

自前往宾馆拜见使者，使者谦避，副使出门接受国君的致辞。国君致辞的主要内容是对使者奉命前来向自己行聘享之礼、向自己的夫人行聘享之礼、问候各位大夫表示感谢，表示两国修好，同时对使者即将归国表示送别。之后，使者随国君来到朝上，再次向国君请命，行三拜之礼感谢国君的恩赐，国君谦辞，使者退归。

使者在离开宾馆前，要在堂上的东西楹柱之间留下四张皮革和五匹帛作为礼物，以表示对馆主人的感谢。使者不必致送，馆主人也不必拜谢。归途的当日，使者一行要住宿在聘问国的郊外。国君派遣卿前往赠送礼物以送行，以表示礼尚往来，所赠之礼与使者私见国君时所赠送的一样。使者在馆舍门外接受礼物，其仪节与入境时接受郊劳之礼一样，但没有摈者协助。国君又派下大夫向副使赠送礼物，仪节与向使者赠送礼物时一样。国君还要派士向随行人员赠送礼物，其仪节与私见国君时赠送币帛时一样。大夫要亲自向使者私赠与当初私觌时一样的礼品，向副使赠送也是这样。各位随行人员也都会得到与当初私见时一样的赠礼。之后，士将使者一行一直送到国境。

使者回国走到近郊时，请郊人去向国君禀报，说使者已经回来了将要去向国君复命。使者穿上朝服将旗插在车上，举行襚祭礼后才进入城中。到宫室的寝门后，将带回的币帛陈列在出来，以西首为尊。对方国君、卿大夫赠送给使者的币帛全部要陈设，对方国君赠送给副使的也要陈设，而赠送给随行人员的则不必陈设出来。使者和副使的束帛，放在庭中各自的礼物内，在皮革的左侧。国君在礼物之北面朝南而立，命令卿传呼使者入内，使者手持圭面朝北而立，副使手执璋站在使者的左侧。使者向国君复命说："奉国君之命前往聘问某国国君，某国国君在某一宫庙接受我方赠送的币帛，并且行再拜之礼。我方又向某国国君献礼，国君接受后行再拜之礼。"

报告完毕，使者将圭呈送给国君，由宰从国君的左侧接过圭。之后，使者从副使手中接过璋，以同样的礼仪向国君复命。接着，使者又捧着束锦，说这是"某国国君让某子赠送此物。"然后将其交给宰。捧持对方赠送的礼玉向国君禀告的礼节也是如此。在这个过程中，捧持对方国君初次接见使者时所赠送的礼物，要将从郊劳到赠物的每个细节都详尽禀告。国君听后，说："好！你不是很善于奉命出使吗？"接着将手中的礼物赏赐给副使，副使向国君再拜叩首，国君以再拜之礼作答。私下会见对方卿大夫时收下的币帛等礼物可以不向国君报告。接着，国君慰问使者和副使。如果对方还有向本国国君特意进献的礼物，则要说："这是某国国君赠给的，不一定合您意，您用它再赐给别人吧。"副使可以空手向国君报告对方赐物的情况。国君命宰向使者、副使及随行人员赐以币帛，使者等人再拜叩首表示感谢。随行人员将使者送到祢庙门口后，拱手告别。使者在家的大门旁用束帛来告庙，告知出使归来。接着来到祢庙，向神献礼，酬劳随行人员。副使回到家中也要举行告庙仪式并酬劳随行人员。

聘往国如果适逢国君新丧而使者已经进入其国境，聘问活动应继续进行，但礼节要降低规格，包括不派大夫到近郊慰劳使者，常礼不在庙中举行。使者一行滞留期间所需食物，主人要按礼仪规定全部送去，但使者只能收下其中烧熟的食物和未杀的牲畜。出使期间，卿大夫不再向使者等赠送纺等礼品，也不赠送礼玉和币帛。如果适逢国君夫人或嫡长子之丧，国君不能接受聘礼，而是命卿大夫在庙中接受，其他仪节都与遇到国君之丧一样。

使者奉命出国聘问，如果出发后得到本国国君的死讯而且已经进入聘问国境内，则要按原计划继续进行聘问活动。如果尚未到达聘问国，使者一行只能在巷口号哭，在宾馆内穿丧服，接受对方馈赠的食物时不能接受加礼之食。但在报告讣闻者到达后，则可以穿着丧服走出宾馆，不过以后只能接受粮食和草料之类，不能接受其他赠礼。使者出使完成后，要捧着圭到国君的遗体前，像平时出聘归来一样——向亡君复命。如果使者出访时适逢自己的父母去世，则在宾馆内哭泣，居住时可以穿丧服，不参加国君为自己举行的飨礼和食礼，回国时自己走在最后面。

如果使者在进入聘问国之后死亡，国君为其筹办丧礼，聘问由副使代替继续进行，但不参加国君为自己举行的飨礼和食礼。回国后，副使将使者的灵柩停放在大门外，向国君复命。复命后，副使奉灵柩到使者的家，国君前来吊唁。如果是副使去世，仪节也是如此。

以上是大聘的仪节。小聘称为问，不同的是，小聘时不献玉帛之类的礼物，只能以本国特产为礼，而且不献给国君的夫人。国君也不铺设席和几，不举行醴礼。私见大夫时不上堂。使者到达近郊时，国君不派人慰劳，国君接待使者的礼节与大聘中的副使一样。

5. 特殊的外交礼仪——朝聘礼

西周时期的外交礼仪有着严格的等级制度，礼的内涵从根本上说则是由等级原则体现出来的。在这些礼仪中，朝聘是最重要的礼仪之一，分为"朝觐"与"聘问"，其等级原则最典型地反映在进行朝觐与聘问时运用的"贽见礼"仪节方面。《周礼·春官·大宗伯》："以玉作六瑞，以等邦国；王执镇圭，公执桓圭，侯执信圭，伯执躬圭，子执谷璧，男执蒲璧。以禽作六挚，以等诸臣；孤执皮帛，卿之羔，大夫执雁，士执雉，庶人执鹜，工商执鸡。"我们之所以在此称朝聘礼为特殊的外交礼仪，不仅因为它反映了周王室与诸侯国的外交关系，更是因为随着天子地位的衰微和礼乐制度的崩坏，朝聘很快就成为小国对大国、弱国对强国外交关系中因处于不平等地位在礼仪上的反映。而且，即使在西周时期，《周礼》、《仪礼》等所规定的严格的礼仪制度也并没有被长久地、严格地坚持，诸侯国对周天子的朝觐和聘问也是如此。西周中后期，诸侯国对周天子已经开始"大不敬"，到春秋时期，弱小的诸侯国有的已经在某种形式上开始用对待周天子的礼仪来对待强国的国君了，只是各项仪节有所变化而已。

朝觐。《礼记·王制》记载："天子无事，与诸侯相见，曰朝。考礼，正刑，一德，以尊于天子。"

西周时期的朝觐包括朝礼和觐礼。朝礼主要适用于诸侯对天子、诸侯对诸侯、诸侯国属臣对诸侯，而觐礼只适用于诸侯对天子。朝礼是在天子可控范围内进行的一种外交活动，具有明确的内容规定，正如《谷梁传》隐公元年所说："寰内诸侯非有天子之命，不得出会诸侯，不正其外交，故弗与朝也。"西周朝礼包括常朝礼、时会朝礼、殷同朝礼、巡守朝礼天子会盟朝礼、锡命朝礼、诸侯间朝礼、诸侯会盟朝礼、诸侯世相朝礼、时事朝礼、遇朝礼等。这些朝礼不仅有严格的时间、地点规定，还规定有严格的礼仪程序，如诸侯朝见天子，要经过告祭、谒关、郊劳、在馆、迎人、行朝礼、庙中将币、贡物、赐命、致饔饩等仪式。觐礼通过定期觐礼、时会觐礼、殷同觐礼、巡狩觐礼、会盟觐礼和锡命觐礼等方式实施。与朝礼一样，也有严格的时间、地点规定和礼仪程式。完成觐礼的过程包括郊劳、赐舍、告戒期、舍朝、行觐礼、享献、请罪、赐车服、飨燕等仪式。

《仪礼·觐礼》记载了觐礼的具体仪式，其中很多方面与上文所述诸侯国之间的聘礼具有相似的仪节，但等级和使用的礼器有所不同。即：

"覲礼。至于郊，王使人皮弁用璧劳。"覲礼是诸侯朝覲天子的礼仪，当诸侯抵达王城近郊时，天子命使者穿上皮弁服，拿着璧前去慰劳。诸侯也身穿弁服，在帷宫的门外迎接，向使者行再拜之礼。使者只是作为天子的代表，不必像天子一样答拜还礼。使者手执玉璧进入帷门，途中与诸侯三次拱手行礼。走到台阶前，使者不必谦让，先登上坛在西阶之上面朝东致天子之命，诸侯接着上坛在东阶之上面朝西恭听。然后，诸侯下来行再拜叩首之礼，登坛接过玉璧。接着，使者向左转身，诸侯将玉璧奉还。使者收下玉璧，诸侯下坛再次叩首，感谢天子派使者来慰劳。之后，使者出门欲走，诸侯上前制止，使者再次进门。走到台阶前，诸侯与使者礼让一番，诸侯先上坛，向使者授以小几并拜而送之，使者将小几放在席上，答拜还礼。"侯氏用束帛、乘马偰使者，使者再拜受。侯氏再拜送币。"即诸侯用五匹帛、四匹马赠送使者，以表达对天子使者的敬意，使者再拜致谢后收下。诸侯以再拜之礼送受币帛者。使者下坛后，牵着庭中最西侧的那匹马出门，诸侯送至门外，行再拜之礼。如此这番，诸侯就可以跟随使者入朝了。其中"侯氏受璧还璧"是郊劳的重要环节，与聘礼中的"受圭退圭"一样，隐喻"轻财重礼"，在维护天子与诸侯之间的政治关系方面，玉具有特殊的内涵和使命。

对于前来朝觐的诸侯，天子首先赐给诸侯馆舍。使者代表天子对诸侯说："伯父，您在王这里听命，王赐给您馆舍。"这里的"伯父"是周天子对诸侯的称呼，如果是同姓大国就称为"伯父"，如果是异性大国则称"伯舅"；如果是同姓小国称为"叔父"，如果是异性小国则称"叔舅"。诸侯再拜叩首，感谢天子的恩赐，然后在馆舍内向使者行傧礼，并赠送五匹帛、四匹马表示敬意。之后，天子派大夫通知使者覲见的日期。

前来覲见的诸侯，都提前一天到文王庙门外接受天子赐给的馆舍。同姓诸侯的馆舍在庙门之东，面朝西，以北首为尊；异性诸侯的馆舍在庙门之西，面朝东，也是以北首为尊。

覲见之日，诸侯身穿裨冕之服，在祢庙用束帛致祭。诸侯乘坐墨车，车上插着龙旗、弓，载着用作瑞信的玉器去见天子。天子将绣有斧状花纹的屏风设立在室的门、窗之间，两侧陈设玉几，天子身穿衮服，背朝屏风而立。啬夫接过诸侯的辞令逐级上报给天子，天子说："非他，伯父实来，予一人嘉之。伯父其人入，予一人将受之。"于是，诸侯从门的右侧入内，在庭南坐下，放好圭再向天子再拜叩首。上摈将天子的话转告诸侯，诸侯坐着拿起圭，上堂向天子致奉命而来之意，天子亲自接过圭。诸侯行再拜叩首礼后出门。

"四（三）享，皆束帛加璧，庭实唯国所有。奉束帛，匹马卓上，九马随之，中庭西上。奠币，再拜稽首。"所谓"庭实"，就是在庭中陈设所献的礼品。诸侯在庙中三次向诸侯行享礼，每次都在五匹帛上放着玉璧，陈设在庭中的礼物都是本国的特产。诸侯捧着五匹帛、随员牵着一匹马超越其他马走在前面，其余九匹马紧随其后，十匹马都朝北立在庭中，以西首为尊。诸侯放下币帛，向天子行再拜叩首礼。摈者传达天子的话说："予一人将受之。"天子要亲自接收礼物，诸侯上堂向天子致辞之后，天子手摸玉璧表示收下。诸侯下堂，面朝东将币帛授给宰，再面朝天子再拜叩首，然后将庭中最西侧的那匹马交给天子的属员，其余九匹马随之而出在门前交付。

享献就是给天子贡献礼物，第一次有玉帛以及 10 匹马，第二、三次就是本国特产了。三享之礼完成后，诸侯要在庙门外袒露右臂，从庙门右侧入内面朝北而立，向天子禀告说有罪，听后天子处置。天子则由摈者转告说："伯父您并无获罪之处，回去安定您的国家吧。"诸侯再拜叩首后出来，穿好衣服再按客礼从门左侧入内，天子这才对诸侯前来朝觐一路辛苦表示慰问，诸侯完成拜礼后下堂出门，等待天子赠送礼物。

天子赏赐给诸侯的礼物以车和礼服为主，加赐的礼物则没有定数，均通过使者转交。这些礼物也都要陈设出来，先是车，以西首为尊；车后是四匹马；加赐的礼物在车的南侧。礼服放在诸公捧着的竹箱内，上面有天子的命书。诸侯上堂面朝西而立，太史宣读天子命书后，诸侯行再拜叩首礼，接过盛放礼服的竹箱和命书。这些礼仪完成后，诸侯要向使者、太史行傧礼，向捧礼服者赠送五匹帛、四匹马。

据《礼记》记载，对于天子，诸侯每一年要派大夫作为代表前去朝觐一次，每三年要派卿作为代表去朝觐一次，每五年要亲自去朝觐一次。行觐礼的诸侯分为甸服、侯服、宾服、要服和荒服，共"五服"。按《国语·周语上》所述，"五服"中的"邦内甸服"，指的是邦畿以内天子直接统治的地区；"邦外侯服"，指的是邦畿之外进行分封的诸侯地区；"侯卫宾服"，指的是前代王族后裔被以客礼相待的小国之君；"夷蛮要服"和"戎狄荒服"，指的是东南蛮夷之族和西北戎狄所居地区①。

　　行朝觐礼之前，无论是邦国诸侯、藩国首领或其使臣到达王畿的边境时，周王都要派官员前去迎接，互赠礼品（玉帛），表示尊重和友好，《周礼》称之为郊劳。之后就是赐舍，即周王派人将来宾迎入城内的宾馆下榻，有关官员出面设宴款待来宾，了解其希望和要求。正式朝觐时，先由周王确定接见日期，之后，来宾先乘车至周王室祖庙门外等待，经通报于周王后，周王说："我很高兴，我将接见来宾。"于是来宾进入门右，向周王献上玉圭，同时行跪拜拱手低头礼。行觐礼后，来宾以玉帛和马匹献给周王。在诸侯或藩主觐见周王时还有一个不可或缺的重要礼节，即诸侯或藩主享献后，要露出右臂表示"有罪"，而周王则安抚道："你没事，回去好好治国吧！"觐见后，周王派人向来宾赠送车马、服装和食品等，由官员出

西周时期的堇鼎

面宴请来宾，最后送出境外，一套礼仪宣告结束。

　　东方夷人、南方蛮人、西方戎人、北方狄人，这四个地方的人与中原人语言不通，喜好不同，需要有人帮助他们传达心意，进行语言沟通。《礼记·王制》："中国、夷、蛮、戎、狄，皆有安居、和味、宜服、利用、备器，五方之民，言语不通，嗜欲不同。达其志，通其欲，东方曰寄，南方曰象，西方曰狄鞮，北方曰译。"寄、象、狄鞮、译就是最早的翻译人员，也是外交礼仪活动中不可或缺的重要职员。

　　聘问。《礼记·聘义》记载："故天子制诸侯，比年小聘，三年大聘，相

---

　　① 李无未：《周代朝聘制度研究》，吉林人民出版社，2006 年 1 月。

厉以礼。……则外不相侵，内不相陵。此天子之所以养诸侯，兵不用，而诸侯自为正之具。"

西周时期的聘问制度包括天子遣使聘问诸侯、诸侯遣使聘问天子和诸侯遣使交聘三种。诸侯遣使聘问天子，会得到天子赏赐，如《史□簋》记载了"（康）王诰毕公，乃易（锡）史□贝十朋"。诸侯遣使交聘也离不开送上礼物，周成王时的《堇鼎》记载了燕侯派使者到宗周赠送礼物给王朝重臣太保，而太保"赏堇贝"的事。诸侯定期遣使聘问天子是诸侯的义务，内容之一就是进贡。《兮甲盘》记载了周宣王命令淮夷及时贡帛、献宝，否则就要用刑，说明诸侯朝聘天子有时是不得已的。而通过进贡也会获得赏赐，实际就是一种礼品交换。《周礼·天官·太宰》有："大朝觐会同，赞玉币、玉献。"孙诒让《周礼正义》认为："此玉币知不专属瑞玉者"，瑞玉要在"朝觐礼毕，当以还侯氏，不入内府"，但此币"受而不还，乃得入内府耳。"天子不定期派出重臣聘问诸侯，不仅是为了加强王室与诸侯的关系，还为了控制诸侯，事实上，西周历代君王从没有间断对四方诸侯的征伐。

如上文诸侯国之间聘问礼所述，诸侯之间交聘的具体仪式十分繁琐，但却严谨有序。与礼物相关的程序有：使者出使之前要准备礼物、接受聘圭和享璧，演习如何送礼；到达边境时，要协助检查玉、帛、皮、马等礼物的存失情况；在祖庙行聘礼时，先要行三让三辞以表示宾主谦让的"辞玉"之礼，好不容易经过"三揖"接受了之后，主国诸侯还要派卿到使者所住的馆舍还玉，同样需要隆重的仪式；行享礼时，主宾服露出裼衣，把玉璧和束帛等礼物进献上；私觌时，主宾奉束锦，牵乘马以臣礼见主国国君，国君在一番谦让后接受礼物，并在此后即派人送礼物给使者（主宾）；馈饔饩之仪时，有国君夫人派下大夫向主宾和上介馈礼；在主国君臣飨食宾介之仪时，如果国君不能前往，就委托相应爵位的卿穿上朝服献上酬谢礼物；使者返国前，主国国君要派卿到馆舍还圭；使者出发前，主国君臣要赠送礼物，称为"赠贿"；使者国国后，要入朝在朝堂上陈列展示带回的礼物。如果行聘礼时遇上主国国君去世，则不贿、不礼玉、不赠①。西周时期"聘"的主要目的是为了结盟和巩固邦交，并成为后来春秋时期的主要外交形式。

---

① 李无未：《周代朝聘制度研究》，吉林人民出版社，2006 年 1 月。

　　总之，西周时期的朝聘具有极强的政治功能，最主要的目的就是要突出天子的至尊地位，调节天子与诸侯国关系，调整诸侯与诸侯之间的关系，维护等级体制，否则，就可能招致征伐。与之相辅的，是西周时期天子对诸侯国进行视察活动的巡狩以及会盟和乐舞制度。王国维在《殷周制度论》中认为，在周公东征前，周的政治关系为："盖诸侯之于天子，犹后世诸侯之于盟主，未有君臣之分也。"《尚书·周书》中的《牧誓》与《大诰》"皆称诸侯曰'友邦君'"。而东征则"克殷践奄，灭国数十，而新建之国，皆其功臣昆弟舅甥，本周之臣子。而鲁卫晋齐四国，又以王室至亲为东方大藩。夏殷以来古国，方之蔑矣。"周之分封的成果是："天子之尊，非复诸侯之长，而为诸侯之君"，"盖天子诸侯，君臣之分始定于此"①。

　　西周国家的中央集权是一种王权，对各类地方国家统称万邦，有时也称友邦或庶邦。诸侯的"朝王纳贡"，是在物质上向天子尽义务，如果诸侯不能尽"臣职"，天子可以通过征伐等形式迫使诸侯纳贡，只有把自己的物产作为贡品献给天子，才不会因触怒天子而受到惩处。正如《大戴礼记·虞戴德》所言："诸侯内贡于天子，率名效地实也，是以不至必诛。"而诸侯之间或贵族之间的交往遵循了有赠有报、有来有往的原则。正如《礼记·曲礼》所言："礼尚往来：往而不来非礼也，来而不往亦非礼也"，这是一种平等的外交关系。

　　《周礼》详细记载了有关礼仪、礼物以及相关官员的情况，根据《周礼译注》②，西周时期的朝聘礼中的各种礼物，尤以圭、璋、璧、琮为重。典瑞的职责就是掌管玉瑞、玉器的收藏，辨别其用途。按照规定，圭是向天子或诸侯行聘礼时所用，璧是向天子或诸侯行享礼时所用，璋是向王后或国君夫人行聘礼时所用，琮是向王后或国君夫人行享礼时所用。圭、璋、璧、琮各有形制，不同的形制用途也不同，例如，谷圭是天子用来调解诸侯结仇，缔结婚姻时用来给女方下聘礼。琬圭是天子用来奖励诸侯做好事，用来与诸侯缔结友好关系。除上述四种外，其他献礼还有：

　　玉币：诸侯朝见天子时所献的见面礼。礼以瑞玉为主，辅之以匹帛等物。

---

　　① 王国维《殷周制度论》，见《观堂集林》（二）卷十，中华书局，1959 年 6 月。
　　② 吕友仁：《周礼译注》，中州古籍出版社，2004 年 10 月。

玉献：诸侯在献过玉币之后又向天子进献本国珍异之物，因为是用玉致献，故称玉献。

币献：诸侯朝见天子时所献的见面礼谓之币，所献的本国珍宝谓之献。

币帛：指聘问时使者所带的礼物。

币：指聘问时所携带的礼品，如圭、璋之属。

币马：用作礼品的马。校人的职责就有在宾客前来朝聘时，负责接受他们进献的作为礼品的马。

币玉：王国遇到荒年，诸侯馈赠的救灾物资主要是粮食和金钱，币玉是用来作为致送馈赠的一种礼品。

财用：在宴会中互相赠送的礼物。

朝见天子当然需要朝贡，就是诸侯国将本国的特产献给天子，《尚书·禹贡》中就曾有明确记载。但朝贡的种类其实还有很多，例如游贡是进献好玩之物，如珠玑琅玕之类；服贡是进献缝制礼服所需的布料；货是指金玉龟贝之属。对于各地物产，王室当然十分清楚，例如官员中的土训专门负责向天子说明九州土地的形势、物产，以便天子索取贡献之物，角人就专门负责按时征收象牙鹿角一类物品。

(三) 西周时期的王室与诸侯国的外交与赠礼

1. 西周王室与诸侯国之间的外交活动

《国语·周语上》载："夫先王之制，邦内甸服，邦外侯服，侯、卫宾服，蛮、夷要服，戎、狄荒服。甸服者祭，侯服者祀，宾服者享，要服者贡，荒服者王。日祭、月祀、时享、岁贡、终王，先王之训也……于是乎有刑不祭，伐不祀，征不享，让不贡，告不王。"这是一种责任清晰的政治统治结构体系。所谓要服，就是要遵守盟约服侍天子，而荒服则是因为地处偏远，因俗而治，但要保持与中央政府的联系。荒服者在嗣王即位时，要以其贵宝为挚朝见天子，一世一见。正如上文所述，西周时期的诸侯国必须承认西周王朝是天下共主，否则就会被王师征伐，但各个诸侯国相对于王室而言又有很大的行政、经济、司法和军事独立性。西周王朝与诸侯国的关系是：周王无权干涉诸侯国内政，无权干涉诸侯国国君的废立。周王并不能享用诸侯国的赋税，周王财政来源于周邦或王畿，但有权享用诸侯国缴纳的职贡。诸侯国有向王室缴纳职贡的义务，以象征政治上的臣服。诸侯有义务受命于周王，监视其他诸侯①。有一些没有被征服的方国，从未纳入周王朝的正统统治之中，还有一些诸侯国时服时叛，周王有权命令诸侯国随周师征伐叛国。

周成王初期，在镇压了商王朝后裔武庚等叛乱后，成王还东伐淮夷，消灭了奄国，为此，位于东北的息慎专门前来祝贺。息慎来贺肯定给周王送上了贺礼，而周成王也专门回赠了礼物，并特意命令荣伯作《贿息慎之命》以记之②。

西周伊始，西周王朝对诸侯国具有很强的控制性，但到周穆王时，控制诸侯的能力已经不如前大。周王室不仅与诸侯方国之间时有纷争，一些诸侯国为了各自国家的利益，诸侯之间不断出现相互征伐，即"诸侯有不睦者"③。这不能不说是从部落大联盟过渡到分封诸侯国后，随着周王室控制力的减弱和诸侯国独立发展的必然结果。

周穆王时，西北犬戎诸部日益强大，竟骚扰到宗周④附近。自从犬戎族的两位先君大毕、伯士去世之后，犬戎族就以荒服者的职分来朝见周天子，但周穆王却要以宾服者不朝贡时享的罪名讨伐犬戎族以扬兵威，这实际上是背弃了先王的训示，而使荒服者的规定的废弃了。周穆王不听劝谏，"遂征之，得四白狼四白鹿以归。自是荒服者不至"⑤。犬戎族以荒服者的职分来朝见周天子，但周穆王却以宾服者不贡时享的罪名讨伐，亲自领兵攻打犬戎，只取得"四白狼、四白鹿以归"⑥，导致荒服者不再尊奉周王，不仅不再前来朝贡，而且还时常骚扰周王室的直接统治区，一些曾经臣服的诸侯国也趁机叛乱。

周穆王西征时，东土的徐偃王联合徐奄诸部乘机发动叛乱，举兵伐周。

---

① 石井宏明：《东周王朝研究》，中央民族大学出版社，1999 年 7 月。

② 《史记·周本纪》。

③ 《史记·周本纪》。

④ 周公东征后，西边关中平原以镐京为中心称为"宗周"；东边河洛地带以东都王城为中心称为"成周"。

⑤ 见《国语·周语上》、《史记·周本纪》。

⑥ 白狼、白鹿或系氏族徽号。

徐国在周成王元年（公元前1042年）就曾参与武庚叛乱，徐子自称徐驹王，后被周公所镇压。周穆王十七年（公元前960年），徐子自称徐偃王，率领东夷各部进攻周，周穆王虽然联合楚国镇压，但徐国的王号却一直存在，直到周敬王八年（公元前512年）徐王章禹被吴国攻灭[1]。

西周康王以前，王室与诸侯国的关系比较密切，除了分封的诸侯国，偏远地区的一些相对独立的方国也常来进献。昭、穆之后，周王朝统治日趋腐朽没落。周恭王到密国[2]出游时，有三女子私奔密康公，其母劝其献给周天子，说："女三为粲。夫粲，美之物也。众以美物归女，而何德以堪之？王犹不堪，况尔小丑乎？小丑备物，终必亡"[3]。但密康公没有把周恭王放在眼里，自用不献。一年后，周恭王竟然因此出兵灭掉了密国。至穆王之孙懿王时，"王室遂衰，戎狄交侵，暴虐中国，中国被其苦。诗人始作，疾而歌之，曰：靡室靡家，猃允之故。岂不日戒，猃允孔棘"[4]。

周夷王初期，仍然延续了西周王朝的天下共主地位，《竹书纪年》记载："夷王二年，蜀人、吕人来献琼玉宾于河，用介珪。"但到周夷王后期，王室的辉煌逐渐淡去，有时不得不靠往日的余威通过征伐来实现其尊崇地位。"夷王衰弱，荒服不朝，乃命虢公率六师，伐太原之戎，至于俞泉，获马千匹"[5]。"周夷王之时，王室微，诸侯或不朝，相伐。熊渠甚得江汉间民和，乃兴兵伐庸、扬粤，至于鄂"[6]。这时，周天子有时不得不屈尊去见诸侯，觐见礼废，而南方的楚国势力却日益强大。

周厉王行事暴虐，国人莫敢言，诸侯不朝觐，发生诸侯叛乱，以致被住在国都的人放逐，西周王朝进入"共和"时期。周宣王之初，继承弘扬了西周初期诸王的遗风，恢复了部分诸侯对王室的拥戴，但好景不长。宣王十二年，鲁武公带着两个儿子括与戏来朝见周宣王，宣王立少子戏为鲁太子。樊仲山父以天子发布命令不能不顺从事理进行劝谏，但宣王不听。鲁武公回国

---

① 《后汉书·东夷传》。

② 商代有姞姓密须国，封在今甘肃泾川、灵台一带，周文王灭之，以封姬姓密国。

③ 《国语·周语上》

④ 《汉书·匈奴传》。

⑤ 《竹书纪年》。

⑥ 《史记·楚世家》。

后死去，鲁国人杀死鲁懿公戏而拥立括的儿子伯御为国君。"三十二年春，宣王伐鲁，立孝公，诸侯从是而不睦"①。周宣王的所作所为，导致诸侯从此不与天子亲近。而且，周宣王还违背祖制，不籍千亩②，虢文公予以劝谏，但"王不听。三十九年，战于千亩（今山西介休），王师败绩于姜氏之戎"③。虢文公是周文王同母弟虢仲的后裔，封地在今陕西宝鸡一带，西周后期东迁至河南陕县一带。周宣王废弃籍田重农的政策，不仅造成了周王室神灵祭品的匮乏，人民财用的困难，而且还直接与姜氏之戎战于千亩招致惨败。期间，周王朝已经丧失了从南方诸侯国征召军队的权威，并在太原（今宁夏固原一带）清查户口，在同姓诸侯国中的威望也一落千丈。

在西周中前期，尽管也有诸侯相征伐，但周王朝基本上还是文修武偃，物阜民安。到周夷王时，已经觐礼不明，天子下堂迎接诸侯，违背礼制，周王室的威严日益丧失，周王朝的统治也随之摇摇欲坠。天子的权势衰微，诸侯就僭越礼仪；大夫的势力强盛，诸侯就会受到胁迫。这时，诸侯大夫各以尊贵相互拥戴，各以财货相互进贡，各以利益相互贿赂，而天下的礼仪就被完全打乱了④。而加速周王朝灭亡的，正是周幽王即位后，周幽王二年西周国都附近的泾水、渭水、洛水流域发生地震，国家灾难重重。而此时，有人向他进献了大礼——美女褒姒。

褒姒的父亲褒珦本是周幽王的大夫，因进谏入狱三年后，其子洪德在乡间偶遇有花容月貌之姿的褒姒，时年 14 岁，已是姿色撩人。洪德想：父亲入狱三年尚未释放，如果将此女子献给天子，或许可以换取父亲的自由。于是，他就以布帛 300 匹将褒姒买回家，授之以礼仪，经过香汤沐浴后带往镐京。幽王一见褒姒大喜过望，认为四夷虽有贡献，但不及褒姒的万分之一，从此一连十日不理朝政，更是演出了一出烽火戏诸侯的闹剧以博褒姒一笑。之后，周幽王废申后而立褒姒为妃，又用为人佞巧的虢石父为卿，导致申侯与缯、西夷犬戎联合攻打幽王，将王室财宝劫掠一空，周平王即位后不得不东迁洛邑，中国历史进入春秋争霸时期。

---

① 《国语·周语上》。
② 不举行亲耕天子千亩籍田的礼仪。
③ 《国语·周语上》。
④ 《礼记·郊特牲》。

　　周幽王时的西周灭亡，正是在周王室衰败、对诸侯国的控制能力丧失以及诸侯国不再尊崇周天子的背景下发生的。究其原因，有周王室不遵循祖先遗训之因，也有分封的诸侯势力渐强之果。在此情况下，诸侯国之间的互相攻伐开始了。与此同时，礼乐制度进一步遭受到严重破坏，严格的礼仪包括外交礼仪都开始发生根本性的变化。当然，即便此时，周天子仍然具有象征意义，诸侯相伐时，往往要有一个冠冕堂皇的理由以示正当，于是就出现了"挟天子令诸侯"。对此，周天子也只能无可奈何。

　　周王朝与楚国的关系，是西周王室与异性诸侯国以及其他表面臣服的方国部落关系的典型代表。《史记·楚世家》记载："周文王之时，季连之苗裔曰鬻熊。鬻熊子事文王，蚤（早）卒。"鬻熊是芈姓季连部落酋长，在商衰周兴时率族投靠周文王，因参加灭商的受到周王室给予的对异族酋长的封号"子"，封于楚蛮。周成王平定商纣之子武庚纠结管、蔡等叛乱后，鬻熊之后熊绎再次得到周王室之封，并有了正式国号"楚"。楚通过给西周王室进贡表示服从，《左传·昭公十二年》记载："昔我先王熊绎辟在荆山，筚路蓝缕以处草莽，跋涉山川以事天子，唯是桃弧棘矢以共御王事。"记录了熊绎携带桃弧棘矢等地方特产，涉渡汉水、丹江，翻越秦岭，风尘仆仆，"以事天子"。此外，楚还贡苞茅，周王室一直依靠楚国进贡苞茅用以祭祀。

陕西扶风出土的墙盘

　　作为西周王朝统治下的"南国"，在殷商残余势力与东方方国部落一直叛周抗周战乱不绝之时，处在蛮荒之地的楚人并没有引起周王室的特别重视。在周王室的触角难以达到之地，楚国的国力和势力范围趁机得以发展。但在周成王、康王巩固了对"东土"的统治后，周王室就开始不能再容忍作为异族楚国的发展，周昭王曾集中全力打击楚国。陕西扶风出土的《墙盘》铭文："弘鲁召（昭）王，广笞荆楚，唯狩南行。"就是这一事件的真实记录。《竹书纪年》则记载共有三次攻楚军事行动，但往往不能成功，以致周昭王"南巡不返"，死于战场。此后，在周王朝逐渐走向衰微的同时，楚国则日益强盛。楚王熊渠时，正式走上了与周王朝的公开对抗之路。而这正是西周时期王朝与诸侯国之间，特别是与异性国、异族臣服者国家关系的典型写照。

　　实际上，不仅对楚国，周王朝对周边方国或臣属民族，除了索取贡物外，就是不断地进行征服战争，掠夺人口和财富。在楚国统治区域内，今大冶铜绿山有着丰富的铜矿资源，自商周以来对这一地区的征伐，主要原因就是为了夺取那里丰富的青铜原料。周昭王时期的《过伯簋》铭文明确记载："过伯从王伐反荆，俘金，用作宗室宝尊彝。"

　　"周之宗盟，异姓为后"①，楚是周王朝的异姓国，一开始就受到周天子的歧视，甚至在诸侯盟会上，都没有参盟的资格。周王室对齐、晋等诸侯国均有赏赐，而楚国则无。时过五百多年，楚人对此仍耿耿于怀，愤愤不平。如春秋中后期，楚灵王就说先王熊绎与齐、晋、鲁、卫等国君一样并事周康王，四国可得珍宝之器，而楚国则无分，因此要与周王室"求鼎以为分"。右尹子革告诉他："齐，王舅也；晋及鲁、卫，王母弟也。楚是以无分，而彼皆有"②。这种建立在"亲亲"、"尊尊"的宗法等级基础上的主从关系，必然产生深刻的矛盾，从而导致征服和反征服战争。

　　事实上，早在周初，周王室为了加强对楚国和荆楚地区庸、卢、彭、濮等方国势力的控制，在汉东就分封了一些姬姓国，在南阳盆地，又有申、吕等姜姓国（姻亲国）。楚国慑于周王朝的强大，不得不进贡苞茅等物，表示臣服。

---

① 《左传·隐公十一年》。
② 《左传·昭公十二年》。

2. 考古发现的西周时期诸侯国之间的外交赠礼

在西周时期，具有密切关系的诸侯国之间往来频繁，也往往通过各种形式互相赠送礼物。1986 年至 1996 年，河南省文物考古研究所与平顶山市文物办联合在平顶山应国墓地进行了长达 10 年的连续发掘，其中的应国国君墓中出土了大批以青铜器和玉器为主的珍贵遗物①，被评为 1996 年全国十大考古新发现之一。

"应"原是以"鹰"为图腾的应龙氏部落，曾助黄帝与蚩尤作战。早在夏商时期在今山西朔州即有古应国，是商代方国，后迁徙到河南平顶山。西周初年，周武王将其子应叔分封于应，是周王朝的南部屏障之一，东周伊始被楚国消灭。从应国墓地出土的青铜器及其铭文中，我们可以看到周王赏赐和当时诸侯国之间聘问、联姻时礼品赠送的真是记录②。

胙国赠送应国的柞伯簋，器形为敞口，斜方唇，短颈内束，浅腹外鼓下

柞（胙）伯簋

---

　①　王正龙等：《平顶山应国墓地八十四号墓发掘简报》，《文物》1998 年第 9 期。
　②　王正龙：《匍盉铭文补释并再论觐聘礼》，《考古学报》2007 年第 4 期。

垂，腹部一对龙首形耳下各附一垂珥，浅圈足下设一喇叭形支座。簋内底部铸有铭文，共8行74字，记述了周康王时期，在八月庚申日这天早晨，周王在首都镐京举行大射礼——举行射箭技艺的比赛——的情况。比赛结束后，周王拿出十块红铜板材作为奖品，柞（胙）伯十发十中，成绩优秀，周王便把奖品给了他，并且又赏赐给他射礼仪式上的乐器。柞（胙）伯为纪念这一殊荣，特用周王赏赐的这些红铜为原料，铸造了用来祭祀周公的铜簋。这件铜簋本是胙国铜器，但为什么会被埋在应国墓地呢？这应当是通过馈赠等手段辗转于应国的。据文献记载，胙国为周公之子的封国，地望在令河南延津县境，而应国是周武王之子的封国，两国同为姬姓国，共同承担着藩屏周王室的任务，关系十分密切。所以，这件利用周王赏赐铜材制作的柞伯簋流落到应国，应排除通过战争和掠夺等手段取得的可能性，是两个友好诸侯国交往的见证。

青公赠送应国大夫的鸭形匍盉：器身仿鸭形，圆形器口开于鸭背中部，口外敞，斜方唇，腹腔呈圆角长方形扁体状。鸭颈曲而上扬，昂首前视双目圆睁，扁嘴微张，为盉流。鸭尾部有一个作卷身上扬的龙首形鋬手。盖略向上隆起，中部设一上粗下细的瓶塞状握手。盖边缘有一环形钮、与站在鸭尾上的一圆雕铜人相连。此人双手抱住器盖上的环形钮，双脚之间有横梁，与鸭尾上浮雕牛头饰顶端的环钮相衔接。人面消瘦，五官清秀，发丝细密且梳理整齐。头顶高绾发髻。上身裸露，下穿十褶裙。腰间横束一条饰有连续菱形纹样的革带，脚穿浅筒靴。盉高领外与盖缘各饰两组以细雷纹衬地的长尾凤鸟纹，每组的一对凤

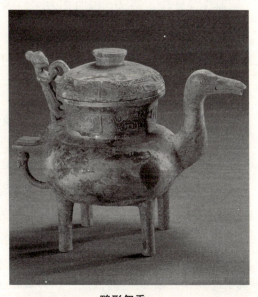

鸭形匍盉

鸟均相向而立，并间以变形兽首或竖向隔栏。盖上握手的顶部饰一盘旋状鸟

纹，盖内有铭文5行43字，记述了西周穆王时期，在四月戊申这天，应国大夫匍到了氐地，青公派司史艮赠送给匍一束鹿皮做的服饰，两件围裙，一钧（或说三十斤）红铜。匍谢青公的恩赐，并用这些铜铸成这件铜盉，祈求能长久地使用下去。匍初到氐地，青公即派人送去种种礼品予以慰劳，这在西周时期是一种礼仪制度，叫做频或聘，即问候对方的意思。据记载，授受双方依据级别的高低，所送礼物的品种和数量也各不相同，在制度上无不有着严格的规定，从铭文可以看出，青公是派属下将礼品送达的，并未亲自前往，说明青公级别高于匍。匍盉铭文揭示了曾经发生在古代东方地区的青国与中原地区的应国之间的一次礼节性访问活动。

另外，还有一件应国再簋，铭文记述了周穆王末年，在姑（地名）赏赐给再货贝与马匹的事情，反映了周王室与应国宫室的亲密关系。属于周厉王时期的邓公簋有"邓公乍（作）应女曼毗媵簋其永宝用"铭文，是邓公为其女儿嫁往应国时所作的陪嫁礼器，铭文反映了古代诸侯国的婚姻外交。

此外，1958年在江西余干出土有一件属于西周早期的"应监甗"，有"应监作宝尊彝"铭文，说明作为"监国者"的应君与位于今江西一带的方国也有联系。

（四）西周时期与域外的文化交流

1. 箕子与朝鲜古国

箕子，名须臾，与比干、微子同为商代三位仁人，因其封国在箕（今河南浚县）而得名。箕子本是商王朝贵族，在商纣王时期曾辅佐朝政。当时，"纣为……宫墙文画，雕琢刻镂，锦绣被堂，金玉弥纬，而天下愈竭"①。说的是商纣王奢侈淫逸，大肆搜罗天下珍奇异宝装点宫室的事，而"箕子者，纣亲戚也。纣始为象箸，箕子叹曰：'彼为象箸，必为玉桮；为桮，则必思远方弥怪之物而御之矣。舆马宫室之渐自此始，不可振也。'纣为淫，箕子谏，不听。人或曰：'可以去矣。'箕子曰：'为人臣谏不听而去，是彰君之恶而自说于民，吾不忍也。'乃被发佯狂为奴。遂隐而鼓琴以自悲，故传之曰《箕子

---

① 《墨子》。

操》"①。

由于不满纣王花天酒地，使用奢侈品，箕子最终被商纣王囚禁。周武王灭商后，与箕子同样不满商纣王统治的"微子乃持其祭器造于军门，肉袒面缚，左牵羊，右把茂，膝行而前以告。于是武王乃释微子，复其位如故。乃命微子开代殷后，奉其先祀……故殷之民甚爱戴之"②。周武王还继公子禄父之后释放了箕子，但箕子显然并不想像微子一样对周武王低三下四苟且求生，据《尚书·周书·洪苑》记载："箕子不忍周之释，走之朝鲜。武王闻之，因以朝鲜封之。箕子既受周之封，不得无臣礼，故于十三祀来朝。"刚刚建立的周王朝还"封比干之墓，表商容之闾。封纣子武庚禄父，以续殷祀，令修盘庚之政。殷民大说（悦）……而封殷后为诸侯，属周"③。同时还"散鹿台之钱，发钜桥之粟，以赈贫民"④。

箕子不愿意臣仕周朝，率领商遗民 5000 人向东北遗民，并到达了古朝鲜地区的大同江流域，建立了箕氏朝鲜，这也是被史学界公认的古代先民大规模走向域外的开端。至于箕子进入朝鲜的路线，主要有两条：一是陆路，由华北过辽宁、吉林入平安北道或咸镜北道地区；一是水路，由山东半岛到达辽东后沿海岸到朝鲜西北海岸，或直接渡海到达朝鲜。周武王对殷商遗民的所作所为，实际上具有拉拢、争取各方国、部落支持的战略意图，是具有外交大局观的重要举措。至于"因以朝鲜封之（箕子）"，也只是不得已形势下的顺势而为。周王朝没有追杀箕子所率领的商遗民，而是承认了箕子对古朝鲜的统治权，并没有要求箕子国履行诸侯国应该承担的对周天子朝觐贡献的职责。但是，箕子显然故土难忘，曾经回到中原并朝见周王。陕西岐山凤雏村出土的西周甲骨文"唯衣（殷）鸡（箕）子来降，其执隶厥事"，记载的正是武王十三年箕子来朝的史实⑤。而且，周武王还借机并向其请教治理国家的"洪范九畴"，即：初一曰五行；二曰五事；三曰八政；四曰五纪；五曰皇

---

① 《史记·宋微子世家》。
② 《史记·宋微子世家》。
③ 《史记·殷本纪》。
④ 《史记·齐太公世家》。
⑤ 张碧波：《箕子探究》，《博物馆研究》2000 年第 3 期。

极；六曰三德；七曰稽疑；八曰式微；九曰向用五福，畏用六极①，包括了宇宙观念、事物属性、国家政务、统治法则、天文历法、王者修身、稽疑庶征等涉及国家统治的各个方面。在路过殷墟时，箕子有感于商王朝的宫殿毁坏殆尽，一片荒凉，乃作《麦秀之歌》，曰："麦秀渐渐兮，禾黍油油；彼狡童兮，不与我好"②，对商纣王葬送天下仍念念不忘。

关于箕子在朝鲜教民耕作、礼仪等事迹，中国和朝鲜古籍多有记述，如《尚书大传》、《史记》、《汉书》、《后汉书》、《三国志》以及朝鲜的《三国遗事》、《三国史记》、《李朝实录》等，其中《三国史记》把箕氏列为朝鲜的第一个王朝。箕氏朝鲜在箕子的治理下，国力不断强盛，存国达900多年，直到西汉初年被燕人卫满所灭。灭国后，箕子又南下，使箕氏朝鲜在半岛南部延续200多年。在春秋战国之际，中原礼崩乐坏，但在朝鲜尚存华夏古风，正是箕子的功绩，所以孔子称此地（古朝鲜）有"君子"。中国历代王朝出使朝鲜的使节，都要前去拜谒位于平壤附近的"箕圣陵"。例如明穆宗年间给事中魏亮在拜谒后写到："禹范留西土，先生独向东。道无浮海叹，义与采薇同。旧井有殷墟，衣冠商东风。荒丘平壤外，麦秀想遗宫"③。

2. 周穆王西巡礼品馈赠及西周时期与西亚的联系

见诸史籍最重要的反映西周王朝与域外外交和文化交流的一件事，是周穆王西巡。《竹书纪年》和《史记》中都记载了周穆王西征或西巡的历史性事件。《竹书纪年》载："（周穆王）十七年西征昆仑丘，见西王母"。《史记·周本纪》则记为"穆王十七年，西巡狩，见西王母"。《史记》卷五、卷四十三都记载有造父向周穆王进献骏马，周穆王命令他造车西巡，得见西王母。《秦本纪》记载："皋狼生衡父，衡父生造父。造父以善御幸于周穆王，得骥、温骊、骅骝、騄耳之四骏，至巡狩，乐而忘归。徐偃王作乱，造父为穆王御，长驱归周，一日千里以救乱。穆王以赵诚封造父，造父族由此为赵氏。"《赵世家》记载："造父取骥之乘匹，与桃林盗骊、骅骝、绿耳，献之穆王。穆王使造父

---

① 《史记·宋微子世家》。
② 《尚书大传》。
③ 朱亚非主编：《风雨域外行》，山东画报出版社，2004 年 10 月。

御，西巡狩，见西王母，乐而忘归。"造父之后与戎狄杂处，善于蓄养牲畜，又因与姬姓诸侯有姻亲关系，为周之西陲。

对于西王母其人，《山海经》等先秦文献材料将其描绘成半人半兽的怪物，"豹尾，虎齿，善啸，蓬发戴胜"，后来演变成为一位雍容华贵的女神。拨开历史传说的迷雾，我们或许可以发现，西王母可能就是一位以虎、豹为图腾的氏族部落或部落联盟的女性首领，或者是西方某国的国君。在遥远的古代，著名人物就是氏族或氏族联盟的代名词。《山海经》所描述的西王母之国，在"西海之南，流沙之滨，赤水之后，黑水之前"，考虑到古代部族的迁徙性特征，其活动区域至少一度在现青海境内黄土高原向青藏高原的过渡地带。青海大通回族自治县孙家寨村出土的彩陶舞蹈盆，描绘了五个正在舞蹈的女性形象，其腰下有类似飘带的装饰，或许就是豹尾。正如前面所述，黄帝、尧、舜、禹等帝王都曾与西王母或其国的首领见过面，到西周时期，西王母是一位雍容平和、善唱歌谣的西方君主。按照《汉书·地理志》的说法，西王母居住的石室，在金城临羌

彩陶舞蹈盆

（今天青海西宁以西）的西北塞外，祁连山南麓。有学者根据其地理位置和物产研究，认为西王母国应在中亚的锡尔河流域中上游一带，即希罗多德《历史》中所说的马萨革泰部落。从周平王平定殷商奴隶主叛乱后来朝贺的四邻中有渠搜、康民等来看，周穆王西巡到达了锡尔河上游，也是很有可能的。[1]不过，塞人一直处在向西的迁移过程中，应该是事实。在当时人们的观念中，西王母居住的地方代表了周王朝的西方极其遥远的地区，被认为是四荒之一[2]。

《穆天子传》是一部在公元 279 年出土于今河北汲县战国时期魏墓中的古书，详细记载了周穆王从群玉之山到西王母之邦行程 3000 里，受到了西王母

[1] 卢苇：《中外关系史》，兰州大学出版社，1997 年 8 月。
[2] 另三处是觚竹、北户和日下，见《尔雅·释名》。

的盛情接待竟然乐而忘归的故事，它所记述的周穆王西巡会见西王母的故事
更是千古佳话。20 世纪 30 年代顾实先生在《穆天子传西征讲疏》中，对文
中"我惟帝女"的"帝"字理解为周穆王，从而将二人的关系定位为父女
关系，并认为穆王这次西征的目的就是去看望巡视被封在西域的女儿及其
领地。但从晋代郭璞以来，人们一直认为"帝"是指天帝，因而周穆王与
西王母是平等的国君之间的关系，否则就很难解释周穆王为什么对西王母
如此礼遇，更难解释在更遥远的过去黄帝、尧、舜、禹与西王母的见面。
《荀子·大略》："尧学于君畴，舜学于务成昭，禹学于西王国。"《易林》
卷一"坤之噬嗑"卦："稷为尧使，西见王母；拜请百福，赐我善子。"果
真如此，西王母就成了中原部落大联盟领袖们的导师，不仅稷曾经作为尧
帝的使者去拜会西王母，大禹也曾经前去向其请教。西王母被认为是"天
帝"之女，是能够给圣王带来智慧和吉祥的保护神。那么，这一东一西的
两位国君为什么走到了一起，而且又是周穆王主动找到西王母呢？有学者
认为《穆天子传》实际反映了当时我国中原商队西行贸易的情况，是一本
"旅行日记"①，实际上，它不仅说明周王朝已经和与其遥远的中亚地区产生
了政治和经济联系，而且周穆王去拜访西王母，应该是两国之间的友好访问，
或许就像前人一样也包含有去寻求治国安邦策略的因素。但无论怎样，这都
是一次地道的"国事访问"。

《竹书纪年》提到周穆王于十三年和十七年两次西巡会见西王母，而西王
母也曾一次东来，会见周穆王。无论是周穆王前去会见西王母，还是西王母
前来会见周穆王，都少不了礼节和礼物。从周穆王前去会见西王母时赠送的
礼物看，他对西王母给予了极高的礼遇。例如：周穆王于癸亥日（二十七日）
来到西王母之邦，"吉日甲子"（二十八日）两人正式会见，不仅仪式讲究，
而且周穆王还向西王母赠送了特别礼物——"白圭"和"玄璧"。西王母很
是喜欢，"再拜受之"。据《周礼》和《考工记》记载，天子只需执圭以朝诸
侯，没有圭、璧同用。"如圭如璧"是用来形容人君之德的②，"圭璧琮璜，

---

① 张星烺：《中西交通史料汇编》第 1 册，转引自卢苇：《中西关系史》，兰州大学出版社，
1997 年 8 月。

② 《诗经·卫风·淇澳》。

币帛牺牲"则是"以飨鬼神"表达对鬼神天帝的虔诚的①，对诸侯用其中之一即可。《穆天子传》卷五："天子见许南于洧上。"卷六："天子具官见邢侯曹侯。"期中不仅没有提到送礼，更没有提到圭璧同用，可见周穆王对这次与西王母的会见极为重视。

　　然而，这两位国君的会见仪式还远没结束。乙丑（二十九日），周穆王和西王母二人欢宴瑶池，互致谣辞。西王母说：我没有辜负天帝的使命，在这与虎豹群居、荒漠野悍的地方成就了王业。你那里的臣民什么时候能够像我受天帝派遣一样，离你而去另辟天地？我对你的衷心祝福，也是苍天的意志。

　　在摆宴话别时，西王母情不自禁地吟唱道："白云在天，山陵自出；道路悠远，山川间之。将子无死，尚能复来？"其中似乎隐约可见她对周穆王的脉脉含情与恋恋不舍。周穆王为此深受感动，但却没有忘记自己的使命：和唱道："予归东土，和治诸夏；万民平均，吾顾见汝。比及三年，将复而野。"周穆王向西王母明确表示：回到东土以后，要与周边邻国和平相处，保证国泰民安。三年以后再以杰出的政绩来向西王母展示。然而，周穆王终生也没有如约前来②。

　　实际上，据《穆天子传》记载，周穆王曾经到过许多地方，并且都有接受礼物和回赠礼物。如："壬申，天子西征。甲戌，至于赤乌，赤乌之人□其献酒千斛于天子，食马九百，羊、牛三千，穄、麦百载。天子使祭父受之。曰：'赤乌氏先出自周宗。大王亶父之始作西土，封其元子吴太伯于东吴，诏以金刃之刑，贿用周室之璧。封丌璧臣长季绰于春山之虿，妻以元女，诏以玉石之刑，以为周室主。'天子乃赐赤乌之人□其墨乘四，黄金四十镒，贝带五十，珠三百裹。丌乃膜拜而受。曰：'□山，是唯天下之良山也。宝玉之所在。嘉谷生之，草木硕美。'天子于是取嘉禾以归，树于中国。曰天子五日休于□山之下，乃奏广乐。赤乌之人丌献好女于天子。女听女列为嬖人。曰：'赤乌氏，美人之地也，宝玉之所在也。'"又如："孟秋丁酉，天子北征。□之人潜时觞天子于羽陵之上，乃献良马牛羊。天子以其邦之攻玉石也，不受

---

① 《管子·形势》、《墨子·明鬼》、《墨子·尚同》。
② 胡阿祥、彭安玉主编：《中国地理大发现》，山东画报出版社，2006年5月。

其牢。伯夭曰：'□氏，槛□之后也。'天子乃赐之黄金之罂三六。朱三百裹。潜时乃膜拜而受。"再如："戊戌，天子西征。辛丑，至于剞闾氏。天子乃命剞闾氏供食六师之人于铁山之下。壬寅，天子登于铁山，乃彻祭器于剞闾之人。温归乃膜拜而受。天子已祭而行，乃遂西征。丙午，至于□韩氏。爰有乐野温和，穄麦之所草，犬马牛羊之所昌，宝玉之所□。丁未，天子大朝于平衍之中，乃命六师之属休。己酉，天子大飨正公诸侯王吏七萃之士于平衍之中。□韩之人无凫乃献良马百匹，用牛三百，良犬七千，牝牛二百，野马三百，牛羊二千，穄麦三百车。天子乃赐之黄金银罂四七，贝带五十，珠三百裹，变□雕官。无凫上下乃膜拜而受。"

　　周穆王在位 55 年，是西周时期有作为的天子之一，同时也是一个善于征伐巡狩的风流天子，大清乾隆皇帝与他多有相似之处。西周穆王时期，世界上强盛的文明国家在西方有希腊，在东方唯有中国的西周王朝。在两国之间，是辽阔的草原、半沙漠和山区地带，其间散居着许多游牧部落。以传统的观点来看，这些游牧部落并没有形成真正意义上的国家，还处于原始游牧部落阶段。希腊人将散居东欧、西伯利亚、中亚细亚的部落称为斯基泰人，波斯人称之为塞迦人，中国则将分布在河西走廊和天山南北的游牧部落称为塞人①。西周初年，位于中亚细亚的康民、渠搜就穿越这一地域与西周王朝有过来往②。古代中国的西周王朝正是通过他们，开始了与外部世界自觉与主动的交往，开始了真正意义上的国家对外交往时期。

　　周穆公西巡所走的路线，被认为就是塞人西迁的路线。他从宗周（今洛阳）启程，过黄河，经关隘（雁门关）到河套以北，然后向西穿越柴达木盆地继续向西，所到之处无不盛产玉石，尤其是昆仑之丘，最远到了锡尔河流域。周穆王还曾到达了赤乌氏所在部落，赤乌氏居住的地方也是西王母的塞人部落散居的地方，并且盛产瑶玉，其祖先被认为与周王朝的宗室同为一系。西王母也曾对周穆王说自己作为天帝的女儿，奉命来到西土（周王朝以西），既然如此，难道周穆王早已知道其同系的西迁路线，并且是沿着这条路线西巡的？

① 沈福伟：《中西文化交流史》，上海人民出版社，1987 年 2 月。
② 《史记·五帝本纪》。

出访需要携带礼物，这一点周穆王心知肚明，也深知中原物产备受西方人的喜爱。他所携带的礼物，已经属于真正意义上的"国礼"。据《穆天子传》记载，周穆王西巡时，每到一处，就将携带的中原地区独有的丝绸、铜器、贝币等赠送给各个部落的酋长，令他们喜不胜收。而各地的部落酋长也还之以礼，赠送给周穆王大量的马、牛、羊、酒等，自然也少不了精美的玉石。周穆王还在昆仑山和赤乌氏所在之地大量采购玉石，"取玉版三乘，载玉万只"，然后运回了中原。新疆地区玉石的大量东运和中原地区丝绢、青铜器的西传，是这一时期中西交往中物质文化交流的主要内容，而且还经过新疆地区到达了乌拉尔和伊朗高原。中原地区出土的大量西周时期的玉器，其原材料有的是商王朝时期采自西域，有的或许就是周穆王时期从西方采购而来的。

西周玉器

虢国是西周初期重要的分封诸侯国之一，其中东虢国位于今河南荥阳，于周平王四年（公元前 767 年）被郑国所灭；西虢国位于今陕西宝鸡附近，后随周平王迁移到今河南陕县，于周惠王二十二年（公元前 655 年）为晋国所灭。从三门峡库区虢国墓地发现的数百件玉器看，有的是商朝遗物，但无论是国君墓所出的三组联璜组玉佩还是国君夫人墓中所出玉串手链，其玉料全部是上乘的新疆和田玉①。由此可见，后来著名的丝绸之路，随着塞人的西迁和周穆王的西巡，在西周时期已经初露端倪。

周穆王西巡获得的礼物还有"夜光杯"。唐代王翰有《凉州词》云："葡萄美酒夜光杯，欲饮琵琶马上催。醉卧沙场君莫笑，古来征战几人回！"据《十洲记》记载，周穆王西巡时，西域部族曾向周穆王敬献夜光杯作为礼物。夜光杯系用玉琢成的饮酒器皿，在圆月悬空之时，酒入杯中，熠熠发光。周

----

① 李清丽：《虢国墓地所出三组联璜组玉佩考述》；雷建鸽：《一串经久不衰的饰品》，《中国文物报》2011 年 11 月 23 日第 5 版。

穆王得此杯后大悦，视为国宝，盛赞其为"夜光常满杯"，夜光杯由此得名。现在制作一件优良的夜光杯，要经过选料、钻棒、切削、掏膛、冲碾、细磨、抛光、烫腊等二十多道工序，其色黑赛乌漆，白如羊脂，墨绿似翠，杯薄如纸，纹饰天然，在古人眼里更是名贵难得。

程大昌释《诗·大雅·绵》有"古公亶父，来朝走马"之句，说明周的先祖已经学会骑马驰骋。传说亶父曾经封嬖臣长季绰于春山之虚，"以为周室主"。在波斯诗人费尔杜希德史诗《王书》中，记录了一些古代波斯的传说，其中有苏哈克派人追踪季夏到了印度和中国的边境，而季夏是季绰的后代，他娶马泰国王马王的女儿为妻。这里的马王被认为就是亶父①，说明周的先祖已与西亚人有了联系。

至迟在周代，中原人从游牧民族那里学会了骑马。《穆天子传》记载了周穆王有八骏，说："（穆）天子之骏，赤骥、盗骊、白义、踰轮、山子、渠黄、华骝、绿耳。"晋王嘉《拾遗记》也提及"八骏"，但其名与《穆天子传》不同，说："王驭八龙之骏：一名绝地，足不践土；二名翻羽，行越飞禽；三名奔霄，夜行万里；四名超影，逐日而行；五名踰辉，毛色炳耀；六名超光，一形十影；七名腾雾，乘云而奔；八名挟翼，身有肉翅。递而驾焉，按辔徐行，以匝天地之域。"从这些名马的称呼方面也很容易辨别出，它们并非出自汉语的语源②。显然，这些马得之于西周王朝实际控制地区的域外，它们的原产地当在今中亚和西北亚地区。由于征伐的需要，西周王朝对马匹的需求非常大，周穆王西巡也获得了大量马匹，有些就是获赠的礼物。西周时期王室与诸侯国之间以及各诸侯国之间，也经常以马匹作为礼物相互赠送。

上文已经提到，周穆王征伐犬戎以后，河套以北"荒服"的游牧民族和周王室之间的联系就中断了。《国语·周语上》记载了祭公谋父劝谏周穆王不要征伐犬戎，说："今自大毕、伯士之终也，犬戎氏以其职来王。天子曰：'予必以不享征之，且观之兵。'其无乃废先王之训而王几顿乎！吾闻夫犬戎树惇，帅旧德而守终纯固，其有以御我矣。"但是周穆王不听劝诫，结果是

---

① 沈福伟：《中西文化交流史》，上海人民出版社，1987 年 2 月。

② 芮传明：《古代名马称号语原考》，《暨南史学》第 1 辑，2002 年 11 月版。

"遂征之，得四白狼、四白鹿以归。自是荒服者不至"①。由于周穆王对犬戎用兵，荒服诸侯再也不来朝贡了，西周初期建立的周王朝与犬戎之间的友好关系遭到破坏。周懿王以后，王室衰微，戎、狄分别从西方和北方入侵，猃狁成为周室大患，周宣王时曾一举兴兵打败猃狁。周幽王时（公元前781年～公元前771年）西方犬戎进入关中，周王室被迫东迁。但是，这只能是自新石器时代晚期特别是夏商以来，中原部落、王朝与生活在西北地区的以游牧为主要生活方式的氏族部落之间关系的一部分，更有一些氏族部落随着中原王朝的兴盛与扩张，远离中原并逐渐向西北方向游牧而去，有的还在迁徙的过程中来回反复。正是通过这些游牧部落，中国的土著部落和王朝与更遥远的地方发生了直接或间接的联系。

　　研究表明，远古时期，在包括今哈萨克斯坦西部及北部大部分地区，分布有一些游牧民族，从公元前1000多年开始，为塞人及匈奴、突厥等游牧民族的先人的活动场所，有些地方形成了城市和较为发达的文化，与中原王朝有了千丝万缕的联系。由于在欧亚草原上塞人或斯基泰部落的广泛分布和相互交往，使中国和欧洲也有了密切的联系。除了上述周穆王西巡带回来的物质文化交流成果外，在正值青铜时代的西周时期，很多青铜制品的样式也与西亚甚至欧洲的考古发现有雷同和相似之处。欧洲丹麦的哈尔西特文化出土的青铜双刃剑、俄罗斯出土的环状把头青铜剑，都和属于西周早期的北京房山琉璃河53号墓出土的同类青铜柳叶剑相似，却不同于当地传统产品。显然，欧洲的这类青铜剑受到了中国中原和北方地区流行剑式的影响②。由欧洲或者经过塞人传播到中国的器物，还有兽形壶把、兽形金饰物、金银高脚杯等，以及起源于中亚纳马兹加文化的三菱箭镞。

①　《国语·周语上》。
②　沈福伟：《中西文化交流史》，上海人民出版社，1987年2月。

五　春秋霸业

——争霸外交中的礼品赠送

公元前 771 年，西周王朝的首都镐京被犬戎攻破，周幽王被杀，周平王被申、鲁、许等少数几个分封诸侯国拥立于申，后率领王室东迁洛邑（今河南洛阳），在晋、郑两国的夹辅下立国，史称东周。东周王朝分为春秋和战国两个时期，中国古代国家的政治中心从此由关中转到了河南一带。

春秋时期因我国最早的编年体史书《春秋》得名。《春秋》原是鲁国史官所著，后有孔子修订整理，记载了从鲁隐公元年（周平王四十九年，公元前 722 年）到鲁哀公十四年（周敬王三十九年，公元前 481 年）止 242 年的历史。解释《春秋》的有《左氏》、《公羊》和《谷梁》三传，其中《左氏春秋》即传世的《左传》止于鲁悼公十四年（周贞定王十五年，公元前 454 年），比《春秋》记事多出 17 年。春秋时期开始于周平王元年（公元前 770 年）东周立国起，但关于春秋与战国这两个时期的划分时间，学者们有的依据《史记·六国年表》，认为春秋时期到周敬王四十四年（公元前 476 年）止，周元王元年（公元前 475 年）以后为战国时期，有的认为到周威烈王二十三年（公元前 403 年）晋国发生"三家分晋"以后才是战国时期，本书遵循前者。

进入春秋时期，东周王朝愈加难以对诸侯国进行有效的控制，春秋时代的诸侯国已经基本具备了"国家实体"的特征，各国不仅有国家认同、疆界、军队和独立的税收体系，还有功能相当完备的政府和刑法主权。显而易见，春秋时代各诸侯国的关系是"主权国家"之间的关系，是属于国际关系范畴的外交关系，其核心本质尽管相对于今天的国际关系比较简单而原始，但与近现代的国际关系一样，都是围绕着战争与和平展开的。因此，春秋时期各诸侯国之间在开展外交关系时相互赠送的礼物，也属于"国礼"的范畴。正是春秋时期各诸侯国形形色色的对外政策和外交战略，为后来大一统中华的对外政策思维方式的形成提供了丰富的经验①，也奠定了战国时期对春秋时期的国际关系又有了新的发展的基础，使战国时期诸侯国的国家实体特征更加明显。

各分封诸侯国本来一直服从周王，按期纳贡，随同作战，保卫王室，但在周平王东迁之后，周天子逐渐失去了天下"共主"的地位，不仅诸侯经常"不朝"，而且"礼乐征伐自天子出"也逐渐蜕变为"礼乐征伐自诸侯出"。周王室的势力不断缩小，实际上已经沦落为一个小小的诸侯国，其实际控制区域只有首都洛邑（今河南洛阳）周围的区区几百里。春秋时期的周天子实际上只是在名义上还具有天下"共主"的政治地位，尽管周天子还是经常要摆出天子的样子对诸侯策命赏赐，但从某种角度说，周天子实际上已经沦落为诸侯争霸的工具，在诸侯争霸外交中偶尔被用来"挟天子以令诸侯"。据史书记载，春秋时期周天子只有一次巡狩，即《左传》庄公十一年记载的"王巡虢狩"，而关于诸侯对天子行朝觐礼的记载却非常少见。随着周王室的势力和影响进一步减弱，诸侯国势力的不断增强，中原大地战火纷飞，征伐和兼并如火如荼，围绕征伐兼并与反征伐反兼并，诸侯国的争霸外交也是波澜壮阔，南方的楚国和东南方的吴越两国也先后加入到了诸侯争霸中。

在春秋时期360多年的时间里，诸侯纷争导致战争频仍，甚至为了一句戏言、一个邀请、一个女人、一件物品、一个复仇的念想，就可能发生两国交战，甚至连累同盟国加入。春秋时期争霸外交的目的是明确霸主，主要是围绕两个方面展开的：一是尊王攘夷，二是称霸诸侯。而尊王攘夷的最终目的，还是为了称霸诸侯。小国有的是为了生存，有的是因为国君贪婪，也往往要在与霸主或与其他诸侯国的交往中送出或接受礼物。值得指出的是，很多礼物赠送的背后暗藏玄机，很多礼物的送出是出于无奈，"索礼"的现象大量存在。

一般观点认为，在郑庄公以王室的名义大合诸侯之后，宋襄公、齐桓公、晋文公、秦穆公、楚庄王相继称霸诸侯，史称"春秋五霸"；另一说是齐桓

---

① 潘维：《研究先秦时代的国际关系》，《凤凰周刊》2004 年第 28 期。

公、晋文公、楚庄王、吴王阖闾、越王勾践为春秋五霸。但实际上，在春秋乱世，霸主的确定远不是单纯一个"五霸"那么简单，在诸侯争霸中，有的是个人发挥了重要作用，有的是国家发挥了作用，有的虽然在名义上短时称霸实际上并没有真正发挥霸主的作用。本章将结合《史记》、《左传》、《国语》等文献记载，叙述一些诸侯争霸外交的典型事例。

（一）周室衰微乱局与郑国借机争霸

春秋早期有 140 多个诸侯国，其中比较重要的有：齐国（位于今山东东部、河北南部一带，公元前 379 年灭于田氏齐国）、晋国（位于今山西、河南北部、陕西东部和河北东部一带，公元前 349 年被韩国、赵国、魏国三家分晋）、鲁国（位于今山东曲阜，公元前 256 年灭于楚国）、郑国（位于今河南新郑，公元前 375 年灭于韩国）、宋国（位于今河南商丘、通许一带，公元前 286 年灭于齐国）、卫国（位于今河南省淇县、濮阳市一带，公元前 209 年灭于秦国）、楚国（位于今湖北、湖南北部、安徽西部、江西西部、河南南部一带，公元前 223 年灭于秦国）、秦国（位于今陕西中部、甘肃东部一带，公元前 206 年灭于西楚、汉朝）、吴国（位于今江苏、安徽东部一带，公元前 473 年灭于越国）、越国（位于今浙江一带，公元前 306 年灭于楚国）、许国（位于今河南许昌、安徽亳县附近，公元前 375 年灭于楚国）、陈国（位于今河南淮阳，公元前 478 年灭于楚国）、蔡国（位于今河南新蔡，公元前 447 年灭于楚国）、燕国（位于今辽宁南部、北京、天津、河北北部一带，公元前 222 年灭于秦国）、曹国（位于山东定陶西南，公元前 478 年灭于宋国）。除上述主要诸侯国之外，在各地还分布有若干小的诸侯国。经过强国争霸和连年兼并扩张，许多小国被消灭，大国则逐渐形成了各自的势力范围。小国为了在夹缝中求的生存，只得推举强国为盟主，甚至臣服于强国以保全。正如当代国际关系一样，没有永远的朋友，只有永远的利益。

在上述原属于夏商周以来华夏系诸侯国之外，还有莱国、夷国、鲜虞国、义渠国、骊戎、燕京戎、绵诸国、山戎、犬戎、西戎、戎蛮、白狄、赤狄、长狄、鄋瞒国、翟国、西不羹国、户戎国、陆浑戎、无终国、令支国、鲜虞国、孤竹国等等，它们是一些被称为戎、狄、蛮、夷的部族或国家。春秋初年，四周夷狄趁周王室的统治地位江河日下，仍然大举入侵中原，西方关中地区被犬戎占据，东方有山戎、北戎侵扰燕、齐、郑等国，南方的淮夷势力也扩张到中原地区。居于晋中以北、陕北及太行山两麓广大地域的是最强大的是狄，它四出侵扰，向南向东发展，伐邢（今河北邢台）灭卫（今河南朝歌），多次侵扰晋、齐、郑、卫、鲁、宋等国。

1. 郑国送土地争取盟国与卫国送礼借兵伐郑

东周王朝定都洛邑后，四方诸侯还曾根据礼仪惯例前来进表朝贺，贡献地方特产。但此时，周王室已经衰落，礼崩乐坏之下，诸侯对待王室的礼仪遭到极大破坏。南方的荆国（楚国）原来每年向王室贡献青茅以供王室祭祀缩酒之用，于今却无视王室，不来贡献。周平王欲武力征伐以警示，有大臣进言说荆蛮久在化外，周宣王时就讨伐过，结果也仅仅是每年进贡一车青茅，别无他物。况且现兵力不足，难以讨伐，周平王只好放弃用兵，这给楚国的发展提供了良机。随着楚国势力的逐步强大，它经江汉向北发展，不仅"汉阳诸姬，楚实尽之"，而且占领了南阳盆地和汝颍河上游地区。面对这一切，中原各诸侯往往只有招架之功，致使华夏区域大为缩小。作为周王朝西部边陲的秦国，本是帝颛顼的后裔所建，秦先祖皋陶在唐尧时为官，皋陶子伯翳因助大禹治水有功，赐姓赢，为舜帝的主畜牧官。夏商以来，秦一直为西方方国，周穆王时被封于赵，为晋赵氏之祖。周孝王时，秦人在渭水流域养马，被封于秦地，始有赢秦，一直到六世秦襄公时，才正式与诸侯通聘。由于秦国与戎狄、羌等部族混居，被华夏诸侯称为戎狄国，中原诸侯不与其会盟。周平王十五年（公元前756年），秦国不顾礼仪等级，潛用郊禘之礼未被周王室制止，鲁惠公见状也要求使用，西周时期的礼仪制度进一步遭到破坏。周平王东迁之后，主要依靠郑国、晋国及其他一些姬姓小国苟且生存。

周宣王二十二年（公元前806年），周厉王幼子友被封于郑（今陕西华县以东），史称郑桓公。周幽王时，郑桓公为周王室司徒，但他预见到西周即将灭亡，于桓公三十三年（公元前774年）将郑国财产、部族、宗族连同商人、百姓迁移到东虢国和郐之间（今河南嵩山以东），号称新郑（今河南新郑一带）。三年后，犬戎杀死周幽王和郑桓公，继位的郑武公攻灭郐和东虢国，建立了事实上的独立国家郑国，定都新郑。在辅佐周王室期间，郑国的武公、庄公均以英主之姿与诸侯国交往，图谋郑国自身发展，成为事实上的诸侯盟主。周平王四十九年（公元前 722 年），郑国共叔段叛乱，公孙滑逃到卫国。卫国也是周王朝的同姓诸侯，周公旦平定三监之乱后，以其弟康叔分殷商之民护卫王室，建立卫国，定都朝歌（今河南鹤壁淇县）。卫国人为公孙滑攻打郑国，占取廪延。郑国人率领周天子和虢国的军队反攻到卫国南部边境，卫庄公向郑国服罪求免。周平王晚年信任虢国公，以期扭转对郑国的过度依赖，反而以"周郑交质"告终，王子狐在郑国作为人质，郑国的公子忽在成周作为人质，王室威望愈加扫地。在春秋初年的郑庄公时，郑国成为当时最强盛的国家之一，借辅佐王室之机增长势力，不仅灭了许国，败了宋国，甚至强大的齐国也甘愿对郑国俯首称臣。

晋原名唐，管辖区域初为今山西南部，国都最早定在翼（今山西翼城），晋献公时迁都绛（今山西翼城东南），别都曲沃（今山西闻喜东）。从西周初年成王削桐叶为圭以封叔虞起，到晋静公时韩、赵、魏三家分晋止，晋国共约六百多年的历史。叔虞是周武王之子，成王之弟。成王时唐人作乱，周公灭唐后把叔虞封到了曾是尧时的都城唐。叔虞去世后其子燮继位，改国号为晋。晋是周王朝最重要的诸侯国，自唐叔虞被封到晋穆侯时（公元前 811 ~ 公元前 785），已是第九代世君①。随着周王室对郑国的不满越来越多，周王室日益依靠晋国。

"平王之时，周室衰微，诸侯强并弱，齐、楚、秦、晋始大，政由方伯"②。第一个敢于挑战周天子权威的，便是郑国。当时，由于晋国还没有兴起，楚国仍安心于长江流域没有北上的念头，齐国正在致力于对东夷的战争，秦国正不断遭受西北地区戎狄的侵扰。郑国虽然土地狭小，但经济富庶，而且还拥有周王室卿士的高贵身份，于是常以诸侯老大自居。周桓王即位后，首先想的就是重振王室，扭转处于傀儡的地位，为此必须打击郑庄公的势力。但桓王欲立虢国公为王朝卿士的努力在郑庄公的强烈反对下无果而终，之后发生了郑国敢于盗割周王室在温地的麦子和成周的谷子之事，周王室与郑国的怨恨进一步加深。郑国通过在石门与齐国重温庐地之盟，稳定了与诸侯大国的关系，逐步走向事实上的诸侯盟主地位。

---

① 《史记··晋世家》。
② 《史记··周本纪》。

山西太原晋祠

　　周桓王元年（公元前719年）春，卫国公子州吁刺杀卫桓公即位第三天就提出要以武力威胁他国，并要利用周、郑矛盾先伐郑国以雪国耻。但州吁知道郑、齐有石门之盟，根本无力对抗两国之军，便遣使求宋、鲁、陈、蔡联合出兵。当时，周王朝的诸侯国中，同姓国以鲁国为尊，异姓国以宋国为大。宋、郑早年有过武力之争，郑国以宋忌公子为人质。陈、蔡两小国都顺从周天子，也素知周、郑不和，只是鲁国能否出兵不得而知。当时鲁国的军事大权掌握在公子翚手中，州吁了解到他贪婪财物后，派人送去了厚礼。收到卫国的请求特别是见到送来的厚礼后，公子翚果然携重兵与卫、宋、陈、蔡一起围困了郑国都城。可是，郑庄公只用释放宋公子忌这一着棋，就打破了联军并不坚实的团结，卫国伐郑宣告失败。

　　没有晋国和郑国的支持，周王室不仅难以东迁，而且还可能落得被犬戎吞噬的命运。在周郑关系恶化之时，周桓王把振兴王室的希望寄托在晋国身上。当时晋国分裂为二，其中晋侯居翼（今山西翼城东），曲沃庄伯居曲沃（今山西闻喜东）。周桓王二年（公元前718年），王师先是助曲沃庄伯伐翼，不久又因曲沃庄伯的背叛，命令虢公伐曲沃，立哀侯为晋国国君。这时的周王所需要的只是晋国对王室的支持，并不在乎谁为国君，而且，在春秋时期很长的时间里，周王室的诸侯国外交是以晋国为中心展开的，但它又通过齐国牵制晋国，极力阻碍齐国和晋国搞好关系。

2. 郑国假周礼伐宋与送礼谢齐鲁

郑国在打破了卫国倡导的诸侯联军讨伐转危为安后，先是与陈国和好，随着形势越来越有利于自己，于周桓王三年（公元前 717 年）计划攻打在五国联军攻打郑国时担任盟主的宋国，借此树立在诸侯中的威望。宋是当时的大国，连王室都尊以宾礼，为此，郑庄公前去朝见周王，希望借王命号召诸侯国出兵。但周桓王因对郑国存有芥蒂，并因郑兵盗割周王室麦子的事怒气冲冲，对郑庄公既不设宴款待，也不赠送礼物，只是送了十车黍米。周公黑肩对周桓王说："我周之东迁，晋、郑焉依。善郑以劝来者，犹惧不蔇，况不礼焉？郑不来矣"①。郑庄公朝见周桓王却没有享受到必要的礼遇，因此对王室更加不满。正在郑庄公心里愤愤不平时，周公黑肩却前来拜访，私下赠送给郑庄公两车彩缯并予以劝慰。

郑庄公朝见周王，邻国皆知，他充分利用了这一点，命人将周公所赠送的彩帛分别装在十辆车上，外面用锦袱覆盖，锦袱上又摆放彤弓弧矢，浩浩荡荡走出王城。《诗经·小雅·彤弓》诗曰："彤弓弨兮，受言藏之。我有嘉宾，中心贶之。钟鼓既设，一朝飨之。彤弓弨兮，受言载之。我有嘉宾，中心喜之。钟鼓既设，一朝右之。彤弓弨兮，受言櫜之。我有嘉宾，中心好之。钟鼓既设，一朝酬之。"彤弓是天子用来赏赐有功诸侯的漆成红色的弓，而弧矢就是弓箭，《易·系辞下》说："弦木为弧，剡木为矢，弧矢之利，以威天下。"有了彤弓弧矢，就有了天子赋予的权力。一路上，郑庄公大肆宣扬周王赏赐彤弓矢和赠送礼品的事，扬言宋国久不向周王朝贡，我现在要奉天子之命讨伐宋国。此话传到宋国，宋殇公大惊，连夜秘密派遣使者向卫宣公送去重币，请其调和。而郑庄公也知道鲁国公子翚贪恋财物，派使者告诉他说，如果鲁国肯出兵参与讨伐宋国，占领的宋国土地尽归鲁国所有，齐国因与郑国有盟，自然站在郑国一边。

---

① 《左传·隐公六年》。

周桓王四年（公元前716年），周天子派遣凡伯到鲁国聘问。当初，戎人在朝见周王时曾向公卿致送礼物，但凡伯没有款待戎人，戎人意欲报复。在从鲁国返回经过楚丘时，凡伯遭到戎人劫持，抢走了所有鲁国赠送给周桓王的礼物。

周桓王五年（公元前715年），桓王任命虢公忌父为王朝左卿士，借此收回郑庄公的王朝执政权。此年春天，齐国准备调解郑与宋、卫讲和，但宋国对郑国心有余悸，首先带着厚礼去见卫侯，商量对策。在齐国的撮合下，郑国与宋、卫两国终于在温地会盟。之后，郑庄公带着齐人前去朝见周王，以彰显他在诸侯中的地位。

会盟是春秋时期诸侯国外交常见的仪式，其渊源可以追溯到当年大禹于涂山会见"万国"诸侯。商王朝末年，周文王曾与八百诸侯会盟津，《尚书》中有《汤誓》、《甘誓》、《牧誓》等篇章，都是关于诸侯会盟的。春秋时期的会盟已经成为诸侯间会面和结盟，并由此加强之间外交关系的主要形式，弱小诸侯国为了抵御大国侵略联合作战和强大诸侯国利用自己的实力和影响，胁迫其他小国加入自己的阵线，都要举行会盟。会盟通常由一国首先发起，并派遣使臣到他国约请和游说，有时还要经过第三国从中斡旋和撮合，最终双方同意确定会见日期和地点、商定盟誓内容和文书。会盟所举行的仪式成为盟礼，一般由大国（强国）执牛耳，歃血宣誓，有时还以人质作为保证履行誓言的手段。"约信曰盟，莅牲曰誓"[1]，盟誓是会盟的重要环节，通过盟誓，诸侯国之间确认相互的权利和义务，达成结盟的目的。盟誓一般是由诸侯国的国君参加的，如果是两个诸侯国的大夫相商达成缔约关系，则要分别去对方国家听取其国君的宣誓，即"莅盟"。如果要对盟约进行修订或续约，还要通过"寻盟"的程序来完成。会盟所形成的盟书其中一份要在盟誓之后与宰杀的牲畜一起埋到地下或沉入江河之中，会盟国的盟府各收藏一份，由司盟官掌管保存。在20世纪60年代在山西发现的属于三家分晋前晋国的侯马盟书遗址中，出土了5000多件用毛笔书写在圭形玉石片上的盟书，并有埋羊30坑，埋牛两坑，埋马一坑。同时出土的还有数量与种类众多的用作祭祀的玉币，有壁、环、瑗、璜、珑、圭、璋、铲（中间有孔）戈、刀等。从内

---

[1] 《礼记·曲礼下》。

容看，有宗盟类 514 件、委质类 75 件、纳室类 58 件、诅咒类 4 件、卜筮类 3 件。20 世纪 80 年代，在河南温县也发现了属于春秋时期晋国的盟书万余片，分别书写在石圭和石简上，其盟主是三家分晋前的韩简子①。虽然上述二项都是晋国内部卿大夫之间的盟书，但基本反映了春秋期间诸侯国之间的会盟所形成的盟书制度。

尽管订立有和好之盟，但郑国对宋国仍怀打击之心。周桓王六年（公元前 714 年），郑庄公以王朝左卿士的身份，以"宋公不王"为借口，提出联合齐、鲁两个大国伐宋的计划。郑国与齐国早有石门之盟，鲁国国君则有周王叔父之尊。在打败了北戎的侵犯后，三国大军压向宋国，眼见战争难以避免，但宋殇公还是把希望寄托在卫国身上，简车二百乘，装载黄金、白璧、彩缎等礼物，请求卫国出兵干涉。卫国两次收到宋国厚礼后同意出兵击郑，但这时郑兵已经将几座宋城掠夺一番后扬长而去，并在班师途中攻占了戴国。

大获全胜的郑庄公归国后，没有忘记出兵协同作战的齐、鲁两国和对鲁国的承诺，派遣使者携带"礼币"分别前往致谢，并把夺取的宋国郜（在今山东武成）、防（在今山东金乡西）两地送给了鲁国。对此，时人评论说："于是乎可谓正矣。以王命讨不庭，不贪其土，以劳王爵，正之体也"②。把它看成了一次合乎正义和礼仪的行为。郑庄公的威望得到张扬，而郑、鲁两国也因此信使不断，订盟和好，国君对往来使者也往往给以厚礼。

周桓王十二年（公元前 708 年）冬，周天子的军队曾和秦国的军队合作围攻芮国获胜，展现了一点天子的威严。当周桓王听说郑国假借王命伐宋的消息后，很是恼怒，为继续削弱郑国的力量，周桓王十三年（公元前 707 年），郑庄公王朝卿士的职位终于被剥夺，他从此就不再朝王。此年秋天，周桓王又亲率卫、陈、蔡军攻郑，但是不仅没有取胜，周桓王还左肩中箭，失败而回，这也使周桓王恢复王室权威的最后一搏以失败告终，走向沦落为普通诸侯的境地。之后，郑国又大败宋、卫、蔡三军，联合齐国攻打郕国，与虢国一起攻打宋国，帮助齐国打败了北戎的侵犯。郑国在一

① 赵世纲：《河南温县东周盟誓遗址一号坎发掘简报》，《文物》1983 年第 3 期。
② 《左传·隐公十年》。

系列战争中加强了自身的势力，争取了一些盟国支持，拉开了春秋争霸的帷幕。

郑庄公开创了郑国历史最强大时期。此时，楚国正在南方积蓄力量，为确保安全，郑国与蔡国在邓地会见以防备楚国北犯，而楚国已经开始侵犯随国等周边小国。但在郑庄公之后，郑国日益衰落，郑厉公时期更是因为晋、楚两国的威逼难以安宁。郑襄公时，郑国一度被楚国攻占，襄公在忍辱存国中使郑国重新富强。但好景不长，随着晋国韩、赵、魏三家的强盛，郑国再次衰弱。期间，郑国时而臣服于楚，时而依附于晋，也常常以大欺小，与其他诸侯国多有冲突。

3. 宋庄公贪赂引兵祸与郑国势力的减弱

宋国的宋殇公于周桓王九年（公元前711年）为华督父所杀，华督为了迎立公子冯即位，将宋国宝库中的重器拿出来行贿各国以寻求支持。次年，公子冯即宋庄公继位后，华氏为达到专权目的，继续赠送厚礼给各国，而各国也无不收纳。之后，宋国常干涉卫国、郑国的内政，之间多次发生战争。

郑庄公大胜周王之师后沾沾自喜，各国也无不畏惧，包括宋国也不得不与郑国和平相处。但是，郑庄公忽略了郑国地理位置的劣势，即虽然在当时郑国拥有称霸诸侯的经济优势和在周王室中的地位优势，但其所处的狭小地域缺乏发展潜力，而且处于其他诸侯国的四面包围之中。周桓王十九年（公元前701年）夏，庄公生病，为安排嫡长子忽即位，使公子突出居于宋国。郑昭公忽即位后，祭足出聘宋国，不料宋国却因强势的郑庄公已死，开始干涉郑国内政，不仅囚禁了祭足，还要求宋、郑立盟，废掉昭公，立居于宋国的公子突为国君，并要献上三座城邑感谢宋国，另外加上白璧百双、黄金万镒、岁输谷三万钟①。公子突为了回国为君，竟然全盘答应了宋国的要求。

公子突回到郑国，是为郑厉公，但整个军政事务均由祭足把持。宋国派

---

① 钟是古代计量单位，一钟相当于六石四斗。钟也是齐国的"公量"，以四升为豆，四豆为区（瓯），四区为釜，十釜为钟。田氏（即陈氏）的"家量"，以四升为豆，五豆为区，五区为釜，十釜为钟。田代齐后，"家量"成为齐国的标准器。

遣使者前来祝贺郑厉公即位，但实际上却是要求郑国履行承诺，即索取三城、白璧、黄金和岁输谷数。郑厉公提出先贡上白璧三十双、黄金三千镒，三城贡赋冬初再缴纳，宋庄公不答应。

郑厉公无计可施，祭足献策说：当初宋国华督弑君立子冯，为争取诸侯支持，动用国库珍藏给各国送礼，我国先君和齐国、鲁国都接受了宋国的贿赂，使冯顺利即位。其中鲁国得到了郜之大鼎，我国得到了一件商彝。现在，宋国向郑国索要巨额财礼，我们要把此事告知齐、鲁等国，并把商彝送还宋国，宋庄公知道此事的来由后，必定十分惭愧。郑厉公立即遣使带着礼币，以立新君聘问为名分头前往齐、鲁二国，控诉宋国忘恩背德。

郜国原也是姬姓诸侯国，"周文王子封于郜，子孙以为氏"①。春秋初年，郜国被宋国所灭，部分国藏重器被当作礼物分送它国。郜鼎一直传之于后世，清代的宋廷琦有《郜鼎怀古》一诗，云："羸马单车逐软尘，迹寻古郜未全湮。执笾分国传丁未，纳庙遗踪记戊申。烟火连村观俗美，衣冠比户风见淳。千年比地犹周旧，择里何须更卜邻？"郜史硕父鼎拓片现藏国家图书馆。

齐国在周桓王十三年（公元前707年）北戎讨伐时，曾得到郑国太子忽率军支援，后齐国因为郑昭公子忽帮助击戎有功，对废掉子忽立突为君以及欲以次女联姻却被坚辞，对郑国有所不满。而鲁桓公认为，以往宋君到鲁国行贿送礼只用了一鼎，现在却向郑国索要如此多的财物，欲壑难填。见鲁国帮助调和郑、宋矛盾无果，郑国大夫雍纠捧着商彝呈给鲁侯，说此乃宋国故物，我国不敢擅留，请接纳归还宋国府库以当三城，又进白璧二十双、黄金三千镒，请鲁侯说情。鲁侯难以推脱，又约宋会于谷邱，宋仍然不依不饶，但当看到商彝后，虽知是宋国当初赠送给郑国的国宝重器却佯装不知。之后，宋国为索要当初约定的财贿派遣到郑国的使者不绝于道，郑厉公无奈再次请求鲁国。鲁国再次约宋国相会，见宋国根本不予理会，鲁侯大怒，与郑军联合攻打宋国。宋国君见大军压境，才知道贪图郑国的财物而又不顾鲁国的好言相劝，竟然给自己带来了兵祸。

---

① 《通志·氏族略》。传郜国于公元前713年被宋国灭，其故都在今山东成武东南，后迁至今河南境内。

宋国因索礼不成又引来兵祸，对郑国恨之入骨，遣使将郑国所纳的金玉等礼物分别赠送给了齐、蔡、卫、陈四国，请求出兵帮助复仇，誓要杀死祭足。祭足在鲁国的帮助下打败宋国及齐、卫、燕联军后，日益擅权，迫使郑厉公出走蔡国，迎接先前出走卫国的郑昭公忽复位。想到子突终为隐患，祭足又亲自带上礼帛，前往齐、鲁两国，要求结好防宋，帮助稳定政局。而郑昭公复位不过三年，就在内乱中被杀。

（二）　齐国厚往薄来称霸诸侯

史书记载："太公至国，修政，因其俗，简其礼，通商工之业，便鱼盐之利，而人民多归齐，齐为大国。及周成王少时，管、蔡作乱，淮夷畔周，乃使召康公命太公曰：'东至海，西至河，南至穆棱，北至无棣，五侯九伯，实得征之。'齐由此得征伐，为大国，都营丘"①。姜太公吕尚因施计并给商纣王送礼救了周文王后，又助周武王灭商有功，被封国在齐营丘。此时，在山东半岛尚有未归附西周王朝的莱国等若干东夷小国不服，终被姜尚平定。拥有今河北北部和山东东北部的齐国，坐拥渔盐之利，经济发展并不弱于郑国，且没有当时晋国的内乱、秦国的北戎狄侵扰，在姜尚的经营下，逐渐走向强盛，成为综合国力超过郑国及其他诸侯国的经济强国。

周桓王时期，齐国通过与郑国的结盟获得了在诸侯中的影响力。齐襄公通过助卫复国，威望超过了当年的郑庄公。在郑庄公死后，齐襄公通过对鲁国的连年战争胜利，通过对郑国内乱的利用造成郑国内部分裂，已经开始走上了齐国的争霸之路。齐襄公死后，齐国本欲从鲁国迎回公子纠即位，但公子小白即齐桓公却从莒国抢先回国，当上了齐国国君，并在管仲的辅佐下一面致力于内部发展经济，历经三年而大治，一面积极开展斡旋外交，拉拢和大合诸侯，真正走上了春秋霸主地位。

1. 卫侯复国大送礼与宋国送重礼杀长万

周桓王二十三年（公元前 697 年），周王派大夫家父前去鲁国求取车辆。按照礼制，诸侯并不向王室朝贡车辆、衣服，天子也不得向诸侯求取财物，这因而被认为是不合乎礼仪的事情。在此之前，周王已经命令虢公

---

① 《史记·齐太公世家》。

林父在晋国立晋哀侯的兄弟缗为晋侯，之后晋国出现内乱。楚国带领巴国的使者到邓国聘问，却被鄾人攻击并抢走了聘礼。尽管诸侯之间的盟约时常被撕破，动乱滋长，但周庄王二年（公元前695年），鲁桓公还是促成了齐、纪两国在黄地的结盟。鲁国也在趰地与邾盟约，不过很快鲁国就根据宋国的要求攻打了邾国。次年，周公黑肩打算杀死周庄王，不料消息泄漏反而被杀。进入春秋时期以来礼制被破坏的乱象，进一步在周王室和诸侯国间演进。

在宋庄公因贪贿引兵祸之时，齐国正联合卫、燕之师攻打纪国。因鲁桓公元年（公元前711年）与郑有重修友好关系之盟，鲁、郑联军迫使宋国屈服，后又发兵援纪，击溃三国军。齐釐公因兵败成疾而亡，齐襄公即位。周庄王八年（公元前689年）冬，流亡的卫侯朔趁向齐襄公祝贺灭纪成功之机，请求齐国征伐卫国。齐襄公为在郑庄公之后谋求霸位，以卫国擅行废立为名，派遣使者联合宋国、鲁国、陈国、蔡国，并发布出兵檄文。

卫公子泄、职听说五路诸侯前来伐卫，立即派人向周庄王告急，但王师在半途即被联军击败。五国大军兵临城下，守城的卫国士兵听说王师溃败，狼狈逃窜，齐兵打开城门迎卫侯朔进城，篡位的卫国公子被杀，只有公子黔牟因是周王的女婿，且与齐国有连襟之情，得以幸免。卫侯朔重登侯位后，为感谢齐国之恩，将库府收藏的珍宝拿出来献给齐襄公。对其他三国，卫侯朔也没有忘记，拿出一些重器分别赠送给了宋、陈、蔡三国。而齐襄公因鲁侯生擒了卫国三公子，又将得到礼品的一半拿出来给了鲁国。

齐襄公虽然帮助卫侯朔恢复了国君之位，但对于击败周王之师还是心有余悸，担心周王室利用"九伐之法"①调动各路诸侯攻打齐国，整日惴惴不安。周庄王十一年（公元前686年）冬，齐襄王外出射猎，夜做噩梦，次日精神恍惚坠车受伤后，他的弟弟无知与大夫连称、管至三人以齐襄公连年用兵不仁，背父之命不孝，兄妹宣淫（与其妹文姜留宿宫中俨如夫妇）无礼，不念远成不信为借口，乘机在离宫作乱，齐襄公被连称刀砍数段而亡。齐桓

---

① 周天子对诸侯违犯王命，分别轻重加以惩罚的九种方法。《周礼·夏官大司马》："以九伐之灋正邦国：冯弱犯寡则眚之；贼贤害民则伐之；暴内陵外则坛之；野荒民散则削之；负固不服则侵之；贼杀其亲则正之；放弑其君则残之；犯令陵政则杜之；外内乱、鸟兽行则灭之。"

公抢先正在鲁国的公子纠一步，从莒国回到齐国即位，以周庄王十二年（公元前685年）为元年。

　　管仲本是公子纠的谋士，齐桓公即位后，即威逼鲁国杀死了公子纠，在重视人才的鲍叔牙的劝谏下，将管仲押解回国，并极力邀请有治国良方的管仲为相。在管仲出任齐国相位之前，齐桓公与他长谈三天三夜。在内政上，管仲提出了解决齐国当下内政、经济、军事分散的不利局面的策略，建立了齐国的中央集权制度，使齐国在经济、军事和国家组织方面，都比中原其他诸侯国具有了明显的政治制度优势。在外交上，管仲说：现在周室不能自保，要在天下诸侯中成就霸业，最好的办法就是尊奉周室，亲睦邻国。他劝齐桓公不要像齐襄公一样四处开战，而要更多地以重礼频繁聘问诸侯，但不要接受诸侯的厚礼，以此使它们亲近齐国。齐桓公依据其言，挑选80名游士，给他们车马衣裘，带上充足的礼物，周游四方，号召天下的能人到齐国来。同时，齐桓公还通过多送皮币玩好等礼物，察看诸侯之所好，择机讨伐内部不稳的以扩大疆土，杀死淫乱的以树立威信，天下诸侯大都人心向齐。

　　周庄王十三年（公元前684年）即齐桓公二年，齐灭郯国，并请宋国出师与鲁国作战，无奈失败。宋国的大将南宫长万在此次战斗中被鲁国俘虏，后在周王室的调停下，三国才重归于好，长万得以回到宋国。由于齐桓公任用贤人，修齐国政，国强民富，于周釐王元年（公元前681年）再次伐鲁，大获全胜，迫使鲁庄公献上遂邑与齐会柯而盟。

　　周庄王十五年（公元前682年），周王崩，周釐王即位。其时宋闵公正与宫人在蒙泽游玩，周王室派使者来报。宋闵公认为周室更立新王，应当派遣使者前去吊唁并祝贺新王登基。这时，正在给宋闵公表演掷戟游戏的南宫长万也想借机去看看王都，却被宋闵公以周庄王十三年齐、宋联合攻打鲁国时长万兵败被俘一事奚落一番。恼羞成怒的长万几拳下去打死了宋闵公，又趁乱杀死数人，出奔陈国。

　　宋桓公即位后，准备厚礼派遣使者到陈国，要求将长万解押回宋。宋使者到达陈国后，首先把带去的重宝献给了陈宣公。陈宣公看到如此丰厚的礼物，立即答应把长万交给宋国。但这长万力大无穷，难以对付，陈宣公便使公子结与长万以结为兄弟为名喝酒，趁长万酒醉，使几个大力士用犀革将其包裹起来，再用牛筋捆绑，连夜送到了宋国。

长万本是疆场勇士，因为一时之气杀死了宋国国君出逃他国，而陈国国君却因贪恋重宝，设计将其捆绑归还给宋国。长万被押回宋国后，被公开踩为肉泥，同时被处死的还有长万的儿子和他80多岁的母亲。

2. 迫宋、郑献礼大合诸侯当盟主

周釐王元年（公元前681年）春，齐桓公眼看齐国兵精粮足，意欲谋求诸侯霸主地位，并就此征求管仲的意见。管仲认为，周王室虽已衰微，但仍是天下共主，而秦国、晋国以及南方的楚国仰仗自身势力较强，不尊奉周王室，不被诸侯所拥戴，所以难以成为霸主。管仲列举了自周王室东迁以来，诸侯多不朝觐，不贡献方物，并且发生了郑伯射中周庄王之肩、五国诸侯拒绝庄王的命令、楚国僭号称王、宋国和郑国相继弑君等以前不敢想象的事件。管仲建议，现在周王室新王刚刚即位，而宋国国君又惨遭南宫长万之手新君未定，此时，齐桓公可遣使朝觐周王，借机请周天子下旨，通过大会诸侯确定宋国国君。之后，再奉天子以令诸侯，尊周王，攘四夷。对于诸侯列国，扶弱抑强，对不服从周王之命的，率领诸侯讨伐。有如此这般公而无私之举，各诸侯国必然敬重齐国。这样，齐国在诸侯国中第一个提出了"尊王攘夷"的称霸策略。

多年没有诸侯前来朝见的周釐王，见到齐桓公前来朝觐自然大喜过望，这让周王室在衰微中看到了应有的尊重，齐桓公被授予征伐大权。之后，齐桓公立即便以周王之命，约请宋、鲁、陈、蔡、卫、郑、曹、邾①等国，共行北杏之会，并被推为盟主，宣布了宋国国君的合法地位，提出了诸侯国之间要协同互助、尊重周天子和联合应对戎狄蛮夷的侵扰三条原则，走出了齐桓公九合诸侯的第一步②。因鲁、卫、郑、曹没来赴会，有违王命，齐国要率其他诸侯讨伐，宋国国君见状却临阵而逃。齐君大怒，与陈、曹以及单蔑率领的周师发兵宋界。宋国君知难逃一劫，派遣使者向齐君请罪，并献上白玉十双，黄金千镒。齐桓公又将这些金玉转送给了周天子的卿大夫单蔑，加强了齐国与周王室的关系。

---

① 邾国，后改为邹国。
② 见《论语》。

　　齐桓公回国后，又与管仲相商，认为周室东迁以来，郑国最强，郑庄公伐宋兼许，抗拒王师，现又为了自保与楚国结为同党，要称霸诸侯必先攘楚，而要攘楚必先争取到郑国。为此，齐桓公趁郑国无君之际，派宾须无领兵，将被驱逐流落在栎的郑厉公护送回国。郑厉公归国复位后，送给宾须无厚礼以感谢齐国。但郑国仍然不敢怠慢楚国，在楚文王攻打蔡国回国后，郑厉公遣使到楚国告知复位之事。那知楚文王认为，复位两年才来告知，是故意怠慢之举，于是兴兵伐郑，迫使郑国送礼请罪，并不敢朝拜齐国。

　　宋国也是春秋初期的大国，但在郑庄公的打击下国力下降，而宫廷内乱导致国君被杀更是雪上加霜，但这却给齐桓公争霸提供了最好的机会。周釐王二年（公元前680年），齐国约周王之师和诸侯国军一起攻打宋国，迫其顺从，显示了霸主的威严形象。周釐王三年（公元前679年）冬，齐桓公又在鄄地（现山东鄄城）大会诸侯，宋、鲁、陈、卫、郑、许等国参加，齐国被确定为盟主，正式称霸。之后，齐国以盟主身份带领诸侯国攻打了侵犯宋国的郑国。不久，郑国又遭到楚国的攻伐，郑厉公被迫于周惠王元年（公元前676年）朝见齐桓公，以谋求在郑国被侵犯时得到齐国的救援。

　　此时，礼崩乐坏进一步加剧，周天子也难以按照《周礼》的要求对待不同爵位的诸侯。周惠王即位后，虢公、晋侯前去朝觐周王，周惠王同样赏赐给他们玉五对、马三匹，这显然不符合礼仪等级的规定。周惠王二年（公元前675年），巴兵伐楚，楚兵大败，楚王中箭后又带伤攻黄，死于军中。复位的郑厉公获楚文王死讯后大喜，以为可以从此无畏惧楚国之忧了，但有大臣进谏说：立国于齐、楚两大国之间，不是受辱就是危在旦夕。听说周王室新王即位，虢国、晋国都去朝觐，得到了赏宴和赏赐，我们也应该向周王室朝贡，依靠王室的余威，也可以不用畏惧大国的威胁了。郑厉公立即派遣使者出使，不料得到的却是卫国、燕国军队攻打成周和周王室内乱的消息。周惠王四年（公元前673年）四月，郑国、虢国联合出兵进攻王城，周惠王复位后，分别给了郑国和虢国赏地，这也使周王室控制的土地面积进一步缩减。除此之外，周惠王还赏赐了郑厉公馨鉴，但虢公要求赏赐作为礼器的器物，周惠王就把青铜酒杯赐给了他。郑厉公认为馨鉴没有青铜器贵重，认为周王重虢国轻郑国，心中不免怨恨周王。在归国途中，郑厉公因病而亡，郑文公即位。

次年，陈国的敬仲和颛孙杀了他们的太子御寇，逃到强大的齐国，在齐国谋求生存和发展，这也为楚国再次灭亡陈国后，陈成子取代齐国政权埋下了祸根。但无论如何，此时齐国的力量依然强大，在周王室和诸侯中最有威望的鲁国对齐国也是避让三分。周惠王六年（公元前 671 年），鲁庄公前去齐国观看祭祀社神，之后又在鲁桓公庙的柱子上涂红漆，这都被看做时属于违背礼仪的做法。周惠王七年（公元前 670 年），曾经兄妹有染的齐襄公的妹妹已经回到鲁国，鲁庄公让同姓大夫的夫人以玉帛作为礼物进见，这更是不合乎礼仪的。连一向被诸侯认为保有周公礼制最为完善的鲁国都轻视礼制，可见周礼几乎丧失殆尽。此时，虢国与晋国互有侵袭，齐国趁陈国和郑国顺从之机，又与鲁、宋、陈、郑在幽地结盟，巩固了霸主地位。

3. 伐卫得到厚礼与助燕驱戎反送大礼

周惠王十年（公元前 667 年），齐鲁两国关系日益密切，齐桓公与鲁庄公联合出兵攻打徐、戎，使两国都臣服于齐。郑文公见齐国势力强大，担心受其攻击，便遣使修好。此年，周王遣使授予齐桓公专征伐之权，报复卫国曾立子颓为天子。齐桓公根据周惠王的授意，于次年率军伐卫，卫懿公赶忙献上金帛五车，请求讲和免罪。齐桓公不仅得到了卫国丰厚的礼物，还在娶了长卫姬之后，把卫侯少女少卫姬也带回了齐国。

楚人的先祖出自帝颛顼高阳，其后裔昆吾氏在夏时为侯伯，被商汤所灭后，彭祖氏为商之侯伯，商末被灭。周成王时，熊泽被封于楚蛮，居于丹阳。周夷王时，以蛮夷自居的楚国凭借其独有的地理优势，在周王室的逐渐衰微中，于中原之外的南方得到发展。史书记载："当周夷王之时，王室微，诸侯或不朝，相伐。熊渠甚得江汉间民和，乃兴兵伐雍、杨粤，至于鄂。"熊渠更是强调说："我蛮夷也，不与中国之号谥"①。于是立其子为王。周厉王时，熊渠担心周王室及中原诸侯之兵攻打楚国，勉强去掉了王号。周桓王十四年（公元前 706 年），即楚武王熊通三十五年，他见中国一派乱象，没有封号难以被诸侯认同，便在攻打随国后要求随国替他去周王室请求封号，说："我蛮夷也。今诸侯皆为叛相侵或相杀。我有敝甲，欲以观中国之政，请王室尊吾

---

① 《史记·楚世家》。

号。"但周王室不同意，武王气愤地说："吾先鬻熊，文王之师也，早终。
（周）成王举我先公乃以子男田令居楚，蛮夷皆率服，而王不加位，我自尊
耳！"① 于是自立为武王，开诸侯僭号称王之先。但因无法制约，周王只能容
忍楚国国君以"王"自居。

周惠王十一年（公元前666年），楚国正是楚成王时期，楚兵不侵犯中原
已有10年了。十年间，楚成王治兵训武，招贤选能，使楚国大治。此时，楚
成王为雪楚文王当年侵犯中原兵败而亡之耻，楚令尹子元率军伐郑。郑文公
请诸侯救援，楚军听说齐、宋、鲁三国前来救郑，不战而回。为此，郑文公
专门派遣使者携礼前去齐国答谢，并从此感服齐国。齐桓公担忧楚国再进犯
中原，要联合诸侯之兵伐楚。但楚国地大兵强，称王南海，连周天子都不能
制约，而中原各国多受到戎狄侵扰，对齐国来说，要伐楚必须先消除戎患后
才能专事于南方。在这个时期，实际上唯一能与齐国抗衡的，就是楚国了。

北方的令支国是北戎的一支山戎所建，其西为燕国，东南为齐、鲁两国，
不仅对中原不臣不贡，还屡有侵犯，向为中原之忧患。周惠王十五年（公元
前662年），山戎侵犯燕国，燕国抵挡了两个月而不能却之，遂遣使到齐国请
求救援。齐桓公获知山戎的另一支所建的无终国与令支国素有不睦，首先大
出金帛派人给无终国送去，请求无终国出兵。无终国得此厚礼，派出2000骑
兵助战，齐桓公又在阵前送出大礼，使熟悉山戎情况的无终骑兵为前锋，直
杀得令支军人仰马翻。齐军占领令支，听说令支王逃往孤竹国，又乘胜杀进
了孤竹国的都城无棣。孤竹人原是商先族旁支墨胎氏氏族，在商部落南下中
原时与商族部落联盟分离，后辗转于燕山腹地游牧。商汤封墨台氏为国君，
成为商王朝北方边境的一个小国。春秋时期，其疆域东临渤海，西边和燕国
接壤，南边与齐国为邻。

此次出兵大获全胜，但辟地500里大都被齐桓公送给了燕国，助战有功
的无终国也得到了很大一块地域。齐桓公以诸侯盟主的身份，要求燕国向周
王室贡献，成为周王室之北藩。

休整五天后，齐桓公率军回国，燕庄公亲自送齐桓公出国境，一路上依
依不舍，竟走到了齐国境内50里处。齐桓公说："非天子，诸侯相送不出境，

① 《史记·楚世家》。

吾不可以无礼于燕"①。于是，又把这 50 里也送给了燕国。燕君推脱不掉，在此处修筑了一座"燕留城"②。在归国途中经过鲁国时，鲁庄公出来宴飨贺军，齐桓公又把从令支和孤竹所获战利品的一半赠送给了鲁国。

齐国此次出兵救燕，又不贪图土地和缴获的物资，在诸侯中树立了很高的威信，以致"诸侯闻之，皆从齐"③。为表彰管仲对齐国登上霸主之位的贡献，齐桓公专门在小谷为其筑城。这时，因楚国进攻郑国，齐国紧急要求与诸侯会见。

4. 莒国趁鲁国内乱两次索礼及齐国送厚礼存卫社稷

鲁庄公在位时，鲁国发生饥荒。臧文仲对鲁庄公说："夫为四邻之援，结诸侯之信，重之以婚姻，中之以盟信，固国之艰急是为。铸明器，藏宝财，固民之殄病是待"④。他建议，现在国家有难，何不拿出名贵的礼器作为礼物，去向齐国请求购买粮食呢？在鲁庄公的同意下，臧文仲带着酌取郁酒的圭瓒和玉质的编磬来到齐国，对齐桓公说，谨向贵国献上我们先君留下的微薄的礼器，冒昧地请求购买齐国仓库的陈粮。齐桓公被臧文仲的真诚所感动，同意出售粮食给鲁国以救济，并退回了礼物。

鲁庄公死后，早已密谋篡位的鲁庄公之庶弟庆父制造了一场宫廷内乱，杀死公子般，迫使公子季友出奔陈国，于周惠王十六年（公元前 661 年）立只有 8 岁的鲁湣公即位。论辈分，鲁湣公是齐桓公的外甥，齐桓公担心鲁湣公难安其位，派遣大夫仲孙到鲁国窥探庆父之作为。为拉拢仲孙，庆父欲送给仲孙厚礼，但仲孙坚决不受。鲁湣公在位的第二年，果然被庆父派人刺杀，公子季友、申一起逃到邾国避难，国人罢市。庆父知道难服人心恐有不测，扮作商人，装了满车的财宝到邾国找季友请求帮助，未果，又逃亡到了莒国。

齐桓公本想趁鲁国无君之际灭而夺之，但在听了仲孙的建议后，拥立公子申为君，是为鲁釐公。齐桓公出兵重击令支山戎救了燕国后，又帮助鲁国拥立鲁釐公即位定国，在诸侯中的威望更是大振。出奔的季友派遣使者到齐国感谢其帮助定国，又派人到莒国，请莒国杀死庆父以防不测，并答应事后

---

① 《史记·齐太公世家》。
② 燕留城，在今河北沧县东北。
③ 《史记·齐太公世家》。
④ 《国语·鲁语上》。

给予重礼。

庆父到莒国时，车上满载的都是鲁国宝器，他请莒国收下这些宝器，准许他在莒国安身。莒子贪图鲁国宝器，接受了庆父的请求，但很快就派人告诉庆父，说自己的国家很小，经受不起兵端，向庆父下了逐客令。庆父丧失了宝器，又难在莒国安身，无奈只得经邾国前往齐国，想请曾经接受过他的礼物的公子竖貂帮忙，那知齐国的疆吏根本不让他入境，而再回鲁国也不被允许，绝望中在汶水之畔自缢而亡。

正在鲁釐公为庆父之死唏嘘时，莒国遣使领兵临境，说现在庆父已死，请鲁国兑现庆父死则给予重礼的承诺。季友认为庆父又不是被莒国杀死的，莒国有什么理由来要重礼？气愤地拿着鲁釐公赠与的随身宝剑，率军迎战，并大获全胜而回。

在夏商时期，与周族先民为邻的北狄就已经比较强盛，周太王迁都于岐，既有商王朝赏赐的原因，也有北狄逼迫的因素。周武王时期，周公南惩荆、舒，北伐戎、狄，才换来了中原地区的安泰。周平王东迁以后，周王朝势力大减，南方的楚国不断北犯，北方的戎狄也以擅长的骑兵不断侵犯中原，很多诸侯国苦不堪言。其中的北狄是先秦时期生活在中国北方的重要的一支部族，分为赤狄、白狄二支。追溯其渊源，其中赤狄可上溯到商代的鬼方，白狄则可追溯到商朝的舌方，鲁隐公、桓公、庄公时期，《春秋》、《左传》均以"戎"、"北戎"记之[1]。赤狄中的瞒部族，见齐国尊周攘夷，又出兵伐山戎救燕，十分不满。为制约齐国，瞒族狄人2万骑兵首先在周惠王十七年（公元前660年）残破邢国，知齐国出兵援邢之后，又移兵攻打卫国，卫懿公急忙向齐桓公告急。

卫懿公乃卫惠公之子，自周惠王九年（公元前668年）即位后，沉溺于养鹤不恤国政，宁使百姓饥饿而死，也不能断了鹤粮，宫廷内外怨声载道。面对北狄入侵，卫国无人肯为卫懿公出战，齐国军队尚未到达，卫懿公及其大臣就在混乱中被活捉，砍成肉泥。直到宋桓公率军将至，瞒才将卫国府藏宝器及民间所藏珍宝粮食等劫掠一空，焚毁国都朝歌（今河南淇县）后，扬长而去。可怜的卫懿公就这样因鹤亡国，卫国遗民不过五千余人。

---

① 马兴：《北狄渊源考》，《西北民族研究》2005年第4期。

国不可一日无君，卫国遗民先是拥立公子申为君，又派人到齐国，迎卫公子毁回国即位。齐桓公知道此时的卫国都城已毁，宫室不存，便向公子毁赠送了良马一乘，祭服五称，以及牛、羊、猪、鸡、狗各三百只，又向其夫人赠送美锦三十端等，还赠送一批木材用于重建宫室。公子毁于周惠王十八年（公元前659年）回到卫国嗣位，次年改元，是为卫文公。

正在齐国要帮助卫国重筑都城之际，邢国使者又到，说狄兵再次侵犯，请求救援。齐桓公立即召集宋、鲁、曹、邾、各国联合救邢。狄兵无心恋战，烧毁邢都后北去。齐桓公与各国国君商定，为卫国和邢国修筑牢固城池，以便一劳永逸。齐桓公立釐公存鲁，城楚丘存卫后，又城夷仪存邢，其义举誉满诸侯，被后世称为"春秋五霸"之首。

5. 率诸侯伐楚迫其贡周与齐国霸主地位的渐失

在齐桓公称霸诸侯之际，楚成王通过修明国政，也欲争霸。为此，他对齐救邢存卫获得诸侯的尊重心有不甘，认为有齐则无楚，而与齐争霸，首先要拿下郑国，于是就于周惠王十八年（公元前659年）率军伐郑。郑国面对楚国的入侵，一面备战，一面向齐求救。对于侵犯中原诸侯国的楚国，齐桓公同样祭出"尊王攘夷"的大旗，要以霸主的身份出面保护郑国。

周惠王二十一年（公元前656年），齐桓公为了救郑，更为了进一步树立在诸侯中的威望，大合诸侯以伐楚，在八路军马准备完毕后，于次年春压向楚国，很快到达楚国境内。之前，齐国先派出一支人马由竖貂率领，杀向依仗楚国生存的蔡国，作为伐楚前奏。蔡穆公认得竖貂，派人出城送去一车金帛，请求缓兵。竖貂贪财忘义，将各路诸侯伐蔡实为伐楚一事泄露给了蔡穆公，并劝其尽快逃走，蔡穆公立即率人出奔楚国。

各路诸侯到达楚国边境时，楚国已有准备。管仲见状，急中生智，历数自周王室东迁以后，诸侯放恣，其中楚国应当岁贡包茅以助王祭，但楚国多年不贡，致使周王室祭祀无法缩酒。齐国正是奉周王室之命，作为盟主修复先业，因楚国不朝贡而代王室征伐。管仲说"楚贡包茅不入，王祭不见，是以来责。昭王南征不复，是以来问。"楚成王回答说："贡之不入，有之，寡人罪也，敢不贡乎！昭王出之不归复，君其问之水滨"①。楚国不想和八路诸

---

① 《史记·齐太公世家》。

侯军队交战，在向周天子谢罪后，立即准备了金帛和青茅十车，向周王室贡上。齐桓公也见好就收，命令诸侯退兵。

周惠王见楚国终于进贡，给了楚成王以祭祀之肉的赏赐，周王命令他"镇尔南方夷越之乱，无侵中国"①。实际上自西周以来，荆楚所朝贡的也仅仅只是用于祭祀缩酒的青茅，对包括楚国在内的所谓戎狄蛮夷，周王室所期待的不过是名义上的臣服，表面的形式重于实际内容，这种政治思想对后世诸朝代的对外关系也有着深远的影响。

此时，周王的地位一直不稳，对诸侯国也难以控制。周惠王对齐国独家称霸诸侯心有余悸，在齐桓公等八国诸侯会盟于首止不久，就派遣使者对郑文公说："我嘱咐你跟随楚国而不是齐国，这样再有晋国的辅助，就可以稍微安定些了。"似乎要让几个大国相互牵制，维护王室的稳定和名义上的天下共主地位。但齐桓公还是在王室的争权内乱中，会合诸侯保全了周太子的地位，为王室稳定做出了贡献。

周襄王元年（公元前651年）齐桓公扶持的周太子郑登基后，借机大会诸侯于葵丘，几乎所有的诸侯国都参加了这次会盟。周襄王使宰孔赐给齐桓公文武胙、彤弓矢、大路，命无拜。尽管这次会盟巩固了齐桓公的霸主地位，但自以为天下无敌、唯我独尊的齐桓公也从此开始骄横起来，诸侯颇有不服。据《史记》记载："是时周室微，唯齐、楚、秦、晋为强。晋初与会，献公死，国内乱。秦穆公僻远，不与中国会盟。楚成王初收荆蛮有之，夷狄自治。唯独齐为中国会盟，而桓公能宣其德，故诸侯宾会。于是桓公称曰：'寡人南伐至召陵，望熊山；北伐山戎、离枝、孤竹；西伐大夏，涉流沙；束马悬车登太行，至卑耳山而还。诸侯莫违寡人。寡人兵车之会三，乘车之会六，九合诸侯，一匡天下。昔三代受命，有何异于此乎？吾欲封泰山，禅梁父'"②。对于齐桓公滋生的骄傲自满情绪，管仲力谏，说要等到远方的珍怪之物品能够源源不断地送到齐国之时才能封泰山，但此时的齐桓公已经听不进管仲的意见了。后又因晋国宫廷大乱，齐国欲合诸侯共伐，但当得知秦国和周王室的军队均已出发后，便顺势共同迎纳夷吾即晋惠公即位了。不久，周襄王之

---

① 《史记·楚世家》。
② 《史记·齐太公世家》。

弟带与戎、狄合谋伐周，齐桓公派管仲带兵平戎救周，周襄王将公子带逐往齐国。

在辅佐齐桓公期间，管仲以区区之齐在海滨，通货积财，富国强兵，与俗同好恶。"管仲既用，任政于齐，齐桓公以霸，九合诸侯，一匡天下，管仲之谋也"①。周襄王七年（公元前645年），管仲在临终前告诫齐桓公防备易牙、开方和竖貂三公子，管仲刚死时齐桓公也仍采用管仲之政，诸侯也仍听从作为诸侯盟主的齐国号令。当时有淮夷侵犯杞国，齐国联合宋、鲁、陈、卫、郑、许、曹七国救杞，迁其都于缘陵（今山东昌乐东南）。但不久，齐桓公就忘记了管仲的遗言，任用三公子当政。齐桓公在位四十三年死后，宫廷内乱，以至于陈尸67天才得以下葬，宋襄公率诸侯兵为送齐太子昭回国即位而伐齐，立齐孝公。齐孝公时期，齐国曾以不同盟为由出兵伐宋，但齐国往日的霸主地位已经难以再现。

（三）宋国争盟之祸与宋襄公称霸被劫

宋国的历史可以追溯到商王朝遗民微子开。微子开本是商纣王的庶兄，与箕子共同辅佐纣王，见纣王暴虐，数次谏而无果，于是弃官。周武王灭商时，微子得以不死，而纣子武庚得以延续殷祀，并由管叔、蔡叔辅佐。周武王死后，周成王即天子位，因其年少由周公代行国政，管叔、蔡叔不服西周王朝统治，参与武庚的反周叛乱。叛乱平定后，周王室命微子开代殷后，奉其先祀，封国于宋，始有宋国，位于今河南东部地区。

1. 迎世子昭即位大获金帛与在小国中立威兼收厚礼

周桓王元年（公元前719年），亦即宋殇公元年，正值卫公子州吁弑君自立，为得到诸侯拥护，特遣使到宋国，以公子冯在郑必为乱之由，请宋国与卫国共同伐郑。公子冯是宋穆公之子，其时宋宣公死后，没有将君位传给其子与夷，而是传给了其弟和即宋穆公，这使宋穆公一直感恩在怀。宋穆公临死之前，坚持要将君位再传给宋宣公的儿子与夷，即宋殇公，而使自己的儿子冯出居于郑。宋殇公听了卫国使者的谗言后，同意一并出兵伐郑，从此宋

---

① 《史记·管晏列传》。

国便无宁日，不仅次年郑国就伐宋报仇，其后诸侯也数次侵伐宋国①。宋殇公在位十年，竟有十次战事，不是与其他诸侯战乱不断，就是宫廷内乱常有发生，民众苦不堪言。

周桓王三年（公元前679年）的郑桓公三年，齐桓公已经称霸诸侯。宋桓公三十一年春，桓公死，襄公立，在宋桓公未葬时，襄公就赶往齐桓公的葵丘会盟，紧随齐桓公走上了春秋争霸之路。司马迁说："襄公之时，修行仁义，欲为盟主"②。在郑庄公死后，宋国曾掠夺了不少郑国的土地，并在坚定地支持齐桓公争霸的过程中，成为仅次于齐国的诸侯强国，甚至代替齐桓公向诸侯国君发布命令，齐国也将很多原属于郑国的肥沃土地划拨给了宋国。但后来的事实证明，以小国而欲为诸侯盟主，并且欺强凌弱，必将终受其辱。

周襄王九年（公元前643年），齐桓公死后，宋襄公称霸诸侯之念准备付诸实施。当时，因齐桓公抛弃管仲的临终遗言，启用公子竖貂等人把持朝政，齐桓公死后，竖貂等人大乱齐国宫廷，百官被杀，本该即位的世子昭逃往宋国，公子无亏被竖貂等拥立即位。宋襄公为了争霸，见时机已到，就与世子昭密谋，约合诸侯讨伐齐国。宋襄公打出的旗号是讨伐齐国废君之罪，定昭之位。他认为此举若能成功，就可以在诸侯中享有盛名，继齐桓公之后称霸诸侯。但他忽略的是，齐国在齐桓公死后仍然拥有比宋国强大的多的综合实力，而楚国的实力也在宋国之上，他自己也没有在大多数诸侯国中树立起作为霸主应有的威望。

宋襄公知道，大的诸侯国不会听从他的约合要求，便首先约合小国。周襄王十年（公元前642年），宋襄公约合卫国、曹国、邾国等小国之师，奉世子昭伐齐。在里应外合下，无亏被杀，世子昭即位，是为齐孝公。齐孝公为感谢宋襄公的定位之功，大出金帛犒劳宋军。而鲁国因为反对世子昭取代无亏，欲出兵救齐，只因军在途中昭已即位，只得中途返回，从此齐、鲁不和。

宋襄公率三国诸侯战胜齐兵纳齐孝公即位后，自以为奇功在世，便想进一步扩大在诸侯中的号召力，代替齐桓公成为诸侯盟主。但是他也知道

①　《史记·宋微子世家》。
②　《史记·宋微子世家》。

自己实力不到，就仍从小国抓起。不久，他就约滕国、曹国、邾国、鄫国等小国盟会，并以滕子婴齐晚到为由，将其囚禁起来。他认为，欲在中国立威，必须先征服东夷，而要征服东夷，就要先拿鄫子开刀。于是，宋襄公将鄫子捆绑起来，以祭祀睢水之神为名，欲将鄫子杀而烹之。之后，派人到东夷召集各部族君长，可是这些君长并不理会，竟一人到会，宋襄公也无可奈何。滕子婴齐见宋襄公如此心狠手辣，赶快向宋襄公送上厚礼，才得以脱身。

此次会盟之后，宋襄公又移兵伐曹。曹国离齐国不远，此时郑文公已经甘心朝楚，并出面约鲁、齐、陈、蔡四国君与楚成王在齐国境内会盟，宋襄公对此有所畏惧，只好撤军。但曹国还是担心宋军再来讨伐，遣使带上厚礼，到宋国谢罪。

2. 卑辞厚礼求楚盟会反被劫与重耳流亡中收宋礼

宋襄公一心想成为盟主，无奈小国顺服的不多，而大国面对日益强大的楚国，反而相继与楚国会盟。在齐国威风不再的情况下，没有楚国的支持，宋国与诸侯大国会盟会很难实现。周襄王十二年（公元前 640 年），即宋襄公十一年，宋襄公派公子荡携带礼品来到楚国，所致给楚成王的国书极尽谦卑之词。收到厚礼的楚成王表面上默认了宋国要在齐国鹿上会盟的要求，但心里实际另有盘算。

此时，周王室的地位更加衰微。周襄王十三年（公元前 639 年），郑国攻打滑国，襄王派大夫叔孙伯到郑国去为滑国说情，郑人扣押了天子的使者。周襄王大怒，要请狄师帮忙攻打郑国，周大夫富辰劝谏："郑在天子，兄弟也。郑武、庄有大勋力于平、桓；我周之东迁，晋、郑是依；子颓之乱，又郑之缘定。今以小忿弃之，是以小怨置大德也，无乃不可乎！"① 尽管周襄王没有出兵伐郑，但郑国与周王室的关系进一步恶化，这再次使宋国看到了争霸的希望。

靠给楚成王送礼，次年正月，宋襄公先到鹿上筑坛等候齐、楚等国的国君。齐孝公二月到，过了 20 多天后楚成王才姗姗而至。尽管等候良久，但宋襄公见齐、楚国君均到，还是很高兴，于是以盟主自居，约合诸侯于八月在

---

① 《国语·周语中》。

宋国盂地会盟。公子目夷劝宋襄公,说:"小国争盟,祸也"①。但得意忘形的宋襄公根本不予理会,他的理由很简单:晋国正在发生内乱,秦国根本没有能力向东发展,中原地区的郑国与周王室关系不好,鲁国、曹国、卫国、邢国等国家缺乏实力,强大的齐国的国君是在宋国的扶持下即为的,此时,只要获得楚国的支持,自己就可以成为诸侯霸主了。

此年秋天,各国诸侯正式会宋于盂。齐孝公因为在鹿上会盟时,宋襄公让楚成王先于他签署盟约,鲁国因为没有与楚国通好,二国国君没有到达,楚、陈、蔡、许、曹、郑六国国君如约而至。宋襄公要借此次会盟树立如齐桓公般的诸侯盟主地位,但楚成王通过内修文治,对外扩张,引进中原的先进政治制度和文化,已经成为不亚于齐桓公时期的齐国那样的强大国家。而且在使周围原周王室分封的小国顺服后,楚成王一直有北上吞并中原诸侯国的志向,因此,他更是把这次会盟看做主中华之政的良机。于是,在有了完全准备后,楚成王抢在宋襄公之前自立为盟主,而参与会盟的各诸侯国因畏惧楚国,也纷纷表示赞同。面对突如其来的变故,宋襄公正准备与楚成王理论,楚成王却一声令下,周围早有准备的伏兵一拥而上,抢劫了盂坛上陈设的玉帛以及其他器皿,没有带着兵力参加会盟的宋襄公只得乖乖就范。楚成王当场历数宋襄公的罪状,发誓要踏破宋都睢阳城,为齐国、鄀国报仇,于是就挟持宋襄公率兵向宋国都城杀去。直到冬季,楚成王又以盟主身份发起会盟于亳,宋襄公才得以释放。

宋襄公没有当成盟主,心有不甘,并与楚国结下世仇。当他听说郑国已经开始朝聘楚国,并将楚成王比作周天子行九献之礼后,于周襄王十四年(公元前638年)兴兵伐郑。作为父国的楚国当然不能视而不见,直接出兵向宋国杀来,在泓水之战中,宋襄公以"仁义"之心等待楚军过河列阵,结果导致宋师全军覆没,从此沦落为诸侯国中的末流国家。在齐国和秦国的协调下,楚国担心受到中原诸侯国的合力抵抗,没有将宋国灭国,而是致力于南吞百越,在经营南方中积蓄力量,为打破中原诸侯应对"蛮夷"的团结寻找机会。

宋襄公兵败回国后,恰晋国公子重耳流亡经过宋国。宋襄公认为在中原诸侯中,现在只有晋国最具备发展潜力,将来可与楚国抗衡,如果重耳将来

---

① 《史记·宋微子世家》。

能回国为君，必定会因感激之情对宋国有所帮助，于是就慷慨地赠送给重耳马二十乘①。

周襄王十五年（公元前637年），宋襄公因为在泓水之战中受伤而死去，宋成公即位，晋文公即重耳也回到晋国即位。宋成公按照父亲的遗愿，以三倍于宋襄公当年向楚成王送上的礼品，送给了晋文公。果然，宋成公四年，楚国出兵伐宋，宋急忙向晋国告急，在晋文公的救援下，楚国退兵。

此后，宋国还是具备一定的势力，宋昭公四年（公元前616年），曾在长丘打败长狄缘斯。但昭公无道，被宋襄公的夫人派人杀死。宋文公四年，楚国命郑国伐宋，宋败，宋、楚仇恨益深。十六年，宋国扣押了经过宋国的楚国使者，导致楚庄王率兵围宋。从此，宋国再也没有了争取霸主地位的能力和抱负。

（四）晋国送礼多次食言与流亡者的胜利

春秋时期晋国的疆土包括今山西、河南、河北部分地区，拥有优越的地理位置，而且土地肥沃，经济发展，境内山川纵横，具有可攻可守的军事优势。不利因素是境内华夏族与蛮夷族杂居，北部有戎狄等部族，时常受到他们的侵扰。从周成王封叔虞到晋后，晋国一直是周王室的鼎力拥戴者，但国君的权利却一直软弱。而在齐桓公争霸期间，晋国因在立国后大肆封赏，宗族势力日益强大，从晋穆侯时发生曲沃争晋内乱之后，晋国政局一直不稳。

周桓王十一年（公元前709，晋哀侯九年），曲沃武公讨伐晋国，哀侯被俘，晋人立小子为国君，四年后又被曲沃武公诱杀。周桓王派虢公讨伐曲沃武公，武公逃回曲沃，晋人立哀侯弟缗为晋侯。晋侯缗二十八年（公元前679），曲沃武公灭了晋国。于是，武公把整个晋国土地吞并，迁都到晋国都城，仍以晋为国号，开始了晋国新的历史篇章。晋武公得到晋国后，曾像郑庄公一样，成为又一个敢于攻打周王室的诸侯国，迫使周王一度逃离洛邑。后来，为获得周王室的支持，他又把晋国库藏所有的宝器全部送给了周王，周釐王贪图这些宝贝，忘记了以前的恩怨，任命曲沃武公为晋国君，史称晋武公，列为诸侯。公元前677年，晋武公子献公诡诸立。晋献公在位期间，

---

① 一乘为一车四马。

大力扩张疆域，晋国开始不断强大起来，西部与秦国接壤，东部与齐国为邻，为晋文公重耳终于成为诸侯霸主奠定了坚实的基础。

1. 晋武公与晋献公的送礼之道

晋献公是个好色之徒，在他为世子时，就娶贾姬为妃，后又先后娶二犬戎君主之女。在宫中，他公然与晋武公的夫人齐姜有染，并在武公死后立为夫人。周惠王五年（公元前 672 年）即晋献公五年，晋国兵伐骊戎，骊戎献上自己的两个女儿骊姬和少姬，才得以不灭。从此，献公深受二女蛊惑，忘掉了齐姜，分别封骊戎之女为夫人和次妃。对此，大臣史苏说："昔夏桀伐有施，有施人以女妹喜归之。桀宠妹喜，遂以亡夏。殷辛伐有苏，有苏氏以女妲己归之。纣宠妲己，遂以亡殷。周幽王伐有褒，有褒人以女褒姒归之。幽王宠褒姒，西周遂亡。今晋伐骊戎而获其女，又加宠焉，不亡得呼？"[①] 但晋献公陷入骊戎二女的蛊惑中，不能自拔。

晋武公通过给周王室送礼名列诸侯，而其子晋献公更是深知厚礼的作用，把通过赠送礼品达到目的运用到了极致。晋献公受到骊姬蛊惑，尽杀诸公子，疏远太子，让申生伐皋落氏，申生大胜后向献公献捷，但仍未得到献公的信任。虞国和虢国与晋国为邻，其中虢国好兵，屡犯晋之南境，骊姬又要求献公派申生带兵打击虢国。晋献公担心申生再次获胜后会增加威望，就接受了大夫荀息的建议，给虢公送去了美女，同时又给犬戎送去了厚礼，请其进攻虢国边境。依此一石二鸟之计，虢公果然日听淫声，夜近美女，不理朝政。而犬戎收到晋国的厚礼后，也果然与虢国交兵，使虢国无力扰晋，晋献公感到进攻虢国的条件成熟了。

周桓王十八年（公元前 702 年），虢国公在取代郑庄公担任周王朝卿士时，在周王面前诬陷下属詹父，握有实权的詹父因此率军将虢公赶到了虞国。虽是逃往避难，虢国公还是携带了不少财宝特别是心爱的美玉。虢国公知深知虞国公也爱美玉，就唆使虞公向其弟虞叔索要他珍藏的一块碧玉，后来又索要一柄宝剑，虞叔见其贪得无厌，率亲兵将虞国公赶出了虞国。多年以后，晋献公正是利用了虞国公的贪欲，得以讨伐虢国。

进攻虢国的最佳途径是从虞国借道，但虞国不同意。晋献公有二宝，一

---

① 《国语·晋语一》。

是垂棘之璧[①]，一是屈产之马[②]。他根据荀息的建议，忍痛割爱，于周惠王十九年（公元前658年），派荀息把珍爱的屈地所产的宝马和垂棘所出的玉璧献给虞国，条件是答应借道伐虢。虞国公一见晋国送来的这两样宝物，不听大臣宫之奇的劝谏，立即同意了晋国的要求，而且还和晋师一同伐虢，攻占下阳。此即《左传·釐公二年》所载："晋荀息请以屈产之乘与垂棘之璧，假道于虞以伐虢。"当时晋献公说："这可是我的宝贝啊！"荀息回答说："如果向虞国借到了路，东西放在虞国，就好像放在外面的仓库里一样。"

垂棘之璧在《左传》、《谷梁传》、《墨子》、《韩非子》、《战国策》、《吕氏春秋》、《淮南子》等春秋战国时期的典籍中屡屡出现，后世的《东汉志》、《三国志》等也曾提及。按清代沈钦韩《地名补注》认为，垂棘是晋国的地名，在今山西潞城县北。《曲沃县志》载，春秋时期的晋国垂棘故地在曲沃县城东8.5公里，以产玉闻名，后改名棘璧、吉必。无疑，垂棘之碧就是一种珍贵的美玉，以至于当荀息要用垂棘之碧贿赂虞公时，晋献公说："垂棘之璧，吾先君之宝也"[③]。但到底垂棘之璧为何美玉，一直模糊不清。班固《西都赋》有"翡翠火齐，流耀含英。悬黎垂棘，夜光在焉"之句，说明垂棘之璧是夜明珠的一种。按照《墨子》有"三棘六异"之说，它又是水晶的一种。根据《礼记·王制》："屏之远方，西方曰棘"，郑玄注："棘当僰"。《诗经·小雅·采薇》中有"岂不日戒，猃狁孔棘"等句，说明猃狁、棘都是戎族的部落名，棘是西方游牧民族之一。《左传》记载了"吴伐楚，入棘、栎、麻，以报朱方之役"的史实，晋曲沃武公为拓展疆土曾经剿灭狄戎，获得了不少狄戎珍宝。如此说来，垂棘之碧或许应该是从西方游牧部落之地缴获而来的。

屈产之乘，即屈产之马。春秋时期的屈地在夏商时期就是游牧民族的驰骋之地，相传这里的马饮屈泉水可产龙驹，称为屈马，为当时著名的战马之一。柳宗元《晋问》一文曰："晋国多马，屈焉是产……师师牲牲，溶溶纭纭，车车辚辚，或赤或黄，或玄或苍……。乍进乍起，乍奔乍蹶，若江汉之

---

① 垂棘之璧是比楚国和氏璧还要早的我国有史记载最早的美玉。朱熹《孟子集注》所云："垂棘之璧，垂棘之地所出之璧也。"

② 屈，春秋时期地名，位于今山西石楼，古代以产马闻名。

③ 《韩非子》。

水，疾风驱涛，击山荡壑，云沸而不止……"。又说："其材之可者，收敛攻教，掉手飞縻，指毛命物，百步就羁。牵以荀息，御以王良，超以范靬，轩以奕针。以佃以戎，兽获敌摧……"。

虞国公贪恋晋献公的美玉和良马，同意晋国假道伐虢国（北虢国）。晋国战胜虢国后，将其府藏装满数车而回。为感谢虞国公同意借道之功，晋献公还把所获虢国宝器的十分之三以及俘获的女乐赠送给了虞国公。但是，虞国公的兴奋之情还未了，晋献公就亲自来到虞国，要求索回先前赠送的玉璧与良马。虞国公自知来者不善，本身也无力抗晋，只得乖乖地将其归还给了晋献公。可笑的是，虞国公没有汲取教训，三年之后，晋献公以同样计谋假道虞国，灭了南虢国，并回师途中又灭了虞国，使得虢国至此消亡，虞国也退出了历史舞台，"唇亡齿寒"的典故由此而出。正如《三国志·魏志》所载："垂棘出晋，虞虢双禽，和璧入秦，相如抗节。"

荀息献计以一璧一马灭了虞国和虢国后，被拉入进了骊姬之党。骊姬等人迫使大夫克里因足疾不能上朝，以被调戏为由，借晋献公之手使公子申生回曲沃，同时又派人前去暗害，逼得申生自缢而亡。重耳得知骊姬等人的追杀消息后，逃到了翟（狄）国。

2. 夷吾以礼登君位及连负秦穆公

周襄王元年（公元前 651 年），即晋献公二十六年九月，晋献公在参加齐桓公主持的葵丘会盟途中生病，回宫不久即亡，早有预谋的骊姬使自己的儿子奚齐顺利即位。但晋大夫里克、郑父等不满骊姬之所为，意欲拥护重耳回国即位，于是组织三公子党徒作乱，杀死守丧的奚齐。之后，荀息又立卓子，被里克等人杀死。全歼骊姬之党徒后，里克前去迎重耳回国，在被重耳谢绝后，里克等人又准备迎接正在梁国的公子夷吾回晋即位。

而此时，晋大夫吕甥及郤称已经安排大夫浦城午去了梁国，对公子夷吾说："子厚赂秦人以求入，吾主子。"并说："子阖尽国以赂外力，无爱虚以求入，既入而后图聚"①。他建议夷吾以重金贿赂秦国以求即位为晋君，要用晋国所有的财富来收买国内外的大夫、贿赂外国诸侯国君，不惜空虚库藏以求回国继承君位，当上国君之后再设法聚敛财富。

———————————

① 《国语·晋语二》。

　　晋国之西为秦国，其北为狄（翟国）。秦、晋有姻亲关系，秦穆公便派公子縶亲自前往观察重耳和夷吾，看谁更适合做晋国的国君。当时，夷吾对劝重耳回国即位被拒又来找他的克里并不完全信任，夷吾的谋臣也认为，要想回国即位，必须依靠秦国。于是，夷吾派吕甥、郤芮向公子縶许诺，约定"即得入，请以晋河西之地与秦"①。即如果秦国能帮助夷吾即位，晋国将以解梁为界，向秦国赠送河西五城。河西五城分布在东尽虢地、南及华山，几乎占了全国一半的土地。见公子縶还有疑虑，夷吾又赠送给他黄金四十镒、白玉珩六十双。公子縶得到如此厚礼，回国禀报了秦穆公，认为尽管重耳贤惠，但有此优越条件，答应护送夷吾回国即位。之后，夷吾又向郑父、克里等晋献公时的重臣致书，许下即位成功后送给他们土地的承诺。内外两条线的工作都万无一失后，夷吾在秦军的护送下回到晋国，是为晋惠公。国人见新君不是重耳，大失所望。

　　周襄王二年（公元前 650 年），即晋惠公元年，秦国正在期待接受晋国的河西五城，却接到了夷吾的国书，说："始夷吾以河西地许君，今幸得入，大臣曰：'地者先君之地，君之在外，何以擅许秦者？'寡人争之，弗能得，故之谢秦"②。晋惠公不同意将许诺的河西五城送给秦国，秦穆公为此大怒。夷吾心中有愧，赶忙派郑父出使秦国请求理解。同时，晋惠公不仅不履行承诺给克里汾阳邑，而且剥夺了他的大权。

　　晋惠公因重耳在外终是隐忧，又担心里克等人会再次叛乱，便首先在国内展开清剿并赐死了克里。正在秦国出使的郑父躲过一劫，却也因此背叛了晋惠公。他对秦穆公说，惠公之所以不向秦国实现诺言，是因为吕甥、郤芮等大臣不同意，如果除掉他们，送重耳回国即位，秦国的愿望就可以实现。于是，秦穆公派使节带着国书和数车礼币来到晋国，并向晋大夫送去厚礼，召请他们赴秦，以便见机除掉他们。晋惠公见秦国国书中明确表示归还地券，只是要求晋国吕甥、郤芮几位重臣出使秦国，还很高兴。但秦国的这一阴谋被识破了，郤芮认为："郑之使薄而报厚，其言我于秦也，必使诱我"③。郑

---

① 《史记·晋世家》。
② 《史记·晋世家》。
③ 《国语·晋语三》。

父出使秦国时带的礼品菲薄，而秦国回聘的礼品却很丰厚，这很不正常。"币厚言甘，此必邳郑卖我于秦"①，在吕甥、郤芮等人的策划下，晋惠公尽诛曾有立重耳为君之意的朝中重臣，肃清了威胁其统治地位的异己分子。

次年，周襄王派内史过等前去策命晋惠公为晋君，但见"吕甥、郤芮相晋侯执玉卑，拜不稽首"②，晋惠公在接受瑞玉的时候也显得懒洋洋毫不恭敬。内史过回去禀报周王，对晋国有所不满。但不久，在王子带的谋划下，多处戎人联合攻打周王室，却是晋国联合秦国的军队一起救援周天子，并调解戎人与周王讲和，王子代逃奔齐国。此时，南方的楚国趁机继续讨伐周边小国，并灭了与齐国有盟而不向楚国进贡的黄国。

周襄王五年（公元前647年），晋国因连年歉收，又发生饥荒，仓廪空虚，民间无粮，饿死甚多。晋国派遣使者持宝玉到秦国，请求粮食援助。秦穆公不计较晋惠公食言不送五城之过，运送粮食数万斛③。次年，秦国也遭遇大荒，而晋国却大丰收。于是，秦国也遣使持宝玉到晋国求粮，那知晋国不仅不给粮食救援，而且还要借机和梁国一起伐秦。秦穆公怒气冲天，遣军向晋国杀来，会战韩原（今陕西韩城西南），晋军大败。晋惠公所乘之马名曰小驷，乃郑国所奉献的礼物，因从未经历沙场，于慌乱中陷于泥沼。晋惠公被秦军俘获后，囚禁在灵台山，直到他答应送还河西五城以及使世子留在秦国为人质，才得以归国。

归国后的晋惠公首先想的还是要巩固自己的统治地位。他将曾背叛自己的郑父杀掉，然后出黄金百镒招募力士，到翟国刺杀重耳，使重耳再次走上流亡生涯。

3. 重耳流亡途中的不同礼遇和收秦重礼回国为君

重耳本是晋献公与翟国（犬戎）之女所生，因晋献公宠幸骊姬，欲立骊姬子奚齐为太子，深受排挤。在骊姬的谗言和挑拨下，重耳、夷吾、申生三公子被派到了外地，实际上是疏远他们。其中重耳被以防止秦国进犯为名，派去守护蒲城。

① 《史记·晋世家》。
② 《国语·周语上》。
③ 古时计量单位，初以十斗为一斛，后以五斗为一斛。

公元前 655 年，重耳回晋都探望献公途中，听说骊姬作乱，太子申生已被害，只得又回到蒲城。不久，晋献公就派勃鞮谋杀重耳，重耳获悉后立即逃奔到他母亲的出生地犬戎所建的翟国，翟国犬戎主赏赐给他一个讨伐咎如国获得的女人，他从此就开始了 19 年的流亡生涯。公元前 650 年，晋惠公夷吾即位后，他担心重耳与他争夺君位，暗地派人刺杀重耳。在翟国的重耳得知消息后，又知"夫齐桓公好善，志在霸王，收恤诸侯"①，于是不得不离开翟国，向强国齐国逃亡。

前往齐国必然要经过卫国，当时卫、晋并未通好，卫文公看重耳是落魄公子，如果以诸侯礼节迎送重耳，必当设宴赠贿，所以对他很不礼貌，重耳一行几乎是被驱逐出了卫国。到达齐国后，重耳受到了齐桓公的高级礼遇，不仅为他娶妻齐姜，还赠送给他马匹，重耳于是安于现状，在齐国生活下来。

从周襄王八年（公元前 644 年）到齐国，转眼已经七年，期间重耳目睹了齐桓公死后齐国的诸子争位和宫廷之乱，特别是齐孝公附楚仇宋，与各国诸侯不和睦。但是，重耳并不介入其中，只是与齐姜朝夕欢宴，自得其乐。此时齐国的霸主地位已经不再，楚国称霸南方，使深受威胁的郑国不得不前去朝见楚王。周襄王九年（公元前 643 年）朝见时，楚王赠给郑国的礼物有一批铜材，但不久又后悔。于是双方盟誓，要求郑国不得用铜材制作武器，郑文公只好用它铸造了三座钟。周襄王十四年（公元前 638 年），中原地区的宋国已经显露出要登诸侯霸主之象，随从都劝说重耳投奔宋国，齐姜则极力劝说他回晋国为君，重耳不肯。无奈之下，齐姜设宴将重耳灌醉，连夜抬出宫中，乘车离开齐国，等重耳醒酒后，已经离开齐国 100 多里地了，只得曲线回晋。

重耳回晋国途中经过曹国，遭曹共公无礼，倒是曹国大夫釐负羁对重耳欣赏有加，在私下给重耳的食物下放了一块璧玉。重耳接受了食物，把璧玉又还给了负羁。离开曹国途径宋国时，重耳得到了刚刚被楚成王欺凌失去诸侯霸主地位的宋襄公馈之以七牢之飨，"以国礼礼于重耳"②。听说重耳在齐国曾得到齐桓公纳姬和赠马之礼后，不想落后于齐国，又向重耳赠送了 20 乘马，在重耳临行时又赠送大批粮食和衣物。

---

① 《史记·晋世家》。
② 《史记·晋世家》。

　　从宋国出来路过郑国，郑文公认为重耳是叛父而逃，不予礼遇，重耳一行只得过境而出，奔向楚国。"遂如是，楚成王以周礼享之，九献，庭实旅百"①。楚成王视重耳为贤人，设享九献，以会见诸侯国君的礼节热情款待了重耳，重耳也以诸侯礼节回应楚成王。在受邀云梦射猎时，面对楚成王问他若回晋为君，将以何报答楚国的礼遇之恩时，重耳回答说：楚国富有珍禽异兽、珠玉绸绢，无需厚礼为报，若两国真的有一天兵戎相见，晋国一定会退避三舍②。楚将子玉认为，楚王如此厚待重耳，但重耳却出言不逊，要求杀掉他，楚王不许。

　　周襄王十五年（公元前637年），晋惠公十四年，晋惠公重病，此时太子圉吾正在秦国为质。太子的母亲生于梁国，因梁君无道被秦国攻灭，太子认为这是秦国对自己的轻视，于是逃回晋国，秦穆公知道后大骂其背信弃义。秦穆公对晋惠公怀恨在心，且听公子絷说重耳更加贤达，得知重耳在楚国后，就邀请他到秦国，之后再伺机使其回晋国为君。重耳离开楚国时，楚成王赠送给他金帛车马等很多礼物。数月后，重耳辗转到达秦国，秦穆公亲自郊迎授馆，礼仪至尽，不仅把天子赐予诸侯的辂车乘马赠送给重耳，还将太子圉吾留在秦国的妻子怀嬴嫁给了他，并有四名宗女随嫁。这怀嬴之美胜于齐姜，重耳自然喜出望外地又结新欢。

　　圉吾从秦国逃回晋国不久，晋惠公死，圉吾即位，是为晋怀公。为防止流亡在外的重耳威胁自己的统治，怀公对宫廷内外忠于重耳的人进行了一次大清洗，一班大臣对晋怀公深怀不满，都暗中到秦国来劝重耳回晋国取代晋怀公，而这正符合秦国的意愿。秦穆公趁晋国新君地位不稳，在里应外合下，派兵送重耳回国。临行前，专门设宴送行，并赠送给重耳白璧十双、马匹四百，其随从人员也各获得白璧一双、马四匹的赠礼。秦穆公亲自把重耳送到黄河岸边，由秦公子絷继续陪同前往，过河就是晋国。

　　晋怀公听说护送重耳的秦军攻破阻止重耳回国的令狐守军后，立即派吕甥和郤芮发兵相拒，但到达后的晋国将领却因为秦军势力过强不敢交战，晋怀公见状也跑到了高梁避难。晋国都城守军在看了秦国国书后，打开城门迎

---

①　《国语·晋语四》。
②　古时行军三十里一停，谓之一舍，三舍即九十里。

接重耳进入绛城。

重耳在外流亡 19 年，于周襄王十六年（公元前 636 年）春渡黄河，回到晋国做了国君，是为晋文公，时年已经 62 岁。周襄王派太宰文公和内史兴去策命重耳为晋侯，晋国上下极为重视，派上卿到国境迎接，晋文公亲自到城郊慰劳，将天子的使者安排在晋国的宗庙中，进献九牢。策命典礼安排在重耳祖父晋武公的庙中举行，并设有其父献公的神位。晋文公戴礼帽穿礼服进入庙堂，太宰以天子之命赐重耳冕服，内史兴宣读策命书，太宰三次以周王之命命文公，文公受命之后换上冕服。策命礼后，晋文公又"宾、飨、赠、饯如公命侯伯之礼，而加以宴好"①。晋文公为太宰一行举行了隆重的迎宾礼、飨食礼、赠贿礼、郊饯礼，而且在宴会中都增加了敬献礼物劝饮的内容。内史兴回朝后，把在晋国所见所闻报告给周襄王，让周襄王一定要好好对待晋文公，说他与晋惠公不同，遵守礼仪，将来一定会称霸诸侯。"王从之，使于晋者，道相逮也"②。从此，晋国与周王室建立了密切的联系，周王派往晋国的使者，竟然在路上一个接着一个。

晋文公即位后，派人杀死了晋怀公，而迫于秦军的威吓迎重耳即位的吕、郤党徒，却一直想杀死晋文公，另立其他公子为君。晋文公虽知其阴谋，却又力不从心，就以生病为由不上朝，秘密潜往秦国，将此情况告知秦穆公。吕、郤以为重耳正卧病在床，操纵放火宫廷，要把晋文公烧死，知重耳不在宫中后慌了手脚，欲逃往秦国求生，却最终难逃杀身命运。处死了吕、郤之党后，晋文公基本可以无忧了。

这时，翟国知道重耳即位为君后，将其逃亡齐国时留在翟国之妻季隗送来晋国，齐孝公把齐姜也送了来。于是，晋文公分别立齐姜、季隗、怀赢为第一、二、三夫人。之后，他定君臣之赏，大修国政，举善任能，通商礼宾，国内大治。见晋国政通人和，实力渐强，周襄王也专门遣使祝贺，并从此疏齐亲晋。晋文公在公元前 636 年至公元前 628 年执政晋国，成为与齐桓公齐名的春秋时期著名的政治家，并最终走上了春秋诸侯霸主地位。

---

① 《国语·周语上》。
② 《国语·周语上》。

4. 巧用赠礼伐楚得胜当盟主

晋文公即位之初，郑文公正臣服于楚，不仅不与中国诸侯相聘问，而且恃强凌弱，以滑国不贡郑而贡卫为由，两次对其攻伐。此时卫国与周王室关系良好，便将此事告知周王。周襄王派大夫到郑国调解，但郑文公竟扣押了周王室的使臣，气的周襄王大骂郑国，并遣使到翟国请兵伐郑。此时，翟国君正想与周王室搞好关系，遂以出猎为名突袭郑国，解救了周王使臣。

周襄王为感谢翟国出兵之功，提出娶翟国隗氏为王后，以加强与翟国的关系。但这隗氏并不甘于只委身于襄王一人，不久，周襄王就因隗氏与甘公合于侧室，将其贬入冷宫。因此竟引起一场王弟带发动的宫廷内乱，招致翟兵临境，周襄王逃至郑国，并布告诸侯。由于秦国已经出兵帮助周王，赵衰向晋文公建议说：“求霸莫如入王尊周，周晋同姓，晋不先入王，后秦入之，毋以令于天下。方今尊王，晋之资也”①。晋文公派军杀死制造内乱的太叔和隗氏，击败翟兵，杀死王弟带。周襄王十七年（公元前635年），即晋文公二年，晋文公去郑国迎接周襄王回周。周襄王在周的东都郏城安定下来后，特设像醴款待晋文公，打破王室礼仪命文公向自己劝酒，饮酒时互相敬献并赠送礼物以宥酒尽欢。之后，晋文公亲自到王城朝见周王并献捷，兴奋的周襄王不仅大出金帛赠送给晋文公，而且还割温、原、阳樊、攒茅四地相送晋国。

此时，齐孝公已有继齐桓公之业再当诸侯盟主之念，无奈因为无亏之死得罪了鲁釐公，因不签署鹿上之盟得罪了宋襄公，因不赴盂地之会得罪了楚成王，在诸侯中早已失去威信，各诸侯国也已多年朝聘不至，对外关系处于停滞。为了重振当年齐桓公的霸业，齐孝公急于用兵中原立威，便首先选择了乘鲁国饥荒，亲自率兵征伐鲁国的北部边境。鲁国知道楚宋、楚齐均有恩怨，便遣使去楚请兵。但这时的楚国在齐桓公率领诸侯责其“不贡周”之后，经过多年的休养生息，已经成为诸侯强国，并且在送走晋文公重耳后，也一直没有停止对江汉地区的用兵，一些姬姓小国相继被消灭，立在中原和荆楚之间的屏障——陈国和蔡国，已经成为楚国的同盟，宋国多次被楚国侵伐，鲁国、卫国和曹国等无不意欲借助楚国的力量以自保。见有鲁国来请求出兵，楚国认为这是再次出兵中原的良机。但是，楚成王更恨紧跟晋国的宋国，便

---

① 《史记·晋世家》。

先纠合陈、蔡、郑、许等国一同伐宋，宋向晋国告急。晋文公认为，有了之前安定周王室，此次再直接面对曾经在流亡中受到礼遇的楚国对中原诸侯国的入侵，这也正是自己在"尊王攘夷"旗帜下走向称霸诸侯的最好时机。周襄王二十年（公元前 632 年）春，晋国出兵，同时遣使与齐国通好，希望共攘荆蛮。此时齐孝公刚死，齐昭公即位。

　　晋国对楚国并不具备军事上的优势，在楚国的中军逼近宋国时，其右军已经攻占了齐国原管仲的封地。楚军如果在此时再能击败晋国的军队，那么中原地区或许就将是楚国的天下了，春秋战国时期的历史也将改写。但晋文公没有立即与楚军直接面对，而是采取了伐曹救宋的策略，在楚成王攻下宋国缗邑直指睢阳时，晋军已经破了曹国，而后灭了卫国。宋国一面坚守都城，一面拿出府藏中的宝玉重器，派人献给晋文公，请求晋国尽快救援。机智的晋文公没有贪财，而是要求宋国将这些厚礼分别送给齐国和秦国，秦国和齐国收到礼物后，果然愿意出兵助晋伐楚以救宋。之后，晋文公又使用反间计，使卫、曹两国国君复位，联合四国军共同伐楚。在与楚军直接面对后，晋文公履行承诺，先是"退避三舍"，之后又利用楚军的骄傲轻敌，经过城濮之战，获得大胜，楚国的同盟国陈、蔡、郑、许等国军队也损兵折将，狼狈而回。

　　此次战役的胜利，阻止了楚国再次北犯的步伐，也打破了楚国对于中原诸侯国的绝对优势，暂时形成了春秋时期南北对峙的局面。胜利后，齐国、秦国向晋文公祝贺，并获得了战利品一半的馈赠，宋国也遣使前往齐国和秦国感谢出兵相救。听说晋国伐楚大胜，周襄王也要亲驾銮舆来犒劳三军，于是，晋文公传檄诸侯，约践土（今河南原阳西南）之盟。

　　周襄王二十年（公元前 632 年）五月，周王按约来到践土，其时除晋国外，宋、齐、郑三国已经先来，曾与楚国为盟的鲁、陈、蔡三国因担心晋国问罪也来了，邾、莒等小国自不必说，只有许国因为臣服楚国已久不愿从晋，秦国对与中国会盟犹豫不决，曹国、卫国因还未正式复国未来与会。晋文公率各国国君迎接周襄王，献上所俘获的战利品，周襄王有了久违的以天子身份接受诸侯朝觐的满足和喜悦之情。次日，周王设宴，赐给晋文公大辂车、戎辂车以及相应的服装仪仗，红色的弓和箭以及黑色的弓和箭，另外还有黑黍加香草酿造的酒一卣。史书记载："天子使王子虎命晋侯为伯，赐大辂，彤弓矢百，旅弓矢千，秬鬯一卣，珪瓒，虎贲三百人。晋侯三辞，然后稽首受之。周作晋文侯命：'王若曰：父义和，丕显文、武，能慎明德，昭登于上，布闻在下，维时上帝集厥命于文、武。恤朕身，继予一人永其在位。'于是晋文公称伯。癸亥，王子虎盟诸侯於王庭"①。晋文公被周王策命为诸侯领袖，专得征战及合诸侯修盟会之政。

当上诸侯盟主之后的晋文公，很快就约合诸侯在周王割让不久的温地（今河南温县西南）会盟，商量讨伐不顺从的国家。是时有晋、齐、宋、鲁、蔡、秦、郑、陈、邾、莒十国国君到达，他们共同向周襄王贡献方物，并提出讨伐不参加盟会的许国。这时，卫、曹两国国君仍被晋国控制，鲁釐公一向与卫国亲近，便借机说情使其复国，又派使者送给周王白璧十双，请其为卫君解脱。周襄王说此事要听晋文公的，鲁国又遣使者到晋国说情，同样献上白璧十双，晋文公见状同意卫成公回国复位。

周襄王二十二年（公元前 630 年），晋文公以当年流亡经过郑国时没有得到礼遇为由，约秦国一同伐郑。眼见郑国将亡，郑国派烛武前去向秦穆公请求罢兵。在烛武的劝说下，秦国同意与郑国结盟，并不告诉晋文公，撤军而回，晋文公得知后遣军追击秦师。郑国见晋军并未撤离，又遣石申父携重宝到晋营求见晋文公，晋文公收下礼物，又要求郑国立在晋国的公子兰为世子后方才退兵。从此，晋、秦关系始有裂痕。此时的晋国威望日升，这年冬天，周王专门派遣周公阅前来聘问。鲁国的东门襄仲到成周聘问周王之前，要先来晋国聘问，晋国将取得的部分曹国土地分割给了鲁国。

对于晋国在诸侯中的霸主地位，楚国不敢怠慢，于周襄王二十四年（公元前 628 年）春派遣斗章前去请求媾和，晋国也派阳父到楚国聘问。从此，晋国和楚国开始了正式的两国交往。次年，晋文公死，郑国的郑文公也离世。秦国趁晋、郑均有国丧，先是毁了秦、郑之盟，袭郑灭滑，之后又在郑国的挑唆下侵伐晋国。即位不久的晋襄公派军在崤山（今河南洛宁西北）与秦军决战，秦军大败，三军将领都被晋军俘获，秦穆公身穿素服站在郊外对着被释放回来的将士嚎哭。晋国通过此战，巩固了晋文公后在诸侯中的盟主地位。

借晋国出兵无力他顾之机，狄人曾侵犯齐国，在晋国国丧期间，狄人再

---

① 《史记·晋世家》。

次讨伐齐国。鲁釐公在讨伐邾国后，前去齐国对狄人攻伐造成的损害表示慰问，但他回国后即死去。鲁文公即位后，按照凡是国君即位派卿出国普遍聘问的礼仪，派共叔敖出聘齐国，以重申友好，团结外援，友善对待邻国。对待强大的晋国，鲁文公则亲自前去朝见。晋、秦战事之后，狄军又攻打晋国，晋襄公率军在箕地将其击败，乘胜联合陈国、郑国攻打臣服楚国的许国。接着，又在朝见周王后讨伐在晋文公末年不朝觐晋国的卫国。晋襄公死后，赵盾拥立晋灵公即位，延续了晋国的诸侯霸主地位。在周顷王死后，晋使赵盾以车八百乘，平周室内乱，拥立周匡王即位。

（五）楚国的崛起与问鼎中原

楚人的先祖出自帝颛顼高阳，祖先之一重黎曾为帝喾的火正，其后裔昆吾、彭祖在夏商时期均为侯伯，其先祖季连曾经做过周文王的老师。西周成王期间，楚熊绎时被封于楚蛮，得以在江汉地区发展。可见，楚人先祖也是黄帝及其以后时期部落大联盟的成员，周初为子爵，是周初重要的异姓诸侯。

楚国和秦国一样，都是在中原诸侯国之外偏居一方，在周王朝没有太高的政治地位。但是，楚国拥有江汉一代及其以南的广阔地域和发展空间，很早就有称霸之心，在扩张势力中与中原各国战争不断。经过春秋初期对江汉诸小国的兼并，到春秋中后期，楚国不仅其疆域是远远超过中原地区的诸侯国，军事势力和经济势力也是最强的。在城濮之战后，晋国把战略重点转向了西方与之为邻的秦国，更是为楚国提供了相对和平发展的"国际"环境。在春秋时期的争霸外交中，楚国一直担任重要角色，几乎每个霸主都必须战胜楚国才能使霸主地位得到巩固。虽然楚国也曾经险遭灭国之灾，但却能够凭着其独有的地利优势迅速回复元气，再次崛起，直至战国时期。

1. 蔡侯献礼保国及楚国征服汉阳诸姬

楚国称霸诸侯，肇始于楚武王熊通。进入春秋之后，在各诸侯国的统治者依然在表面上称"公"之时，熊通不顾周王的反对，自称武王，即楚武王。其时，中国各诸侯晋、郑、卫、鲁、宋相继发生宫廷内乱，各国之间战乱频生。在齐、鲁、宋等国于中国北方频繁用兵之际，南方的楚国相继征服了邓、权、随、郧、绞、息等国，使汉东小国无不向其称臣纳贡，楚国的势力已是雄踞江汉。但此时，周王室及中原各国诸侯仍然把楚国看作荆蛮，不予重视，而楚国则在向现中国南方各地扩张的同时，萌生进伐中原之意。

西周王朝建立之初，就在汉水以东、以北分封了一批姬姓诸侯，使其镇守南土，以为周之屏障，号称"汉阳诸姬"，随国是其中最大的一国。历史文献中所谓的"随"，就是考古发现的青铜器铭文中"曾"，随国（曾国）是汉阳诸姬之首。周桓王十四年（公元前706年），即楚武王三十五年，不甘居于诸侯末流地位的楚国大举讨伐随国，要求随国替他到周王室请求尊号未果，与随国立盟约并占领其濮地。在楚文王二年（公元前688年）攻伐申国后，汉阳诸姬大都臣服于楚了。此时，南方诸国只有蔡国因为与齐国有婚姻关系，并与中原各国有同盟关系，不服强楚。

蔡侯献舞和息侯先后娶了陈国女人为夫人，但息夫人有绝世美貌，令蔡侯垂涎。周庄王十三年（公元前684年），楚文王六年，息侯的夫人妫氏回陈国途径蔡国，蔡侯献舞以其与自己的夫人是姊妹，迎至宫中设宴款待，席间言语戏谑，激怒了息夫人。为此，息夫人取消了去陈国的计划，直接返回了息国。息侯听说夫人在蔡国受辱，意欲报复，却又势不如人，他知道楚国对蔡国依仗齐国等中原国家的支持不向楚国进贡有所怨恨，便请楚国帮忙。他向楚文王献计：请楚国攻打息国，息国再请蔡国出兵救援，楚国借机活捉蔡哀侯，这样就不怕蔡国不进贡了。楚文王接受了息侯的建议，蔡哀侯也中了楚、息两国之计，结果兵败之后被活捉。

楚文王本想将蔡哀侯烹而食之，但在大臣的建议下，决定放其归国，并设宴送行。宴席上，蔡哀侯向楚文王夸奖息侯妫氏之美，使楚文王大有不见一面死不瞑目之感。送走蔡哀侯后，楚文王便以巡视为名，来到息国，息侯极尽恭敬地在朝堂上设宴迎接。楚文王提出请息夫人出来敬酒，息侯不敢不从。当息夫人身着盛装款款而至，楚文王已是因她的美貌一脸的惊愕，以至于宴罢回到馆舍还是夜不能寐。

次日，楚文王以答谢为名，请息侯到馆舍，但却在四周埋伏士兵，趁饮酒正酣时将息侯拿下。然后，楚文王亲自带兵来到息国宫中寻找妫氏。妫氏怨恨夫君引狼入室，羞愤交加，欲投井自尽。在楚文王答应不斩息侯，不灭息祀后，妫氏在军中被正式立为楚文王夫人，随车回国。因妫氏面如桃花，被称为"桃花夫人"，现汉阳的"桃花夫人庙"，就是为祀奉她而修建的。

楚文王宠幸息妫，并生下楚成王。但她在楚宫内三年不语，问则垂泪。

在楚文王的坚持下，她才说出自己内心隐藏的事二夫不能守节之苦。爱怜息妫的楚文王认为这都是蔡侯献舞造成的，于是发兵伐蔡。蔡侯怎能抵挡强楚，只得肉袒请罪，拿出库藏所有宝玉送给楚国，才得以保国。一个美貌的息妫，害了两个国家。

楚文王时期，不断强盛的楚国一直欺凌长江、汉水流域的小国，伐蔡国之后又相继灭亡了邓国，讨伐许国、黄国，灭亡英国，与之相邻的小国无不惧怕，威势震惊中原各国。周襄王十二年（公元前 640 年），宋国公子荡携带礼品到楚国请盟，楚成王借机劫了宋襄公的盟主地位，并率诸侯军伐宋，一时确立了诸侯霸主地位。

但就在此年，一直不满楚国欺凌汉阳诸姬和北上侵伐中原诸侯的随国，真正起到了一次周王室的"屏障"作用，公开策动汉阳诸姬反叛楚国。楚国的令尹子文率军讨伐，"取成而还"①，从此随国成为楚国的附庸。楚国之所以没有像对待其他小国那样将其灭国，一是因为楚成王杀其兄而立受到过随国的帮助，二是可以通过随国来驾驭那些依附于随国的小国，三是楚国需要从随国学习青铜器制作的先进技术，并保证现位于湖北大冶县的铜绿山一带的铜矿开采与冶炼。所以，直到数年后，才"汉阳诸姬，楚实尽之"②。

2. 向鲁"献捷"成盟主与接受郑国"九献"礼

楚国本为蛮夷之国，向来在中原诸侯中没有政治地位。楚成王在位期间，奉行对内休养生息，对外结好诸侯的政策，通过向周王室进贡缓和了与周王室及中原诸侯的关系，通过发展军事及经济势力，使中原诸侯包括作为霸主的齐桓公都不得不对其采取敬而远之的策略。通过在宋国的盂地之盟，楚成王打破了宋襄公的如意算盘，抢得诸侯盟主地位后，楚成王立即携诸侯之兵杀向宋国，俘获良多。虽然楚成王凭借实力和阴谋劫了宋襄公的盟主身份，但他自知地位不稳，急需中原大国支持。当时，齐国与楚国已经两次通好，而作为在周王室和诸侯中甚有威望的鲁国，曾经为齐桓公称霸发挥过很大的作用，却对楚国很是不屑。

鲁国的开国者周公旦乃周武王之弟，因助周灭商功勋显赫，被封于少昊

---

① 《左传·釐公二十年》。
② 《左传·釐公二十八年》。

之虚曲阜，是为鲁公。周公因为要辅佐武王并未就封，并在周文王时摄国当政，后以其子伯禽代就封于鲁。为褒扬周公之德，鲁国享有天子礼乐，在诸侯中向来有"上国"的地位。但在礼崩乐坏的春秋时期，鲁国也难以置身于诸侯纷争之外。尽管有鲁桓公二年"以宋之赂鼎入于太庙，君子讥之"①。但因整体来说礼仪完备，鲁国仍然受到了诸侯的尊重。

为了争取鲁国的支持，楚成王携带从宋国俘获的战利品，率军来到鲁国都城曲阜，向鲁釐公献捷，美其名曰不敢居功，战利品要献给"上国"。面对这样的"礼物"和架势，鲁釐公明白楚国是来恐吓的，于是便以私礼先接见了楚国的官员，之后才会见楚成王。当时，陈、蔡、郑、许、曹五国的国君均在场。在郑文公的提议下，各国一直同意尊楚成王为盟主，中原诸侯的操纵权从此落入楚国之手。

周襄王十四年（公元前638），楚成王三十四年，面对宋国的讨伐，郑文公南下朝拜楚王，楚国向北攻打宋国以救郑，在泓水之战中大败宋军，郑国得以不灭。郑文公为感谢楚国，事楚如父，他不仅大出金帛犒劳三军，而且在郑国太庙中比照诸侯朝觐周天子的礼仪，向楚成王行"九献"礼。但就在如此隆重的献礼上，楚成王看上了郑文公夫人芈氏所生的两个漂亮女儿。在宴会结束后，他趁着酒劲，将二女一并拉入寝室，共成枕上之欢，并于次日车载回国。对此，郑文公夫妇只能忍气吞声。

在经过泓水之战打败宋军和楚成王三十九年（公元前633）鲁釐公向楚国请兵伐齐后，楚国还灭了夔国，并再次攻打宋国，巩固了霸主地位。随着宋襄公称霸的失败和齐国地位的降低，齐国称霸时的盟国鲁、宋、郑、陈、蔡、许、曹、卫等诸侯国，这时都因畏惧转而成了楚国的盟国。

周襄王二十四年（公元前628年）晋文公死后，原来朝聘晋国的许国、蔡国又转向朝聘楚国，面对晋国对许国、蔡国的讨伐，楚成王遣军相救。楚成王之子商臣急于嗣位，于周襄王二十六年（公元前626年）弑君自立，是为楚穆王。而此时，晋国正与秦国交战，根本无力遏制楚国的强势。楚穆王即位后，借楚成王奠定的霸主地位四处用兵，先后灭江国、六国、蓼国，而它们的同盟国家特别是原来的诸侯盟主晋国，却因正在经受秦国的讨伐而无力营救。

---

①　《史记·鲁周公世家》。

周襄王三十三年（公元前 619 年），周王去世，鲁国派公孙敖携带礼物去成周吊丧，公孙敖却带着献给周王室的礼物逃到了莒国，鲁国只得于次年重新准备礼物派叔孙得臣去参加周襄王的葬礼。周顷王元年（公元前 618 年），年少的晋灵公刚即位三年，心意并不在称霸诸侯上，范山向楚王献计，认为到了可以开始打北方主意的时候了。于是，楚国先是攻打郑国，后又讨伐归附晋国的陈国。陈国虽然打败了楚国派出的弱旅，但还是惧怕楚国的势力，很快就与楚国讲和。

楚国攻打郑国是为了灭之以图伯中原，晋、宋、鲁、卫、许各国联合相救，但各路诸侯大军出兵缓慢，未至而郑国已降。前 618 年冬，楚国派遣使者前去聘问在诸侯中地位较高的鲁国，但楚国子越椒手里拿着朝聘的礼物却态度很傲慢，令鲁国上下敢怒不敢言。周顷王二年（公元前 617 年），晋国和秦国在春、夏两季互有讨伐，而楚穆王已经以中原诸侯之主的名义自待了，陈共公和郑穆公都在息地朝见楚王。

周顷王五年（公元前 614 年），为了重申与晋国的友好关系，鲁文公到晋国朝见，借机调解卫国、郑国与晋国讲和。公元前 613 年，周顷王和齐昭公相继而死。面对楚国带来的巨大压力，晋、鲁、宋、陈、卫、郑、许、曹等国一起在新城会盟，并商量讨伐邾国，但这根本不能阻止楚国图伯中原的步伐。

3. 楚庄王问鼎与鲁国政变厚礼赠齐

楚庄王在位期间，齐桓公建立的强大的齐国已经因内乱走向衰落，晋国的诸侯霸主地位也在晋文公死后因为内乱、失信于诸侯以及与秦国的不断冲突，无力保持，秦国在与晋国的冲突中被封堵在函谷关内无法走出来。只有楚国，通过连年征战，疆土拓展，经济富庶，军力强大，人口众多，从随国（曾国）学来的青铜冶炼技术在军事上得到充分运用，武器更为精良。

周顷王六年（公元前 613 年），楚庄王即位，这时的齐国刚刚稳定了齐懿公的地位，晋国则还处在内乱之中。史书记载，庄王即位三年之内，日事田猎，右抱郑姬，左抱蔡姬，不问朝政，却怀一鸣惊人之志。三年之后，便绝钟鼓，屏郑姬，疏蔡姬，某日早朝之后，立即发号施令，命郑伐宋，又为救郑与晋战于北林，势力不断增强。楚庄王再次有了夺中原盟主之意，而他最强大的对手，无疑是晋国。

周匡王元年（公元前 612 年），因为蔡国没有参加新城会盟，晋国率领结盟诸侯讨伐蔡国。这年秋天，因为齐国侵犯鲁国西部边境，晋、宋、卫、蔡、陈、郑、许、曹在扈地结盟，策划讨伐齐国。但晋国在收了齐国送来的厚礼后，不战而回，集体讨伐失败。次年，鲁、齐讲和，鲁文公专门派襄仲向齐懿公送去了财礼。晋国的威望也因此大为降低，郑穆公认为晋国已经不值得亲近了，转而与楚国盟约。周匡王六年（公元前607年），郑国接受楚国的命令攻打宋国，俘获了宋将华元。

　　楚庄王即位三年后，专心朝政，强军扩张，先后灭亡了率众蛮背叛楚国的庸国，讨伐宋国，灭舒国，占有陈国（不久又恢复），并击败了率诸侯兵攻打郑国的晋国。周定王元年（公元前606年），楚庄王借伐陆浑之戎之机，渡过洛水陈兵于周王畿区域，想与周王室分治天下，周定王赶紧派大夫王孙满前去慰问楚军。楚庄王问：听说大禹铸有九鼎，三代相传，以为世宝，今在洛邑，不知鼎形大小与其轻重如何？并扬言道："子无阻九鼎！楚国折钩之喙，足以为九鼎。"王孙满知其来着不善，回答说："君王其忘之乎？昔虞夏之盛，远方皆至，贡金九枚，铸鼎像物，百物而为之备，便民知神奸。桀有乱德，鼎迁于殷，载祀六百。殷纣暴虐，鼎迁于周。德之修明，虽小必重；其奸回昏乱，虽大必轻。昔成王定鼎于郏鄏，卜世三十，卜年七百，天所命也。周德虽衰，天命未改。鼎之轻重，未可问也"①。楚王自知难符其名，不敢再公开有窥周之意。

　　其时，楚令尹因庄王分其政权，率兵叛乱。楚王纠合汉东诸小国之兵，杀死令尹，令尹之子逃亡晋国，楚庄王又将隐居在梦泽的孙叔敖拜为令尹。这一年，郑穆公死，在刚即位郑灵公还在考虑到底是事奉晋国还是楚国的未定之际，被公子宋等所弑，公子坚即位，是为郑襄公。郑襄公即位之初，就遣使到晋国，以求安国。楚庄王见郑国心向晋国，就和孙叔敖商定以弑君之罪兴兵伐郑。见晋国出兵救郑，楚又移兵伐陈，郑襄公与晋成公会盟于黑壤。

　　面对楚庄王时不断增强的楚国势力，晋国感到了威胁，便想通过与秦结好来抗拒楚国的威胁。不久，晋国出兵讨伐秦国的属国崇国，秦国与晋交战不胜而退。此时，晋灵公却更加荒淫暴虐，沉溺于游戏中不能自拔，又以周人所赠送的灵獒撕咬臣属，草菅人命。相国赵盾极力劝谏，却遭晋灵公派人

---

　　① 《史记·楚世家》。

行刺，迫使赵盾逃离绛城。为替赵盾报仇，赵穿带兵杀死晋灵公，迎在周王朝为仕的公子黑臀回国为君，是为晋成公。为避免四面受敌，周定王六年（公元前601年），晋国与白狄讲和，并联合白狄的力量一起攻打秦国。几年后的晋景公时期，狄人各部因痛恨赤狄对他们的奴役，大都归顺晋国，增强了晋国的实力。

齐、鲁两国相邻，鲁国因比较遵守礼仪，在诸侯中常被尊为"上国"，而齐国国力较鲁国强，并有齐桓公称霸时的余威，又时常侵犯鲁国，使鲁国惧怕三分。为了不被侵犯，鲁国不得不与齐国结盟，时常遣使聘问。周匡王五年（公元前608年），是齐惠公元年，也是鲁宣公元年，但鲁宣国君地位的确立，却离不开齐惠公的支持。

周匡王四年（公元前609年）二月，鲁文公去世。鲁宣公是鲁文公的次妃敬嬴所生，敬嬴受到鲁文公的宠幸并私下结交襄仲。到宣公年长，敬嬴把他嘱咐给襄仲，希望将来立他为国君，但叔仲不同意，立了恶而不是倭（即宣公）为国君。仲孙遂与叔孙得臣二人利用到齐国拜贺新君齐惠公即位之机，在宴会上向齐惠公讲了鲁国立恶而不立倭，导致国人不服之事。他们请齐国为鲁国另立倭为君，并许诺如果成功，鲁国愿意与齐国结为姻亲，将齐国当做上国事奉，岁时朝聘。齐惠公正欲在诸侯中树立威望，鲁国无疑是重要的不可或缺的支持力量，于是同意歃血为誓。回国后，他们又极力宣扬晋国的霸主地位已经下降，而齐国将再次强大起来，只有与齐国结为姻亲，才可以确保鲁国的平安。

齐、鲁之间有盟约，齐惠公即位之初就前去鲁国参加鲁文公的葬礼。见齐惠公前来，叔仲惠伯进见惠公，请求帮助不要立宣公为国君，但齐国决意不变。见时机成熟，仲孙遂与敬嬴设计杀死恶及叔仲惠伯等人于马厩之中，立公子倭为君，是为鲁宣公。

鲁宣公元年正旦朝贺之后，宣公派遣仲遂携带厚礼到齐国请婚，后又不惜派季文子再送去厚礼请齐会盟，以保鲁国在诸侯中的地位。齐惠公同意了鲁宣公的要求，二人很快在平洲会见，仲遂代表鲁宣公向齐国献上了济西土地籍簿作为对齐国的谢礼。自此鲁国君臣至齐或朝或聘，不曾间断。周定王二年（公元前605年），鲁宣公和齐惠公一起调解莒、邾两国恩怨不成，攻打莒国。定王五年（公元前602年），鲁国又参与齐国的对莱国之战。

周定王七年（公元前 600 年）春，周王派遣使者到鲁国，要求鲁国派使者到成周聘问。鲁宣公这才想起诸侯不去朝见周王很久了，派孟献子于夏天出使。周王认为这样才合乎礼制，赠送给他很丰厚的财礼。次年，周定王派刘康公到鲁国聘问，"发币于大夫"①，给鲁国的大夫们都赠送了礼物，也借机看到了季、孟两家的俭朴和叔孙、东门子两家的奢侈。这一年，鲁宣公到齐国朝见，齐国因为鲁国向来顺服，将获得的济西土地又归还给了鲁国。

齐惠公死后，鲁宣公亲自去齐国奔丧。齐顷公即位后，楚国派遣使者到齐国聘问，并围困宋国，鲁宣公对楚国势力越来越大感到威胁。孟献子对鲁宣公建议说：小国要想能免罪于大国，就去拜访聘问并赠送财物，因此大国庭中就陈设有上百件小国进献的礼物。去朝见并自表其治国或征伐之功，因此就有很多五光十色的装饰品，美好而且加以财币，这是为了免除本来不该免除的罪过。等到大国加以责罚再去进献财物，恐怕就来不及了。现在楚国正驻兵在宋国，君王应该考虑一下。鲁宣公听了暗暗赞许，逐渐疏远了齐国。周定王十三年（公元前 594 年）春，鲁宣公派公孙归父在宋国会见了楚王。周定王十六年（公元前 591 年），鲁宣公派使者到楚国请求出兵伐齐，因楚庄王刚死不能出兵，鲁国转而向晋国借兵攻打齐国。

4. 灭陈得朝贺与不出文书过宋

周定王三年（公元前 604 年），晋国听说陈国与楚国讲和，晋成公率宋、卫、郑、曹四国兵伐陈，不料死于途中，晋景公即位。是年，楚庄王又率军伐郑，次年再伐时，公子去疾反遣使谢楚王，楚王决定合陈、郑于辰陵会盟未成，发生陈国弑君惨案。这给楚国灭亡陈国提供了绝好机会。

原来在陈灵公时，宠信轻佻惰慢的孔宁、仪行父二位大夫，另有一位夏御叔，乃陈定公之子，娶了郑穆公之女夏姬为妻。夏姬少学吸精导气之法，擅长素女采战之术，在国未嫁时就兄妹私通。嫁给夏御叔十二年后，其夫死，孔宁、仪行父见夏姬色美，在夏姬伶俐风骚、惯为其牵线拉客的侍女荷华受其二人厚礼后，相继与夏姬相欢。陈灵公同样性贪淫乐，在二人导引下也与夏姬相交，以致朝堂之上仍以此戏谑。大夫泄刚正直谏，竟被孔宁、仪行父重贿买通刺客杀死，从此，陈灵公更加荒淫无度，甚至与孔宁、仪行父二人

---

① 《国语·周语中》。

共宿夏姬。

　　为讨夏姬欢心，陈灵公使夏姬之子徵舒嗣父职为司马，执掌兵权，见其母与陈灵公、孔宁、仪行父三人戏谑无形，便生杀心，将陈灵公杀死在马厩之内，孔宁、仪行父二人赤身逃往楚国，世子午即位，是为陈成公。楚庄王接陈国内乱的消息后，于周定王九年（公元前598年）即陈成公元年，兴兵伐陈。陈国根本不堪一击，君臣多被杀死，徵舒逃郑未及被楚兵抓住，陈国被并为楚国的一个县。楚庄王见夏姬色美，心有所动，但最终还是克制，任军士为所欲为。在旁的公子侧及大夫屈巫虽都看上了夏姬的美貌，但夏姬还是被楚庄王赐给了连尹襄老为妻。

　　陈国虽然是周王室的同姓诸侯国，不过，在东周王室看来，陈国的灭亡也是必然的，并无惋惜之心。原来，周定王即位之初，曾派王室卿士单朝聘问宋国，之后向陈国借道再去朝聘楚国，但见道路被野草堵塞无法通行。而且，陈灵公忙于与孔宁、仪行父都头戴楚冠到夏姬家里鬼混，没有安排天子的使者到宾馆住宿，更没有送来牲口宰杀，完全废弃了先王的教令。单朝认为，周朝的《秩官》对如何接待宾客有详细的规定，而此时的陈国却"弃衮冕而南冠以出，不亦简彝乎？是又犯先王之令也"①。果然，单朝于周定王六年（公元前601年）出使楚国，八年陈灵公被杀，九年楚庄王挥师灭陈。

　　周定王十年（公元前597年），楚庄王因郑国从晋不服楚，率兵伐郑。郑襄公肉袒牵羊，路迎楚军，并到楚国军营谢罪请盟，公子去疾入楚为人质。而此时援郑的晋军已经出动，郑襄公惧怕晋国讨其从楚之罪，竟然遣使劝楚国与晋国交战，以坐观成败。晋国因内部不和，面对楚国的攻势溃不成军。得知楚军获胜后，郑襄公亲自前去劳军，并迎接楚王到郑国王宫设宴大贺。南方诸国听说楚军接连获胜后，都赶忙来向楚王朝贺，并呈送贺礼。这时的楚国已经拥有了现中国南方大部分地区，确定了在诸侯中的绝对优势。中原诸侯国中，晋国、齐国等强国都只能自保，并且在楚国"联齐制晋"的外交政策下，互相攻伐，互相削弱。

　　周定王十三年（公元前594年）春，楚令尹孙叔敖病死后，楚王宠优孟，朝政有所荒废。晋国借机出兵伐郑，大掠郑郊，郑襄公被迫向楚国求救。楚

---

　　① 《国语·周语中》。

庄王认为，中原诸侯国中，势力最强的是晋国，事晋最坚决的是宋国，楚兵伐宋，晋国必然出兵相救，这样就可以解郑国之围。彻底击败强大的晋国，楚国就能真正登上霸主的地位。

为找到伐宋的借口，楚庄王遣使申舟到齐国修聘，同时派公子冯到晋国去聘问。去齐国必然经过宋国，而去晋国要经过郑国。按照国家交往礼仪，使者出使若要路过他国，应有假道文书过关，但楚庄王要求使者不要向宋国、郑国请求借路。申舟由于在孟诸之战中得罪了宋国，认为去晋国不向郑国借道没有危险，宋国昏聩，自己去齐国而不向宋国借道，就必然会死。楚王告诉他说，杀了你就给了我攻打他们的理由。申舟将儿子申犀引见给楚王后出使，在经过宋国时，申舟故意只出具聘齐文书和礼物，而不出具假道文书。宋、楚本有世仇，见楚国如此怠慢无礼，执政的华元说："出使我国而不请求借路，就是把我国当做它境内的县城。把我们当做县城，就是灭了我国。杀了他的使者，他必然要攻打我国，攻打我国也是灭亡。反正都是灭亡"①。于是就命人将楚使申舟杀死，将楚国聘齐的文书和礼物通通烧掉。

楚庄王有此借口，立即出兵伐宋，围困得国都睢阳城内粮草用尽，大量人员相继饿死。华元只得到楚国军营中请求盟约解兵，并到楚国为质，直到周定王十八年（公元前589年）宋文公死，子共公固即位，华元才得以返宋。

楚国围困宋国，晋国并非见死不救，而是陷入了另一场战争之中无力脱身。原来，晋景公听说楚国围困宋国经年不解后，正欲出兵相救，有赤狄别种隗姓潞国之君送来密书。潞国本与黎国（今山西长治西南）为邻，周平王时，潞国吞并黎国，也使赤狄益强。潞国国君娶了晋景公之姊伯姬为夫人，因国相酆舒专权且目中无君，请晋国讨伐酆舒之罪。酆舒根本不是晋军得对手，战败后逃往卫国，而卫穆公与晋国一向亲睦，酆舒被献给了晋国并被处死。

周定王十六年（公元前591年）楚庄王死后，楚国也陷入内乱之中，晋国趁机联合各诸侯国共同防御楚国，而东南地区的吴国也趁机兴起，不断侵扰楚国及其属国，遏制了楚国称霸和北上的势头。

---

① 《左传·宣公十四年》。

（六）秦国的图霸之道与晋国再谋霸主

秦人的祖先在今山东、河北一带，周公东征时，被迁移到今陕西渭水流域。周孝王时，秦的先人在犬丘以蓄养马匹为业，并因其先祖伯翳曾经为舜主牧，赐姓嬴。周宣王时，秦庄公攻伐西戎，到周幽王因宠幸褒姒引起诸侯叛乱时，秦襄公将兵救周有功，周平王赐之岐山以西之地，说："戎无道，侵我岐、丰之地，秦能攻逐戎，即有其地"①。秦国在此时被封为诸侯，有了与中原诸侯通使聘享的地位，但直到春秋初期，秦国仍然是一个半游牧半农耕国家。

虽然秦国远在西北，与中原交往甚少，得不到中原各国的认同，但是秦国的强大有目共睹，所以每一个称霸的诸侯也都不敢忽视秦国的存在，晋、楚两大霸主都先后和秦国结为姻亲之好。齐桓公称霸时，西周分封的诸侯国中，只有梁国、芮国的国君曾前去朝见秦武公，之后秦国不断强盛，曾战胜晋国于河阳。秦德公元年（周釐王五年，公元前 677 年），梁、芮两国的国君再次朝见秦君。在春秋时期，秦国虽然没有一位君主能大合诸侯而称霸中原，但在秦穆公以后，却逐渐发展成为中原诸侯以外的大国和强国。

1. 秦穆公以礼求才和向鲁送礼以伐晋

周惠王二十三年（公元前 654 年），即位六年的秦穆公派使者到晋国，请求娶晋侯长女伯姬为夫人。晋献公为了加强与西北地区强国秦国的关系，以解除与楚国争霸的后顾之忧，同意了秦穆公的要求，从此，秦国开始与中原诸侯有了正式交往。在随嫁的人中，有百里奚其名而不见其人，引起了秦穆公的兴趣。百里奚原是虞国人，当上虞国大夫不久，虞国就因晋国"假道伐虢"而亡，他则成为晋国的俘虏，后来成为晋献公嫁往秦国的女儿的陪嫁。秦穆公经过询问得知，百里奚是个有雄才大略的难得人才，在随伯姬出嫁途中逃跑到了楚国，被安排在南海牧马。于是，秦国派人持五张公羊皮，到楚国求百里奚。楚国不想因此得罪秦国，将百里奚交给了秦使，百里奚因此被称为"五羖大夫"。

就像齐桓公得到管仲有过一次深谈一样，秦穆公也和百里奚就秦国的发

---

① 《史记·秦本纪》。

展和前途进行了深入的讨论。当时，正是中原诸侯为了各自国家的安全利益，通过会盟建立国际秩序时期，秦穆公认为，秦国处于戎、狄之间，所以不与中国会盟。百里奚认为，秦国所处的雍、岐正是周文王、武王兴业之地，而且借助于戎、狄可以强兵，不与中国会盟则可使力量凝聚。在西戎有数十国，并其地可以耕种，纳入其民可以参战，这是中原诸侯所不能比的。所以，秦国要通过德政和安抚两手，积极开展与中原诸侯国的外交关系，向中原诸侯学习，以期达成霸业。根据百里奚的建议，秦穆公又以重币从宋国聘得蹇叔，百里奚与蹇叔二相兼政后，主导引进了周王朝的礼仪制度，设立秦国的宗法制度，仿照中原诸侯设立三军制度并寓兵于农于部落之中，使秦国大治，使秦国从一个半游牧半农耕的野蛮国家变成了文明国家。

晋献公死后，晋国因立君发生宫廷内乱，秦国占尽先机，拥立夷吾为晋君，使秦国与中国诸侯强国特别是晋国的外交关系得以强化。对以往仅有的两个朝聘自己的小国梁国和芮国，秦穆公根本不放在眼里，在齐桓公死去之年即将其消灭。之后，秦穆公收留流亡中的重耳，并积极拥立他回国为君，成为晋文公的大恩人。周襄王五十七年（公元前635年），被王弟带与狄人赶出王城来到郑国的周王，也是在晋、秦的帮助下才得以回宫。在晋文公兵败楚军于城濮又助晋国之后，这个位于东周王朝最西边的诸侯国开始兴兵向东，以至于到了周之北门，占领晋国的滑邑。

与秦为邻的西戎各国中，有一支在繇余的辅佐下，势力最强，其首领赤斑成为西戎各部族之主，但见秦国不断强大，还是心有余悸。于是，赤斑派繇余出使秦国，实际是为了探寻秦国强盛的原因。秦穆公认为，邻国有能人，是敌国的担忧。内史廖向秦穆公献计离间西戎君臣关系，说："戎王处辟匿，未闻中国之声。君试遗其女乐，以夺其志；为繇余请，以疏其间；留而莫遗，以失其期。戎王怪之，必疑繇余。君臣有间，乃可虏也。且戎王好乐，必怠于政"[1]。于是，秦国派使者向西戎主赤斑送去女乐6人以及其他厚礼，同时又设法延误繇余的归国之期。

赤斑见秦国送来的女乐和礼物后，大喜，从此日听淫音夜御女乐，政事荒疏。对于留秦一年未归的繇余，赤斑认为他已有二心，不再信任。秦国见

---

[1]　《史记·秦本纪》。

机立即向繇余施以厚礼，使繇余弃戎归秦，繇余则向秦国献上破戎之策。

周襄王二十二年（公元前 630 年），晋文公约秦国伐郑，秦因与郑国结盟撤军而回，晋文公遣军追击秦师，晋、秦姻亲关系出现裂痕。晋文公死去之后，秦国趁晋、宋有国丧之机，撕毁了秦、晋和秦、郑之盟，首先袭郑灭滑，并趁晋、楚南北对峙互有牵扯之际，直接与晋国大规模作战。周襄王二十五年（公元前 627 年），秦军与晋军的崤山决战，秦军大败，三军将领被俘。次年再战，秦军又败。为报崤山战败之仇，秦穆公于周襄王二十七年（公元前 625 年）兴师伐晋仍不胜，再伐终获全胜。这场胜利在西戎各部落中引起极大震赫，周襄王二十九年（公元前 623 年），西戎主赤斑见秦军日强，并将征伐西戎各部，大为惊慌，亲率西方二十余国纳地请朝，尊秦穆公为西戎之主。

战胜晋国特别是迫使西戎二十余国降服后，秦国成为西方一霸，威名震惊周王室。周襄王本要册封秦穆公为诸侯盟主，但迫于晋国的余威，只派遣尹武公携带金鼓前往祝贺。后人评价说："秦穆公广地益国，东服强晋，西霸戎狄，然不为诸侯之盟主，亦宜哉"①。但秦穆公在晋文公之后，确实走上了几乎称霸诸侯的地位，只是在幼女弄玉和萧史分乘凤、龙离去之后②，秦穆公开始厌倦兵事，最终忧郁而死。

秦穆公虽然没有成为中原诸侯霸主，但成为西方霸主，向西拓地千里，其疆域从关中平原向西抵达今甘肃临洮，向北到达今宁夏盐池与河套平原相接，对晋国形成了强大的威吓。秦穆公去世时，晋国在常年南北战争中已经逐渐走向衰落，但却势力犹存，秦康公即位之初，就与晋国数次交战，曾在河曲打败晋军，但秦康公、共公、桓公的东进企图，最终都被晋国破灭。

周顷王四年（公元前 615 年）秋，滕昭公朝见鲁文公不久，与晋国战火刚罢的秦国派使者西乞术到鲁国聘问，准备商量讨伐晋国之事。襄仲见状不敢受玉，说："贵国国君没有忘记和先君的友好，光临鲁国，安抚我们这个国家，十分厚重地赠送给我们大器，寡君不敢接受。"西乞术回答说："不丰厚的一点器物，不值得推辞。"见主人再三辞谢，客人回答说："寡君愿意在周公、鲁公这里求取福禄来侍奉贵国国君，一点不丰厚的先君的器物，派遣下

---

① 《史记·秦本纪》。

② 《史记·秦本纪》。

臣致送于执事之前，以作为祥瑞的信物，相约友好，用它来表达寡君的命令，缔结两国之间的友好，因此才敢于致送。"见西乞术如此回答，襄仲说："没有君子，难道能治理国家吗？秦国不是鄙陋的"①。于是收下了秦国的厚礼，并以厚礼回赠。这年冬天，秦国就讨伐晋国，胜利而回，特别是在楚庄王打败晋军成为诸侯盟主后，秦、晋互有攻伐，也互有胜负。从此，晋文公后的晋国再也不敢漠视秦国，周简王六年（公元前 580 年），晋厉公即位之初就与秦桓公夹河而盟。

2. 聘问惹战事晋国伐齐献俘

秦康公于周匡王四年（公元前 609 年）死后，秦共公即位。因之前晋国攻伐其属国崇国，兴兵围晋之焦却无功而返，秦国就赠给了潞国国相酆舒厚礼，要他配合秦国共同应对晋国。秦共公死，秦桓公立。周定王十四年（公元前 593 年），桓公十一年，秦桓公听说晋伐酆舒，立即出兵相救，期间听说晋国已将酆舒杀死，又引兵前来争夺潞国的土地。那知晋国正摆开阵势迎接秦军，秦军大败。晋国乘胜又攻灭了赤狄所建的三国，使赤狄之土尽归晋国。

从晋文公践土之盟称霸诸侯之后，各国无不跟从晋国，直到晋襄公时依然如此。但自从令狐失信，晋、秦断交，晋国的诸侯霸主地位一路直下，不仅不能讨伐宋国的弑君之乱，山东诸国也都开始依附楚国而不以晋国为重。到郑、宋受到攻击而无力救援后，晋国的附属国只剩下卫、曹等寥寥几个小国。这次取得连胜后，晋景公专门去向周王献捷，之后又以士会为上卿，晋国大治，晋景公也有了再图诸侯盟主的想法。这时，中国诸侯中齐国势力较强，而鲁国乃天下之望。晋景公认为，要恢复盟主之业，必须亲近齐、鲁，打击楚国。于是，他就派遣上军元帅郤克携带厚礼到齐国、鲁国聘问。

当时，鲁宣公因为齐惠公帮助定位，经常按期朝聘齐国，直到齐顷公即位，仍然不曾间断。郤克先到了鲁国，修聘礼毕之后，将要前往齐国，恰好鲁宣公也要到齐国聘问，卫国、曹国朝聘齐国的使者也刚到，于是四国使者就一起前往齐国。

有四国一同朝聘，齐顷公本应很高兴，但他却得意忘形，嘲笑起四国使者。缘由是晋国大夫郤克瞎了一只眼，鲁国大夫季孙行父秃头，卫国大夫孙

---

① 《左传·文公十二年》。

良夫跛脚，曹国公子首驼背。四国使者被嘲笑一番，认为是国家外交中的奇耻大辱之事，自然难忍，于是商量一起伐齐。鲁宣公派遣使者到楚国要求友好关系并借兵，但利用使者过境不借道而攻伐宋国的楚庄王刚死，只有十岁的楚共王即位，楚国以有新丧为名不同意借兵，鲁国转而请求利用晋国的军队。

晋景公开始并不同意出兵，但经过一番思量后认为，要复兴文公的诸侯盟主地位，就必须打掉齐国的气势，于是有了与他国一并讨伐齐国之意。周定王十六年（公元前 591 年），鲁国派归父携带重礼来到晋国，与晋国商定伐齐日期。归父又向晋景公宠信的重臣屠安贾行贿，告诉他鲁宣公计划驱逐势力日渐强大的鲁国孟孙、叔孙、季孙三大家族。但未及回国，鲁宣公因病而死，十三岁的鲁成公即位。鲁国君臣认为，齐国和楚国已经结盟，而晋国和楚国都在争夺盟主，晋国攻打齐国，楚国必来相救。果然，齐顷公听说鲁、晋联合密谋伐齐，就在周定王十八年（公元前 589 年）一面遣使与楚国结好，一面首先攻打鲁国，开始主动出击。卫国首先出兵援助鲁国，在鲁国再次紧急请求下，晋国也出兵迎战。晋国和卫国的联军乘齐国空虚，向齐国腹地进攻，迫使齐军又掉头回国。此时，鲁国、曹国的军队也开始进攻齐国，四国军大有不灭齐国决不回师之志。

齐顷公见四国军队在晋国的率领下进攻不停，眼见齐国将亡，便命宾媚将灭亡纪国所获得的甗、玉磬这两件重器向晋国送礼，并答应归还劫掠的鲁国、卫国之地。晋景公担心失去当上诸侯盟主的机会，见好就收，答应了齐国的要求。于是，五国国君盟誓，拥戴晋国为盟主，但其他各国却暗暗认为晋国没有信义，与晋貌合心不合。特别是在鲁成公前去朝晋，却受到晋景公对自己的不恭敬待遇后，更是有了背晋之心。

此年底，晋景公派巩朔到成周向周王献战胜齐国的俘虏。周王认为兄弟甥舅之国侵犯败坏天子的法度，自有天子命令讨伐他，而且也不应举行献俘仪式，因此不予接见。但在私下，周王还是送给巩朔不少财礼，并说："这是不合乎礼制的，不要记载在史册上"[1]。

晋伐齐时，齐顷公曾向楚国求救，楚国因有新丧未及时出兵，使齐国与

---

① 《左传·成公二年》。

晋等四国盟誓从晋。楚国认为这是耻辱，为了雪耻，楚共王要讨伐鲁国、卫国，于是派遣屈巫出使齐国。哪知这屈巫因垂涎于夏姬，在连尹襄老客死他乡之后，设计使夏姬得以回到郑国。去齐国必先经过郑国，屈巫借出使之机，把赠送给齐国的所有财帛交给副使，只身逃到郑国，与夏姬完婚。因惧怕楚王怪罪，又因当下唯有晋国可以与楚国相抗衡，屈巫又携夏姬来到晋国避难。晋国见楚国的名臣来到，热情欢迎，并拜为大夫，赐以采邑。屈巫为晋出谋划策说：应先与吴国通好，并教会吴人车战之法，使吴国力量不断强大，先后夺取了一些楚的东方属国。这样，楚国的边境就再无宁日，也就无力威胁中原。楚国见鲁国、卫国等与晋国建立友好盟约准备攻打齐国，计划策划一场阳桥战役来救援齐国。这年冬季，楚国派兵与郑国一同攻打卫国后，又移兵伐鲁。鲁国没有晋的帮助，难以抵抗楚国的攻势，将国中的良匠和织女、针女等各数百人献给了楚国，并以公衡为人质，楚国才答应退兵讲和。

3. 晋悼公再当中原霸主规定朝聘财币

周定王七年（公元前600年），晋成公与楚庄王会诸侯于扈地，实际是展开了晋、楚两国的争强竞赛，从此两国处处暗中较劲。周定王十九年（公元前588年），因在讨伐鄩地（今河南荥阳北）的战役中对晋不忠，晋国率同盟诸侯国讨伐郑国，并借势讨伐了赤狄的残余势力，之后与鲁国、卫国等重温友好，齐顷公也前来朝见晋景公。周定王二十年（公元前587年），宋国、鲁国也先后到晋国朝见。郑襄王死后郑悼公即位，因在与许国的田界之争中楚国派人责问，也弃楚从晋，楚国为此出兵伐郑，晋国出兵相救。在郑国顺服后，晋率领鲁、齐、宋、卫、郑、曹、邾、杞等国在虫牢盟约，巩固了晋国在诸侯中的权威。但鲁成公拜见晋景公时感到他对自己不恭敬，心有向楚国寻求友好背叛晋国之念。

为打压楚国，周简王二年（公元前584年），晋国根据巫臣的建议，派巫臣出使吴国，赠送给吴国一批战车、射手和御者，教吴人如何与楚国作战，并把自己的儿子留下来做吴国的外交官。吴国利用巫臣教给的车战法攻打巢国、徐国和楚国，以至于后来凡是从属于楚国的蛮夷之国，吴国几乎全部占取。吴国随着不断强大，开始积极主动与中原各国交通往来。晋国在莒国顺服后又与诸侯有马陵结盟，相继侵袭蔡国、楚国、沈国和郯国。见齐国、郑国等均已服晋，又有鲁国、卫国、曹国等相附，晋景公的骄慢之心颇有增长，学习晋灵公游猎宴乐。楚国见状，于周简王四年（公元前582年）给郑国送去很重的财礼要求服从，促成楚、郑的邓地会盟。而秦国利用晋国收了齐国礼物后撤兵并将文阳的土地归还给齐国，使诸侯对晋国有了二心之机，与白狄一起攻打晋国。郑国的做法招致了晋国的讨伐，迫使郑国把郑襄公宗庙里的钟赠送给晋国并重新结盟，但这却加剧了晋国与诸侯国之间的裂隙。

周简王五年（公元前581年）冬，迁都于新田不久的晋景公生病久治不愈，坠于厕中而死，晋厉公即位。鲁成公去晋国朝见新君时，被以与楚国有勾结为由强迫留下并为晋景公送葬，这被鲁国看做是耻辱，因为除了鲁国外，其他各国没有一个国君参加葬礼。宋共公派遣上卿华元使晋行吊并贺新君即位，他在其他诸侯国对晋国有了二心之际，促成了晋、楚和晋、秦修好，以免中原多年战乱之苦。晋、楚修好后，晋使卻至首先出访楚国，楚王像对待诸侯国君一样设享礼招待他。卻至不敢当，说："如果这样，两国国君相见会以什么礼仪呢？"楚人回答说："只能用一枝箭相赠。"范文子听说后说："无礼必然说话不算数，我们离死不远了"①。

周简王八年（公元前578年），晋国与各诸侯国朝觐周王。当时鲁国的叔孙宣伯为得到周王的赏赐，向鲁成公请求先行出使，并将其索要赠礼的想法告诉了周大夫王孙说。王孙说对周王说："鲁叔孙之来也，必有异焉。其享觐之币薄而言谄，殆请之也，若请之，必欲赐也。鲁执政唯强，故不欢焉而后遣之，且其状方上而锐下，宜触冒人。王其勿赐。若贪陵之人来而盈其愿，是不赏善也，且财不给"②。周简王私下向鲁国使者的随从问询，果然如此，就没有按照聘礼的规格馈赠礼物给叔孙宣伯，只以普通外交官的礼仪接待了他。后来，跟随鲁成公出使并担任宾介的仲孙蔑在与王孙说会谈时，显得谦让有礼，"说以语王，王厚贿之"③，仲孙蔑得到了周王丰厚的礼物。鲁成公回国后，就将丢人现眼的叔孙宣伯驱逐出国。

由于秦国侵扰晋国的同盟国，在秦桓公、晋厉公狐地结盟以后，秦国又招来狄、楚进攻晋国，不断骚扰晋国边境，在两国交往中唯利是图。诸侯朝

---

① 《左传·成公十二年》。
② 《国语·周语中》。
③ 《国语·周语中》。

觐周王后，在晋国的倡议下，各国联合出兵攻打秦国，晋国也与秦国完全断交。

这时，吴国迫切希望与中原诸侯国发展外交关系，周简王十年（公元前576年），晋率诸侯国与吴国在钟离会见，中原诸侯开始与吴国正式交往。同时，受吴国骚扰的楚国背弃与晋国的盟约，向北方出兵攻打郑国和卫国，郑国又背晋从楚。次年，晋国出兵伐郑，与楚国援兵在鄢陵（今河南鄢陵县）相遇，经过长时间激战后楚军大败。见楚国败于晋国，舒、庸人借机引导吴国伐巢，引起楚国的恼怒，被楚国消灭。

晋厉公胜楚后派卻至向周王献捷，周王室热情接待，"未将事，王叔简公饮之酒，交酬好货皆厚，饮酒宴语相悦也"①。在举行告庆典礼之前的宴席上，互相赠送的礼物都很丰厚，气氛融洽。但晋厉公从此自以为天下无敌，得意忘形，于是弃政出猎，宿太阴山南匠丽氏之家而不回，杀其大夫，于周简王十三年（公元前573年）被栾书、荀偃等人下毒酒杀死，晋悼公即位。

鄢陵战役之后，晋厉公又与王室卿士单襄公（朝）、尹武公及鲁、齐、宋、卫、曹、邾等各国君会于柯陵（今河南内黄境内），谋划征伐背弃晋国的郑国，未竟而死。晋悼公即位之初，即率领诸侯各国共同伐郑。

当时，齐、鲁、宋等诸国莫不来朝见晋君，唯有郑成公为感谢楚王救郑而眼部中箭，不肯臣服晋国，还会合楚国攻打宋国，宋向晋告急。晋国君臣认为，要成就霸业，就要从救援宋国开始，于是率领诸侯国的军队包围了被郑国占领的宋国彭城。齐国因为没有参加彭城会聚，导致晋国讨伐后，趁诸侯联军转而进攻楚国之机攻打莱国，获马、牛各一百匹为礼而回。

见晋国气势汹汹，连郑国的大夫们都在为是否应该从晋而争论不休。这时，楚国在攻打吴国时遭受惨败，诸侯们见有吴国牵制楚国，晋国的强势不可阻挡，纷纷到晋国朝见，甚至像鲁襄公都要向晋国行叩首礼。为与能够抗击楚国的吴国修好，周灵王二年（公元前570年），晋国在鸡泽（今河北境内）大合诸侯，但吴国国君没有赶到。之后，陈国叛楚，许国奉楚国之命攻打陈国遭到晋国讨伐。这时，鲁国朝见晋国更加频繁，冬天，鲁襄公再次朝见晋国，在晋国的同意下把鄫国划为自己的属国。

---

① 《国语·周语中》。

　　周灵王四年（公元前568年），无终国（山戎之国，在今河北玉田境内）的国君嘉父也派孟乐朝晋，奉献了虎豹皮革等礼物，请求晋国能与各个戎国和好，晋悼公派遣魏绛前去安抚戎族各国，晋国从此与经常侵扰其边境的戎人各部媾和。远国来朝近国安心，晋国因戎狄逐水草而居占有了更多的土地，边境不再警惧，也震动了周边邻国。晋国继晋文公后，"于是乎复霸"①。

　　这一年，吴国终于遣使来到晋国，解释了未参加鸡泽会见的原因，同时请求听从晋国的命令与中原诸侯建立友好关系。为此，晋国安排了戚地之盟，吴、鲁、宋、陈、卫、郑、曹、莒、邾、滕、薛、齐以及以独立国家身份参与的鄫国参加。这次会盟决定由诸侯国派兵戍守陈国，以防备楚国的攻打。不过，依靠给大国送礼保全而疏于防备的鄫国不久就被莒国灭亡，莱国也被齐国消灭，其宗庙里的宝器被献于齐襄公庙。次年，楚国果然攻陈，诸侯国立即出兵救援。通过联合中原诸侯，并与吴国发展友好关系牵制楚国，晋国在诸侯中的威望日增，朝见频频。周灵王七年（公元前565年），晋国专门在邢丘召见诸侯，向各国发布了朝聘晋国所用财币数目的命令。

　　由于陈国讨伐蔡国遭受楚国攻击，郑国大夫再次争论顺楚还是服晋，最终结果是与楚媾和。于是，诸侯用兵迫其求和。这时，楚国的力量已弱，难以与以晋国为首的诸侯联军作战，便请秦国出兵攻郑，郑又服楚。但秦、楚两国经不住诸侯联军的打击，郑国再次向晋求和，"郑伯嘉来纳女，工、妾三十人，女乐二八，歌钟二肆，及宝镈，辂车十五乘"②。

　　晋悼公施政显然与晋厉公不同，史书记载："二月乙酉朔，晋悼公即位于朝。始命百官，施舍、己责，逮鳏寡，振废滞，匡乏困，救灾患，禁淫慝，薄赋敛，宥罪戾，节器用，时用民，欲无犯时。……凡六官之长，皆民意也。举不失职，官不易方，爵不逾德，师不陵正，旅不逼师，民无谤言，所以复霸也"③。他与戎狄各部讲和，扛起大旗整顿中原诸侯，在即位八年的时间里九合诸侯，国家内部和谐，诸侯之间和睦，显示了君王的威灵，使晋国再次当上了中原霸主。尽管后来有周灵王十年（公元前562年）末，由于轻视秦

---

① 《国语·晋语七》。
② 《国语·晋语七》。
③ 《左传·成公十八年》。

国，晋国在秦国攻打栎地时遭到失败，但三年后即派六卿率领诸侯军大举伐秦，打败秦军。之后楚、秦联合伐宋并结姻亲，但这都难以动摇晋国的中原诸侯盟主地位。

4. 晋平公重整诸侯及宋国调和南北弭兵

周灵王十二年（公元前560年）楚共王死后，吴国再次攻楚，战败后遣使向晋国报告。晋国又合诸侯，却决定首先攻打秦国以报栎地失败之仇，因联军不肯过河无功而返，成为晋国的耻辱。之后，齐国首先对晋国不忠，邾国攻打鲁国，晋悼公在诸侯失睦中，于周灵王十四年（公元前558年）冬去世。

晋平公即位后，首先是重整诸侯，恢复晋国在诸侯中的地位。他命令诸侯退还相互侵占的领土，逮捕向齐国、楚国派遣使者的邾国、莒国国君，在温地举行宴会，共同讨伐不敬盟主的人。之后，晋国出兵伐齐，齐军大败，巩固了晋国的盟主地位，各小国之间的诉讼也又都请晋国评判。但齐国顺从晋国并非出于真心，对晋君的命令也不予理会，于周灵王十七年（公元前555年）攻打鲁国，晋平公再合诸侯，打得齐军一败涂地。为感谢晋国的出兵相救，鲁国专门设宴招待晋国六卿，赠送给他们华丽的三命车服，军尉、司马、司空、舆尉、侯奄等获赠一命车服，功劳最大的荀偃特别获赠加上玉璧的五匹锦、四匹马，以及吴王寿梦赠送给他的铜鼎。此战使齐国损失惨重，本来晋国还要继续攻打以教训其对盟主的不忠，但因齐灵公死，齐庄公即位，已到达谷地的讨伐大军又挥师而返。周灵王十九年（公元前553年）春，晋国率领诸侯在澶渊（今河南濮阳西）结盟，与齐国讲和。

诸侯国们认为，晋国在齐国有新丧时不出兵讨伐，讲究礼仪，从此更加信服地朝见晋君，诸侯之间也时常朝聘，齐、鲁之间和鲁、宋之间的聘问都互有厚礼相赠。但当时晋国"范宣子为政，诸侯之币重，郑人病之。"郑简公更是在楚国逐渐衰弱后拿出土地上的全部特产，加上宗庙礼器，接受与晋国的盟约，带领诸臣到晋国朝见。郑国事事跟随晋国，但送上的礼物之多越来越感到难以承受，以至于要求晋国允许它讨伐陈国以获得更多的朝贡品。在郑简公去晋国朝见时，子产专门请随行人员带去一封给范宣子的信，说："子为晋国，四邻诸侯，不闻令德而闻重币。侨也惑之。侨闻君子长国家者，非无贿之患，而无令名之难，夫诸侯之贿，聚于公室，则诸侯贰；若吾子赖之，则晋国贰。诸侯贰则晋国坏，晋国贰则子之家坏。何没没也？将焉用贿？夫令名，德之舆也。德，国家之基也。有基无坏，无亦是务乎？有德则乐，乐则能久。诗云：'乐只君子，邦家之基。'有令德也夫！'上帝临女，无贰尔心。'有令名也夫！恕思以明德，则令名载而行之，是以远至迩安。毋宁使人谓子，子实生我，而谓子浚我以生乎？象有齿以焚其身，贿也"①。范宣子觉得子产的话有理，就减轻了各国的贡品。

为了加强与吴国的外交关系，更好地防御楚国，晋平公于周灵王二十二年（公元前550年）决定与吴国缔结姻亲，得知消息后，不少诸侯国为讨晋国欢心纷纷呈送礼物作为嫁妆。齐庄公借赠送媵妾之机，把栾盈及其随从偷运到晋国曲沃。这栾盈本是晋国公族大夫，因被诬告作乱，对晋君不满，出奔楚国后又奔齐。晋平公曾听从大夫阳毕"彼若不敢而远逃，乃厚其外交而免之"②的建议，在栾盈不对晋国实施报复而选择逃亡的情况下，给他逃往的国家送些厚礼，免去他的死罪。但栾盈回到晋国后，却率领他的族人攻打绛地，失败后被杀。齐国见自己辛苦送回的人被杀气愤不已，先是攻打卫国，占取朝歌，之后又攻打晋国，回国后又袭击莒国。齐庄公听说诸侯们计划在夷仪（原邢国之都，一说在今河北邢台西，一说在今山东聊城西南）会见出兵讨伐，赶忙派使者到楚国请求出兵，楚国则通过攻打郑国救齐，诸侯国联军只得撤兵救郑。

周灵王二十四年（公元前548年），齐国的崔杼率兵攻打鲁国，鲁国赶忙向晋国报告，崔杼自知危险来临。他早已因齐庄公与其妻棠姜私通并把自己的帽子随意赐给他人而怀恨在心，便将齐庄公杀死以讨晋国欢心，并拥立齐景公为国君，自己出任宰相。在晋国与诸侯国军在夷仪会合后攻打齐国时，迎接他们的是被捆绑的分开排列的齐国男女。在向晋平公进献齐国宗庙的祭器和乐器后，崔杼还向晋国六卿、五吏、三十个师的将领以及各部门主管、属官和留守人员都赠送了财礼，齐国得以免除干戈之灾。不久，郑国带着攻打陈国时缴获的战利品来向晋国献捷，秦、晋也再度讲和，互派使者盟约。这一年，楚国灭了舒鸠，吴国攻打楚国，吴王诸樊在进攻巢地的城门时中箭而亡。

但是，秦国与晋国的盟约总是不稳固的，并且它与楚国的关系更为密切。

---

① 《左传·襄公二十四年》。
② 《国语·晋语八》。

周灵王二十五年（公元前 547 年）楚王率楚、秦之师攻吴，见吴军有备又乘机攻打郑国的城麇，将守城的印堇父俘虏后献给秦国。郑国想用印家的财货将其赎回，被认为不符合国家体统，后向秦国呈送了符合两国交际的礼品才把印堇父赎回。

这时，中原诸侯国之间也出现了裂隙，卫国人攻打戚地东部边境。为讨伐卫国，划正戚地的疆界，晋国召集诸侯国在澶渊会见后将卫君囚禁。为此，齐、郑国君专门前往晋国，说："晋君宣其明德于诸侯，恤其患而补其阙，正其违而治其烦，所以为盟主也。今为臣执君，若之何？"① 卫国趁机向晋平公贡献了女乐十二人，卫君才得以回国。郑君从晋国回来后，立即遣使去晋国聘问，表现出一副善于事奉大国的样子。晋国也以诸侯盟主的身份，派人前去聘问周王，贡献财礼。

由于吴国兴起，使楚国不得不面对中原诸侯国以外的最强力量，而且由于郑国叛楚，楚国虽然面对单一诸侯国具有明显优势，但已失去了面对联合起来的中原诸侯国的绝对优势。中原诸侯国中只有晋国强势，但在赵盾专权之后，由于不断封赏，国家权力转移到了智、韩、赵、魏四大家手里，在对楚国的战争中虽然多数获胜，但也常常处于守势。支持晋国霸主地位最重要的两个国家，西方的秦国断绝了与晋国的外交友好关系，东方的齐国则在晋国在邲地被楚国打败后，又与晋国发生战争，使力图恢复霸业的晋景公的努力毫无进展。对于常年持久的战争，大国已经打不下去，小国更是因为要向大国进贡送礼，并要随同大国出兵作战而深受其害。周简王七年（前 579 年），宋国的大夫华元利用他与晋国权臣栾武子和楚国令尹子键的特殊关系，努力促成了晋楚两国在晋国西门外的会盟，达成两国停战的和平友好协议，但这个协议仅仅维持了一年就被撕毁，鄢陵之战把晋楚两国的争霸较量推向了另一个高潮。

南北战争与对峙，对中原诸侯来说，最深受其害的是宋国和郑国。郑国在两个大国之间没有立场，见风使舵，宋国则因财力和兵力不足以难以承受。宋国的向戍清晰地看到了弭兵时机的成熟，他与晋国大夫赵孟和楚国大夫令尹子木有良好的个人关系，见此形势，为消除诸侯之间的战争以博得声名，

----

① 《左传·襄公二十六年》。

便往返于晋楚两国游说。晋国的韩宣子认为："战争残害百姓，是财货的蛀虫，小国的大灾难。如果晋国不答应，楚国也会答应"①。而以赵文子为首的晋国新生贵族集团更是强烈支持向戎，楚国则急于从北方羁绊中脱身以应对东方吴国的侵袭。在向戎的斡旋下，晋、楚、齐、秦都同意弭兵，并通告各小国在宋国会见。

　　这次于周灵王二十六年（公元前546年）举行的弭兵大会，是春秋时期一次重要的"国际会议"，共有晋、楚、齐、秦等14个国家参加，达成晋国与楚国平分霸权、跟从晋国和楚国的国家相互朝见、齐秦两国分别和晋楚结盟不必向晋楚进贡的协议。这时晋国的属国有鲁、卫、郑及小国邾、莒、滕、薛等，楚国的属国有蔡、陈、许及小国顿、胡、沈、麋等。鲁国对把自己与邾国、滕国一样看待有意见，齐国则请求把邾国作为属国，宋国请求把滕国作为属国，属国均不参加结盟。但楚、晋缺乏信任，结盟时楚人在衣服里面穿有皮甲以备随时作战。在盟誓时，晋、楚两国又为歃血先后发生争执。晋国认为，过去周成王在岐山之阳会盟诸侯，那时的楚国还属于荆州之蛮，负责摆放缩酒的茅草束，设立望祭山川的表位，与鲜卑人一起看守庭中的火炬，根本没有资格参加盟誓，现在竟然能和我们晋国轮流主持诸侯的盟会，是因为积累了德业。不过晋国又认为，"夫霸之势，在德不在先歃……若违于德而以贿成事，今虽先歃，诸侯将弃之，何欲于先？"② 于是，晋国就同意由楚国先行歃血。两大国歃血盟誓，小国只能顺从大国的意图。次年，即周灵王二十七年（公元前545年），很多诸侯国都到晋国、楚国朝见。在从楚的蔡君到晋国时，郑君也派子太叔到楚国朝见，但楚国让他回去，要求国君亲自来朝见，郑君只好向晋君报告后由子产辅助去楚国。之后，其他以晋国为盟主的诸侯国君也先后到楚国朝见。在鲁襄公到达汉水的时候，恰遇楚康王死，楚国人竟让他为死者穿衣，使鲁国感到奇耻大辱。

　　向戎弭兵有功，便请求国君赏赐给他60个城邑。子罕说："凡是诸侯小国，晋国、楚国用武力威慑它们，使他们害怕然后就上下慈爱和睦，然后能安定他们的国家，以事奉大国，这是所以生存的原因。没有威慑就有骄傲，

---

① 《左传·襄公二十七年》。
② 《国语·晋语八》。

祸乱就会发生，就会被消灭，这是所以灭亡的原因。上天产生了金木水火土五种材料，百姓把它们全都用上了，废掉一样都不行，所以谁能够丢掉武器？武器设置已经很久了，这是用来威慑越出常规而宣扬文德的。圣人用武力而兴起，作乱的人由于武器而废弃。使兴起者废弃、灭亡者生存、英明者昏暗的策略，都来自于武器，而您谋求去掉它，不也是欺骗吗？以欺骗之道蒙蔽诸侯，没有比这更大的罪过了。没对您进行讨伐也就罢了，您还求取赏赐，这是贪得无厌到极点了"①。子罕的一番话，使他打消了要求赏赐的念头。

见天下初步太平，杞国女人所生的晋平公想要会合诸侯为杞国整修城墙，这引起了与其为邻的鲁国的不满，认为晋国不担心周王室的安危（周灵王刚安葬），反而呵护着夏王朝的残余②，快要丢弃姬姓诸国了，谁还归向它呢？后晋平公之母即晋悼公的夫人又因鲁国未完全归还以前侵占的杞国土田而生气。司马女叔侯劝谏说：晋国兼并姬姓小国而扩大疆土，兼并的国家多了谁来治理呢？杞国是夏朝的后代而接近东夷，鲁国是周公的后代而与晋国和睦。把杞国封给鲁国还可以，有什么杞国不杞国的？鲁国对晋国贡品不缺乏，公卿大夫一个接一个前来朝见，玩物按时送到，国库没有一个月不接受贡品，晋国史官也从来没有中断过这方面的记载。像这样就可以了，何必要削弱鲁国而增强杞国呢③？杞国因此而到鲁国结盟。

5. 季札出使中原及南北诸国聘问楚王骄横

中原诸侯的和睦吸引了一心要积极与中原各国交往的吴国，吴王余祭即位不久，就于周景王元年（公元前544年）派季札出使中原。他在鲁国请求聆听观看周朝的音乐舞蹈，分析了周朝的兴衰之势；聘问刚即位的齐景公时会见晏婴，劝其交还封邑和政权（前一年齐国内乱，曾与崔杼一起杀齐庄公的庆封逃亡，经鲁国到吴国）；在郑国会见子产如同故交，认为子产将因郑君无德而把持朝政，赠送给他白绢大带，子产则回赠麻布衣服；去卫国见到这里君子多多，认为不会有内患；去晋国预见到政权将聚集到赵、韩、魏三家。

季札之为人还极其重视信义，途径徐国时，见徐国的国君羡慕他佩带的

---

① 《左传·襄公二十七年》。
② 杞国的开国之君是夏禹后裔东楼公，初在雍丘（今河南杞县），杞成公迁缘陵（今山东昌乐东南），杞文公迁淳于（今山东安丘东北），前445年为楚所灭。
③ 《左传·襄公二十九年》。

宝剑却难于启齿相求，他则因自己还要继续出使列国不便相赠。回国途中再经徐国时，闻徐君已死，季札就慨然解剑挂于徐君墓旁松树上。见侍从不解，他说："不然，始吾心已许之，岂以死倍（背）吾心哉！"① 季札是吴王寿梦

三国吴季札挂剑漆盘
安徽省文物考古研究所藏

四子，不仅品德高尚，而且极具政治家和外交家的远见卓识。他利用出使，与各国要臣高谈政事，评论时势，促进了中原各国与吴国的了解与友好，"季札挂剑"更是传为千古美谈。

根据在宋国弭兵大会达成的诸侯友好互聘盟约，周景王二年（公元前543年）春，新即位的楚王遣使聘问鲁国通好，鲁襄公开始醉心于仿照楚国的样式建筑宫殿。次年六月，鲁襄公死在他热心营造的楚式宫殿里。就在此月，子产辅佐郑简公到晋国朝聘，晋平公因鲁国有丧没有安排会见。子产恼怒之下拆除了所住简陋宾馆的围墙安放车马，并对责备他的士文伯说："鄙邑处在大国之间，而大国索要贡品无定时，因此不敢安居，搜索全部财富前来会见，又不知进见日期不敢献上财币，也不敢让它日晒夜露。如果奉献，那么它就是君王府中的财物，但不经过在庭院里陈设的仪式又不敢奉献。听说晋文公做盟主时，宫室低矮而接待诸侯的宾馆却像现在君王的寝宫一样高大宽敞，宾至如归。现在君王的宫室绵延数里，前来的诸侯君臣住在寒酸的屋子里，大门连车马都进不去。不知道君王何时命令接见我们。外面盗贼横行，如果不拆除围墙，就没法使车马进来，会因财礼损毁加重我们的罪过。鲁国的丧事也是我国的忧虑，如果能尽快奉上财礼，我们愿意把围墙修好走路"② 晋国君臣自知理亏，尽快接见了郑简公一行，而且礼仪更加完备，宴会更加隆重，赠礼更加丰厚。

之后，晋国专门建造了接待诸侯的宾馆，诸侯之间更加有礼，吴王也派

① 《史记·吴太伯世家》。
② 《左传·襄公三十年》。

遣使者到晋国聘问。此时，郑国子产已经主持政事，选能择贤，有外交上的事情就向熟悉四方诸侯政令和各国大夫情况的大臣询问并草拟外交辞令。郑国遣使到楚国聘问，先行到晋国报告。卫襄公去楚国聘问经过郑国时，得到按聘问礼仪辞令和郊劳的接待。在各诸侯国看来，郑国越来越遵守礼仪了，晋平公给子产送去厚礼，楚国也遣使到郑国聘问，诸侯都在议论，说郑国不会再像以前那样经常遭受讨伐了。

周景王四年（公元前 540 年），晋平公因病去秦国医治，陪同前往的赵孟赠送给医生很重的礼物。这一年楚王也生病，但准备出使晋国的王子围亲手将其勒死，即位为楚灵王，得不到信任的楚国公子等人逃命晋、郑。次年，掌握晋国国政的韩宣子聘问鲁、齐、卫等国，并专门向齐景公送上厚礼，各国也按礼仪回聘。晋平公的病痊愈回国后，郑国的子产专程前去慰问，平公将莒国赠送的两个方鼎转赠给了子产。

由于晋国的少姜去世，周景王六年（公元前 539 年），晏婴身负齐景公继续向晋呈送女子的使命出使晋国。他对韩宣子说："寡君使婴曰：'寡人愿事君朝夕不倦，将奉质币以无失时，则国家多难，是以不获。不腆先君之适以备内官，焜耀寡人之望，则又无禄，早世殒命，寡人失望。君若不忘先君之好，惠顾齐国，辱收寡人，徼福于大公、丁公，照临敝邑，镇抚其社稷，则犹有先君之适及遗姑姊妹若而人。君若不弃敝邑，而辱使董（慎）振择之，以备嫔嫱，寡人之望也。'"[1] 订婚之后，晋国设享礼款待晏婴。此时，晏婴已经预测到齐国的君位可能要被陈氏剥夺了。

楚灵王即位后，多次要求郑国前去朝贺新君，为免晋国怀疑心向外边，在遣使向晋国报告后，郑简公亲去了楚国。周景王七年（公元前 538 年），为求得诸侯的拥护，楚灵王派伍举出使晋国，要求大会诸侯。晋平公认为自己的国家地势险要又盛产作战的马匹，而齐国和楚国都有祸难，并不惧怕楚国，后来在女叔侯的劝谏下才勉强同意，并同时答应了楚王的求婚。洋洋得意的楚王问正陪同郑简公出使楚国的子产："晋其许我诸侯乎？"子产说："许君。晋君少安，不在诸侯。其大夫多求，莫匡其君。在宋之盟又曰如一。若不许君，将焉用之？"王曰："诸侯其来乎？"对曰："必来。从宋之盟，承君之

---

[1] 《左传·昭公三年》。

欢，不畏大国，何故不来？不来者，其鲁、卫、曹、邾乎！曹畏宋，邾畏鲁，鲁、卫偪于齐而亲于晋，唯是不来。其余，君之所及也，谁敢不至？"王曰："然则吾所求者无不可乎？"对曰："求逞于人，不可；与人同欲，尽济。"①

　　这年夏天，楚灵王会诸侯于申地（今河南南阳）②，只有曹、邾借口国内有祸难，鲁国和卫国借口国君生病没有来。楚王采取了齐桓公称霸盟会的方式，在诸侯盟会之后表现出骄横之态，不久就抓了徐国之君，攻打吴国，灭亡赖国，取得鄎国。在韩宣子护送晋女到楚国时，楚王对大夫们说晋国是我们的仇敌，要借机羞辱他们。倒是蔿启疆劝说道："是以圣王务行礼，不求耻人。朝聘有珪，享眺有璋，小有述职，大有巡功。设机而不倚，爵盈而不饮；宴有好货，飧有陪鼎，入有郊劳，出有赠贿，礼之至也。国家之败，失之道也，则祸乱兴。城濮之役，晋无楚备，以败于邲。邲之役，楚无晋备，以败于鄢。自鄢以来，晋不失备，而加之以礼，重之以睦，是以楚弗能报，而求亲焉……"③ 于是，楚王厚礼款待韩宣子一行。不过韩宣子已经发现楚灵王过于奢侈，请叔向劝诫，叔向说："汏侈已甚，身之灾也，焉能及人？若奉吾币帛，慎吾威仪；守之以信，行之以礼；敬始而思终，终无不复。从而不失仪，敬而不失威；道之以训辞，奉之以旧法，考之以先王，度之以二国，虽汏侈，若我何？"④ 但一些楚国公子还是很讲究礼仪，在公子弃疾前去晋国回报韩宣子致送晋女经过郑国时，像对待楚王一样以八匹马作为私下进见的礼物给郑简公，给子皮则如同楚国上卿赠送六匹马，给子产是四匹马，子太叔是两匹马。

　　周景王十一年（公元前534年）楚国的华章宫建成，诸侯各国前去祝贺，但只有鲁国是国君亲临。楚灵王将府库所藏的一把叫做大屈之弓的宝弓作为礼物送给了鲁昭公，但不久又后悔了。蔿启疆知道楚灵王的想法后，故意去向鲁昭公祝贺，说："齐与晋、越欲此久矣。寡君无适与也，而传诸君。君其

---

　　① 《左传·昭公四年》。
　　② 周穆王西巡后封叔齐子孙于申国，故址在今陕西宝鸡眉县，史称"西申国"。周初封姜姓诸侯国于今河南信阳，为周之南屏，周宣王时改封在今河南南阳，史称"南申国"，春秋初年被楚文王灭，设为县，部分贵族迁往今信阳。
　　③ 《左传·昭公五年》。
　　④ 《左传·昭公五年》。

备御三邻，慎守宝矣，敢不贺乎?"①鲁昭公害怕了，只得把这礼物又退了回去。伍举知道后，认为楚国已经失去在诸侯中的信任了。后来，楚灵王听说晋国建造的虒祁宫落成之后，各国都是国君前去祝贺，愤愤不平，准备兴兵侵伐中原诸侯。为出师有名，首先讨伐久不朝贺的陈国，毁其宗庙灭其国之后，又伐蔡国。

见楚国破坏弭兵协议，各国大夫集体修书致楚，重申在宋国达成的弭兵之盟，但楚灵王根本不予理会，弭兵之盟走向瓦解。楚灵王的计划是，因为诸侯离晋国近而离楚国远，所以以前朝见晋国的多而朝见楚国的少，灭了陈、蔡两国，就能够与中国诸侯接壤，此时再去威示诸侯，定能使四方服从。之后，再向吴国和越国用兵，征服东南，接着出兵西北，足以取代周王室而成为天子。

(七) 齐景公的谋霸外交与吴王称霸越国举国送礼

在诸侯弭兵期间，虽然晋国和楚国两个大国几十年没有发生大规模战争，但其他国家之间的小规模冲突和内部叛乱却时有发生。而且，晋、楚两国很快又卷入了各国之间发生的冲突中，中原诸侯国在晋国诸侯盟主地位逐渐丧失之际，之间展开了相互攻伐，楚国也四处出击，一些小国陆续被灭。晋国与齐国的关系因齐景公的称霸野心而矛盾升级，楚国则从与晋国的战争中解脱出来，转而与吴国互相攻伐不止，互相削弱。随着晋国和楚国势力的减弱，齐景公在与晋国争夺中原诸侯霸主中成为强国，吴国和越国乘机而起，先后称霸。

1. 徐国献甲父之鼎与齐晋并霸

周灵王二十四年（公元前 548 年），齐庄公因与大夫崔杼的妻子私通，被崔杼联合庆氏发动政变杀死，齐景公即位。其实，齐国在齐桓公死后的 100 多年里，就常常陷入到宫廷内乱之中难以自拔，多位国君因此丧命。以后的各位国君，无不因为晋国的强大难以在诸侯争霸中有所作为，即使在晋楚争霸中也只能占据次要地位。齐顷公时期曾想趁晋国力量削弱之时与晋国争霸，却险些被晋国灭国。

---

① 《左传·昭公六年》。

　　齐景公从一开始是作为崔氏、庆氏等大夫们的傀儡而存在的。在诸侯弭兵时，尽管是晋国与楚国平分霸权，但齐国的诸侯地位也得到了承认，与秦国一样，不再向晋国和楚国进贡朝见，成为四强之一。不过，此时鲁、卫、陈、蔡等齐国的邻国实际上都成为晋国的附属国，齐国被包围其中，宏图难展。宴婴是齐国的世家宗族之一，贤达而有骨气，在新兴的田氏家族势力与旧有宗族势力之间都有较高的威望。在与晏婴的密谋下，齐景公先后灭了崔氏家族和庆氏家族，重新掌握政权后，任用宴婴为相辅佐朝政。宴婴采取轻徭薄赋、修改"盐铁专卖"由国家垄断转为允许私人转包、重新分配土地等政策，使齐国内政稳定，经济发展，军力增强。

　　这时，齐景公开始看到了齐国再次走上谋求霸主地位希望。他不想像秦国那样背向中原向西发展，而是力图复兴齐桓公的霸业，在中原诸侯中再次树立齐国的霸主地位。当时，楚国在灭了陈国、蔡国之后，向中原诸侯显示了威力，各国担心受到楚国攻击，于是大国来聘，小国来朝，携带礼物前来贡献的各国使者不绝于路。为了与中原地区实力较强的晋国抗衡，突破晋国势力集团对齐国的包围，齐国首先要争取楚国的支持。周景王元年（公元前544年），晏婴奉命出使楚国，以机智的语言应对楚灵王的挑衅，展示出了政治家的胸怀和外交家的机敏，得到楚灵王的尊重，获得厚礼而回，齐景公为此赏赐给他千金之裘。

　　周景王二年（公元前543年），鲁昭公因朝见晋国奉送的礼品太多以及对与莒国的纠纷处理不满，欲与齐国结交，前来朝见齐君。齐国借机打破晋国的包围，破坏鲁国君臣关系，在宴会上拿出说是早年东海人进献的桃核所结的金桃，通过"两桃杀三士"之计，迫使鲁国与齐国结成盟友。又听说晋昭公正在招揽贤士，齐国也以缯帛为礼，到东海之滨招来穰苴，使其率兵北据燕、晋。

　　周景王三年（公元前542年），齐国攻打北燕，晋国救援失败，成为自晋文公以来第一次败于齐国，也迎来了自齐桓公之后齐国最好的国家形势。次年，被鲁国攻打的莒国向盟会报告鲁国违约，楚国要求杀死鲁国的使者穆叔，后在晋国的请求下，穆叔得以幸免。这以后的几年里，宋、卫、郑、陈四国都同一年发生大火，晋国内室不稳、大臣贪渎，楚国有费无极挑唆下的宫廷内乱吴国侵袭，宋国有华氏叛乱，鲁国有季氏内乱，吴国有王子弑君，周王室有王子朝内乱，诸侯国多想叛晋且相互冲突不断，倒是齐景公内有晏婴为良臣，外有穰苴为强将，兵强国治，四境平安。

周景王八年（公元前537年），鲁昭公前去晋国朝见，晋平公认为鲁国的来访从郊劳到赠送财礼都没有失礼。但女叔侯却认为，这仅仅是一种仪式而不是礼。他说："礼，所以守其国，行其政令，无失其民者也。今政令在家，不能取也；有子家羁，弗能用也；奸大国之盟，凌虐小国；利人之难，不知其私。公室四分，民食于他。思莫在公，不图其终。为国君，难将及身，不恤其所。礼之本末将于此乎在，而屑屑焉习仪以亟。言善于礼，不亦远乎？"① 此时，被鲁国侵袭的莒国向晋国起诉，要求扣留鲁昭公。不久，楚国攻打徐国，吴国救援。齐国为送在内乱中逃亡齐国的燕简公回国攻打北燕，燕人求和，以先君的器物玉甓、玉柜、玉罃为礼，并将燕姬嫁于齐君。周朝的甘地人也因为土地与晋国展开争夺战。周景王十三年（公元前532年），晋平公去世，晋昭公即位，郑国的子皮准备带着财礼前去吊丧。子产说："丧焉用币？用币必百两，百两必千人。千人至，将不行。不行，必尽用之。几千人而国不亡？"② 他认为千人礼物送出去几次，郑国就要灭亡了，但子皮不听，出使期间用完了全部财礼，后来很后悔。

周景王十四年（公元前531年），楚国灭了蔡国和陈国，而晋国难以救援，请求楚国赦免蔡国也未获答应。此年是晋昭公元年，齐景公见晋、楚都多事，有意图伯，想看看晋昭公的为人，便来到晋国。在各国前来朝见新君举行投壶游戏时，晋、齐大臣以"霸主"为题发生争执。眼看中原诸侯盟主地位有丧失的危险，刚即位的晋昭公心有不甘，于周景王十五年（公元前530年）以4000辆兵车相威逼，邀请齐景公参加在平邱举行的诸侯会盟，并请了周王之臣参加以提高地位。会见时，郑国的子产对进贡礼品的轻重次序表示不满，说："昔天子班贡，轻重以列。列尊贡重，周之制也。卑而贡重者，甸服也。郑伯，男也，而使从公侯之贡，惧弗给也，敢以为请。诸侯靖兵，好以为事。行理之命无月不至，贡之无艺，小国有阙，所以得罪也。诸侯修盟，

---

① 《左传·昭公五年》。
② 《左传·昭公十年》。

存小国也。贡献无艺，亡可待也。存亡之制，将在今矣。"① 此时，尽管晋国依然比较强大，但晋国的大臣贪求财货无度，在晋国提出要重温过去盟约的时候，齐国不同意，各国诸侯普遍认为它已不能起到盟主地位了。

楚国灭了陈国、蔡国之后，又迁走了许、胡、沈、道、房、申等小国，准备遣使去周王室求取九鼎。为此，楚灵王计划先伐徐，再伐吴，使大江以东皆归于楚，则天下大半都是楚国的了，取回九鼎代替周王室就很容易了。周景王十五年（公元前530年），楚灵王来到州来（今安徽凤台）狩猎阅兵，屯兵乾溪。楚王问右尹子革："昔我先王熊绎与吕伋、王孙牟、燮父、禽父并事康王，四国皆有分，我独无有，今我使人于周，求鼎以为分，王其与我乎？"子革回答："与君王哉！昔我先王熊绎辟在荆山，筚路蓝缕以处草莽，跋涉山林以事天子，唯是桃弧、棘矢以共御王事。齐，王舅也；晋及鲁、卫，王母弟也。楚是以无分，而彼皆有。今周与四国服事君王，将唯命是从，岂其爱鼎？"楚王问："昔我皇祖伯父昆吾，旧许是宅。今郑人贪赖其田，而不我与。我若求之，其与我乎？"子革答："与君王哉！周不爱鼎，郑敢爱田？"楚王又问："昔诸侯远我而畏晋，今我大城陈、蔡、不羹，赋皆千乘，子与有劳焉，诸侯其畏我乎！"子革回答："畏君王哉！是四国者，专足畏也。又加之以楚，敢不畏君王哉！"② 楚王想再次问鼎中原，占领他国，将周之九鼎运回楚国，但子革又劝其克制，楚王为此寝食不安。当时正是大雪天气，楚灵王身穿秦国进献的复陶裘，又披上秦国进献的翠羽被，站在雪地里，遥望三千里外的徐国，浮想联翩。周景王十六年（公元前529年）春，趁楚王在外阅兵狩猎尚未归国，在已灭国的蔡君策划下，一群叛逆的楚国公子拥立子干为新王，并以复国为许诺，联合蔡、陈、许、叶等地的未降军队攻楚。惊闻此消息后，随从楚灵王的士兵已是惊慌四散，见众叛亲离，一连三日无食的楚灵王于逃亡途中自缢而亡。随后，蔡君发动楚宫内乱，迫使子干自刭，蔡君即位改名熊居，自立为楚平王。楚平王即位后，汲取楚灵王的教训，立即派遣子革检阅其西部地区的武装，安抚百姓，决定与周边邻国友好，把先前楚灵王掠走的陈、蔡两国宝器都予以归还，恢复陈、蔡两国，所迁走的六小国也回到

---

① 《左传·昭公十二年》。
② 《左传·昭公十二年》。

原地。楚平王还布施恩惠，举拔贤才，致力于楚国复兴，五年之后再用兵。

在楚国息兵修养时，周景王十八年（公元前527年），晋国在向鲜虞借路灭了肥国后，随之又进攻鲜虞，灭了鼓国，遣使去成周参加周穆王王后的葬礼。葬礼完毕，周王拿出鲁国进贡的壶作酒杯与使者饮宴，并借机向晋国索要贡品。周王说："伯氏，诸侯皆有以镇抚王室，晋独无有，何也？"文伯抢话说："诸侯之封也，皆受明器于王室，以镇抚其社稷，故能见彝器于王。晋居深山，戎狄之与邻，而远于王室，王灵不及，拜戎不暇，其何以献器？"周王对晋使说："叔氏，而忘诸乎！叔父唐叔，成王之母弟也，其反无分乎？密须之鼓与其大路，文所以大搜也；阙巩之甲，武所以克商也，唐叔受之，以处参虚，匡有戎狄。其后襄之二路，戚钺、秬鬯，彤弓、虎贲，文公受之，以有南阳之田，抚征东夏，非分而何？夫有勋而不废，有绩而载，奉之以土田，抚之以彝器，旌之以车服，明之以文章，子孙不忘，所谓福也。福祚之不登，叔父焉在？且昔而高祖孙伯黡司晋之典籍，以为大政，故曰籍氏。及辛有之二子董之晋，于是乎有董史。女，司典之后也，何故忘之？"① 周王骂其数典忘祖，这使晋国使者一时难以应对。

齐景公自平邱归国后，认为晋国的政权被六卿把持，楚国有内乱和新王地位不稳，晋、楚均难以独霸天下，便认可了晋国做西北霸主，自己要做东南霸主，于是向东方诸侯征聘。徐国不服从，齐国便于周景王十九年（公元前526年）大兵压境，迫使徐国献上了甲父之鼎，而晋国不敢追究，有人因此感慨诸侯没有领袖是小国的悲哀。从此，齐国的领土范围进一步扩大。

这一年三月，晋国派韩宣子前去郑国聘问。韩宣子有一只极为珍视的玉环，得知与之配对的另一只在郑国一个商人手里后，便向郑定公索要。大臣们认为不能轻慢晋国和韩宣子，要从商人手里拿来作为礼物赠送给他。但子产认为，玉环不是官家府库保管的器物，说："侨闻君子非无贿之难，立而无令名之患。侨闻为国非不能事大、字小之难，无礼以定其位之患。夫大国之人令于小国，而皆获其求，将何以给之？一共一否，为罪滋大。大国之求，无礼以斥之，何餍之有？吾且为鄙邑，则失位矣。若韩子奉命以使，而求玉焉，贪淫以甚，独非罪乎？出一玉以起二罪，吾又失位，韩子成贪，将焉用

---

① 《左传·昭公十五年》。

之？且吾以玉贾罪，不亦锐乎？"对韩宣子的贪婪表示不满。韩宣子强行从郑国商人手中买回了玉环后，得知郑国先君和商人曾有不背叛、不强买强卖的盟约，又将玉环退了回去。在郊外饯行时，韩宣子用玉和马作为礼物私下拜见子产，说："子命起舍夫玉，是赐我玉而免吾死也，敢不藉手以拜！"[①]

周景王二十三年（公元前 522 年），齐国趁卫国内乱接纳了流亡的卫灵君。公元前 520 年，在吴国侵犯宋国时，齐国果敢出兵助宋败吴。卫国和宋国都是晋国的盟友，而今却全都站在了齐国一边。晋国的势力范围不断被齐国分化瓦解，中原诸侯进入齐国和晋国平分霸主的时期。

晋国不甘心齐国的强大，为了重振中原诸侯霸主地位，于周敬王十四年（前 506 年）召集十八个诸侯国在召陵会盟，宣布向戎协调成功的弭兵协议所规定的晋楚平分霸权的协议作废，号召中原诸侯一起攻打楚国，但却没有得到诸侯国的响应，甚至一直服从晋国的郑国都倒向了齐国一边。在晋国元帅赵鞅于周敬王十八年（公元前 502 年）去世后，晋国的六卿在权力分配上出现矛盾，齐景公纠结军队，向晋国的边城聊城发起攻击，欲在取得之后直捣邯郸。但是，这时齐国的大将穰苴已不在世，齐景公的计划在晋国的阻击下没有实现。周敬王二十三年（公元前 497 年），晋国陷入大夫的内战之中，齐景公借机扶持范氏和中行氏集团与赵氏集团对抗，并联合鲁、卫攻打晋国。在周敬王二十七年（公元前 493 年）的濮阳（今河南濮阳）战役中，齐国惨败。尽管齐景公对晋国的几次军事行动都没有取得军事上的成功，但却借机侵占了大片晋国领土，成为长江以北第一大国。周敬王三十年（公元前 490 年）齐景公去世之后，齐国再次陷入内乱，他所倚重的田氏集团消灭了原姜氏的旧有贵族集团，田乞成为独揽大权的相国，姜尚建立的齐国即将被田氏取代。

2. 蔡君送礼受辱与晋国失去盟主地位

楚平王即位之初，宠信佞臣费无忌。当时，楚平王派费无忌为太子建到秦国纳娶，秦国因与晋国关系恶化，见楚国正是强盛，同意了建立姻亲关系。费无忌前去迎接秦女孟嬴，见其甚美，便劝楚王自娶，平王好色，强纳儿媳，而以齐女许配给太子建，费无忌也转为侍奉平王，官拜太子少傅，楚平王从此不理朝政。由于担心平王去世后太子对自己不利，费无忌不断离间平王和

---

① 《左传·昭公十六年》。

太子建，先是迫使太子建出镇城父，后又以其有谋反之心，迫使太子建逃亡郑国。废掉太子建后，费无忌又谗言杀死了太子建的师傅伍奢。伍奢之子伍子胥一心复仇，到郑国找到太子建后，此时宋平公死，宋元公即位，宋国发生华氏之乱，楚国出兵救华氏。伍子胥与太子建请求晋顷公相救，由于中原诸侯国畏惧楚国不敢应战，晋国要求诸侯出兵救宋没有实现。伍子胥与太子建依靠晋国伐楚的希望破灭，又回到郑国。无望的太子建贪于得国，给郑定公左右大送财礼，无乃泄密，太子建被杀。伍子胥携带子建之子胜继续逃亡，于周景王二十五年（公元前 520 年）逃到吴国。是年，周景王死，周悼王即位，王室大乱，晋顷公纳王于城不久，悼王病卒，周敬王即位，居于翟泉，晋国又率诸侯迎接周王进入王城。

周景王十九年（公元前 526 年），吴王余昧病笃，季札不受王位，王僚即位。诸樊之子光为将，曾率吴军与楚战于州来。到了周敬王元年（公元前 519 年），当时楚太子建的母亲正在郧地（原是郧国，今湖北安陆县），费无忌担心她成为伍子胥伐楚的内应，劝楚平王将其杀死。子建母知道后向吴国求救，公子光带兵出发，楚平王则召集陈、蔡、胡、沈、许、顿六国军与吴军作战，但是联军心不统一，遭受大败。楚平王由此知道了吴国的强势，只好迁都，仍为郢都，原郢都改为纪南城。之后操练水师，直逼吴国边境，公子光率军迎击，再次大败楚军，并灭了巢（古巢国地，位于今安徽巢县东北）和钟离。周敬王四年（公元前 516 年），多次败于吴国并痛失巢和钟离的楚平王郁闷而死，楚昭王即位。

伍子胥复仇心切，劝吴王乘楚国丧乱发兵攻楚，胜利了就可以成为诸侯霸主。但公子光认为：晋楚争霸之时，吴国是楚国的属国，现在晋国已经衰微，楚国多次败于吴国，中原诸侯已经离心，南北之政将归于东方的吴国。如果此时派遣公子庆忌召集郑、卫两国的军队合力攻楚，同时派遣季札朝聘晋国以观察中原诸侯的态度，吴国再苦练舟师，水陆并进围攻楚国的潜地，吴国定能称霸。王僚同意了公子光的建议，除了公子光外，其他公子均被派遣在外。

伍子胥知道公子光的用心，对他说：以前越王允常铸造有五把宝剑，其中三把献给了吴王寿梦，即湛卢、磐郢和鱼肠，无不削铁如泥。公子光心领神会，于周敬王五年（公元前 515 年）派遣刺客专诸用鱼肠剑刺死了吴王僚，公子光即位，是为吴王阖闾。正在前方与楚军作战的吴军因国内弑君之乱没有援军，被楚军包围，楚昭王欲乘机讨伐吴国。吴王阖闾在伍子胥的辅佐下，立城郭，设守备，治兵革，充实仓廪，发展经济，令楚国难以攻伐。此时，楚国的费无忌因与鄢将师妒忌左尹郤宛击败吴国，杀其全家，伯郤宛之子伯嚭也投奔吴国，国人已经对费无忌怨声四起，令尹囊瓦杀了费无忌并灭其族，掌握了朝政大权。但伍子胥和伯嚭的逃亡吴国，为楚国带来了几乎灭顶之灾。

这时，吴国公子庆忌逃奔在外，招兵买马准备伐吴，以报阖闾弑君篡位之仇。为铲除这个威胁，伍子胥施计由要离刺杀了公子庆忌，之后又以黄金十镒、白璧一双聘得孙武训练和指挥军队。孙武带兵先灭徐，又伐钟吾，袭破舒城，随时准备攻打楚国，显示了军事家的指挥策略。

越王献给吴王寿梦的三把宝剑，磐郢给亡女陪葬，鱼肠用于刺死王僚，另一把湛卢不知为何传到了楚昭王之手。楚昭王得此宝剑后，极为兴奋，诸侯听说后于周敬王十年（公元前510年）前来朝贺。当时，从属于楚国的蔡昭侯与唐成公一起去朝见楚昭王。蔡昭侯专门制作了两件玉佩和两件皮衣到楚国，把一件玉佩和一件皮衣献给了楚昭王，自己用了另一件皮衣和玉佩。唐成公去楚国时两匹肃霜马，此马色如霜纨，高首修颈，天下稀有。昭王穿上皮衣佩带玉佩设享礼招待蔡君、唐君后，楚国大臣囊瓦向蔡君索要皮衣和玉佩，向唐君索要宝马，二人均不答应。囊瓦对昭王谗言，说这二人将为吴国作向导来进攻楚国，使二人被囚禁在楚国三年，直到把东西送给囊瓦才得以脱身。此年，吴王阖闾派孙武、伍子胥和伯嚭率军伐楚，并从越过征兵，但越王允常此时已经与楚国友好，不肯出兵，遭到了吴国的攻伐。楚国为报复吴国攻打其潜地和六地，由囊瓦率舟师伐吴，吴军在巢地给予楚军以痛击。军事上失败的囊瓦，越来越热衷于敛财，见囊瓦执政的楚国贪得无厌，蔡、唐两国均遣使与吴国通好。

蔡昭侯为了雪耻，把长子送到晋国作人质，晋国于周敬王十四年（公元前506年）召集了宋、齐、鲁、卫、陈、许、郑、曹、莒、邾、顿、胡、滕、薛、杞、小邾等大小16个诸侯国及周王室的部队组成联军，在召陵（今河南郾城）会合诸侯，准备伐楚。原本属于楚国的属国，都因为憎恨囊瓦贪财，参加到联合行动中来。但因晋国大将荀寅以会和诸侯有功自居，借机向蔡昭侯索要厚礼，被蔡君拒绝，荀寅竟因此取消了伐楚计划。在这次会合诸侯之前，晋国还向郑国借用羽毛，却在第二天将羽毛装饰在旗杆上参加盟会，被认为是极其失礼的行为。

见晋国不能相助，蔡昭侯转而请求吴王阖闾。吴国本是楚国的属国，自吴王寿梦时期开始崛起后，又受晋国联吴抗楚政策的影响，与楚国攻伐不断。到吴王阖闾时期，辅佐吴王的伍子胥任命孙武为将军，伯嚭为太宰，已是兵强马壮，国力充足。吴王阖闾认为，此时楚国已经孤立，在蔡、唐两国的要求下，吴王派遣蔡、唐配合下的吴军长驱直入。楚昭王知道后大惊，尽出宫中粟帛，遣使送到汉东诸国，要求这些属国出兵救援，而他自己则出逃云中。吴军与楚军在柏举（今湖北麻城）展开激战，楚军大败后，吴国占领了楚国都城郢都（今湖北荆州）。蔡国、唐国国君从逃跑的囊瓦家中搜出了裘与马，献给了吴王。而伍子胥见楚昭王出逃，在指挥士兵焚毁楚国宫室后，掘开楚平王的坟墓，开棺鞭尸以解心头之恨。听说楚昭王逃到了随国，伍子胥立即给随国国君致以国书。此时随国与楚国关系良好，假说楚昭王不在，伍子胥又因太子建被杀之事移兵伐郑。

这场战役奠定了吴国在诸侯中的地位，正如司马迁所言："（吴国）西破强楚，入郢；北威齐、晋，显名诸侯，孙子与有力焉！"[1] 但是，吴国没能保全蔡、唐两国，从郢都逃跑的申包胥到秦国请求秦哀公出兵救楚，秦国出兵灭了唐国。蔡国虽然不敢与秦军交战，但在周敬王二十六年（公元前494年），楚王趁吴越交战，领兵包围了蔡国国都，蔡国把男女奴隶捆绑排列作为礼物献给楚王投降，楚王把蔡国迁移到长江、汝水之间。

这时，郑国趁楚国无力反击灭了许国，开始叛晋，宋国、卫国也都想背叛晋国，"诸侯唯宋事晋，好逆其使，犹惧不至。"[2] 周敬王十七年（公元前503年）齐国攻打鲁国，晋国于次年出兵帮助鲁国攻齐。鲁定公专门前去慰问晋军，"会晋师于瓦。范献子执羔，赵简子、中行文子皆执雁。鲁于是始尚羔"[3]。见晋人以羔羊为礼，鲁国也开始以羔羊为贵。在晋国的支持下，鲁国还出兵讨伐了背叛晋国的卫国。见鲁国与晋国友好，齐国挑拨在鲁国执政的

---

① 《史记·孙子吴起列传》。
② 《左传·定公八年》。
③ 《左传·定公八年》。

阳虎发动政变，失败后阳虎向齐国献上了几座城，并贿赂齐国大臣，得到了齐景公的重用。

为改变臣强君弱、人心激愤的局面，鲁定公以厚礼将在齐国任大司寇的孔子聘任到鲁国为相。齐景公认为，以孔子为相将使鲁国强大，强大了就会与齐国有土地之争。为了压制鲁国的强大，齐景公选择了年轻貌美、能歌善舞的 80 名女子，以及 120 皮良马，派遣使者赠送给了鲁定公，鲁国君臣见状感激不尽，以黄金百镒为礼回赠。从此，鲁定公沉溺于声乐之中，一连三日不视听朝政，孔子见状，与子路等人离开鲁国前往卫国，鲁国再次走向衰落。

齐国见晋国不能联合诸侯伐楚，纠合郑国、卫国盟誓，自称为盟主，并因鲁国仍然事奉晋国而屡屡侵扰其边境。周敬王十九年（公元前 501 年），鲁国的阳虎为夺取执政大权发动内乱，季、孟、叔三家合力围攻，迫使阳虎逃奔齐国，并献上了城邑。从此，鲁国的季、孟、叔三家已经三分鲁国，国君成为大夫政权夺利过程中的摆设。周敬王二十一年（公元前 499 年），在齐景公为谋求诸侯霸主地位不断拉拢打击晋国盟国的努力下，世代与晋国友好的鲁国与郑国结盟，共同背叛晋国，晋国在诸侯中彻底失去了拥护。

3. 越国兵败举国送礼与吴王称霸

根据《国语·越语》的记载，吴、越两国是春秋后期中国东南部（长江下游）的两个大国。吴在江苏南部，越在浙江北部，两国土地相邻，但世代结怨，互相攻伐。

吴国是周太王之子吴太伯及其弟仲雍创建的，他们在太王欲立季历为周王之时，逃奔荆蛮，纹身断发，以避季历。"太伯之奔荆蛮，自号勾吴，荆蛮义之，从而归之千余家，立为吴太伯"[①]。周武王灭商后，求太伯、仲雍之后，得周章，此时周章已经为吴主，于是就封周章之弟虞仲于周之北故夏墟，列为诸侯。对于吴国，司马迁说得很详细："自太伯作吴，五世而武王刻殷，封后为二：其一虞，在中国；其一吴，在夷蛮。十二世而晋灭中国之虞。中国之虞灭二世，而夷蛮之吴兴。大凡从太伯至寿梦十九世。""王寿梦二年，楚之亡大夫申公巫臣怨楚将子反而奔晋，自晋使吴，教吴用兵乘车，令其子为

---

① 《史记·吴太伯世家》。

吴行人，吴于是始通于中国。吴伐楚”①。尽管在吴国与晋国正式建立友好关系之前，吴国还是楚国的附属国，但从春秋中期开始，吴国就一直努力学习中原的礼仪和文化制度，经济也得到了迅速发展。国力渐强的吴国曾向北方的鲁国、邾国发动过试探性的扩张与攻击，但大部分情况下还是因应晋国的策略，不断侵袭和骚扰楚国，并在中原诸侯国的削弱中得到发展。

虽然吴国在兴起后一直与其西方的楚国互有攻伐，但吴国和越国这两个邻国却有世仇。“越王勾践，其先禹之苗裔，而夏后帝少康之庶子也。封于会稽（今浙江绍兴），以奉守禹之祀。文身断发，披草莱而邑焉。后二十余世，至于允常。允常之时，与吴王阖闾战而相怨伐。允常卒，子勾践立，是为越王”②。尽管分别是大禹的后裔和周王所封，但吴、越两国的君主都早于中原诸侯自称为王，潜越周王室的规制。

吴王率军伐楚取得大胜，几乎使楚国灭国。但申包胥向秦国借兵，秦军先是灭亡了唐国，吴王阖闾听后大惊，赶紧携带楚国府库中的珍宝率军回国。夫概自恃破楚有功，却因在沂水迎击申包胥引来救楚的秦军作战中失败，被吴王安排镇守楚国的郢都，心怀不满。趁吴国大军在外，夫概抢先吴王一步，诈称吴王在与秦军作战中失败，渡汉水回国，自立为王。但是，吴国世子波不允许他进城，他便遣使到越国请兵夹攻吴国，答应事成以五城为谢。越王允常知道效忠吴王的孙武善于用兵，在得知吴王即将回国的消息后，班师而回，自立为越王。

吴军撤离后，楚昭王回到郢都。越国在楚国复国后，遣使来贺，并进献宗女。此时，楚王夫人因失身于吴王阖闾羞愤自尽，楚王便立越国进献的宗女为夫人。复国后的楚昭王反思任用费无忌之过，以子西为令尹，子期为左尹，申包胥为右尹，勤于国政，练兵固守，近十年不对外用兵，终于使国力得到恢复。

吴王阖闾完胜楚国后，威震中原，各诸侯国无不畏惧，吴国实际上已经成为诸侯霸主，并开始大治宫室，在姑苏山修筑高台。听说齐国准备与楚国通好，吴王认为这是吴国北方之忧，计划先伐齐，再攻越。伍子胥建议现在

---

① 《史记·吴太伯世家》。
② 《史记·越王勾践世家》。

对齐国攻伐不如通过遣使求婚缓和关系，于是吴王派遣大夫王孙骆前往齐国为太子波求婚。但娶回来的少姜不懂夫妻之乐，抑郁而死，葬今常熟虞山。

　　周敬王二十四年（公元前 496 年），越王允常死后勾践即位，已经年老的吴王阖闾乘越国有丧兴兵攻越。越国以死罪犯人三百人于前，精锐部队殿后，趁吴军被扰乱之机发动突然袭击，吴军大败。吴王阖闾因在战斗中负伤而死，死前叮嘱他儿子夫差定要复仇。吴王夫差即位后，苦练军队，于周襄王二十六年（公元前 494 年）对越国发动了全面战争，并在五湖①大败越兵主力，经过椒山激战，越国几乎到了亡国的境地。越王勾践率领五千残兵退守会稽山（今浙江绍兴东南）后，其国土只剩下区区方圆百里。

　　在吴、越互相攻伐期间，中原诸侯国由于士大夫的强势，很多国家已经政由"私门"而出，卿大夫掌管了国家的实际权力，士阶层成为卿大夫施政的得力工具，国君多被架空。这些士大夫进入春秋时期以来，在辅佐国君治理国家特别是参与诸侯征伐时，由于国君用论功行赏的办法换取他们的效忠，被分封的土地面积越来越大，不仅有了自己的经济和政治权力，还有了甚至超过国家军力的私家军队，俨然成为国中之国，这与周王朝建立之初进行诸侯分封所导致的结果几乎如出一辙。为了控制国君，很多诸侯国的士大夫都参与了国君废立之争，例如齐国，先后有三个国君都死在士大夫的权力争夺中。晋国的士大夫阶层尤其具有代表性，此时，由于晋景公失政，晋国六卿为了争权互相残杀，国家陷入一片混乱之中，根本无法顾及吴国与越国之间的征战。到周敬王三十年（公元前 490 年），赵家联合韩、魏、智三家占据朝歌欲发动叛乱的荀寅和吉射，晋国六卿只剩下赵、韩、魏、智四家了。而吴国和越国之所以在春秋后期异军突起，很大程度上也是因为没有掌握绝对权力的士大夫，国君拥有政治和军事上的绝对权威。在中原地区失去了霸主，楚国无力北上争霸之时，早期与晋国通好的吴国和早期与楚国通好的越国之间发生争霸战争似乎是历史的必然。但是，比起吴国来，越国由于地理位置相对于中原而言更为偏远，其北方的吴国成为它向中原进军的最大的也是唯一的障碍，吴国也认为战胜越国就可无后顾之忧，可以保证自己成为诸侯霸主了。所以，在吴王阖闾被越国击败并受伤而死后，吴王夫差要倾全国之力展开一场战胜越国的复仇之战。

---

　　① 太湖东五个小湖。

　　兵败后退守会稽山的勾践为了一线生机，赶忙派文种到吴国去求和。文种对吴王说，越王愿意把金玉及子女奉献给大王，以酬谢大王，并请允许把越王的女儿做大王的婢妾，大夫的女儿作吴国大夫的婢妾，士的女儿作吴国士的婢妾，越国的珍宝也全部带来；越王将率领全国的人，编入大王的军队，一切听从大王的指挥。

　　见有伍子胥坚决反对，越国又打扮了 8 个美女献给了吴国太宰伯嚭，说您如果能帮助赦免越国，还有比这更漂亮的美女献给您。太宰伯嚭贪恋美色，劝吴王说："闻古之伐国者，服之而已；今已服矣，又何求焉?"[1]尽管有远见的伍子胥仍然反对，但吴王还是决定与越国议和，将军队撤离越国。

　　越王勾践即位三年就想攻吴，结果招致惨败，兵败后向范蠡征询如何挽救危局。范蠡建议他"卑辞厚礼以遗之，不许，而身与之市"[2]，对吴王要用卑己顺人的言辞和贬己隆人的礼节去求和，献上古玩珍宝和歌妓舞女，用尊贵的"天王"称号来称呼他；如果还不能阻止吴军的围剿，就要把自身送给吴王当奴仆[3]。文种还对越王勾践说：以前商汤被囚于夏台，周文王被囚于羑里，最终都成了天子；齐桓公出奔莒国，晋文公流亡翟国，最终都成了诸侯霸主。只有处于艰难境地，才能最终翻身成为当今霸主。勾践听从文种的建议，《史记》记载："于是勾践乃以美女宝器令种间献吴太宰嚭。嚭受，乃见大夫种于吴王。"勾践把国家嘱咐给大夫们管理，在范蠡的护送下来到吴国。他先派范蠡送给太宰伯嚭以金帛美女，被伯嚭引见给吴王，将列有宝物和美女的礼品清单献给吴王，自愿成为吴王的马前之卒，忍受种种屈辱。

　　这样，吴王阖闾在重用孙武、伍子胥两人之后，曾经使楚国险些灭绝，现吴国又打败了宿敌越国，北方能抗齐、鲁，西面能制楚、晋，使吴国的兵力成为当时所有诸侯国中最强的，各诸侯国无不畏惧。之后，吴国利用到蔡国送聘礼，将军队渗入到蔡国，把蔡国迁移到州来，吴王夫差开始实施了他的北上争霸计划。

　　4. 越王勾践送礼惑吴称霸与周王赏赐诸侯致贺

　　越王勾践在吴国期间，吴王见勾践死心塌地地服从自己，特别是在吴王

---

　　① 《国语·越语》。

　　② 《史记·越王勾践世家》。

　　③ 《国语·越语》。

生病时求其粪而尝之，决定把勾践送回越国。伍子胥劝谏说：以前夏桀囚禁商汤而不杀，商纣王囚禁周文王又释放，终成灭国之灾。伯嚭收了勾践厚礼，极力在吴王面前为勾践辩护，吴王置伍子胥的劝谏于不顾，且亲自置酒，为勾践回国送行。

在吴国忍辱负重三年后，吴国人放回了越王勾践。勾践回国后继续向范蠡请教，并在范蠡的推荐下由文种治理内政，坚持顺从地道，宽容、仁爱、平和地处理政事，分析、预测天下形势，等待时机来临。在勾践则卧薪尝胆，励精图治，积聚力量，伺机灭吴之时，夫差恃胜而骄，急欲称霸中原，连年对外征战，对越国根本就不加戒备。

回到越国的勾践急于复仇，暗地里苦身劳心，表面上却对吴国卑微顺从，派往吴国的问候使节不曾间断。为了表示衷心，勾践派人到山中采葛，要制作黄丝细布献给吴王。吴王听说后高兴地增加其封地，使越国的疆域东至句甬，西至檇李，南到姑蔑，北到平原。勾践得到赏地后，立即又制作葛布十万匹、甘蜜百坛、狐皮十个、竹船十艘，呈送给吴王，吴王回赠以羽毛饰品。此时，吴国的大将孙武已经隐居，伍子胥以有病为由不再上朝。

周敬王三十年（公元前 490 年），谋求争霸的齐景公和能够制约晋国的楚昭王均去世，晋国因大夫争权政局混乱，鲁国在孔子离去之后萎靡不振，只有吴国为天下之雄，诸侯畏惧。吴王见勾践对吴国忠贞不贰，在伯嚭的建议下开始大兴土木，营建宫室，改扩建姑苏台，使其能容纳六千名歌童舞女同时演出欢乐。文种继续向勾践建议，要投吴王之所好，向吴国贡献深山大木促成其建筑宫室和姑苏台，并从民间选拔美女西施和郑旦，于周敬王三十一年（公元前 489 年）进献给吴王。

以为后院无忧的吴国在中原诸侯衰弱之际，把矛头指向了北方的鲁国。周敬王三十二年（公元前 488 年），鲁哀公在鄫地①会见吴人。"吴来征百牢。子服景伯对曰：'先王未之有也。'吴人曰：'宋百牢我，鲁不可以后宋。且鲁牢晋大夫过十，吴王百牢，不亦可乎？'景伯曰：'晋范鞅贪而弃礼，以大国惧敝邑，故敝邑十一牢之，君若以礼命于诸侯，则有数矣。若亦弃礼，则有淫者矣。周之王也，制礼，上物不过十二，以为天之大数也。今弃周礼，而

---

① 原为鄫国，被鲁国兼并。

曰必百牢，亦唯执事。'吴人弗听。景伯曰：'吴将亡矣，弃天而背本。不与，必弃疾于我。'乃与之"①。吴国借助强势，打破礼仪规定索要高规格的献礼，很被中原各国不齿，却也无奈。后来，吴国的太宰伯嚭又让鲁国的正卿季康子前去送礼，被季康子拒绝，伯嚭很生气。这一年，宋国灭了曹国。

齐悼公即位后，齐国政权掌握在相国陈乞之手。鲁国的季康子想要攻打邾国，大夫们说："禹合诸侯于涂山，执玉帛者万国。今其存者，无数十焉，唯大不字小、小不事大也"②。邾国受到攻击后，赶忙遣使携带五匹帛和四张熟牛皮，前去吴国求援。邾国大夫茅鸿夷说："鲁弱晋而远吴，冯恃其众，而背君之盟，辟君之执事，以陵我小国。邾非敢自爱也，惧君威之不立。君威之不立，小国之忧也。若夏盟于鄫衍，秋而背之，成求而不违，四方诸侯其何以事君？且鲁赋八百乘，君之贰也；邾赋六百乘，君之私也。以私奉贰，唯君图之！"③

见鲁国兴兵伐邾，齐国约吴国一同伐鲁。鲁国担心吴国的威势，又恢复了邾国，齐国见状请已经出兵的吴国息兵，引起吴王的愤怒。鲁国借机赶忙给吴国送去厚礼，约吴国一同伐齐，迫使田恒毒杀了齐悼公后吴军方退。楚国借吴国向北方用兵之机，攻打了陈国。

周敬王三十六年（公元前484年），刚即位的齐简公出兵伐鲁，在鲁国郊外展开激战，鲁国派遣子贡到吴国游说请兵。吴王见子贡言辞有理，同意出兵伐齐救鲁，并赠送给子贡黄金百镒、一把宝剑和一匹良马。那知子贡离开吴国后又去了越国，劝说越王勾践在这个时候要对吴王以卑辞尽其礼，继续麻痹吴国。于是，"吴将伐齐，越子率其众以朝焉，王及列士皆有馈赂"④。在吴国将要攻打齐国时，越王为表示虔诚，率领部下前去朝见，给吴王和臣下都赠送了食物财礼。而且，为表示对吴国伐齐的支持，越国还向吴王贡献了前王所藏的精甲二十领和屈卢之矛、步光之剑，以及三千名士兵。吴国和鲁国一并联合攻齐，在艾陵（今山东莱芜东北）大败齐军。齐简公兵败后，遣使向吴王大贡金币，谢罪请和。于是，吴、鲁、齐三国会盟，尊吴王为盟主，吴国走出了争霸中原的重要一步。

---

① 《左传·哀公七年》。
② 《左传·哀公七年》。
③ 《左传·哀公七年》。
④ 《左传·哀公十一年》。

　　其实，子贡离开越国后，又来到晋国，对晋定公说吴国一定能战胜齐国，之后将与晋国争夺诸侯霸主。在子贡还没有返回鲁国时，齐国已经被吴国打败。越王勾践见吴王奏凯而还，率领群臣到吴国朝见吴王，祝贺旗开得胜，给吴王和诸臣都赠送了贺礼。吴国人很高兴越国的臣服及其在吴国出兵攻打齐国时的表现，要增加越国的土地，被越王坚决推辞。但伍子胥认为这是越国在养肥吴国而后灭之，吴王对伍子胥的劝谏很生气，派人送去一把宝剑令其自尽，由伯嚭为相国。

　　周敬王三十七年（公元前 483 年），吴王首先派出太宰伯嚭会见鲁哀公，要求重温过去的盟约，鲁哀公由子贡回答说："盟，所以周信也，故心以制之，玉帛以奉之，言以结之，明神以要之。寡君以为苟有盟焉，弗可改也已。若犹可改，日盟何益？今吾子曰'必寻盟'，若可寻也，亦可寒也"①。吴国又转而召集卫国参加会见，也被拒绝，可见中原诸侯对吴国能否遵守盟约并不放心。吴国派兵围住了卫出公的馆舍予以威胁，卫国知道太宰贪财，在委托子贡携带五匹锦前去求情后，卫出公才得以被释放。这时，宋国和郑国正为争夺两国之间的几块空地刀兵相交。

　　为了争当诸侯霸主，吴国打算带着鲁哀公去见中原最强大的晋国国君，鲁国大夫子服景伯对吴国的使者说："王合诸侯，则伯帅侯牧以见于王；伯合诸侯，则侯帅子、男以见于伯。自王以下，朝聘玉帛不同；故敝邑之职贡于吴，有丰于晋，无不及焉，以为伯也。今诸侯会，而君将以寡君见晋君，则晋成为伯矣，敝邑将改职贡：鲁赋于吴八百乘，若为子、男，则将半邾以属于吴，而如邾以事晋。且执事以伯召诸侯，而以侯终之，何利之有焉？"② 但吴人不想按照过去的礼仪规定去做，在周敬王三十八年（公元前 482 年）秋吴王与鲁哀公、单平公、晋定公黄池（今河南封丘西南）会见中，为歃血先后，吴王与晋君发生争执。吴王说现在在诸侯中我们才是老大，晋君说在姬姓之中我们为首，为了显示对周朝礼仪的尊重，吴王同意由晋国为先。与晋君会见后，吴国又攻打了宋国，不把中原诸侯放在眼里。不过，在黄池会盟时，各国还是按照外交礼仪互相交换了礼物。20 世纪 30 年代在河南辉县出土

---

　　① 《左传·哀公十二年》。
　　② 《左传·哀公十三年》。

的赵孟庎壶上，有"禺邗王于黄池为赵孟庎邗王之锡金以为祠器"铭文，庎
通介，指的是赵孟（赵简子）的副手，而禺邗王即吴王夫差①。连副手都获
得了赠礼，各国的使者也应当都有赠礼。

就在吴王夫差率精兵强将北上与诸侯会盟于黄池之时，勾践突然发兵攻
袭吴都。正在归国途中的吴军将士看到家国被袭，早已丧失了斗志，吴国从
此走向衰落。齐国的陈恒知道吴国被越国攻陷后，以为外无强敌，内无强家，
制造了一起大规模的内乱，诛杀异己后又杀掉了齐简公，扶持齐平公即位，
齐国政权已经完全掌握在了田氏手中。

周敬王四十一年（公元前 479 年），晋国因卫国不来朝见和贡献，由上卿
赵鞅率军伐卫，卫庄公出奔戎国后被杀，卫悼公即位，国家更加微弱，完全
依靠晋国的赵氏家族得以苟存。这时，在楚昭王死后即位的楚惠王要趁吴国
被袭出兵伐郑，而晋国也准备攻伐郑国，郑国向楚国请求救兵，晋军方退。
这时，楚国出现内乱，陈国趁机侵袭楚国，于周敬王四十二年（公元前 478
年）被楚国灭亡。

越国并没有立即将吴国灭国，而是在继续寻找机会。周敬王四十二年
（公元前 478 年），越王勾践听说吴王夫差自从吴国被越国攻袭、称霸无望后，
荒于酒色，不理朝政，且又有连年天灾，兵疲民饥，决定再次举兵攻吴。

这是一次具有决定性意义的战役，当勾践亲自率军 5 万进至笠泽（今江
苏吴江一带）江南岸时，夫差仓猝起兵至江北抵御。越王勾践先调遣两支小
股部队由上、下游佯攻，在夫差误认为是越军主力遣兵迎战时，勾践率三军
主力潜涉渡江，向吴国的中军发起突袭。吴国中军大乱败退，其上、下两军
也随之溃逃。此战之后，吴军主力精锐几乎全军覆灭，从此一路不振，再也
无力抗街越国的进攻，也难以大规模向西伐楚，威胁中原，其短期霸业随之
告终。越国则因这次战役的全胜，确立了对吴国的绝对战略优势，灭吴称霸
已仅仅是个时间问题了。

失败后的吴王夫差向越王勾践提出，要以世世代代事奉越国为条件，换
取勾践的宽恕，但是勾践没有同意，夫差被迫拔剑自刎而死，越王将其厚葬
于阳山。勾践安定了吴国百姓后，起兵向北渡过江、淮，在舒州（今山东滕

---

① 李建生：《辉县琉璃阁与太原赵卿墓相关问题》，《中国国家博物馆馆刊》2012 年第 2 期。

州）大会尚有一定实力的齐、晋、宋、鲁四国诸侯，并派遣使者到东周王室进贡以换取名分。这时，周敬王已死，周元王即位，面对越国这样的诸侯强国，不得不派遣使者赏赐勾践衮服、圭璧、彤弓、弧矢等代表有征伐之权的物品，任命他为东方霸主。等勾践携带西施回国后，为其灭吴称霸立下汗马功劳的范蠡已经离开越国前往齐国，后又归隐于陶山，自号陶朱公。

中原各诸侯国得知越王得到周王赏赐后，纷纷遣使到越国祝贺并献上礼物。楚国惧怕越国侵伐，遣使修聘，与越国建立了友好关系。为了表示霸主的威严与厚爱，越国还将淮上之地分割给楚国，把泗水以东方圆百里的地域送给鲁国，将吴国当年侵占的宋国领土又归还给宋国。如此这般，各诸侯国对越王心悦诚服，共同尊奉其为霸主。这样，在春秋时期即将结束，战国时期即将到来之时，越国成为当时最为强大的诸侯国。

春秋末年，晋国联合吴国抗楚，越国则联合楚国图吴，因此友好国家之间的聘问交往非常频繁，吴国多次向晋国送礼，越国也多次向楚国送礼。在湖北江陵望山一号楚墓中，曾出土有一把铭文为"越王勾践自作用剑"的宝剑，剑身满饰黑色菱形几何暗花纹，剑格正反两面分别用蓝色琉璃河绿松石镶嵌纹饰，剑柄以丝线缠缚。此外，在江陵张家山出土有越王不寿剑，江陵藤店、荆门子陵岗、秭归香溪各出土有一把越王朱勾剑，江陵官坪出土有越王鹿郢剑，第二、三、四、五代越王的用剑均在湖北出土，除战利品的因素外，也不排除因为友好相互赠送礼物的可能。而江陵马山五号墓出土的吴王夫差青铜矛，或许是越国灭亡吴国后，越王作为礼物赠送给楚王的。[①] 晋、吴两国的友好关系也在考古发现中得到了证实，如山西太原金胜村墓地出土有吴式附耳盖鼎一套、立耳蹄足蟠螭纹鼎一套，以及有"攻吴王夫差择厥吉金自作御鉴"铭文的吴王夫差鉴。另外，山西代县出土有吴王夫差鉴，原平县出土有吴王光剑，榆社县出土有姑发之子剑等[②]。这些考古发现是晋、吴两国友好关系的见证，当然也不排除在吴国灭亡后，有大批吴国贵族于公元前473年流亡晋国时所带。

---

　　① 谭维四：《奇宝渊源——越王勾践剑与吴王夫差矛琐记》、白绍芝：《馆藏工艺珍品浅说》，谭维四、白绍芝：《文物考古与博物馆论丛》，湖北美术出版社，1993 年 12 月。

　　② 李建生：《辉县琉璃阁与太原赵卿墓相关问题》，《中国国家博物馆馆刊》2012 年第 2 期。

六　逐鹿中原

——战国七雄引领的诸侯国外交与秦兼并六国

战国作为时代名称，源于西汉末年刘向根据战国时期的史料编订的《战国策》。《战国策》是一部有关战国时期游说策谋和言论的汇编，共33篇，分为东周、西周、秦、齐、楚、赵、魏、韩、燕、宋、卫、中山十二策，反映了战国时期各国政治、军事和社会面貌，其中记载的策士谋臣的策略和言论，从一个侧面反映了当时诸侯国的外交谋划和策略。《战国策》初有《国策》、《国事》、《短长》、《长书》、《修书》等名称和版本，在宋时已有缺失。湖南长沙马王堆汉墓出土的帛书中有记述战国之事的《战国纵横家书》，与《战国策》内容颇为相似。

《尚书大传》云："战者，战争，作战也。"《孟子·尽心下》认为"春秋无义战"，因为"争地以战，杀人盈野；争城以战，杀人盈城"[1]。这是孟子对于战争的看法。据统计，从周元王元年（公元前475）至秦王政二十六年（公元前221）的250多年间，现中华大地上发生了大小战争230多次，参战兵力动辄几万乃至几十万人。但是，正如《商君书·画策》所言："以战去战，虽战可也。"所谓战国时期，是古代中国继东周列国以来的国家实体之间相互侵伐的时代，是一个以战争为主题的时代。

关于战国时期的开始年代，历来说法不一，有司马迁《史记·六国年表》始于周元王元年（公元前475年），司马光《资治通鉴》始于周威烈王二十三年（公元前403年）承认韩、赵、魏为诸侯即"三家分晋"，吕祖谦《大事记》起于周敬王三十九年（公元前481年）等不同看法[2]。本书依据《史

---

① 《孟子·离娄上》。
② 《辞海》缩印本，上海辞书出版社，2008年4月。

记》，以公元前 475 年开始到公元前 221 年秦统一六国为战国时期。

（一）战国时期的诸侯国形势及国际关系

进入春秋中叶以后，诸侯霸主在争霸的同时，也开展了对小国和戎狄蛮夷的兼并，进入中原地区的戎狄及东夷与诸夏融合，南方的楚越"蛮夷"之地逐渐夏化，民族大融合日渐显著。经过春秋以来的不断兼并，春秋初期的一百多国到春秋末年还剩下约有十几国，诸夏范围比春秋初年有了很大扩展，其中齐国兼并了山东半岛诸夷，占据了约今山东北部、河北南部和西部、山西东南部；晋国兼并了太行东西及黄河南北诸戎狄，占据了约今山西和河南大部、河北中部和西南部、内蒙古部分地区；秦国兼并关中自陇以东诸戎，占据了约今陕西关中和甘肃东南部；楚国兼并了汉阳诸姬并向南开拓，占据了约今湖北全境以及河南、安徽、湖南、江苏和浙江部分地区；燕国占据了约今河北北部及辽宁、吉林的一部分；越国灭吴后，占据了约今浙江、江苏的大部，一度向北达到今山东南部，

马王堆汉墓出土的帛书《战国纵横家书》

向南到达今福建北部。到战国末年，七雄的疆域范围已经是东北越过了鸭绿江，北面到了内蒙古河套地区、晋冀北部和辽南，西面到了甘肃洮河流域，南面已有今浙江一半、赣北、湘全境及黔、川、渝的一部分，为秦统一后的疆域打下了基础。

进入战国时期，各诸侯国停止了对子女、功臣实施土地分封和领主自治

的封建制度，诸侯国不再继续分割变小，并在"三家分晋"后形成了秦、楚、燕、韩、赵、魏、齐七个最强大的国家，即"战国七雄"，另外还有中山、宋、卫、邹、鲁等所谓"泗上十二诸侯"。虽然此时华夏诸国的周围仍然分布有许多蛮夷戎狄，但它们大都先后被中原诸侯国消灭，有的则被驱逐远离中原。如北部的林胡、楼烦曾频繁侵扰晋、秦、燕，后在赵、燕攻击后渐次退出长城以外为匈奴所并，东北地区主要有东胡、秽貊、肃慎，河西地区有羌人和月氏人，西南地区主要有巴国和蜀国，其西、南还有且兰、夜郎、滇、昆明、邛都、徙、白马等少数民族政权，楚国的西南有百濮、群蛮，长江以南还有东瓯、闽越、南越、骆越等为主的百越。强大的七国不仅全面致力于变法以强国，修筑长城以御敌，而且积极向四边开疆拓土，国家实体的概念越来越显现，国家疆域的概念越来越清晰。

从战国初期开始，以"战国七雄"为代表的各国就竞相招贤纳才，励精图治，将精力用在国家政治和经济建设上，推动了政治、经济、文化建设的大发展。尤其是政治上为富国强兵而竞相实行变法；经济上大兴水利，推动了铁器的使用和牛耕的推广并促进了农业的发展，随着商业和交通的兴盛，出现了一些著名城市；文化和思想上更是百家争鸣，辩家鹊起，创造了对后世影响深远的先秦文化。但是，战国时期国家建设的主题，是大小强弱之间的兼并与反兼并，各国纷纷开展以掠夺土地为目的的对外用兵，到战国中期更是"国无宁日，岁无宁日"，"邦无定交，土无定主"，各国君主们相继称王，独霸一方。各诸侯强国为争夺诸侯霸主地位，各尽所能地开展了如火如荼的外交斗争，出现了以合纵连横为代表的诸侯国外交大战，外交活动成为事关国家强大和安危的不可或缺的重要手段。战国后期，加强了国力特别是军事力量的秦国，采用"远交近攻"的策略破坏了各国的"合纵"，成为战国后期的第一强国，最终灭掉了其他六国，完成了"秦王扫六合"的统一大业。正是由于战国时期的战争与兼并，才有了统一的秦帝国的诞生。

如果说春秋时期的相互攻伐是为了称霸，那么战国时期的攻伐则完全是为了夺取别国领土并最终吞并别国，战国时期的外交关系也迎合了这种兼并与反兼并的需要，而"战国七雄"无疑是这一时期政治外交舞台上的重要力量，引领了战国时期的诸侯国外交。

学术界认为，西方的外交思想诞生于公元前8～公元前6世纪的古希腊城邦国家，其中古希腊阶段（公元前 8 世纪～公元前 2 世纪中期）跨越了古代中国的西周、春秋、战国所在的时期，而其后半期正是春秋战国时期。当时古希腊的外交十分活跃，各城邦之间频繁交换外交使节，开展一系列的结盟与反结盟活动，"国家平等"和"国际社会"的概念也是在这个时候提出的。战国时期诸侯国的遣使外交纵横捭阖，波谲云诡，与古希腊阶段的城邦外交何其相似。尽管春秋时期仍在实行的朝聘制度在战国时期遭受了严重的破坏，战国后期更是如顾炎武评价曰："春秋之时，犹尊礼重信，而七国则绝不言礼与信矣……邦无定交，士无定主，皆变于此百三十三年之间"①，但却形成了更加实用的遣使外交制度。聘问的实质在于"礼尚往来"，遣使外交的实质却在于兼并或迫使他国臣服。由于是通过外交活动达到取得政治上的兼并和占有目的，礼仪形式也就不再如西周乃至春秋时期那么重要了，礼制所规定的一些形式被简化或取消。由于诸侯国的国君已经是属于不同的独立主权国家的首脑，与春秋时期各个诸侯国君同属于一个即使是后期只是名义上的天子之臣有了明显不同，因此，战国时期的国家关系更加具有了国际关系的性质。在兼并与反兼并的国际局势下，国家之间尽管也偶有礼尚往来式的外交关系，但整体来说礼尚往来的原本功能已经非常淡化。这一时期，遣使的方式及形式主要有通使、借使、游使、聘使、质使等，各国都更加重视外交事务和务实外交，不仅有专门负责外交事务的官员，而且还大力培养或借用外交使者，后者又与古希腊阶段有所不同，是战国中后期的外交特色。

（二）从三家分晋与魏国独霸诸侯

1. 智伯假借送礼灭凤鬶与三家分晋向周室送礼建国

周元王元年（公元前 475 年），越国包围了吴国，并于公元前 473 年灭亡吴国后又向北方进军，迫使宋、郑、鲁、卫等国归附，之后迁都琅琊（今山东胶南以南），与齐、晋等诸侯强国会盟，经周元王正式承认为霸主，一度成为最强大的国家。"当是时，越兵横行于江、淮东，诸侯毕贺，号称霸王"②。越王勾践称霸后，范蠡出走，文种自杀，自恃霸业已成的勾践既不论功行赏

也不分封土地，与旧臣的关系日益疏远。此时，其他诸侯国中的齐与鲁、晋与齐、晋与卫、郑与宋、楚与陈、楚与巴之间仍在战乱之中，并大都有持续不断的内乱，强大的越国率先以诸侯霸主身份进入了战国时期。越王勾践去世后，其子孙继续称霸一方，但都未对中原各国造成太大的威胁。

越王勾践的女儿是楚昭王的宠姬，因此，楚、越两国在此时期有着非常紧密的国家关系。但楚国为了图霸中原，和与之为邻的周王室分封的姬姓诸侯也都保持着良好的关系。以曾国为例，在湖北随州擂鼓墩曾侯乙墓出土的竹简中，有楚王、太子、令尹及封君向曾侯乙赠送车马的记载。尤其是曾侯乙墓出土的编钟架上的显著位置，悬挂了一件铜镈，铭文明确记载了这件铜镈是楚惠王五十六年（公元前433年）楚王为曾侯乙专门制作的[①]。曾国处于黄河流域与长江流域的中间地带，也是中原诸侯国与楚国之间的结合部。尽管在曾侯乙时期，曾国已经沦为楚国的附庸，但作为"蛮夷"的楚国，仍然对这个姬姓小国之君敬仰有加。

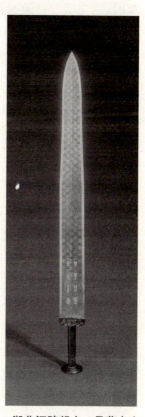

湖北江陵望山一号墓出土的越王勾践剑

在越王勾践称霸之时，中原诸侯国内部卿大夫的势力逐渐发展起来，尤其突出的是鲁国的三桓、齐国的田氏、晋国的六卿，这与越国的内部政治显然格局不同。卿大夫一直是春秋时期政治舞台上举足轻重的势力，颇受诸侯国君仰重。他们利用自己的经济实力，不断控制和瓜分国君的势力范围，并互相争斗和吞并以扩充领地。这些世家大族除了少数变成诸侯，大都在吞并和权力倾轧中退出了历史舞台。从史书所载可知，伴随诸侯国之间互相兼并，春秋以来形成的世卿家族式微，见于《左传》的强宗大族，在公元前572至公元前543年有23个，公元前542至公元前513年

---

　①　湖北省博物馆：《曾侯乙墓》，文物出版社，1989年7月。

减少为 14 个，公元前 482 至公元前 464 年只剩下 7 个。

周敬王二十六年（公元前 494 年），鲁哀公承袭鲁定公继任鲁国君主，他在位期间由"三桓"即卿大夫孟氏（亦称仲氏）、叔孙氏、季氏三家执政①。"三桓"不甘于鲁国的国力自春秋以来日益弱小，曾为鲁国安危在晋、齐、楚、吴等强国之间开展斡旋外交，但对内却架空了国君的地位，故鲁哀公向孔子问政时得到"水则载舟，水则覆舟"②的辩证回答。越王勾践灭吴王夫差时，"三桓"目无国君益盛，于是"公欲以越伐三桓"③。鲁哀公因与"三桓"矛盾激化，以朝见为名亲自到越国请越出兵，但越王勾践没有发兵相助，"三桓"知道鲁哀公的想法后出兵攻打，鲁哀公最终死在异国他乡。

在鲁国君位衰弱之时，晋国的卿大夫势力也更加强大起来。晋国的智氏从荀首列为世卿以来，在中行氏的护佑下立足晋国政治舞台，晋悼公时备受国君重视，为当年晋国复兴霸业之功臣。智伯荀瑶又称智瑶，于周元王元年（公元前 475 年）赵鞅病逝后成为晋国正卿。这时，越王勾践正在兴兵攻打吴国，包围吴都阖闾城，晋国人虽想援助吴国，却有心无力。

在越王勾践出兵灭吴之前，吴国为了祝贺荀瑶担任晋国新一任执政，派遣使臣赤市出访晋国，途径卫国时受到卫国执政宁文子相迎并赠送厚礼，赤市又携带礼物来到晋国。卫国的鲜虞族部落经常威胁晋国边境的安全，荀瑶本想乘赤市返回之际，用巨轮运兵伐卫，无乃被识破。于是，荀瑶又仿效晋献公贿赂虞国的计谋，送给卫国国君四匹良马和一件白璧。卫国有大臣认为，"野马四百，璧一，此小国之礼也，而大国致之，君其图之"④。晋国无缘无故给小国卫国送来如此厚重的礼物，似乎是居心叵测，卫君于是命令严守边防，使来偷袭的晋军未能得逞。

夙繇是中山国的属国，但因地势崎岖，从晋国攻打夙繇面临行军方面的重重困难。智瑶命人在晋国为夙繇铸造了一件口径如两轨战车等宽的大钟，声言要作为礼物赠送给夙繇国君，但提出请夙繇国君派人来取。夙繇不知是计，劈山开路取钟，道路修好后，荀瑶率晋军一举攻破夙繇国，夙繇的灭亡

---

① 因这三家均出自鲁桓公时期，史称"三桓"。鲁国公室自宣公起，因"三桓"而日益衰弱。

② 《荀子·哀公》。

③ 《史记·鲁周公世家》。

④ 《战国策·卫策》。

也给卫国带来沉重打击。

周贞定王三年（公元前466年）和七年（公元前462年），智伯两次以郑国不来朝见为由率师伐郑，壮大了家族势力的智家进而要求韩、赵、魏三家割地。周贞定王十二年（公元前457年），韩、赵、魏、智四家家灭了范氏、中行氏两家，尽分其地。国君地位不稳的晋出公见卿大夫势力越来越大，也想学鲁哀公借兵讨伐，于是向齐国、鲁国借兵讨伐四卿，但齐国的田氏和鲁国的"三桓"却将此事通告了智伯，晋国四家联合讨伐晋出公，迫其逃亡齐国。四家立晋哀公即位，晋之大权尽归势力更大的智家，智氏动辄以国君的名义发号施令。

在范、中行二氏的势力被扫除后，晋国只剩下智、赵、魏、韩四卿，野心勃勃的智氏欲灭同列卿位的赵、魏、韩三家并取代晋国，于是威胁魏、韩二家于周贞定王十四年（公元前455年）提出共同对赵氏发动晋阳（今山西太原南晋源镇）之战。感受到智氏威胁的魏、韩反而与赵氏联合反攻智氏。正是"智氏见伐赵之利，而不知榆次之祸也；吴见伐齐之便，而不知干隧之败也。此二国者非无大功也，设利于前，而易患于后也。吴之信越也，从而伐齐，既胜齐人于艾陵，还为越王禽于三江之浦；智氏信韩、魏，从而伐赵，攻晋阳之城，胜有日矣，韩、魏反之，杀智伯瑶于凿台之上"[1]。智伯兵败后欲逃亡秦国，被赵襄子及韩魏两家抓住杀死。

周贞定王十六年（公元前453年），赵、韩、魏三家瓜分了智伯所有的土地，并谋求各立庙社。周考王七年（公元前434年）晋哀公死后，晋幽公即位，韩、赵、魏三家合谋只以绛州、曲沃为幽公俸食，而将余地三分，号为"三晋"，曾经的强国之君反而要去三家朝见苟且偷生。齐国的相国田盘听说三家分晋的消息后，立即遣使通好，首先承认了三家的独立国家地位，从此齐国、晋国两国之君分别被田氏和赵、韩、魏三家所控制，完全成为傀儡。

自从瓜分了晋国之后，赵、韩、魏三家尽管得到个别诸侯国的承认，但还没有正式国号。周威烈王二十三年（公元前403年），有雷电击中东周王朝的九鼎，晋国的三家认为这是周王朝即将灭亡的预兆，于是各自派遣使者去向周王室请求列为诸侯，并将带来的金帛和特产贡献给周王，要求得到策命。此时的周王室早已没有了"天子"的实际地位和尊严，周威烈王见状赶忙命

---

[1] 《战国策·秦策四》。

内史作策命，分别赐赵籍、韩虔和魏斯为侯，各赐给全套象征诸侯地位的黼冕圭璧，有的学者即以此年此事作为战国时期的开端。回国后，赵、韩、魏三家分别向所属百姓宣布了周王室的策命，正式建国，三个新的国家正式诞生了。之后，三国又分别遣使遍告其他诸侯国，各国也都遣使致贺。此时，只有秦国自从与晋国断交而与楚国友好后，不再与中原诸侯有外交关系，中国也以夷狄对待之，故没有遣使来贺。赵、魏、韩三国建立后，废晋靖公为庶人，晋国从唐叔之后，历传二十九世，成为战国时期第一个消亡的大国。

从晋国分裂出来的三个国家中，赵国以中牟（今河南郑州境内）为都，开国国君是赵烈侯。赵氏是在春秋时期晋文侯在位时迁至晋国的，经过六世至赵衰。赵衰曾跟随晋公子重耳逃亡，在晋文公重耳后来成为诸侯霸主后，权重位高，其后代赵盾、赵武、赵简子、赵襄子都在晋国具有举足轻重的地位。在智伯率韩、魏二家围攻赵家封地晋阳时，赵襄子晓以利害，联合韩、魏二家消灭智伯，瓜分了智氏的领地。赵国的国土包括今河北南部、山西中部和陕西东北部，在"战国七雄"中，疆土、人口和实力都不是最强大的，但却在诸侯国外交中发挥过强大作用。韩国以平阳（今山西临汾西南）为都，开国君主是晋国大夫韩武子的后代，因受封于韩原（今山西河津县东北），以封地为姓氏。春秋末年，韩贞子迁于平阳。公元前375年，韩哀侯灭郑国后迁都至新郑（今河南郑州新郑）。韩国国的领土主要包括今山西南部及河南北部，由于地处中原，被魏国、齐国、楚国和秦国包围，不仅完全没有发展的空间，而且是"战国七雄"中国土面积最小的一个，也是战国时期第一个被秦国灭亡的中原诸侯国。魏国以安邑（今山西夏县西北禹王村）为都，其先人是毕公高之后，在周武王伐纣时，封高于毕。其后绝封，为庶人，或在中国，或在夷狄。"其苗裔曰毕万，事晋献公"[①]，被封在晋国灭亡的魏地，以其国名为魏氏。魏武子也曾伴随重耳逃亡，晋文公即位后拜为大夫。魏献子事晋昭公为国政，势力不断强大，终在魏武侯时与赵、韩分晋。魏国的领土约包括今山西南部、河南北部和陕西、河北的部分地区，其西有秦国，北有赵国，西南是韩国，东与齐、宋两国相邻，南与楚国接壤。三家分晋后，团结起来的三晋势力强大，不仅常常联合兵力进攻其他国家，还成功地遏阻了

---

① 《史记·魏世家》。

楚国北上和秦国向东扩张，齐国的实力也弱于三晋联合。

2. 吴起受贿逃魏与魏国独霸诸侯

三晋之中，以魏国的开国之君魏文侯最为贤达，吸引了闻风而来的四方有志之士，他们为魏国富国强兵、抑制赵国、灭掉中山以及连败秦、齐、楚三大国做出过卓著贡献。魏国还是在"战国七雄"中最先实行变法的国家，即公元前445年魏文侯任用李悝实行变法，后来秦国的秦献公、孝公和商鞅变法都以李悝主持的变法为蓝本。魏文侯、武侯在位期间，致力于改革政治、奖励耕战、兴修水利、发展经济、开拓疆土，使魏国很快就成为战国初期的强国并攻击他国。

晋国东面的中山国为白狄别种所建，曾被称为鲜虞，对晋国时服时叛。周敬王十四年（公元前506年），鲜虞人于中人城（今河北唐县西北粟山）建都后始有"中山"之名。春秋中后期以后，中山国即与晋国为敌，并于周敬王二十三年（公元前497年）趁晋国内乱介入列国纷争，直到赵简子率兵攻伐才被迫向晋国遣使朝贡不断。三家分晋后，不知要以谁为主的中山国趁三家无力他顾得到暂时喘息，于公元前414年在顾（今河北定州）建立新都。魏国从周威烈王七年至十八年（公元前419～公元前408年），发动了攻取秦国河西地区（今山西、陕西间黄河南段以西地区）的大规模作战并确立了对秦的优势地位后，遂将矛头对准中山国，于周威烈王十八年至二十年（公元前408～公元前406年）攻灭中山，尽将中山国府库中的宝藏掠回魏国后，以时为太子的魏国开国之君魏武侯为中山君。周安王五年（公元前397年）魏文侯病笃之际，从中山召回太子安排后事，早已对中山国虎视眈眈的赵国趁机出兵袭击并夺取了中山，从此赵国和魏国的亲密关系有了裂隙。魏文侯死后，即位的魏武侯任用吴起进行军事改革，使国力军力快速上升，伺机报复赵国。

中山国文物：错银双翼神兽

　　吴起本是卫国人，在鲁国拜孔子的高徒曾参为师，后娶齐国大夫田居的女儿为妻，学成后为鲁穆公大夫。这时，齐国的相国田和阴谋篡夺国君的权力，但又担心齐、鲁两国有姻亲关系，恐遭鲁国的讨伐，于是就以鲁国当年与吴国在艾陵打败齐国今要报仇为名，出师攻鲁，以武力威胁鲁国服从。为抗击齐国的侵伐，吴起杀妻免疑，担任大将率兵迎击，杀得齐军僵尸遍野。此战得胜后，鲁穆公拜吴起为上卿。田和知道吴起好色，就购求两个美女连同黄金千镒，派人假扮商人私下赠送给了吴起。吴起贪财好色，对田和送来的礼物照收不误，但不久齐国就派人到鲁国，散布吴起受贿和私通齐国的谣言。鲁穆公向吴起问罪，吴起逃亡魏国投靠翟璜，以其能战被魏文侯拜为西河守，筑城抗秦，名曰"吴城"（今陕西延安吴起镇）。

　　秦惠公死后，嗣位太子被杀，秦献公即位。趁秦国新丧并有内乱之机，吴起率军对秦国发动突然袭击，夺取了河西五城，成功地将秦国压缩到了华山以西的狭长地带。周安王十三年（公元前389年）的阴晋（今陕西华阴东）之战，吴起曾经创下了以五万魏军击败了十倍于己的秦军的战争奇迹①。韩、赵得知魏国大胜秦国后都来称贺，翟璜推荐吴起有功被任命为相国。从此，魏国的边境平安，在三晋中也最为强大。魏惠王在位的时候，魏国已经称霸中原长达百年。周显王十三年（公元前356年），鲁、宋、卫、韩四国国君都到大梁来朝见惠王。

　　魏武侯拜田文为相后，吴起因曾与田文争功担心被杀，出逃楚国。楚悼王熊疑早已倾慕吴起的军事才能，高兴地授以相印。吴起认为，楚国有土地数千里，兵甲百万，有足够的理由雄甲于诸侯，世世代代为诸侯盟主。按照楚悼王的要求，吴起为楚国制定官制，训练军队，以兵强促国强，使楚国很快就成为诸侯国中兵力较强者。三晋及齐、秦无不畏惧，在楚悼王在位期间一直不敢对楚国用兵。楚悼王死后，在吴起整顿官员俸禄时失去俸禄官员乘丧作乱，追杀吴起后立楚肃王即位。

　　周显王十五年（公元前354年），赵国在日渐强盛的齐国支持下，攻打魏国的保护国卫国。为解赵国夺取中山国之恨，魏国联合宋国出兵助卫，直逼赵国首都邯郸（今河北南部邯郸，前386年赵敬侯迁都于此），赵国派人向齐

---

　　① 《吴子·励士》。

国求救。秦国乘魏军主力不在，偷袭并夺取魏国少梁（今陕西韩城南）和安邑。在赵魏两军相持一年多邯郸城将要失陷之时，齐军主力挺进魏国都城大梁，驰援赵国，于桂陵（今山东菏泽东北）大败庞涓亲率的魏军主力。

桂陵之战后，实力雄厚的魏国并未受到严重损失，并且仍然实现了攻克赵国首都邯郸的战略目标，使魏国的霸业得到继续发展。此间，"梁君伐楚胜齐，制韩、赵之兵，驱十二诸侯以朝天子于孟津"①。魏国准备以朝见周天子为名，召集许多小国举行会盟，图谋攻秦，此即苏秦说齐湣王"昔者魏王拥土千里，带甲三十六万，其强北拔邯郸，西围定阳，又从十二诸侯朝天子，以西谋秦"②。也就是《韩非子·说林上》所说的"魏惠王为臼里之盟，将复立天子。"所谓"从十二诸侯"，具有合纵的性质，说明魏惠王又恢复了魏文侯、魏武侯时期的霸主地位。秦孝公担心魏国率诸侯之兵伐秦，在军事上加强防守的同时，积极开展外交工作，派卫鞅去魏国用尊魏为王的办法来改变魏惠王的意图。周显王二十五年（公元前344年），卫鞅以"从十二诸侯"还"不足以王天下"③向魏惠王游说，鼓动号令宋、卫、邹、鲁等小国外，还要向北争取燕国，向西争取秦国，"先行王服，然后图齐楚"④。魏惠王果然中计，"乘夏车，称夏王，朝为天子"⑤。卫鞅成功地使魏进攻的方向从秦国转变为齐楚，"于是齐楚怒，诸侯奔齐"⑥。之后，魏惠王召集由宋、卫、邹、鲁等国国君及秦公子少官举行了逢泽（今河南开封南）之会，并于公元前343年率领战国七雄中的四个大国及一些小国会盟并朝见天子，魏国的霸业到达顶峰。

赵国因极力反对魏国的霸业招致打击，魏惠王为与赵国和解，将攻占的邯郸归还给赵国，结盟和好，赵国于是也参加了魏国发起的"逢泽之会"。周显王二十七年（公元前342年），魏国出兵攻打韩国，韩国遣使向齐国求救。待魏、韩两国都元气大伤时，齐威王任用田忌为主帅，田婴为副帅，孙膑为

---

① 《战国策·秦策五》
② 《战国策·齐策五》。
③ 《战国策·齐策五》。
④ 《战国策·齐策五》。
⑤ 《战国策·秦策四》。
⑥ 《战国策·齐策五》。

军师，直逼魏国首都大梁。太子申和庞涓率领的 10 万魏军于马陵与齐军决战，魏国大败，太子申被俘，庞涓自杀。此战之后，魏国实力受到严重削弱，特别是秦国在商鞅变法之后国力益强，见魏国大败于齐，趁机夺取吴城。受到秦国攻击后，魏惠王于周显王三十年（公元前 339 年）将都城从安邑迁至大梁（今河南开封东南），开始与齐国争雄中原，齐国则竭力拉拢韩、赵两国与魏国对抗。但此时魏国势力已经开始减弱，周显王三十五年（公元前 334 年），魏惠王不得不前往徐州（今山东滕州南）朝见齐威王，尊齐威王为王，齐国不敢独自为王，也尊魏惠王为王，达成双方均分东方霸权地位的妥协，是为"徐州相王"。从此，战国时期开始了魏国、齐国共霸中原的局面。公元前 323 年，楚国北上伐魏夺取八邑，魏惠王感叹："晋国，天下莫强焉，叟之所知也。及寡人之身，东败于齐，长子死焉；西丧地于秦七百里；南辱于楚。寡人耻之"①。魏国势力进一步衰退，秦、齐两强相争开始。

（三）田氏代齐与魏齐秦三强鼎立

1. 假借送礼偷运孙膑与田齐代齐周王送厚礼

齐国在春秋前期和中期曾经称霸诸侯，但由于国君腐败，从春秋末期到战国前期一直积贫积弱，国家政权被田氏控制，辉煌不再。陈完本是春秋时期陈国陈厉公之子，齐桓公时陈国内乱，陈完奔齐，以陈字为田氏，逐渐成为齐国政治舞台上的重要势力。齐景公时田氏甚得齐国民心，齐悼公时田乞为相，田氏开始把持齐国朝政。在相国田常杀了简公以后国内动荡，因害怕各国诸侯联合诛杀，把侵占鲁国、卫国的土地全部归还，并西同晋国、韩氏、魏氏、赵氏订约，南与吴国、越国通使，建功立德，施行赏赐，与民唯亲，通过内政和外交双管齐下使齐国重又安定。到"田襄子既相齐宣公，三晋杀知（智）伯，分其地。襄子使其兄弟宗人尽为齐都邑大夫，与三晋通使，且以有齐国"②，齐国政权基本归田氏所有。

周威烈王二十一年（公元前 405 年）田和相齐宣公，他见魏国日益强盛，魏文侯在诸侯中的地位日益显赫，就极力与魏国建立友好关系，以齐国的最

---

① 《孟子·梁惠王上》。

② 《史记·田敬仲完世家》。

高统治者自居，齐宣公如同傀儡。齐宣公死后，即位的齐康公荒于酒色，被田和于周安王十一年（公元前 391 年）迁于海滨一城邑，占有了齐国国君的所有领土，并自立为齐君。次年，齐国攻伐魏国不久，就与魏、楚、卫会盟于浊泽（今河南禹县东北）。史载"太公（田和）与魏文侯会浊泽，求为诸侯。魏文侯乃使使言周天子及诸侯，请立齐相田和为诸侯。周天子许之。康公之十九年，田和立为齐侯，列於周室，纪元年"①。田和请魏文侯出面向周王室求情，按照三家分晋之例列为诸侯。周安王十六年（公元前 386 年），周王赐田和为太公，田氏齐国从此列为诸侯，即"田氏代齐"。周安王二十三年（公元前 379 年），齐康公死。从陈国公子完奔齐被齐桓公任命为大夫，传之十世，田氏完全代齐立国，姜太公所建立的齐国终于消亡。

田氏代齐之初，并没有从根本上扭转齐国长期积弱的局面。周显王十三年（公元前 356 年）齐威王即位，他荒于酒色，不问政事，史载："威王初即位以来，不治，委政卿大夫，九年之间，诸侯并伐，国人不治"②。又载："齐威王之时……好为淫乐长夜之饮，沈湎不治，委政卿大夫。百官荒乱，诸侯并侵，国且危亡，在于旦暮"③。齐威王即位九年间，受到魏、赵、韩、鲁、卫、越多次侵伐，国将不国，直到驺忌劝谏他才觉悟，从此拜驺忌为相国，节饮远色，疏远佞臣，息民教战，经营霸王之业。在对即墨大夫的重赏和对阿大夫的烹杀震慑全国后，官吏们不敢再文过饰非，终使齐国大治，其他诸侯国 20 多年不敢对齐国用兵。

周的阳城有一处地方叫做鬼谷，隐者鬼谷子在此传授秘籍，其弟子中有齐国人孙宾、魏国人庞涓和张仪、东周洛阳人苏秦等。鬼谷子对孙宾寄予厚望，将其祖先孙武的《兵法》十三篇赠送给他，昔日孙武正是利用此《兵法》协助吴王阖闾打破楚师。但鬼谷子预见到孙宾后将有难，将其名字改为孙膑。

庞涓首先出山来到魏国，被魏惠王拜为元帅兼军师，练兵训武，之后先后侵伐卫国、宋国等小国，迫使宋、鲁、卫、郑各国的国君不断来魏国朝聘

---

① 《史记·田敬仲完世家》。
② 《史记·田敬仲完世家》。
③ 《史记·滑稽列传》。

献礼。在齐国侵扰边境时，庞涓又率兵得胜，从此得意忘形。但是，由于魏惠王也知道孙膑对兵法的运用长于庞涓，担心孙膑被他国所用，在嫉妒心重的庞涓阴谋推荐下，魏惠王用驷马高车、黄金百镒，派人到鬼谷迎聘孙膑。鬼谷子在送别了孙膑、张仪、苏秦等高徒后，逍遥海外，不知所去。

孙膑来到魏国立即被庞涓陷害为"私通外国"，污蔑他私下为齐国效力，受到剔除双膝盖骨之刑。孙膑明知是庞涓所害，只得佯装疯癫得以不死。齐威王得知深谙兵法的孙膑在魏国的遭遇后，策划派遣淳于髡以向魏国赠送茶叶为名出使魏国，以期将孙膑接到齐国。

淳于髡得到齐威王的旨意后，接过国书，押运装满献给魏惠王茶叶的车辆来到魏国。魏惠王见刚刚兵败给庞涓的堂堂齐国，竟然专门来给自己送礼，高兴地设宴款待淳于髡并厚赠金帛。淳于髡还是寻机将被丢弃在猪圈里的孙膑私藏在运茶车内偷运出境，到达齐国都城临淄郊外时，齐威王亲自出迎十里，拜孙膑为军师。

魏惠王在残废了孙膑之后，自以为拥有了在诸侯国中最会用兵的庞涓，对其他诸侯国可以无所畏惧了，首先要讨伐亲近的齐国中山国，但庞涓却要率军伐赵，以便直接面对齐国。于是，庞涓率领魏军围困了赵国的都城邯郸。被围困近一年的赵成侯无奈之下，将中山作为礼物送给齐国，请求齐国出兵，而这正符合齐国向外扩张的政策，齐军在马陵大胜魏军。马陵之战后，齐威王把庞涓的首级悬挂于城门，遍告诸侯，诸侯对军力强大的齐国无不畏惧，而魏国从此一蹶不振。韩、赵两国的国君为感激齐国出兵相救，亲自携带厚礼到齐国朝贺，齐威王提出要联合韩、赵之兵攻打魏国，魏惠王赶忙遣使求和，请求朝见齐国。

齐国的相国邹忌认为，齐桓公、晋文公称霸诸侯时，无不以尊周为名，现在周王室虽然衰微，但九鼎仍在，向周王行朝觐之礼后，就可以假借王宠以临诸侯。齐威王因齐即位之初，就因吴越两国俱称王，自己也不甘居下，便自称"齐王"，他觉得自己已经僭号称王了，怎能够以"王"去朝"王"？邹忌提议在向周王朝觐之时可以暂且自称齐侯，这样天子必然对其谦虚之德大加赞赏。此时，诸侯已经久不向衰微的周王室行朝觐之礼了，见齐威王来朝，上下欣喜若狂，周王更是搜罗王室的宝藏，隆重地赠送给齐威王。邹忌对自己曾经私受魏国厚礼以及陷害田忌之事感到羞愧，称疾交还相印。齐威王拜田忌为相国，田婴为将，孙膑为军师。孙膑向齐威王贡献了孙武《兵书》后，被封在石闾（今山东泰安市南），一年后像其老师鬼谷子一样，忽然不知去向。

魏惠王"徐州相王"之后，秦、韩、赵、燕等国的国君也相继称王，当时天下有齐、楚、魏、赵、韩、燕、秦七个势力相当的大国都已称王，其他如越国，虽然已经称王，但进入战国时期以来却日益衰弱。与七个大国相比，宋、鲁、卫、郑的势力欠缺很多，其余诸侯国已经微不足道了。自从齐威王朝觐周王，齐国便在诸侯中拥有了更高的地位，中原诸侯会聚时，自然把齐国推为盟主。之后，齐国又对以前侵齐者各个击破，两次联魏伐赵都取得大胜（公元前332年和公元前327年），乘燕文公之丧夺取燕国十城（公元前332年），宋、鲁、卫等国更是一战即溃，诸侯纷纷"还齐侵地"。① 此时，秦国经过商鞅变法后日益强大，谋求向东方发展，但却在借道韩魏进攻齐国时遭到惨败，不得不对齐国称臣谢罪。齐国代替了魏国的霸主地位，，称霸中原，此即史书记载的威王时"齐最强于诸侯，自称为王，以令天下"②。齐威王晚年，齐国仍然保持了诸侯强国地位，但他自恃强大，耽于酒色游乐，相国田忌屡谏无果，郁闷而死。

周慎靓王元年（公元前320年），齐宣王即位。周赧王元年（公元前314年），燕国发生内乱，齐国趁机发兵，50天攻占燕国都城蓟（今北京市），燕国几乎灭亡。秦国在用商鞅变法之后，国家富强，准备出兵函关，以与齐国争霸天下。在钟立春劝谏下，齐宣王遣散游说之徒，招纳贤士，以田婴为相国，孟轲为上宾，又使齐国大治。

2. 魏惠王思念礼物心神不宁与辩士淳于髡巧用外交礼品

出身卑微的淳于髡身材矮小且其貌不扬，但却得到了齐国君主的器重。他是齐国历史上杰出外交家，多次奉王命出使，展现了卓越的外交才能。

周显王二十年（公元前349年），楚国大举进攻齐国。"齐王使淳于髡之赵请救兵，赍金百斤，车马十驷"③。淳于髡见齐威王赠送赵国的礼品是黄金

---

① 《史记·滑稽列传》。
② 《史记·田敬仲完世家》。
③ 《史记·滑稽列传》。

百斤、车马十驷，仰天大笑起来。齐威王以为淳于髡嫌请兵这个任务太小，淳于髡说："今者臣从东方来，见道旁有禳田者，操一豚蹄，酒一盂，祝曰'瓯窭满篝，污邪满车，五谷蕃熟，穰穰满家。'臣见其所持者狭而所欲者奢，故笑之"①。淳于髡发挥了他滑稽多辩的特长，劝谏齐威王应该多给赵国赠送些礼品。齐威王明白了他的意思，把赠送给赵国的礼品改为黄金千镒、白璧十双，车马百驷。淳于髡携带如此厚礼到了赵国，交涉十分顺利，赵王以精兵十万、战车一千乘相助齐国。楚国听到消息，连夜撤兵离去。

齐宣王遣散游说之徒时，魏惠王正在用重金厚礼招纳贤士，淳于髡于是也来到魏国谋求发展。淳于髡善于察言观色，在魏惠王的两次接见时都沉默不语。惠王不解，淳于髡解释说之所以不说话，是因为他发现惠王在接见时心神不定。魏惠王听后很惊讶，说："前淳先生之来，有人献善马者，寡人未及视，会先生之。后先生之来，有人献讴者，未及视，亦会先生来。寡人虽屏人，然私心在彼，有之"②。坦然承认第一次是因为有人献上了一匹好马，第二次是因为有人进献舞伎，所以在两次接见时都心不在焉。

魏惠王是战国时期最好收藏珠宝且以此为荣的国君，对各国送来的礼品都极为重视，并一有机会就向他国炫耀。周显王十四年（公元前 355 年），齐威王与魏惠王一起打猎，"惠王曰：'齐亦有宝乎？'威王曰：'无有。'惠王曰：'寡人国虽小，尚有径寸之珠，照车前后各十二乘者十枚。岂以齐大国而无宝乎？'威王曰：'寡人之所以为宝者与王异。吾臣有檀子者，使守南城，则楚人不敢为寇，泗上十二诸侯皆来朝；吾臣有盼子者，使守高唐，则赵人不敢东渔于河；吾吏有黔夫者，使守徐州，则燕人祭北门，赵人祭西门，徙而从者七千余家；吾臣有钟首者，使备盗贼，则道不拾遗。此四臣者，将照千里，岂特十二乘哉！'"③，齐威王以人才为宝这样的回答使魏惠王惭羞难当。这次，魏惠王感叹淳于髡的观察细腻，再次接见淳于髡时交谈了三天三夜，认为淳于髡的才学高人，想拜他为卿相，但淳于髡最终却坚辞不就。临行时，魏惠王赠送给淳于髡"以安车驾驷，束帛加璧，黄金百镒"④，以表示

---

① 《史记·滑稽列传》。
② 《史记·孟子荀卿列传》。
③ 《资治通鉴·周纪》。
④ 《史记·孟子荀卿列传》。

对淳于髡的尊敬。

淳于髡与早他百年的齐国名臣晏婴一样，也是身材矮小、貌不惊人，但他在代表齐国出使他国时，又同晏婴一样总能维护好齐国的国家利益和作为外交官的气节。特别是，淳于髡也和晏婴一样，都凭借自己的才能和气度折服了对自己傲慢无礼的楚王，维护了齐国的尊严。《史记》记载："昔者，齐王使淳于髡献鹄于楚。出邑门，道飞其鹄，徒揭空笼，造诈成辞，往见楚王曰：'齐王使臣来献鹄，过于水上，不忍鹄之渴，出而饮之，去我飞亡。吾欲刺腹绞颈而死，恐人之议吾王以鸟兽之故令士自伤杀也。鹄，毛物，多相类者，吾欲买而代之，是不信而欺吾王也。欲赴他国奔亡，痛吾两主使不通。故来服过，叩头受罪大王。'楚王曰：'善，齐王有信士若此哉！'厚赐之，财倍鹄在也①。"

淳于髡身负使命出使楚国，在其他礼物之外，齐王还特意赠送楚王一只鹄作为特别的礼物。谁知刚出城门，鹄就飞了，于是，淳于髡就托着空鸟笼前去拜见楚王。他对楚王说："齐王派我向大王献鹄，从水上经过时，我不忍心鸟儿饥渴，就放它出来喝水，它竟离开我飞走了。我想要刺腹或勒颈而死，又担心别人非议大王因为鸟兽的缘故致使士人自杀。鹄是羽毛类的东西，相似的很多，我想买一个相似的鸟儿来代替，可是我不愿做欺骗大王的事。想要逃亡别国，又痛心齐、楚两国君主之间的通使从此断绝。所以前来服罪，叩头请楚王责罚。"机智勇敢的淳于髡的这一番话中，"不忍鹄之渴，出而饮之"说明其仁，"欲刺腹绞颈而死"说明其勇，"恐人之议吾王"说明其忠，"吾欲买而代之，是不信而欺吾王也"说明其信，"痛吾两主使不通"说明其，"故来服过，叩头受罪大王"说明其诚，令楚王彻底折服，不仅没有怪罪淳于髡，反而因羡慕而赠送给淳于髡一些厚礼。

淳于髡在齐国期间，也曾收受其他国家的贿赂并为之说情，甚至面对齐王的责问还振振有词。齐国计划攻打魏国时，魏国派人到齐国对淳于髡说："齐欲伐魏，能解魏患，唯先生也。敝邑有宝璧二双、文马二驷，请致之先生。"淳于髡收到魏国的礼物后，果然为魏国说情，于是齐王决定放弃伐魏。此事被一客卿知道后就告诉了齐王，说淳于髡之所以反对伐魏，就是因为收

---

① 《史记·滑稽列传》。

到了魏国的宝璧和良马，齐王找来淳于髡问是否有此事，淳于髡坦然地回答道："伐魏之事不便，魏虽刺髡，于王何益？若诚不便，魏虽封髡，于王何损？且夫王无伐与国之谤，魏无见亡之危，百姓无被兵之患，髡有璧、马之宝，于王何伤乎？"① 一番巧辩，齐王也对他无可奈何。

3. 秦国以旱藕和麝香智破吴城与商鞅变法强迫各国割地

春秋时期晋楚弭兵之盟后，秦景公也曾着力改善与晋国的外交关系，双方重温秦晋之好。当双方的外患各自解除后，晋国六卿轮番执政，太史公曰："晋公室卑而六卿强，欲内相攻，是以久秦晋不相攻。"战国初期，在中原诸侯看来，秦国僻在西戎，在秦国看来，遭受中国摈弃，所以双方没有通好。秦献公时，出现过天上下金子的怪事，占卜认为，秦之地是周所分，五百年后将复合，故秦国将出霸王之君，凭金德一统天下。周显王五年（公元前364年），秦献公曾大破当时是中原各国中的超级强国魏国于石门（今山西运城西南），成为战国时秦国对东方各国的第一次军事胜利，周显王派遣特使庆贺，赠以黼黻，赐予献公与秦穆公一样的伯的称号，秦国开始成为西方霸主，进而窥视东方。

周显王八年（公元前361年）秦献公死后，秦孝公即位，他以没有被中原诸侯特别是齐、楚、魏、燕、韩、赵六个东方强国承认而羞，以向东不能出崤函，向南不能及巴蜀而耻，于是下令招贤纳士。公孙鞅本是卫国国君的庶支，对刑名之学造诣很深，见在微弱的卫国难以施展才能，便慕名来到魏国，却不被魏惠王重视。得知秦国招贤纳士，卫鞅离魏去秦。秦孝公重用卫鞅实行变法，同时奖励耕战，加强中央集权，使秦国逐步走向强盛，迁都咸阳（今陕西咸阳东北）后，周天子特意把祭肉赐给秦孝公，各国诸侯也都遣使来贺。

三晋中的魏国称王之后，就有兼并韩、赵两国之意，为此，魏王以优厚的待遇招徕四方豪杰名士，魏国益强。秦国与魏国为邻，秦国君臣认为，将来不是秦国兼并魏国，就是魏国兼并秦国为此积极备战。见齐国于马陵大胜魏国，秦孝公也计划攻打魏国，之后再向东制服其他诸侯国，成就帝王之业。周显王二十九年（公元前340年），秦国大军开出咸阳后，一路来到魏国的河西地区，魏国以公子卬为大将镇守吴城。进攻之前，秦大将卫鞅首先携带旱

---

① 《战国策·魏策三》。

藕、麝香等礼物，约公子卬在吴城会见，特意说旱藕益人，麝香辟邪，都是秦国的特产，送给公子卬以示秦魏两国的友好。公子卬不知卫鞅赠送礼物的背后还暗藏玄机，因此放松了对秦军警惕，但秦军却在魏军所经之处埋下伏兵，使魏军措手不及。在攻占了魏国的吴城后，秦军又长驱直入，直逼国都安邑。

卫鞅代表秦国向魏惠王提出外交交涉，即只有将魏国的河西之地都割让给秦国，秦才退兵。魏惠王畏惧秦兵，满口答应，卫鞅按图受地起兵凯旋。为嘉奖卫鞅的灭魏得地之功，秦孝公封其为列侯，封食邑于攻伐取得的楚地商於，号为商君，后世称之为商鞅。由于失去河西之地后，安邑距离秦国太近，并要应对齐国向魏国霸业的挑战，魏国于周显王三十年（公元前339年）迁都大梁，自此又有梁国之称。

秦孝公死后，惠文公即位，商鞅以前朝旧臣且功勋显赫自居，态度傲慢，又因在变法中杀戮太多激起民愤，逃奔魏国。魏国痛恨商鞅诱骗公子卬割让河西之地，准备把他押解回秦国，商鞅又逃回商於，被捉后于周显王三十一年（公元前338年）惨遭五马分尸酷刑，家族尽灭。秦惠文王即位时，楚、韩、赵及蜀国都遣使祝贺，他拜公孙衍为相国，继续奉行了商鞅变法以来的国策，积极对外发展。

公孙衍本是魏之阴晋人，于周显王三十六年（公元前333年）为秦国大良造。得到重用的公孙衍再度率军进攻魏国的河西要塞，实际占领了河西之地。魏惠王顺水推舟，把河西地区割让给秦国求和，秦国则夺取了通向中原的门户。之后，公孙衍劝秦惠文公西并巴蜀，称王以号召天下，要列国悉如魏国割地为贽，如有违者，即发兵伐之。周显王四十四年（公元前325年）秦惠文王称王后，遣使者遍告列国，要求各国割地为贽。各诸侯国犹豫难定，只有楚威王打败了越国，地广兵强，敢于与秦国为敌。秦国使者到达楚国后，受到楚王的叱咤，悻悻而去。

原来，越王无疆为恢复勾践时期的霸业，于周显王三十六年（公元前333年）发兵向北攻打齐国，向西攻打楚国，欲与中原各国争强。越国攻打齐国时，齐威王派遣使者到越国，劝说越王从称王称霸考虑，应该转而攻打楚国。楚威王发兵迎击越，大败越军，杀死无疆，不仅全部攻下原来吴国和越国的领土，还乘胜在徐州大败齐军。此战之后，越国分崩离析，各族子弟为竞争权位，在今长江南部的沿海一带或称王或称君，但都服帖地向楚国朝贡，无力争霸中原。楚国曾派大臣昭滑到越国潜伏 5 年，但直到周赧王八年（公元前 307 年），秦武王举鼎绝膑而死，秦国和越国都发生争立君位的内乱，楚国才趁机出兵，于次年攻灭越国，设江东为郡。到辅佐诸侯推翻秦王朝的闽君摇时已经又传七代，汉高帝恢复摇为越王，继续越国的奉祀。

周显王四十四年（公元前 325 年）秦惠文王称王改元时，秦已完全据有关中，并占有河东、河南等重要关塞，控制了关中至中原的战略走廊，处于进可攻、退可守的战略优势地位。虽然已经形成秦、齐两强东西对峙的局面，但秦国实力更强，各国主要威胁在秦，于是开始"合纵"联合制秦。秦国则为破坏各国的联合，派出外交使节拉拢各国实行"连横"。但正如在当代国际关系中没有永远的朋友，只有永远的利益一样，各国因利害不同，使合纵连横这种外交战略和军事联盟也暴露出很多薄弱环节，因此往往无法持久，倒是拉开了一场波澜壮阔、波云诡异的外交大幕。

（四）合纵连横及战国中期的外交家

1. 中国古代外交家的出现与合纵连横外交策略

中国现代意义上的外交出现于晚清，其中 1861 年总理各国事务衙门的成立和 1875 年清政府正式向外国派遣公使，是中国现代意义外交出现的标志性事件。但正如前文所说，中国古代的外交活动从黄帝、尧、舜、禹时代就开始了。随着早期国家的出现，中国古代的国家外交也应运而生，所以，中国自古就有外交，也非常重视外交礼仪和外交过程中礼品的运用。在殷商甲骨文的记载中，大量关于"史"（使）、"史人"（使人，即使节），所反映的就是商王朝与周边方国、部落交往的外交使节，至于"来王"、"来献"、"来朝"、"工"（贡）、"氐"（致）等，不仅仅只被看做是王朝周边的方国、部落与商王朝之间存在的朝贡关系，其中更包含有丰富的商王朝外交活动中礼品赠送的信息。

西周王朝在实施分封建国的同时，规定了一套严格的礼仪制度，西周王室与诸侯国之间的朝觐制度、王室与诸侯国之间以及各个诸侯国之间的聘问制度，为春秋时期的外交制度的进一步完善奠定了基础。如果说黄帝、尧、舜、禹，商王朝时期的"史"、"使人"，夏末的伊尹通过送美女和珍宝为礼救商汤以及商末的姜尚施礼救文王，还不属于严格意义上的职业外交行为，那么，西周初期所创建的礼仪制度中，已经包含了职业外交人员的行为规范。从西周时期开始，在外交礼仪规范下的诸侯国之间的外交活动，特别是在诸侯国的争霸外交中，已经涌现出了一批具有职业特点的外交家。这些职业外交家在外交活动中，也都很重视礼品赠送的重要性。

在鲁国史书《春秋》所记载的242年历史中，各诸侯国之间发生战争483次，围绕这些战争，有关国家展开了频繁的外交活动，朝聘会盟达到450次，涌现出一批具有丰富谈判斡旋经验的外交使者。到了战国时期，随着诸侯国之间的争霸和兼并战争更为惨烈，各国之间的外交斗争也更加复杂，一批职业外交家随着国家之间矛盾的升级，在图存救亡中应运而生并发挥了极其重要的作用。他们在外交活动中，或是能够提出完整明确的外交思想、外交策略、外交计谋并巧妙地加以运用实施，或是能够通过外交活动消弭或瓦解敌对国家的入侵、捍卫国家主权、尊严和领土完整，或为开疆拓土施展计谋，或对他国宣示友好，都为中国古代外交制度和外交思想的形成和发展提供了宝贵的财富。

说到中国古代的职业外交家，首先当是出生于商代末年的姜尚。这不仅是因为在西伯昌被商纣王囚禁后，是姜尚通过给纣王送去美女、骏马、玉器、珠宝等厚礼营救了西伯昌，更因为在姜尚遇到西伯昌之前，他曾有过游历70余国的经历，这些经历对他与西伯昌共谋兴周灭商大计发挥了重要作用。当时，商早期的3000余国到商末只剩下1800国，各个诸侯国之所以拥护商王朝，是因为畏惧商国的经济和军事实力。辅佐周文王西伯昌后，姜尚向各国派出外交使节，送去礼物，借机宣扬周国的强大和西伯昌的仁政，向它们游说与周国结盟的利益所在。通过孟津会盟观兵，与周国结盟的诸侯国已达800多个。在攻打商纣王的战役中，不仅有中原诸侯国参加，边远地区的蛮夷邦国，如西边的羌，巴蜀的蜀、苗、微，西北的卢、彭，以及江汉一带的庸、濮等，也都积极出兵。正是由于姜尚联合诸侯，才使周武王完成了灭商定周大业。当时，"天下三分，其二归周，太公之谋计居多"①。从这个角度讲，姜尚是战国时期盛极一时的纵横家的鼻祖。被分封齐建国后，面对齐地内强国林立，姜尚又施展外交才能，辅以战争攻伐，靖平不顺的50余国。治国期

---

① 《史记·齐太公世家》。

间，姜尚"因其俗，简其礼，通工商之业，便鱼盐之利，而人民多归来，齐为大国"①。姜尚还积极拓展与他国的经济联系，通过与列国通商，为齐国积累了财富。因此，没有姜尚的治国基础，就没有齐桓公的春秋称霸。

　　春秋初年，随着周王室的衰微，诸侯各自擅权，相互侵伐，大国对小国控制权的争夺愈演愈烈。在春秋争霸外交中，郑庄公首先脱颖而出。他采用"远交近攻"的策略，实现"周郑交质"，瓦解了五国联军攻伐，代天子令诸侯，成就霸业。齐国的管仲更是一位外交家和谋略家，他提出了"尊王攘夷"的外交方针，在诸侯外交中非常重视礼品馈赠的作用，协助齐桓公"九合诸侯，一匡天下"，不仅在强敌如林中保全了齐国，而且树立了乱世中求生图强的范例，对后世影响深远。烛之武在郑国危难之际出使秦师，以其善于利用矛盾、分化瓦解敌人的外交才能，成功地反间秦晋，保全了郑国，尤其是面对强敌的那一番机智善辩的外交辞令，使我们看到一个外交家的形象崭露无遗。宋国的华元面对强楚，勇退楚军，针对晋楚连年战争，促成了双方的第一次弭兵之盟；宋国大夫向戎穿梭斡旋促成的第二次弭兵运动，更是宣告了春秋争霸暂告一段落，为中原小国提供了休养生息的机会，这种以停止战争为目的的和平运动，至今仍在国际关系中广泛运用。此外，还有齐国的晏婴，他多次受齐君派遣出使吴国、楚国等，都能不辱使命，折冲樽俎，雄辩四方，维护了齐国的国家利益和个人尊严；楚国的申包胥在吴国实施北伐楚南伐越的争霸国策中，悲泣秦廷，乞师救国，使楚国存而未亡；春秋末期，在吴、越两强争霸外交中，子贡开展穿梭外交，游说五国，促使吴国伐齐救鲁，挽救了鲁国的危亡，正是"故子贡一出，存鲁，乱齐，破吴，强晋而霸越。子贡一使，使势相破，十年之中，五国各有变"②。进入战国时期，齐国的外交家淳于髡滑稽善辩，数使诸侯，不辱国格，而且在出使中极其重视外交礼品的作用，上文已有详述。但是，笔者认为，中国古代严格意义上的职业外交家的出现，当在合纵连横极盛的战国中期。正是"合纵连横"，将战国中后期的国际外交推向了一个从未有过的繁忙时期，并且当时外交家们的活动也为后世留下了一笔丰富的外交谋略遗产。

---

① 《史记·齐太公世家》。
② 《史记·仲尼弟子列传》。

合纵连横早已有之，而战国时期的合纵连横则是这一时期国际关系中围绕外交和军事斗争最常见的表现形式和手段，并随着局势的变化而变化。如前文所述，进入到战国中期以后，秦国在商鞅变法后把开疆拓土和争夺霸权的攻伐矛头指向了东方，齐国则在马陵之战后代替魏国成了中原地区的新霸主，两大强国的对抗在所难免。处在东齐西秦二强夹击下的韩、赵、魏三国为了图谋自存，与北燕南楚联合起来，东抗齐或西抗秦，开始了战国时期的"合纵"。但如果弱国被齐国或秦国拉拢联合去进攻其他弱国，则为"连横"。战国时期的历史告诉我们，当时的合纵与连横变化无常，合纵既有对齐，也有对秦，连横既可以联秦，也可以联齐。一般说来，合纵就是南北纵列的某几国联合起来，共同对付强国，阻止齐或秦两国兼并弱国，目的在于联合若干弱国抵抗一个强国，以防止强国的攻伐和兼并；连横则是秦或齐拉拢某国或某几国，共同进攻另外某国或某几国，目的在于通过事奉一个强国来保全自己或进攻其他的弱国来兼并和扩展土地。战国晚期，随着秦国势力更加强大，特别是在燕乐毅破齐使齐国一蹶不振和长平之战使赵国严重削弱后，秦国取得了对东方六国的绝对优势并成为东方六国的共同威胁，合纵就成为六国合力抵抗强秦，连横则是六国分别与秦国联盟以求苟安。这给合纵连横政策赋予了新的含义，秦国连横的目的就是为了破坏六国间的合纵，以便各个击破，并最终以秦国连横政策的成功而告终。

纵横家崇尚权谋策略和言谈辩论技巧，一批以获取功名利禄为目的，善于外交辞令和阴谋权术，对国家间的政治形势非常娴熟的说客，推动了战国时期合纵连横运动的蓬勃开展，史书称之为"纵横家"。他们实质上就是职业外交家，除了张仪、苏秦外，还有公孙衍、陈轸、李兑、范雎等人。纵横家的策略和思想不仅影响了战国历史乃至中国历史的发展，而且对当今面临的国际局势如何处理也有积极的借鉴作用，不少国家在处理国际事务时所采用的方法与战国时期纵横家思想如出一辙，它甚至还从外交领域渗入了企业经营等社会各领域。

苏秦和张仪分别是战国时期合纵、连横的代表人物，据《史记》和《战国策》记载，他们为同时之人。但是，据马王堆汉墓出土的帛书《战国纵横家书》记载，苏秦死于公元前284年，张仪死于公元前309年（或言公元前310年），司马迁把苏秦的经历提早了二十多年。至于刘向《战国策》序言所谓"及苏秦死后，张仪连横，诸侯听之，西向事秦"，也是混淆了二人的前后关系。实际上，当张仪在秦国当宰相致力于连横时，苏秦尚未登上政坛，张仪死后他才在政坛上初露头角，根本没有机会和张仪成为政治上的对手。公孙衍是战国时期合纵策略的倡始者，也是张仪的真正对手，故有"公孙衍张仪，岂不诚大丈夫哉！一怒而诸侯惧，安居而天下熄"[①] 之说。

2. 张仪相秦成功连横为秦拓地

张仪是魏国人，自以为深得鬼谷子谋略的精髓后"而游说诸侯。尝从楚相饮，已而楚相亡璧，门下意张仪，曰：'仪贫无行，必此盗相君之璧。'共执张仪，掠笞数百，不服，释之。其妻曰：'嘻！子毋读书游说，安得此辱乎？'张仪谓其妻曰：'视吾舌尚在不？'其妻笑曰：'舌在也。'仪曰：'足矣。'"[②] 正是靠这三寸不烂之舌，张仪辅政强秦，连横攻弱，成为战国中后期一位著名的外交家，并对列国兼并战争形势的变化产生了很大影响。

周显王四十年（公元前329年），张仪在秦国招揽人才政策的感召下，从楚回魏后转赵入秦，以其能言善辩和出众才智出任客卿，筹划谋略攻伐。他曾在分析了天下列国的形势后，信誓旦旦地对秦王说："一举而天下之从不破，赵不举，荆、魏不臣，齐、燕不亲，伯王之名不成，四邻诸侯不朝，大王斩臣以殉于国，以主为谋不忠者"[③]。此时，其后来的政治对手公孙衍正在秦国担任大良造。次年，张仪出任相国，参与军政要务及外交活动，从此开始了他的政治、外交和军事生涯。他首先谋划迫使韩、魏太子来秦朝拜，攻取魏国蒲阳（今山西隰县）后，张仪正式向秦王提出连横政策，得到秦王支持。之后，张仪利用把蒲阳归还魏国和护送公子繇入魏的机会与魏王接近，游说魏王投靠秦国并把上郡15县和河西重镇少梁献给秦国，使黄河以西尽归秦国。张仪回到秦国出任秦相，得不到重用的公孙衍离秦奔魏，与张仪结下仇怨。周显王四十四年（公元前325年），张仪率军攻取魏国的陕县（今河南陕县）占据黄河天险，辅佐秦惠文王称王。魏惠王为抵抗秦国，于公元前324年、公元前323年两次与齐威王会见，以寻求齐国的支持，可齐国反而与楚

---

① 《孟子·滕文公下》。
② 《史记·张仪列传》。
③ 《战国策·秦策一》。

国共伐魏国，公孙衍趁机发动"五国相王"，即由魏、韩、赵、燕、中山五国同时称王并结成联盟，互相支持和尊重国家主权和领土完整。至此，周天子在诸侯国中的影响已完全消失。但是，当年楚国就发兵攻魏，在襄陵大败魏军，使公孙衍发动的合纵运动失败，也使魏国对齐、楚二国仇恨加深。

周显王四十六年（公元前 323 年），为对抗魏惠王的合纵政策，继续拉拢和削弱魏国，张仪用连横策略，召集齐、楚、魏会于啮桑（今江苏沛县西南），魏国暂时放弃了公孙衍的合纵之策。公元前 322 年魏国宰相惠施联合齐、楚无果后，张仪辞去秦相出任魏相。魏国派太子入秦朝见以示归顺，并与秦、韩攻击齐、楚，威胁各国。四年之后，公孙衍在齐、楚、韩、赵、燕等国的支持下，出任魏相，张仪被逐回秦国，仍为秦相。在伐巴蜀之前，张仪主张先攻韩国，"以临二周之郊，诛周主之罪，侵楚、魏之地。周自知不救，九鼎宝器必出。据九鼎，按图籍，挟天子以令天下，天下莫敢不听，此王业也"①。

公元前 316 年，张仪与司马错率兵伐蜀，得胜后又灭巴、苴两国，为秦国的经济发展和军事战争提供了有利支撑。之后，秦国打败并拉拢了魏、韩、赵三国，形成以秦、魏、韩与齐、楚两大对立集团，尤其齐、楚联盟成为秦国攻伐齐国的极大障碍。周赧王二年（公元前 313 年），张仪向秦王请示，"王其为臣约车并币，臣请试之"②。秦王为其准备好了出使的礼物后，张仪乘车出使楚国，他先通过赠送厚礼买通楚怀王的宠臣靳尚，又利用靳尚取得怀王信任，以"大王苟能闭关绝齐，臣请使秦王献商、於之地，方六百里。若此，齐必弱，齐弱则必为王役矣。则是北弱齐，西德于秦，而私商於之地以为利也，则此一计而三利俱至"③ 来离间齐楚关系。楚怀王信以为真，遂与齐断绝友好同盟关系，而秦国则暗中遣使与齐交好以防不测。楚国派人入秦受地时，张仪却对楚使说约定的只有六里没有六百里，楚王怒而兴兵攻秦，却在丹阳（今陕西、河南间丹江以北）惨败，失去丹阳、汉中周边土地 600 里。楚再与秦战于蓝田（今陕西蓝田西，或说今湖北钟祥西北）又败，向秦

---

① 《战国策·秦策一》。
② 《战国策·秦策二》。
③ 《战国策·秦策二》。

割两城求和。这样，秦国已经占领的巴蜀与汉中连为一片，不仅形成了对楚国的侧翼包围，更重要的是基本解除了楚国对秦国本土的威胁。周显王见秦国讨伐楚国取得大胜，遣使策命，中原诸侯也都遣使祝贺。

打败楚国后，张仪又于周赧王四年（公元前 311 年）前往楚、韩、齐、赵，燕等国游说，以其雄辩的口才和脆谲的谋略，拉拢、威胁并举，使得五国连横事秦，张仪则因功封得五邑，号为武信君。例如张仪游说楚王说："大王诚能听臣，臣请秦太子入质于楚，楚太子入质于秦，请以秦女为大王箕帚之妾，效万家之都，以为汤沐之邑，长为昆弟之国，终身无相攻击。"虽有屈原屡劝，但楚王不听，而是同意了张仪的说辞，"乃遣使车百乘，献鸡骇之犀、夜光之璧于秦王"①。正是由于张仪在秦成功推行连横策略，使秦国"拔三川之地，西并巴蜀，北收上郡，南取汉中"，"散六国之从（纵），使之西面事秦"②，国力更加强盛，为秦国的霸业和统一六国奠定了基础。秦惠文王死后，素对奸诈的张仪不满的秦武王即位，张仪被迫离秦至魏，二年后（公元前 309 年）病逝。

3. 公孙衍合纵对抗张仪与提醒义渠谨防秦国送礼

周显王三十六年（公元前 333 年），公孙衍被秦惠文王任命为大良造后，积极谋划攻击魏国，魏国只好割地求和，秦国从而占据河西之地，打开了通往中原的门户。在割让河西之后，魏惠王派人重金贿赂公孙衍，避免魏国再受秦国攻击。收到魏国贿赂的公孙衍向秦惠文王提出，要趁秦魏暂时和好没有后顾之忧之机，进攻其他弱国。这时，张仪已经入秦，并与公孙衍在秦国的对外军事进攻战略上产生矛盾。为争得秦王宠幸并排除异己，张仪告诉秦惠文王，现魏国四面受敌，正是伐魏良机，而公孙衍只顾个人私利不顾秦国的国家整体利益，让秦国进攻西面的游牧部族建立的少数民族政权实属误国之举。为防止拥有霸主根基的魏国积蓄力量再来全力攻秦，张仪借机向秦王提出了连横策略，得到了欲灭诸侯成就霸业的秦惠文王的赞赏。秦王立即重用张仪，遭到排斥的公孙衍被迫离开秦国到魏国做了将军。

此时的魏国早已不是当年魏惠王执政时的局面，为了魏国的安危，公孙

---

① 《战国策·楚策一》。
② 《史记·李斯列传》。

衍首先采用合纵策略联合齐国进攻赵国并取得大胜。为防止齐楚魏合纵攻秦，张仪亲自率兵攻打魏国，迫使魏国顺服后又与齐楚会盟，三国合纵被张仪成功破解。为对抗张仪的连横，公孙衍发动了"五国相王"，但由于齐、楚等大国的反对，这次以合纵为目的的"五国相王"以楚国不久就出兵攻打魏国宣告失败。魏国因此罢免了主张合纵的宰相惠施，臣服于秦国并请来张仪担任宰相，这给了秦国向魏、韩国借道进攻齐国的绝好机会。但是，秦国的进攻不仅使其受到了齐军的沉重打击，还破坏了张仪的此次连横策略，魏国内部亲齐势力重又压过亲秦势力，继而派出使者到楚、赵、燕等国游说合纵。

　　秦国向东扩张和张仪的连横策略，严重威胁到东方各国的安全，在齐、楚两大国的要求和东方各国的支持下，魏国于公元前319年驱逐张仪，由主张合纵的公孙衍担任宰相。公孙衍立即号召魏、赵、韩、燕、楚五国联合出兵攻打秦国，攻至函谷关。但由于联军各有所图，尤其是楚、燕两国因暂时受秦威胁不大而态度消极，只有魏、赵、韩三国军队与秦军交战，不堪秦军一击，齐国更是趁机攻打了赵国。公孙衍合纵攻秦失败，也让秦国更加重视连横，在魏国大臣的指责中，公孙衍辞去宰相，推荐齐国的孟尝君任魏国宰相，而自己到韩国当了宰相。公孙衍为韩国宰相时，孟尝君为魏国宰相，田婴为齐国宰相。在田婴的支持下，形势又向有利于合纵的方向发展。感到不安的秦惠文王决定首先攻打合纵最坚决的公孙衍任宰相的韩国，韩军大败，公孙衍逃亡魏国。

　　公孙衍在魏国期间，曾经接待楚国使者陈轸。陈轸支持公孙衍的合纵策略，献计使公孙衍一度为魏、燕、齐三国相事。但公孙衍对张仪耿耿于怀，知道张仪返回秦国后仍为秦相，一直要寻机加害。义渠国是与秦为邻的少数民族政权，素与秦为敌而与魏国友好。在公孙衍积极组织合纵之际，义渠国君恰好来到魏国朝见。公孙衍告诉义渠君，如果秦国和东方各国交战，秦国定会奉上重礼讨好义渠；如果秦国与各国和平无战事，秦国定会掠夺义渠。他希望义渠国君警惕，不要被秦国送礼示好所蒙蔽。后来五国伐秦时为免后顾之忧，正在秦国为秦惠文王所用的陈轸向秦王献计："义渠君者，蛮夷之贤君也，不如赂之，以抚其志"①。秦王于是遣使赠送给义渠国君千匹文绣和百名美女，以示与义渠

---

① 《史记·张仪列传》。

修好。义渠君见秦国果如公孙衍所言，又认为秦送礼交好是暂时策略，秦国强大终对己不利，便乘五国攻秦之机出兵袭击秦国，击败秦军一支仓促应战之师。可见，公孙衍不仅注重联合东方各国，而且把秦国的近邻小国也拉进了合纵伐秦同盟。然而，由于合纵各国患得患失，公孙衍发动的合纵均以失败告终。从韩国逃回魏国后，公孙衍受到政敌田需的陷害，被魏王杀死。

4. 陈轸被陷"重币轻使"与为楚缓兵向韩国送礼

陈轸曾经与张仪共事秦惠文王，但却远没有张仪狡诈。随着秦国势力的强大，楚国成为近在眼前的威胁，所以有的秦国大臣认为，目前能伤害秦国的只有楚国了。而此时，陈轸不仅为秦国的幕僚，也为楚国出谋划策，因此经常往来于秦楚之间。这本来在战国时期是较为常见的事情，但为争取得到秦王更多的宠幸，张仪利用这一点向秦王中伤陈轸，说"轸重币轻使秦楚之间，将为国交也。今楚不加善于秦而善轸者，轸自为厚而为王薄也。且轸欲去秦而之楚，王胡不听乎？"①张仪以陈轸携带丰厚的礼物经常随便地来往于秦楚之间，本应当为国家外交出力，如今楚国却不曾对秦国更加友好，反而对陈轸亲善。他污蔑陈轸都是在为自己打算，"然则是轸自为而不为国也"②，没有为秦国的国家利益和秦王着想。秦王责问，陈轸如实向秦王谈了自己的想法。张仪甚至诽谤陈轸是楚国的间谍，对秦王说："陈轸为王臣，常以国情输楚。仪不能与从事，愿王逐之。即复之楚，愿王杀之"③，秦王甚至以为陈轸不敢再到楚国去了。

见秦惠文王最终任用张仪做宰相，陈轸投奔楚国，但楚王也没有重用他，而且还派他出使秦国。陈轸路过魏国时，知道公孙衍与魏相田需有矛盾，就求见公孙衍并献计，使楚国怨恨田需，而公孙衍则因此有燕、赵、齐三国相事，权力大过田需，二人矛盾加深。韩国和魏国交战一年不止，秦惠文王有意协调使其和解，但左右意见不一。惠文王难以决断之际，恰值陈轸代表楚国出使秦国。陈轸以下庄子刺虎喻秦王，秦王终于没有让它们和解，而是坐山观虎斗，在两败俱伤时出兵攻伐，取得大胜。

---

① 《史记·张仪列传》。
② 《战国策·秦策一》。
③ 《战国策·秦策一》。

在楚国期间，陈轸是楚王的得力谋臣。秦国在浊泽之战中打败了韩国，韩国计划将一座名城和一些兵器送给秦国作为议和条件，让秦国向南出兵攻打楚国。面对即将到来的秦、韩军队联合进攻，陈轸向楚王呈上缓兵之计，即告示全国，准备调兵遣将去救韩国，并派遣使者携带重礼献给韩国，阻止秦、韩合兵攻楚。韩王以为楚国真的将救援韩国，遣使与秦国断交。在秦、韩大战中，楚国坐山观虎斗，导致韩国大败，陈轸成功运用缓兵之计，暂时化解了楚国的危机。

张仪骗取楚王信任，楚国以断绝与齐国的亲密外交关系为代价，企图得到秦国的商於六百里之地。当楚国遣使前去接收土地时，才知被骗，楚王大怒，欲兴兵攻秦。陈轸向楚王献策，认为"伐秦非计也，王不如因而赂之一名都，与之伐齐，是我亡于秦而取偿于齐也。"并说："王今已绝齐，而责欺于秦，是吾合齐、秦之交也，固必大伤"[1]。但是楚王不听，一心要向秦报仇，秦国联合韩国之兵共同反击，楚军在杜陵（今陕西西安东南）大败。楚国与齐国断绝关系后，齐国对楚国恨之入骨，也举兵伐楚，陈轸又对楚王说："王不如以地东解于齐，西讲于秦"[2]。陈轸在处理国家危机时，非常重视赠送礼物的作用，甚至把土地作为厚礼赠送他国，以解除或缓和自身危机。

5. 孟尝君出使得象牙床与为送礼引起"狗盗"和"鸡鸣"

战国末期，各诸侯国贵族为扩大势力竭力网罗人才，因而养"士"之风盛行。孟尝君田文，承袭其父即齐宣王宰相田婴的爵位封于薛地（今山东藤县南），曾在齐国权倾一时。史载孟尝君招揽各诸侯国宾客及逃犯三千人，以爱贤好客名传列国，与魏国的信陵君、赵国的平原君和楚国的春申君被称为"战国四君子"。

周显王四十八年（公元前321年），孟尝君代表齐国前往楚国访问，楚王送他一张象牙床。孟尝君令登徒直先护送象牙床回国，登徒直却不愿意，因为"象床之直千金，苟伤之毫发，则卖妻子不足偿也。"他对孟尝君门下人公孙戌说："足下能使仆无行者，有先人之宝剑，愿献之"[3]。登徒直知道象牙

---

① 《战国策·秦策二》。

② 《战国策·秦策二》。

③ 《资治通鉴》。

床价值千金，如果有一丝一毫的损伤，就是卖了妻子儿女也赔不起。他请求公孙戌帮助他躲过这趟差使，如果能成，愿意送给公孙戌一把祖传的宝剑。公孙戌答应了，去对孟尝君说：各个小国家之所以聘请您担任国相，是因为您能扶助弱小贫穷，使灭亡的国家复存，使后嗣断绝者延续。各国钦佩您的仁义，仰慕您的廉洁，现在您刚到楚国就接受了象牙床这样的厚礼，那些还没去的国家又该如何馈赠您礼物呢？孟尝君认为公孙戌说得有理，决定谢绝楚国的象牙床厚礼。公孙戌把得了宝剑的事也如实向孟尝君汇报了。孟尝君很快就令人在门上贴出布告，写道："有能扬文之名，止文之过，私得宝于外者，疾入谏！"① 他对能弘扬田文名声和劝止田文过失的人，即使私下接受了别人的馈赠也没关系，要求他赶快提出意见。

但后来孟尝君出使秦国，在对待礼物上就没有表现的这么豪爽了，而且因为礼物陷入几乎被杀的危险境地。原来，秦昭王听说孟尝君贤能，以先派太子泾阳君到齐国作人质为交换条件，请求见到孟尝君，但在宾客苏代的劝说下孟尝君没有前行。周赧王十七年（公元前298年），齐国同意孟尝君到秦国，孟尝君献给秦昭王一件狐白裘作为见面礼物。秦昭王向知孟尝君之贤名，立即让其担任宰相，但一班大臣却极尽谗言，以孟尝君将代表齐国利益危害秦国为由，挑唆秦王将其囚禁起来并图谋杀掉。

孟尝君得知秦国君臣的意图后，赶紧向秦王的弟弟泾阳君献上一对白玉璧，托其向秦王的宠妃燕姬求情。可是，这燕姬见过孟尝君送给秦昭王的狐白裘并垂涎欲滴，对白玉璧根本不感兴趣，一心只想要狐白裘。孟尝君只有一件狐白裘，"直千金，天下无双，入秦献之昭王，更无他裘"②。孟尝君已将狐白裘献给了秦王，对燕姬的要求难以满足，因此和众门客面面相觑，一筹莫展。正在着急之时，孟尝君门下一个会披狗皮盗东西的人说他有办法拿到那件已经送给秦昭王的白色狐皮裘，并于当夜化装成狗钻入秦国府库，盗取回狐白裘献给了昭王的宠妃燕姬。燕姬得到狐白裘后立即替孟尝君向秦昭王说情，昭王便释放了孟尝君。

孟尝君获释后立即更换出境证件，改姓换名逃出城关，到达函谷关已是

① 《资治通鉴》。
② 《史记·孟尝君列传》。

夜半时分。此时秦昭王后悔释放了孟尝君，知他已经逃走便派人飞车追捕。按照当时的规定，函谷关在鸡鸣叫时才能放行来往客人进出，孟尝君万分着急之际，宾客中有个会学鸡叫的人学起鸡叫，附近的鸡也随着一齐鸣叫起来，关门随即大开，孟尝君得以出示证件逃出函谷关。秦国追兵赶到函谷关时，孟尝君一行已经逃出秦境。

孟尝君宾客中这两个会"狗盗"、"鸡鸣"的人，日常被其他宾客认为毫无能力，但危难之际，孟尝君却是依靠这两个人的帮助得以解救。从此，宾客们都佩服孟尝君不分人等广招宾客的做法。

回到齐国后，齐湣王任用孟尝君为宰相。孟尝君怨恨秦国，准备以齐国曾帮助韩国、魏国攻打楚国为理由，来联合韩国、魏国攻打秦国，并为此向西周借兵器和军粮。又是在苏代的劝说下，孟尝君放弃了攻打秦国的想法。后来齐湣王受到秦国和楚国毁谤言论的蛊惑，孟尝君官职被罢免返回封地，宾客们也纷纷散去，只有冯谖等少数人留在孟尝君身边。冯谖是孟尝君门客中颇有眼光之人，孟尝君不得志之际，在冯谖的谋划下，"孟尝君予车五十乘，金五百斤，西游于梁，"准备了马车和礼物，送冯谖到了魏国游说魏惠王，魏王得知后非常高兴，立即准备"以故相为上将军，遣使者黄金千斤，车百乘，往聘孟尝君。""齐王闻之，君臣恐惧，遣太傅赍黄金千斤，文车二驷，服剑一"[1]，致书孟尝君自我检讨了一番。齐湣王恐孟尝君被魏国所用，又恢复了孟尝君的宰相之职和他原来封邑的土地。

周赧王二十九年（公元前 286 年）齐国灭亡宋国后，齐湣王更加骄横，猜忌孟尝君日重，孟尝君不得已离开齐国到了魏国，魏昭王以其为相。为报复齐国，孟尝君联合秦、赵两国与燕国一起伐齐，齐湣王死在逃亡途中。齐襄王即位后，孟尝君游走于诸侯，无所归属，其封邑被齐、魏攻灭。

（五）战国后期的外交家与秦兼并六国

1. 赵国抗秦与蔺相如完璧归赵

魏国经过魏惠王时代的连年消耗已是国力匮乏，在秦、赵、楚、齐等大国的夹击下，急剧衰落。秦国在占领巴蜀和楚国的汉中一带，战略上形成了

---

[1] 《战国策·齐策四》。

对楚国的侧翼包围后，再度转向中原，连续进攻魏、韩、楚、赵等国并占领了一些大的城邑，将势力扩展至中原。周赧王十四年（公元前301年），刚即位的齐湣王联合韩、魏攻楚，大败楚军于垂沙，从此楚国不得不依附于齐。周赧王十七年（公元前298年），秦国攻打楚国占领城邑10余座，齐、韩、魏三国对秦国的继续扩张感到恐惧，便乘秦军久战疲惫联合攻秦，历经三年终于攻入函谷关，迫使秦国求和并归还了以前侵占的韩、魏之地，取得了第二次合纵攻秦之战的胜利。为休整军队及孤立韩、魏，秦国在失败后暂时停止了军事攻击，并主动与楚国结好，而齐国为达到灭宋的目标也与秦通好。周赧王二十一年（公元前294年），秦乘楚无力、齐无暇顾及中原之际大举进攻韩、魏，秦将白起在伊阙（今河南洛阳龙门）之战中大胜韩魏联军后，数年内又连续攻占韩、魏较为发达的61座城邑，使两国日益衰落，从此难以与秦国较量，战国时期进入到秦、齐争霸的时代。但此时还有一支重要力量成为秦国进军中原与齐国争霸的劲敌，即经过赵肃侯、赵武灵王征战取代魏国成为三晋领军者的赵国。

战国中期以前，赵国被多个强国包围，还经常受到林胡、楼烦的骚扰掠夺，国势较弱，一旦发生战事不得不向秦、魏等国割地求和。为了强兵救国，赵武灵王在军事上放弃了中原人常用的宽衣博带和战车战术，将战服改为以紧小为特征的胡服，将以步兵为主体的军队结构改为骑兵和弓弩兵为主体，同时在其北方积极修筑长城以抵消林胡、楼烦骑兵的优势，继而也投入到了中原争霸之中。位时期，进行了对赵国历史甚至是战国历史影响深远的改革，即"胡服骑射"。通过"胡服骑射"改革，从周赧王八年（公元前307年）开始，赵武灵王兴兵攻打中山国及林胡，迫使林胡献马、中山献四邑请和，不仅拓地千余里，还使中山成为赵国附庸，成为中原地区唯一有能力与秦抗衡的国家。因此，两国之间发生的明争暗斗、尔虞我诈的外交伐谋大戏也愈演愈烈，故而发生了武灵王使秦、完璧归赵与黾池（今河南三门峡渑池）相会等重大外交事件。

完璧归赵使强大的秦昭王在赵国使臣蔺相如面前受辱，实际是秦国迫于赵国军事实力外厉内荏的反映，说明赵武灵王"胡服骑射"改革对赵国历史甚至是战国历史都有着深远的影响。"完璧归赵"中的"璧"即"和氏璧"，据《韩非子·和氏篇》记载："楚卜和往荆山，见石中有璞玉，抱献楚厉王。

厉王（公元前757～公元前741年在位）使玉人相之，曰：'石也。'王怪其诈，刖其左足。厉王卒，子武王立，和又献之。王使玉人相之，曰：'石也。'王又怪其诈，刖其右足。武王卒，子文王立，和欲献之，恐王见害，乃抱其璞哭三日夜，泪尽继之以血。文王知之，使谓之曰：'天下刖者多，子独泣之悲，何也?'和曰：'吾非泣足也，宝玉而名之曰石，贞士而名之曰诈，是以泣也。'王取璞，命玉人琢之，果得美玉，厚赏而归。世传和氏璧，以为至宝。"

又据《战国策》所记："周有砥厄，宋有结缘，梁有悬愁，楚有和璞。"砥厄是周王室的镇国之宝，由周文王姬昌获得于岐山。商纣王囚禁姬昌时，为营救姬昌献给纣王的宝物中就有砥厄，周武王灭商后重归周室，一直传至周赧王时期。与砥厄一样，结缘、悬愁也是名贵的宝玉石。璞是没有经过琢磨的玉，和璞即和氏璧，由卞和在荆山（今湖北南漳县内）发现后献给楚王，却被认为是以"石"欺诈，削去双足，后终被楚文王赏识，琢磨成器，命名为"和氏璧"。《韩非子·解考》中描述"和氏之璧，不饰以五采；随侯之珠，不饰以银黄，其质其美，物不足以饰。"随珠可能是金刚石，和璧属于月光石①，共为当时天下两大奇宝，后人多以"和氏之璧、随侯之珠"形容"价值连城"的宝物。和氏璧的来历如《韩非子》所记颇为凄惨，而随侯之珠的来历则甚是传奇。传说是随侯出巡时救了一条受伤巨蛇，为报答随侯，康复的巨蛇化作黄毛少年敬献给他一枚宝珠。由于各国诸侯的垂涎，随珠先是落入楚武王之手，秦国灭掉楚国后又被秦始皇占有，秦亡后不知所终。《淮南子·览冥训》云："譬如隋侯之珠，和氏之璧，得之者富，失之者贫。"《墨子》亦云："和氏之璧，随侯之珠……此诸侯之良宝也。"可见，在春秋战国时期，许多诸侯国都有自己的镇国之宝。

楚文王得到和氏璧后极为珍惜，到楚威王时，为表彰灭亡越国的有功之臣，将和氏璧赐予相国昭阳。昭阳率宾客游赤山时，和氏璧不翼而飞，张仪为此被怀疑并惨遭拷打，因而背楚到魏，后又来到秦国策划伐楚。周赧王三十二年（公元前283年），赵国官宦缪贤在邯郸用五百金购得失踪多年的和氏璧，赵惠文王听说后设法据为己有。

和氏璧再现赵国的消息传到秦国，秦昭王致书赵王，愿用秦国的15座城

---

① 邢霄若《揭开和璧隋珠之谜》，《中国宝玉石》1998年第1、2期。

池来换取和氏璧。赵惠文王清楚地知道，若把和氏璧送给秦国，秦国也不会真的用 15 座城来交换，而秦强赵弱，若不给恐将招致秦国出兵攻打。为派使者到秦国交涉此事，赵王找来了缪贤家臣蔺相如，因而有了"于是王召见，问蔺相如曰：'秦王以十五城请易寡人之璧，可予不？'相如曰：'秦强而赵弱，不可不许。'王曰：'取吾璧，不予我城，奈何？'相如曰：'秦以城求璧而赵不许，曲在赵；赵予璧而秦不予赵城，曲在秦。均之二策，宁许以负秦曲。'王曰：'谁可使者？'相如曰：'王必无人，臣愿奉璧往使。城入赵而璧留秦；城不入，臣请完璧归赵。'赵王于是遂遣相如奉璧西入秦"①。蔺相如受赵王之托到了秦国，秦王特意安排在王宫里接见他，蔺相如代表赵王恭敬地双手把"和氏璧"献给了秦王。

秦王接过"和氏璧"爱不释手，仔细看完之后又分别传给大臣和后宫妃子们欣赏，全然不顾还有赵国使者蔺相如其人，也根本不提割让 15 座城的事。蔺相如知道秦王没有用 15 座城池换取"和氏璧"的诚意，遂以此璧虽美但有微瑕为由上前要指给秦王看。秦王不知是计，立即令人将其交给蔺相如。蔺相如手护"和氏璧"后退几步靠在宫殿的柱子上，气愤地指责秦王背信弃义欺骗赵国，说如果大王硬要强迫留下"和氏璧"而不给赵国 15 座城，自己就与宝玉同归于尽。秦王担心威武不屈的蔺相如真的把宝玉撞碎，连忙道歉并叫人拿来地图，指着地图说会把 15 座城都划给赵国。蔺相如不相信秦王，说"'和氏璧，天下所共传宝也。赵王恐，不敢不献。赵王送璧时斋戒五日。今大王亦宜斋戒五日，设九宾于廷，臣乃敢上璧。'秦王度之，终不可强夺，遂许斋五日，舍相如广成传舍"②。蔺相如拿着"和氏璧"回到宾馆后，叫手下人扮成商人模样包裹宝玉偷偷从小道逃回赵国，全然不顾个人安危继续留在秦国。

秦王发现"和氏璧"已经被偷运回赵后悔不已，欲发兵攻赵唯恐赵国已有军准备难以取胜，又极为欣赏蔺相如这样的难得人才，便放他回赵国去了。蔺相如的机智勇敢和秦王的妥协，终使"完璧归赵"成为战国历史的一段美谈。但数十年后秦灭赵国，"和氏璧"最终还是落入秦国，不过亦有可能是赵

---

① 《史记·廉颇蔺相如列传》。
② 《史记·廉颇蔺相如列传》。

国畏惧秦的强大，在不得已的情况下将"和氏璧"作为礼物送给了秦国。据《史记》记载，秦王政九年便制造了御玺，公元前237年（秦王政十年）李斯在《谏逐客书》中提到"今陛下致昆山之玉，有随、和之宝"，可见此时"随侯之珠"与"和氏之璧"这两件当时著名的宝物都已归秦国所有。

六朝以后的历史记载大都认为秦始皇所用的御玺是用"和氏璧"改造而成的，其流传的大致线索是：秦王嬴政统一中国后称"始皇帝"，他命宰相李斯以"和氏璧"为材制作皇帝御玺，经咸阳玉工王孙寿精雕细琢并由李斯鸟篆书"受命于天，既寿永昌"八字，又称之为"传国玺"。公元前219年，秦始皇乘龙舟行至洞庭湘山时突遇风浪骤起，龙舟将倾，秦始皇急抛"传国玺"于湖中方转危为安。8年后，秦使者过华阴平舒道，有人持"传国玺"献给秦始皇，正是秦始皇所抛，但此事真假难辨。秦亡后，秦子婴将传国玺献给刘邦，汉末董卓之乱，传国玺又先后落入孙坚、袁术之手，汉亡后被曹丕得到，他使人在传国玺肩部刻下隶书"大魏受汉传国玺"。魏晋南北朝时期，传国玺流于东晋、前赵、后赵、西晋等诸强，在经历了南朝的宋、齐、梁、陈后，随着隋的统一进入隋宫。隋亡后，萧后携皇孙及传国玺遁入漠北突厥，后随唐贞观年间李靖率军讨伐突厥，传国玺随萧后与皇孙返归中原归于唐王朝。五代时期，传国玺从后梁，传入后唐，936年后晋石敬瑭攻陷洛阳前，后唐末帝李从珂与后妃伴其御用之物在宫里自焚，传国玺的流传从此线索了断，但"和氏璧"到了秦国后究竟下落如何，仍为千古谜团。

周赧王三十二年（公元前283年）"和氏璧"出现在赵国邯郸之际，燕赵之相乐毅率三晋、秦、燕五国之兵攻齐，后虽有田单复国，但齐国衰败的大势已是不可挽回。在强大的赵国面前，秦昭王只得于周赧王三十六年（公元前279年）在西河外黾池与赵惠文王会盟，随即转向攻楚，于次年快速攻陷楚国郢都，迫使楚顷襄王迁都陈丘，齐、楚两个大国从此均已衰落。但秦赵盟约很快瓦解，秦军于周赧王四十五年（公元前270年）攻赵，却在阏与（今山西沁县册村，或言在今山西和顺县）被赵将赵奢击败，此后廉颇又大败秦军，赵国成为当时唯一能抗衡秦国的国家，故有"尝抑强齐四十余年，而秦不能得所欲"[①]。周赧王四十九年（公元前266年）赵惠文王死后，赵孝成王即位。

---

① 《战国策·赵策三》。

2. 苏秦合纵抗秦及其悲壮的间谍生涯

战国中期以后，张仪曾经游说六国共同事奉秦国。当齐、秦两国最为强大之时，东西对峙的两国为击败对方互相争取盟国，大国间冲突的加剧，使国家间的外交活动也更加频繁，合纵与连横的斗争更加激烈。其他五国为了各自的利益，与齐、秦两国时而对抗，时而联合，与张仪齐名的纵横家苏秦脱颖而出。

苏秦是东周（公元前 317 年前）洛阳人（今河南洛阳东郊太平庄一带），尽管《史记》、《战国策》所记载的苏秦与马王堆汉墓出土的《战国纵横家书》在年代上有所不同（大致生活在燕昭王时期），但其事迹具有较大的真实性。按照《史记》的记载，苏秦曾随鬼谷子学习纵横捭阖之术，游说周王不成，转而投奔较为强大的秦国以期有所作为。苏秦去秦国时，赵王曾资以貂裘、黄金，使其游说秦王破关中之横而与赵国同纵，但秦王不肯，却落得一个狼狈不堪返回故里的结局，被家人和乡里耻笑。在向秦王游说统一列国的连横策略失败后，苏秦为施展抱负头悬梁、锥刺股，潜心钻研"太公阴符"，摇身一变而为游说六国合纵抗秦。成为"纵约长"的苏秦一度身任六国宰相，以一己之力促成山东六国合纵，使强秦十五年不敢出函谷关，可谓叱咤风云，显赫一时。

苏秦首先游说赵王，不成又北游于燕。此时，因燕王哙时期转让王位引起燕国大乱，齐国假借平定内乱之名攻燕，使燕国几乎亡国，在赵武灵王支持下即位的燕昭王正在广招天下贤士以图强国，伺机复仇。苏秦对燕王说，燕国受到赵国的威胁要大于秦国的，所以"愿大王与赵从亲，天下为一，则燕国必无患矣"[1]。至于燕昭王欲报强齐之仇，苏秦劝说燕王要先向齐国表示顺从，赢得时间复兴燕国，其间鼓动齐国持续进攻其他国家，消耗其国力。苏秦深受燕昭王的信任，燕王资以金帛厚礼和驷马乘车，苏秦又来到赵国积极游说赵王，甚至与赵王抵掌而谈。他先以"君诚能听臣，燕必致旃裘狗马之地，齐必致鱼盐之海，楚必致橘柚之园，韩、魏、中山皆可使致汤沐之奉，而贵戚父兄皆可以受封侯"[2] 来吸引赵王，再以"故窃为大王计，莫如一韩、

---

[1] 《史记·苏秦列传》。

[2] 《史记·苏秦列传》。

魏、齐、楚、燕、赵以从亲，以畔秦"和"六国从亲以宾秦，则秦甲必不敢
出于函谷以害山东矣。如此，则霸王之业成矣"来鼓动赵王。于是，"赵王大
悦，封为武安君。受相印，革车百乘，锦绣千纯，白璧百双，黄金千镒，以
随其后，约纵散横，以抑强秦"①。带着赵王准备的礼物和期望，苏秦来到韩
国，通过羞辱激怒韩宣王使其专心合纵；到魏国，以事秦必割地以效实，故
兵未用而国已亏矣来劝说魏合纵以解除秦患；到齐国，以齐王之贤与齐之强
天下莫能当，秦国不可能越过赵魏来攻打齐国，而今西面事秦是在令人羞愧，
故应合纵攻秦以及攻伐宋国获得利益游说齐王同意合纵；到楚国，先以美女、
良马、宝物引诱，继以合纵则诸侯割地事楚连横则楚割地事秦相距甚远的两
种出路，以及六国中其他各国已经联合，楚国不参与，则必然为秦国所攻来
劝说楚王。经过苏秦一番有理有据、巧舌如簧的游说，秦国以外的六个大国
均已同意合纵，苏秦成为纵约长，披六国相印，并给秦国下了《纵约书》，秦
攻一国，五国共救之，使秦国十五年不敢出函谷关。

　　对于燕昭王来说，不仅要通过合纵保全燕国，更重要的是要报齐国残破
燕国之仇。周赧王二十一年（公元前294年），苏秦作为燕国特使陪伴太子到
齐国，游说齐国归还了因燕丧内乱趁机夺取的十城，并因此与齐王及大臣建
立了个人友好关系，颇受齐王善待，回国后愈加受到燕昭王的重用。公元前
292年齐、赵、秦三国形成鼎立之时，都在竭力争夺富裕的宋国土地，苏秦向
燕昭王献策要借助秦、赵之力攻破齐国。为此，苏秦作为特使实际上是燕国
的间谍，以助齐攻宋为名被派到齐国。齐国攻宋时，燕国为取得信任，主动
派兵协助齐国，迫使宋国割地求和。秦国与宋国有同盟关系，攻宋就必须断
绝与秦的关系，齐、秦两国矛盾因齐攻宋而加深。为了孤立齐国，苏秦鼓
动齐湣王攻打盟国，以致公元前289年齐、赵联合攻韩。

　　周赧王二十七（公元前288年），秦昭王在宜阳（今河南洛阳西）自称
"西帝"，同时尊齐湣王为"东帝"，以缓和东西两个大国的关系。处于秦、
齐之间的其各国担心两大强国联合起来形成东西夹击之势，魏、赵密谋联合
各国反秦，在秦国遣使到齐国共商称帝之事时，苏秦借机诱骗齐湣王取消帝
号共同反秦，以便乘机兼并宋国。齐国与秦国之间有中原诸侯相隔，在不断

---

　　① 《战国策·秦策一》。

强盛起来的秦国对周边各国的攻伐中得以独立发展，而且还在战国初期在对抗强魏的过程中与秦国结成了较为牢靠的战略伙伴关系，经过威王、宣王及湣王前期 80 年的征战与国家建设，富甲一方，且在军事上与秦国形成东西并强之势。楚国在吴起变法后强盛一时，大败越王无疆也令天下震动，但被强秦攻伐后只得迁都避锋。燕国尚弱，韩、赵、魏屡受强国攻伐之苦，战国晚期，只有秦国仍保持着强势地位。《史记》记载："当是时，齐湣王强，南败楚相唐眜于重丘，西摧三晋于观津，遂与三晋击秦，助赵灭中山，破宋，广地千余里。与秦昭王争重为帝，已而复归之。诸侯皆欲背秦而服于齐"①。可见，齐王放弃帝号，确实为齐国在诸侯中树立了声誉，同时也成为秦国的战略对手。秦国为破坏五国联盟，不得不宣布取消帝号并归还了之前占领的魏、赵部分城邑，使第三次合纵攻秦宣告瓦解。之后，齐国和赵、魏为了夺取宋国发生大战，齐国在公元前 286 年打败赵国后，吞并了宋国，但齐国的实力也因为战争损害很大。至此，齐国也彻底失去了楚、韩、赵、魏的支持，苏秦所设计的六国合纵攻秦之计彻底破产。

周赧王三十年（公元前 285 年），苏秦奉燕昭王之命，佯装得罪燕国逃亡齐国，继续从事反间活动，制造齐国君臣不和，百姓离心，继续不断离间齐国与韩、赵、魏的关系，为齐国内乱埋下伏笔。在苏秦取得齐湣王的信任被任命为齐相后，燕昭王忍不住进攻齐国，不明真相的齐湣王命苏秦率兵抗御，苏秦故意使齐军遭遇惨败。由于苏秦在齐国期间，使齐国广为树敌，先后恶化了齐国与秦国、楚国以及韩、赵、魏的关系，给五国联军合纵伐齐创造了条件，而这正是燕国所期待的。

在时机成熟燕国要实施报复之前，苏秦仍然留在齐国麻痹齐王，并致信燕王等待韩赵魏三国联军先行出击。周赧王三十一年（公元前 284 年），燕昭王悄悄会晤赵王，标志着由燕将乐毅指挥的五国伐齐联军正式形成，效忠燕昭王的苏秦作为内应，不仅向乐毅报告了齐国的设防情况，还劝齐王不在燕国进攻方向设防。燕、秦、韩、赵、魏五国合力攻攻入齐国都城临淄，在齐军大败之时，齐湣王方幡然醒悟，苏秦作为燕国间谍的身份也完全败露，被处以车裂重刑。然而杀了苏秦并不能挽救齐国惨败的命运，五国联军连下齐

---

① 《史记·乐毅列传》。

国 70 余城，尚存的只有莒和即墨，齐湣王在逃入莒后被楚国派遣的淖齿杀死，王孙贾与莒人又杀淖齿，立齐襄王即位。燕军更是抱着复仇的心态，全部掠取了齐国收藏的珍宝礼器。在其他各国撤兵后，燕国仍以不灭齐国誓不休兵之志，围攻即墨，直到周赧王三十六年（公元前 279 年）田单组织"火牛阵"反攻大败燕军，齐国才逐渐收复失地得以复国，但已是元气大伤，根本无力再与秦国抗衡。

苏秦联合"天下之士合纵相聚于赵而欲攻秦"①，连六国纵亲，本是战国时期常见的军事和外交策略，似乎将使秦国饱受孤立不敢东窥，但苏秦受燕王之命，巧施计谋，在合纵过程中一步步把齐国推向衰亡，确实才智过人，也确实死得悲壮凄惨。然而司马迁评论他是"被反间以死，天下共笑之，讳其学术"②。苏秦死后，其弟苏代、苏厉继续为燕国效命，都"以寿死，名显诸侯"③。

3. 范雎的"远交近攻"策略与赠礼胜赵于长平

范雎是魏国人，当初本想为魏国建立功业，后投身在中大夫须贾门下。齐国在田单复国后，国势有所恢复，追随燕国破齐的魏昭王担心遭到齐国报复，派遣须贾出使齐国，乞求议和修好。随从出使的范雎见须贾面对齐襄王的指责难以应对挺身而出，凭其雄辩之才维护了魏国的尊严，也得到了齐王的看重。齐王欲留范雎任客卿，并赠送给他十斤黄金及牛、酒等礼物，范雎谢绝不受。这可能是范雎第一次外交出访，却因此改变了他的命运，成为秦国的一代名相。史书记载："须贾为魏昭王使于齐，范雎从。留数月，未得报。齐襄王闻雎辩口，乃使人赐雎金十斤及牛酒，雎辞谢不敢受。须贾知之，大怒，以为雎持魏国阴事告齐，故得此馈，令雎受其牛酒，还其金"④。在齐国受辱的须贾回国后，向相国魏齐诬告范雎私受贿赂和向齐国出卖情报，范雎被严刑拷打得体无完肤，受尽屈辱后装死逃匿，化名张禄，魏国君臣都以为范雎已死。周赧王四十四年（公元前 271 年），秦国使臣王稽到魏国访问，藏匿范雎的郑安平将其推荐给了负有访求人才使命的王稽，范雎因而被带到

---

① 《战国·策秦策三》。
② 《史记·苏秦列传》。
③ 《史记·苏秦列传》。
④ 《史记·范雎蔡泽列传》。

了秦国。此时，秦国正是在南伐强楚、东败强齐以及数困魏、韩、赵之兵的强盛时期

　　直到一年多后，在秦丞相魏冉准备兴兵越过韩、魏两国远距离攻打齐国时，范雎向秦昭王上书要求召见，见面后就冒险陈述了秦昭王被宣太后把持朝政后秦国的弊端隐患，深深触动了秦昭王内心的隐痛，已经取信于昭王了。周赧王四十六年（公元前 269 年），秦与韩联合攻赵在阏与遭到失败后，范雎再次晋见秦昭王时，在分析了秦国的形势，向昭王提出了为何秦国霸业未成的问题之后，正式向秦昭王提出了"远交近攻"的战略思想。他劝谏秦昭王说："臣闻穰侯将越韩、魏而攻齐国，非计也。少出师则不足以伤齐，多出师则害于秦，大王不如远交而近攻，得寸则王之寸也，得尺亦王之尺也。今释此而远攻，不亦缪乎！且昔者中山之国地方五百里，赵独吞之，功成名立而利附焉，天下莫之能害也。今夫韩、魏，中国之处而天下之枢也，王其欲霸，必亲中国以为天下枢，以威楚、赵。楚强则附赵，赵强则附楚，楚、赵皆附，齐必惧矣。齐惧，必卑辞重币以事秦。齐附而韩、魏因可虏也。"对于类似魏国这样的"多变之国"，则要"王卑词重币以事之；不可，则割地而赂之；不可，因举兵而伐之"[1]。按照范雎提出的这一战略思想，秦国应该与齐、楚等距离秦国较远的国家建立友好关系，以便稳住他们不对秦国攻打邻近的国家进行干预。魏、韩两国是天下枢纽，不仅战略位置重要而且离秦国近，应该攻打的首选目标；只要魏、韩两国臣服于秦，那么北面可以威慑赵国，南面可利于攻打楚国，最后才是攻灭齐国。如此由近及远，巩固占领之地，逐步扩张，才是兼并六国统一天下的正确之选。秦昭王完全赞同，于是将"远交近攻"作为兼并天下的国策，首先选择魏、韩、赵三国作为攻击目标，范雎也被昭王拜为客卿，从此有了施展谋略的机会，开始在秦国外交和谋兵等方面发挥着越来越大的作用。

　　根据范雎的战略构想，秦国于周赧王四十七年（公元前 268 年）攻打魏国，迫使魏国亲附。见秦昭王已经开始实施"远交近攻"策略并在军事上取得初步胜利，范雎又在秦昭王的支持下，于周赧王四十九年（公元前 266 年）变革秦国内政，推行加强中央集权的"强干弱枝"和"固干削枝"方针，确

---

[1] 《史记·范雎蔡泽列传》。

立和强化了秦国的中央集权制。罢免魏冉之后，范雎被拜为宰相，封在应城
（今河南鲁山东），号应侯。公元前265年，秦国出兵伐韩，占领韩国大片土
地并将韩国拦腰分割，韩国要将上党郡献给秦国以免遭生灵涂炭，但上党郡
守不愿降秦而是将上党献给了赵国。公元前262年，秦军在攻打韩国的同时
进攻上党，赵国大将廉颇领兵救援一度遏制了秦军的攻势，但最终不敌秦军，
退守长平（今山西高平西北）。周赧王五十五年（公元前260年），秦国大举
进攻赵国长平，在两军对峙胜负难分之时，根据范雎的计谋，秦国派人携带
千金向赵国大臣送礼，离间君臣关系，使赵王改派只会纸上谈兵的赵括率军
抗击秦军，结果赵军大败，此即史书所载的"而秦相应侯又使人行千金于赵
为反间……因使赵括代廉颇将以击秦。"① 长平之战的胜利标志着秦国与关东
六国之间的兼并与反兼并战争，由秦惠文王时期的战略相持阶段转入了由秦
国主导的战略反攻阶段。秦国取得长平之战的大胜后，又乘胜攻灭了西周、
东周及义渠，占领了大片的土地，这也促使各国再度联合抗秦。

秦国取得长平之战的胜利后接受了赵国割地请和的要求，赵孝成王准备
割六城与秦议和，但虞卿认为"地有尽而秦之求无已，以有尽之地而给无已
之求，其势必无赵矣"②。虞卿本来也是游说之士，因游说赵孝成王而得宠，一
见即获黄金百镒、白璧一双，再见被拜为上卿，三见被拜为宰相。长平之战后，
虞卿就建议赵王给楚、魏两国送去重宝，这样两国就会接见赵国的使者，给秦
国造成天下合纵的假象，更有利于在与秦国议和中占据主动。于是，赵国使臣
频繁与齐、魏、楚、韩、燕等国交往结好，共同抗秦。由于赵王不履行和约并
积极备战企图反攻，秦昭王大怒，命令尽兵攻赵，于周赧王五十六年（公元前
259年）直捣都城邯郸。赵国在组织邯郸保卫战的同时，也积极开展外交斡旋，
毛遂自荐赴楚国征求援兵，魏国信陵君不惜"窃符救赵"，在魏、楚两国的支援
和各国要联合抗秦的威吓下，赵国不仅解除了秦军对都城邯郸的围困，还使三
面受敌的秦军全线崩溃，被迫撤回河西，而联军则乘势收复河东的六百里土地。
解除邯郸之围后，赵国为避免再受秦国攻击，准备割六城与秦媾和。虞卿建议
赵国将六城送给齐国，换取联齐抗秦，同时要利用各国之间的矛盾，通过化解

① 《史记·白起王翦列传》。
② 《史记·平原君虞卿列传》。

赵国危机。他对赵王说："秦索六城于王，而王以六城赂齐。齐、秦之仇深也，
得王之六城，并力西击秦，齐之听王，不待辞之毕也。则是王失之于齐而取偿
于秦也，而齐、赵之深仇可以报矣，而示天下之能为也。王以此发声，兵未窥
于境，臣见秦之重赂至赵而反媾于王也。从秦为媾，韩、魏闻之，必尽重王；
重王，必出重宝以先于王。则是王一举而结三国之亲，而与秦易道也"①。果
然，在虞卿出使齐国与齐谋秦时，秦国使者就来到了赵国，虞卿之计使赵国
免受了更大的损失。不过，尽管此战秦国失败，但秦国的实力并没有受到太
大影响，而赵国经过长平和邯郸之战后，代价惨重，赵武灵王、赵惠文王以
来累积的国家实力一落千丈，再也无力抵抗秦国，更遑论与秦国争霸天下。
至此，"战国七雄"中再也没有一个国家可以单独挑战秦国了。

　　正是范雎的"远交近攻"战略，为秦国走向兼并战争的最终胜利明确了
外交和军事方向，而他加强中央集权的一系列措施则奠定了秦国的统一大业
的组织和制度基础，可谓功勋卓著。但是，正如司马迁所说，范雎又是一个
"一饭之德必偿，睚眦之怨必报"② 之人，他在功成名就之后，既报德举荐了
当年的恩人郑安平，也报怨廷辱须贾，逼死魏齐，妒杀白起。邯郸之战失败
后，范雎因举荐的郑安平投降赵国受到诟病，在蔡泽的游说下毅然辞相引退，
于公元前 255 年病死。

　　4. 窥周九鼎和李斯倡导外交赠礼与军事攻伐并重

　　西周初年营建洛邑都城时，共修建了王城和成周两座城东西相望。在春
秋时期，各个诸侯国尽管相互征伐，但华夏诸邦至少在理论上还是属于一个
以周王为共主的华夏集团。到战国时期，周王室已经沦落到连诸侯国都不如
的境地，且从周王室又分列出两个小国，即先后出现的居于王城的西周公和
以巩邑（今河南巩县）为都城的东周公，史称西周国和东周国，天子周显王
寄居在东周公治下。西周国约在公元前 440 年由周考王的弟弟桓公揭始封，
地域在今河南省洛阳市及其西部地区。据《史记·周本纪》记载："考王封其
弟于河南，是为桓公，以续周公之官职。桓公卒，子威公代立。"东周国是从
周王室分裂出来的西周国的兄弟国，椐《史记·周本纪》、《韩非子·内储说

---

　　① 《史记·范雎蔡泽列传》。
　　② 《史记·范雎蔡泽列传》。

下篇》等记载，东周国乃西周威公死后内乱，子根在赵、韩二国的唆使下独立出来，于巩伯国旧地（今河南巩义孝义镇西的康北村）建国。周赧王时东、西周分治，赧王迁都西周。西周国不仅常受早已无视"天子"名分的大国欺凌，而且与分裂出去的兄弟之邦东周国也矛盾重重，时有争战。

在诸侯国的战乱中，周王室虽然已经在军事战略上变的无足轻重，但在政治影响上，还具有一定的地位。秦惠文王时，为建立中原霸主之业，张仪提出要控制东西二周和周天子，据有象征性的九鼎并挟天子而令诸侯。周赧王八年（公元前 307 年）秦武王出兵占领韩国宜阳（今河南洛阳以西）后，兵临周赧王所在的西周国，入太庙观看九鼎后欲带回秦都咸阳，此即《战国策》开篇之"秦兴师临周而求九鼎"①。因周王向齐国求救，对齐宣王说："与秦，不若归之大国。夫存危国，美名也；得九鼎，厚德也。愿大王图之。"齐宣王立即派兵救周，秦军见状罢兵。秦军走了，齐国又向东周索要九鼎。颜率再次来到齐国，说东周愿意向齐国贡献九鼎以自保，问齐宣王怎样把九鼎运回齐国。从东周运九鼎到齐国必然要经过其他国家，颜率告诉齐宣王，魏国、楚国这两个国家觊觎九鼎已久，一旦进入其国就很难再运出。况且九鼎不像一壶一瓶那样可以手提怀揣，昔日周伐殷得到九鼎后，"凡一鼎而九万人挽之"。颜率真诚地对齐宣王说，愿意把九鼎献给齐国，但请快速确定怎样把九鼎运到齐国。齐宣王见在当时的情况下确实无法运回，只得放弃。

对于大国之间的战争，周王室为了生存也时常参与其中。在秦国攻打宜阳时，周君劝楚国大将景翠背叛秦国救援宜阳，这样就会收获秦国和韩国进献的宝物。秦国占领宜阳后，景翠果然出兵，韩氏进献重宝，景翠从秦国手里得到宜阳城，韩国进献重宝，故有"景翠得城于秦，受宝于韩，而德东周"②。后周人杜赫曾为景翠在周游说，使之得到周王的重用。在东周与西周交战时，韩国要出兵救援西周，有人劝阻，因为"西周者，故天子之国也，多名器重宝。案兵而勿出，可以德东周，西周之宝可尽矣"③。但为了在大国之间生存，没落的周室经常不得不"尽君之重宝珠玉以事诸侯"④。周赧王五十九年（公元

---

①　《战国策·东周策》。
②　《战国策·东周策》。
③　《战国策·东周策》。
④　《战国策·东周策》。

前 256 年），西周国因参与诸侯对强秦的战争而得罪秦国，"秦昭王怒，使将军谬攻西周。西周君奔秦，顿首受罪，尽献其邑三十六，口三万。秦受其献，归其君于周。周君王赧卒，周民遂东亡"①，周王室的九鼎宝器尽归秦国。七年之后，即秦庄襄公元年（公元前 249 年）"东周君与诸侯谋秦，秦使相国吕不韦诛之，尽入其国"②。随着东周国的灭亡，周王朝残留的印记也彻底消除。

　　秦武王因在周之太庙比试举鼎断胫骨气绝而亡，秦昭王即位后积极配合实际执政的宣太后所延续的秦国内政外交政策，在诱杀楚怀王、义渠王和建立同盟国等涉及国际关系的处理方面学到很多经验。实际执政后，接受范雎的"远交近攻"策略，建立中央集权统治制度，获得数次重要战役的胜利，为秦国的最终统一奠定了坚实基础。公元前 251 年（秦昭王五十一年），燕国乘赵败于秦出兵攻赵，反被赵国击败。为了对付共同的威胁秦国，东方各国又结成暂时联盟，魏、赵、韩、楚、燕五国于公元前 247 年（秦庄襄王三年）组成联军攻秦，在河外（今河南西部黄河以南地区）大败秦军，并尾追至函谷关后方撤军。虽然各国第四次合纵攻秦之战获得了胜利，但并未能遏止秦扩张势头。公元前 246 年秦王政（秦始皇）继位接过了秦国兼并六国统一天下的大旗，依旧采用范雎的"远交近攻"策略，五年间四次攻魏，三次攻韩，一次攻赵，不仅通过军事占领切断了燕、赵与魏、韩之间联系，而且还在战略上完成了对赵、魏、韩三国侧翼包围态势。公元前 241 年赵国庞煖联合赵、楚、魏、燕、韩五国第五次合纵攻秦失败后，各国已经失去了再次联合的机会，苏秦所倡导的合纵攻秦战略彻底失败。秦王政于公元前 238 年亲政后，采用李斯的建议，加快了各个击破的步伐。

　　李斯是战国末期楚国上蔡人，曾从荀卿学习帝王之术，见六国已经走向衰弱，满怀抱负从楚国来到秦国。当时，吕不韦在秦国握有实权，李斯受到吕不韦的重视任以为郎，因此有了与秦王见面的机会。李斯向秦王政大谈"夫以秦之强，大王之贤，由灶上骚除，足以灭诸侯、成帝业，为天下一统，此万世之一时也"的道理③，于是，"秦王乃拜斯为长史，听其计，阴遣谋士

---

① 《史记·周本纪》。
② 《史记·秦本纪》。
③ 《史记·李斯列传》。

赍持金玉以游说诸侯。诸侯名士可下以财者，厚遗结之，不肯者，利剑刺之。离其君臣之计，秦王乃使其良将随其后"①。李斯向秦王进献的是离间各国君臣之计，即通过穿梭外交，借机给"诸侯名士"送去厚礼，以此促进深交，而对于坚持不接受其赠礼贿赂的，则坚决付诸以武力。李斯还提出了先灭韩国的吞并六国计划，得到了秦王的赏识，被提拔为长史。后来，秦王依李斯之计，派人持金玉到各国，通过赠送礼物收买贿赂各国重臣，离间六国君臣之间的关系，果然收到了理想的效果，李斯被拜为客卿。

公元前237年（秦王政十年）韩国派往秦国的间谍郑国暴露后，秦国的王族和大臣们劝谏秦王驱逐客卿，李斯也在被驱逐之列。为此，他冒死上谏，以秦穆公通过招募人才吞并20余国称霸西戎和秦孝公任用商鞅变法富国强兵等为例，总结了秦国重用客卿、变法图强的历史经验，提出了用人唯贤而不论国别的方针。在其著名的《谏逐客书》中，李斯还从秦国拥有的美女、音乐、珍珠、宝玉入手，将人才与统一天下之间的关系做了辨证分析。他先说："今陛下致昆山之玉，有随、和之宝，垂明月之珠，服太阿之剑，乘纤离之马，建翠凤之旗，树灵鼍之鼓。此数宝者，秦不生一焉，而陛下说之，何也？必秦国之所生然后可，则是夜光之璧不饰朝廷，犀象之器不为玩好，郑、卫之女不充后宫，而骏良不实外厩，江南金锡不为用，西蜀丹青不为采。所以饰后宫充下陈娱心意说耳目者，必出于秦然后可，则是宛珠之簪，傅玑之珥，阿缟之衣，锦绣之饰不进于前，而随俗雅化佳冶窈窕赵女不立于侧也。夫击瓮叩击弹筝搏髀，而歌呼呜呜快耳（目）者，真秦之声也；《郑》、《卫》、《桑间》、《昭》、《虞》、《武》、《象》者，异国之乐也。今弃击瓮叩缶而就《郑》、《卫》，退弹筝而取《昭》、《虞》，若是者何也？快意当前，适观而已矣。今取人则不然。不问可否，不论曲直，非秦者去，为客者逐。然则是所重者在乎色乐珠玉，而所轻者在乎人民也。此非所以跨海内制诸侯之术也"②。秦国拥有昆山美玉，得到随侯之珠、和氏之璧，挂着明月珠，佩着太阿剑，驾着纤离马，竖着翠凤旗，摆着灵鼍鼓，而这些宝物没有一样是秦国出产的，却受到陛下的钟爱。如果只有秦国所产的宝物才能使用，那么就不能用夜光

---

① 《史记·李斯列传》。
② 《史记·李斯列传》。

之璧来装饰朝廷，不能玩赏犀角象牙制品，不能在后宫中充斥郑国、卫国的美女，不能有那么多的騄骥良马，也能用江南的金锡、西蜀的丹青、宛地珍珠装饰的簪子和玑珠镶嵌的耳坠、东阿白绢缝制的衣服和刺绣华美的装饰品，不能演奏来自他国的乐曲。之后，李斯提醒秦王：驱逐不是秦国人的客卿，说明陛下轻视是人才而只看重美女、音乐、珍珠、宝玉，根本不是统一天下、制服诸侯之良策。不是秦国出产的物品有很多值得珍惜，不是秦国出生的士人也有不少愿意效忠，一旦遭排斥的卿客到其他诸侯国建立功业，实际是在帮其他诸侯国的忙，必定会给秦国带来危险。从李斯的《谏逐客书》中我们不难看到，当时秦国已经拥有了很多来自其他诸侯国的美女、音乐、珍珠、宝玉，它们中有相当一部分应该是在国家交往中被他国当做礼物赠送给秦国的，当然也有在攻伐中掠夺的。最终秦王废除了逐客令，恢复了李斯的官职并采用了他的计谋，开始重用李斯。秦国统一天下后，李斯成为统一的秦帝国的首任宰相。

5. 秦国统一步伐中的荆轲刺秦王和秦送礼拉拢齐国

秦国的发展是从秦穆公时期开始的，但因受到晋国的遏制，200 多年来一直居于西北一隅与西戎共处。秦孝公商鞅变法后，历经秦惠王、武王、昭王 100 多年的西侵、南伐、东攻，秦国在诸侯国中越来越强大，逐渐形成了兼并六国统一天下的国家发展战略。实际上，秦国统一战争的序幕在周赧王三十七年（公元前 278 年）攻破楚都郢城即已揭开，在合纵连横的外交和军事斗争中，秦国取得了最终的胜利。公元前 241 年，由庞煖组织和指挥的赵、燕、魏、韩、楚五国联军合纵攻秦的蕞（今陕西临潼东北）之战，是战国时期最后一次合纵攻秦战役，秦国的胜利标志着六国再也无法通过共同行动抵御秦国的兼并，秦国统一天下只是时间问题了。

公元前 230 年，内史腾率领的秦军南下渡过黄河攻破了韩国首都郑（今河南新郑），韩王投降，韩国灭亡。次年，秦军南北两路合击赵都邯郸，于公元前 228 年破赵军，攻占邯郸俘虏赵王，赵国灭亡，赵国公子嘉逃到代（今河北蔚县东北）自立为代王。

秦全部占领了赵国的领土后，即将大军压向燕国南部边界，此时的燕国已是"数困于兵，今举国不足以当秦"①。燕太子丹竟然要通过以献礼为名派

---

① 《战国策·燕策三》。

遣使者借机刺杀秦王政的方法，来改变秦国攻打燕国和统一天下的部署。为此，他专门请教荆轲，荆轲说："微太子言，臣愿谒之。今行而毋信，则秦未可亲也。夫樊将军，秦王购之金千斤，邑万家。诚得樊将军首与燕督亢之地图，奉献秦王，秦王必说见臣，臣乃得有以报"①。荆轲要带着秦国悬赏黄金千斤的叛将樊於期的头颅和和燕国督亢的地图出使秦国，以便接近秦王寻机行刺。樊於期得知太子的安排割颈自杀后，太子又以百金购买到原徐国夫人使用的号称天下最锋利的匕首。荆轲一行出发时，太子和宾客着白衣戴白冠送行易水之畔，祭过路神后，荆轲随着击筑节拍悲凉地唱完"风萧萧兮易水寒，壮士一去兮不复还"，毅然西行。

到了秦国后，荆轲先把价值千金的礼物赠送给秦王的宠臣蒙嘉，由蒙嘉禀报秦王说燕王愿意全国君臣都做秦国的子民，只要能守住祖先的宗庙；燕王畏惧秦王，不敢亲自前来，现按照秦王的要求砍下樊於期的头用匣子封好，并献上燕国督亢的地图，派使者来报告秦王，一切听从秦王的吩咐。秦王听后高兴地穿上朝服，先在朝堂上安排隆重的"九宾"大典，后又在咸阳宫接见燕国使者一行。荆轲捧着装有樊於期头颅的匣子，秦武阳捧着盛地图匣子，次序走到殿前的台阶下。荆轲按吩咐取过地图奉送给秦王，待地图全展开时露出了匕首，荆轲立即左手抓住秦王的衣袖，右手拿匕首刺去，秦王大惊，跳起来绕柱而逃，荆轲则紧追不放。惊呆的群臣因规定上殿不准带兵器难以靠前，在大殿内嚷作一团。秦王政毕竟久经沙场，寻机拔出自佩宝剑砍向荆轲，荆轲左腿伤残倒地后将匕首投向秦王，可惜未中。秦王又砍数剑，其侍臣上前将荆轲杀死。

公元前226年，秦王政以荆轲行刺为借口，在易水大败燕军和前来支援的代军，蓟被攻陷，燕王喜与太子丹逃往辽东后，燕王喜杀太子丹将其头献给秦王。公元前222年，秦军进军辽东，歼灭燕军，俘虏燕王，燕国灭亡。在攻灭燕赵残余势力时，赵代王嘉被俘。公元前225年，秦军在攻占了楚国北部的十几城后旋即回军北上突袭魏都大梁，在强攻无效下引黄河水灌城，魏王投降，魏国灭亡。公元前226年至公元前224年，秦军多次攻楚，并有败绩，甚至不敢应对楚军的挑战。后来，以逸待劳的秦军趁楚国撤退之时迅速出击，大败楚军后乘胜追击，公元前223年攻占楚都寿春（今安徽寿县），

---

① 《史记·刺客列传》。

俘虏楚王，楚国灭亡。楚将项燕败退江南立昌平君为楚王，秦军渡江将其全
歼，同时还俘虏了一批分散在江南各地的原越国王族后裔。

　　齐国因其在战国末期的国家政策选择和地理位置的因素，成为"战国七
雄"中最后一个被秦国消灭的国家。在其他国家面临秦国攻占之时，正是秦
王政继续贯彻了"远交近攻"的战略思想，使齐国在韩、魏、赵、燕、楚相
继被消灭的过程中，仍在安享太平。周赧王五十年（公元前265年）齐襄王
死后齐王建即位，其在位的44年中，有41年之久实际是太后君王后执政。
史书记载，当时"君王后事秦谨，与诸侯信，以故建立四十有余年不受
兵"①。这个时期，由于秦国实行"远交近攻"的策略，对齐国极尽拉拢，所
以齐国也没有参与其余五国对秦国的合纵作战。期间，秦国经常派遣使者到
齐国，给君王后等齐国君臣赠送礼物，"秦始皇尝使使者遗君王后玉连环，
曰：'齐多智，而解此环不？'君王后以示群臣，群臣不知解。君王后引椎椎
破之，谢秦使曰：'谨以解矣'"②，显示了君王后的幽默。前237年，齐王建
不听大夫的劝谏，亲自到秦国朝拜，秦王政在咸阳设酒宴盛情款待。

　　君王后死后，后胜任宰相，他"多受秦间金玉，使宾客入秦，皆为变辞，
劝王朝秦，不修攻战之备"③。司马迁说："君王后死，后胜相齐，多受秦间
金，多使宾客入秦，秦又多予金，客皆为反间，劝王去从朝秦，不脩攻战之
备，不助五国攻秦，秦以故得灭五国"④。秦国知道后胜贪财，就通过派遣使
者暗中送以重金，甚至后胜的宾客、仆人都经常得到秦国的金钱或厚礼，在
秦国多条战线进行兼并战争的关键时期，他们力劝齐王不要合纵抗秦，也不
要出兵援助，使秦能够各个击破其他国家。秦国消灭其他五国之后，以齐国
拒绝秦使者访齐为由，于公元前221年大举伐齐，齐王不战而降，齐国灭亡。

　　秦人的祖先长期居于西北一隅，"秦僻在雍州，不与中国诸侯之会盟，夷
翟（狄）遇之"⑤，"与戎翟（狄）同俗"⑥。西周中后期，秦国才开始接受华

---

① 《战国策·齐策六》。
② 《战国策·齐策六》。
③ 《战国策·齐策六》。
④ 《史记·田敬仲完世家》。
⑤ 《史记·秦本纪》。
⑥ 《战国策·魏策三》。

夏文明，从秦穆公时期称霸西戎，到秦孝公时期商鞅变法，越来越强的秦国在兼并战争中开疆拓土，成为天下最强大的国家。到秦昭王时期（公元前306～公元前251年），秦国的疆域已经"西到今甘肃和四川东部，东到今河南中部，南到今湖北、湖南，北到今山西、陕西北部。疆域面积已远远超过关东六国尚存疆土的总和"①。战国末期，秦国以连横破合纵，采用"远交近攻"策略，外交送礼伴以军事攻伐，对"战国七雄"的其他六国各个击破，自公元前230年至公元前221年，先后消灭韩、赵、魏、楚、燕、齐，七国争雄的局面结束，天下归于统一。公元前221年，即秦始皇二十六年，秦始皇在咸阳宫举行廷议，专门讨论秦王朝的国家制度和所推行的政策，在官职设置方面有由九卿之中的典客和列卿中的典属国主管外交和民族事务。从此，古代中国由诸侯割据称雄的封建国家转变为专制主义的中央集权制国家，中国古代的国礼与国家外交也将进入一个新的历史发展阶段。

---

① 张传玺：《从"协和万邦"到"海内一统"——先秦的政治文明》，北京大学出版社，2009年1月。

七 走向繁荣

——春秋战国时期与域外交往的拓展

中国位于亚欧大陆的东部，其西部深入到亚欧大陆内部，北部是蒙古高原和辽阔的西伯利亚，南部紧连南亚次大陆，三面都与众多国家接壤，东部面向太平洋与众多岛屿隔海相望。周灭商后，西周王朝是亚欧大陆东部唯一强大的国家，在其与当时的欧洲文明国家之间广阔的草原地带上，生活着众多的游牧民族，其中不少来自亚欧大陆的西部和中部。西周末年，戎、狄等不断对华夏族系侵扰，迫使周平王东迁，中国历史进入到春秋战国时期。周穆王时期的西巡沟通了周王朝与中亚一带部族的联系，但在更多的情况下，周王朝西方、北方的游牧部族一直是华夏民族的严重威胁。在"尊王攘夷"旗号下展开的春秋争霸，使周边的游牧民族或融入到华夏民族之中，或向西、西南、北、东北地区迁徙，尤其是向西方的迁徙更为频繁，甚至扰动了当时的世界局势。

进入到春秋战国时期以后，东、西方的政治、经济环境的变化，为位于亚欧大陆东、西两端的国家之间相互接触和联系创造了有利的条件。这一方面是因为，春秋战国时期的中国尽管处于诸侯争霸和兼并引起的长期战乱时期，但各个诸侯国都致力于国家的建设与发展，使这一时期的社会在经济文化、哲学思想、科学技术等方面都有了长足进步，尤其是随着铁农具的广泛使用和牛耕的推广，更加重视对诸侯国区域内及其之间荒地的开垦和精耕细作，极大地提高了农业生产力；金属货币的使用及青铜器制作、煮盐、冶铁、漆器、丝织等部门在发展壮大中促进了商业的发展；阴阳五行学说、诸子百家争鸣以及天文学和医疗技术新发明等促进了哲学思想和科学技术的发展，大批中华元典的创制，营造了承载中国人美好理想和处世哲学的精神家园。随着诸侯国势力的强大及其对戎狄蛮夷攻伐的胜利，一些不愿意融入到华夏民族的游牧民族选择了向西迁徙，并与亚欧大陆西部的国家和部族发生了联系，为当时的中国与西方的联系创造了条件，特别是促进了西北丝绸之路自周穆王西巡以来的更加明朗和清晰。而西方的国家在扩张过程中，大都选择了向东方出征。东、西方的互动，带动了国际局势的急剧变化，拉开了东、西方国家之间文化交流大发展的序幕。与此同时，春秋战国时期的中国在西南、东北方向的对外联系也更为活跃。而且，这一时期国家和疆域的概念趋向清晰，对异域文明的探索和交流的愿望更加迫切。

"由于'文化势差'的存在，先进的文化总是向后进的文化输流，后进的文化总是向先进的文化习仿。由于'虚实平衡'法则的制约，文化总是从充实的地方流向空虚的地方。由于'互通有无'法则的存在，一方文化总是向另一方文化吸纳自己所不曾拥有的东西。"① 虽然中国与西方文明的联系和交流到汉代才有明确的记载，但经河西走廊西行西域的北方丝绸之路、经北方草原西行的草原丝绸之路、从成都南行经云南至印度再到中亚和西亚的南方丝绸之路三条中外联系的主要路线，都在春秋战国时期大致形成，海上丝绸之路也已初见端倪。这一时期，尽管属于国家间外交活动中互相赠送礼物的资料非常匮乏，但大量考古和文献材料证实，正是春秋战国时期对外交往的频繁，为其以后汉唐时期国家外交的大发展、大繁荣夯实了外交政策、交往路线等方面的基础。

（一）春秋战国时期的国际形势及中国的影响

前文已经谈到，在中国历史上的西周王朝时期，也正是古希腊文明开始大发展的时期，古希腊人在哲学思想、历史、建筑、文学、戏剧、雕塑等诸多方面都取得了辉煌的成就。正是古希腊人在这一时期的文明发展，使其在前146年被古罗马人破坏性地延续后，成为西方文明的精神源泉。在中国刚刚进入到春秋时期时，古希腊人于公元前776年召开了第一次奥林匹克运动会，这标志着古希腊文明进入了全新的兴盛时期。之后，古希腊于公元前750年开始向外殖民扩张，以雅典和斯巴达为代表的一批城邦国家建立起来。在希腊向外扩张时，西亚的波斯帝国也在积极扩张，并相继征服了一些希腊城邦。尽管希腊在公元前490年和公元前480年的两次希波战争中都取得了胜利，却因此使雅典成为希腊的霸主。公元前404年，以斯巴达为首的伯罗奔

---

① 王介南：《中外文化交流史》，书海出版社，2004年3月。

尼撒同盟向雅典的霸主地位的挑战获得胜利，成为希腊的新霸主，古希腊也上演了中国春秋时期激烈争霸的一幕。在中国的秦国已经取得对东方六国的战略进攻优势时，公元前 4 世纪，马其顿成为希腊北部的重要军事强国，亚历山大即位后，马其顿首先征服了整个希腊，然后开始了对世界的征服，于公元前 334 年灭亡了波斯帝国，直达印度河流域。亚历山大东征不仅改变了世界历史的进程，希腊文明的中心由雅典迁移至埃及的亚历山大港，欧洲开始了希腊化时代，还将古希腊文明传播到了东方，促进了东西方文化的交流。

而早于马其顿将亚欧联系起来的是波斯帝国。被马其顿帝国灭亡的波斯帝国建立于公元前 550 年，公元前 525 年征服古埃及后王朝。在公元前 522 年至公元前 486 年大流士一世王统治的波斯帝国鼎盛时期，公元前 519 年曾占领印度河平原，使其疆土东起印度河流域和中国西部的葱岭西部地区，西至巴尔干半岛，北起亚锡尔河以北，南至非洲大陆的埃塞俄比亚，成为世界上第一个横跨亚、非、欧三大洲的帝国。波斯帝国的建立，使古代的西亚、中亚和南亚与欧洲之间有了更加紧密的联系，为丝绸之路帕米尔以西路段的开通创造了条件。但在希波战争后，波斯帝国走向了衰落，并最终成为马其顿帝国的一部分。在亚历山大的马其顿帝国分崩离析后，公元前 312 年建立的在中国古籍中被称为"条支"的塞琉古帝国开始统治波斯地区，此时正是中国的战国后期，在秦国致力于兼并六国之时，塞琉古的首都安条克城成为东西方交流的枢纽，初期的丝绸之路通过这一地区连接起了中亚河中地区和印度。塞琉古帝国于前 247 年受到帝国东部帕提亚和大夏的相继侵伐，公元前 190 年后又受到新兴的罗马共和国的征伐，于公元前 63 年灭亡。

被波斯帝国和马其顿帝国两度占领的古印度，在哈拉巴文化时期（约为公元前 2300 年至公元前 1750 年）就有比较发达的城市文明，随着来自中亚地区的雅利安人从印度西北部向南的扩张，到了公元前 6 世纪初已在印度建立了 16 个国家。公元前 518 年，北印度在遭到波斯帝国入侵后，公元前 4 世纪后期又遭到马其顿帝国亚历山大的征服。与中国的春秋战国时期的兼并战争一样，古印度南部各国经过长时期的兼并战争，于公元前 4 世纪建立了统一的摩揭陀国。公元前 324 年的孔雀王朝赶走了马其顿入侵者统一了北印度后，推翻了摩揭陀国的难陀王朝，这也是古印度最为强盛的时期。在公元前 187 年孔雀王朝被推翻前，它与中国的汉朝和同时期的罗马帝国是当时世界上最先进的文明。

早在公元前 3000 年,闪米特族亚述人就在底格里斯河中游建立起了古代西亚奴隶制国家,公元前 14 世纪中叶,亚述王建立了强大的亚述帝国。善于征战的亚述人通过血腥掠夺和征战,形成了东达伊朗高原西部,西到地中海边,南到波斯湾,北到两河流域上游庞大的地跨亚、非两大洲的亚述帝国,直到公元前 612 年被新巴比伦和米底联军灭亡。早在春秋时期甚或更早,在中国的甘、青黄河以西地区的河西走廊与北方草原广阔的地带上,就有西戎、大夏、月氏等游牧部落,中国西周王朝灭亡的直接原因是异族的入侵,而亚述帝国灭亡的间接原因,正是中原地区出现春秋争霸后,强大的诸侯国利用"尊王攘夷"运动发动了对北狄、西戎的战争,战国时期西戎八国先后被秦兼并,秦国与河西走廊的交通得以畅通。被驱赶的很早就活动在河西走廊、湟水流域和北方草原上的游牧民族被迫不断向西迁移,有的又转而向南迁移,最终导致这些迁徙的民族与原分布在中亚各地的游牧民族发生争夺草原的战争,给西方国家带来了沉重的压力。

春秋战国以后,与中国中原王朝有关系的西域、中亚等地区的国家,其建立者很多都或直接来自于现今中国地域,或间接地受到从现今中国地域向西迁徙民族的冲击和影响。例如中国古籍中的月氏,即《逸周书·王会解》中的"禺氏"和《穆天子传》中的"禺知"或"禺氏",曾世居于河西走廊。它们迁徙到伊犁河、楚河流域后,迫使居住在这里的塞人一部分南迁罽宾(今克什米尔一带),一部分西侵希腊的巴克特里亚建立了大夏国。之后,月氏又败于乌孙,继续迁徙中击败大夏,占领阿姆河两岸建立了大月氏王国,另有一部分南下恒河流域,他们建立的贵霜王朝与汉朝、罗马、安息并列为当时欧亚四大强国。希腊史学家希罗多德(公元前 485~公元前 425 年)曾从欧洲自西而东描述了欧洲草原上的各个部落,依次有斯基泰人、萨尔马提和布提尼部落、蒂拉杰人、奄蔡人和马萨革泰人居地、安杰帕人以及天山附近的伊塞顿人。西周初年与西周王朝通使的康民和渠搜,都在希罗多德所描述的这条连接中西的大道附近,而伊斯顿人大概是居住在伊犁河流域的塞人[①],其东边是中国古籍中所称的月氏人。希腊人在公元前 8 世纪扩张到地中海东岸和黑海沿岸地区时,已经接触到了散居在东欧、西伯利亚和中亚一带的游牧部落,并称其为斯基泰人,也就是波斯人所称的塞迦人,有的学者认为他们实际上就是塞人。斯基泰人在中

---

① 沈福伟:《中西文化交流史》,上海人民出版社,1987 年 2 月。

国的春秋时期就在黑海北部建立了自己的国家，其国民经常往返于阿尔泰和准噶尔一带，靠出售黄金和贩卖丝绸为业，在通商贸易中沟通了春秋战国时期的中国与希腊城邦国家之间的联系，也开辟了黑海、里海、咸海以北与天山以北及伊犁河一带最早的比北方丝绸之路偏北一点的北方草原之路。正如沈福伟先生所言："在古代，这里是极其辽阔而并无国界的草原谷底。塞人部落通过他们的游牧方式，在中国和遥远的希腊城邦之间充当了最古老的丝绸贸易商，他们驰骋的吉尔吉斯草原和罗斯草原成了丝绸之路最早通过的地方"[①]。

（二）北方丝绸之路的开拓

据《穆天子传》记载，周穆王西巡从镐京出发，经过了今河南、山西、内蒙古、甘肃等地，到达新疆的和田、叶尔羌河一带。他翻越帕米尔高原，最终来到位于吉尔吉斯大草原的西王母之邦。周穆王西巡所经历的地方，与汉代张骞通西域经过的地区基本一致[②]，周穆王是第一位也是唯一一位真正走过北方丝绸之路的中国帝王，对中原地区与西域各国的友好交往具有重要意义。而为北方丝绸之路的开拓做出重要贡献的当是曾居住在河西走廊一带的塞人、月氏和乌孙等游牧民族，他们以其全族之众联动式地陆续向西迁徙，以及在迁徙中的商贸活动，踏出了北方丝绸之路的基本路线，张骞出使经过的国家就是这些部族在西域建立的。

春秋时期，长期与戎狄杂处的秦国在西北地区强盛起来。随着秦国在关中地区的强大，其向外扩张策略在遭受到以晋国为首的中原诸侯国的抵制后，一度将矛头对准了西方。在秦国的西北即今陕、甘、宁一带，是若干西戎小国和羌族生活的地方，秦穆公时期（公元前659年~公元前621年），秦国征服了緜诸（天水）、畎戎（渭水流域）、狄（临洮）、獂（陇西）、义渠（庆阳）、大荔（大荔）、乌氏（平凉）、朐衍（灵武）等西戎八国，直逼河西走廊。西戎之西就是塞人的居住地，在其东部的月氏人的逼迫下，塞人"为月氏所逐，遂往葱岭南奔"[③]。秦国通过继续向西开拓疆土，与河西走廊的游牧

---

① 沈福伟：《中西文化交流史》，上海人民出版社，1987年2月。

② 王介南：《中外文化交流史》，书海出版社，2004年3月。

③ 《广弘明集》，荀济《论佛教表》引《汉书·西域传》，引自沈福伟：《中西文化交流史》，上海人民出版社，1987年2月。沈先生在注中认为：月氏是伊朗化的塞人，亦即希腊史家所称的塞迦。

民族并通过他们与更遥远的部族发展商品贸易关系。战国时期，秦国一举吞并了西戎八国，将秦国的势力直接拓展到了河西走廊，进一步沟通了与现新疆地区的西域各国的联系。

　　秦国向西方游牧部落输出的主要是缯帛、铜器、铁器等，换取的主要是马、牛、羊、骆驼牲畜以及玉石、黄金和皮毛。天山一带的玉石在商王朝时期就开始输往中原，周穆王西巡时也曾带回大批牲畜和玉石。在月氏占据了天山南北地区后，这里盛产的玉石继续成为崇尚玉石文化的中原东周王朝和各诸侯国需求的主要供应地，考古发现也证明了春秋时期以来中原地区的玉石大都来自于天山地区。

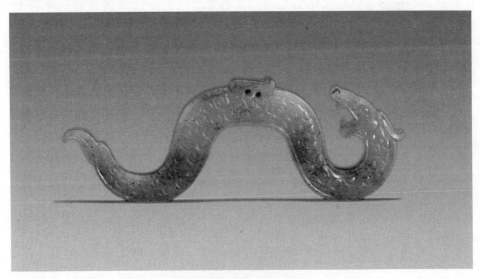

春秋战国时期的玉器

　　黄金及其制品也是秦人与西方游牧民族交换的重要物品。河南偃师二里头遗址尚未发现使用黄金制品，目前我国发现的最早的黄金制品是甘肃玉门火烧沟出土的属于四坝文化的金耳环和金环，相当于中原地区的夏王朝时期，但显然此地当时并不属于夏王朝的实际控制区域。西周春秋之际，甘肃一带的秦人墓地中发现了更多的如鸱枭形金饰片、金鸟等黄金制品。到了春秋时期，中原地区很少发现有使用黄金饰品，倒是在甘肃东部的秦人贵族墓葬中，有了较多的以金片和金箔加工的黄金饰件发现，如甘肃清水县白驼乡出土的透雕虎噬羊金饰片、鹰首金饰，其毗邻的陕西宝鸡益门春秋晚期秦墓中出土的黄金制品就更为丰富，有金带饰、金带钩、金兽面等。从考古发现可知，黄金制品的使用和流行，最初主要在秦人的高级贵族中有所发现，斯基泰人向中国贩卖黄金的主要渠道，当是秦国。战国时期，黄金制品经由秦国较多地流向中原，在洛阳东周王畿区域内的墓葬中，已经有了比较集中的鎏金制品发现①。

以周穆王西巡为标志，中原王朝开始从西方游牧部落引进了骑马文化，马匹和马具开始引入中国。春秋时期，由于战争的需要，秦国和晋两国都曾先后大量引进来自中亚草原的马匹，秦穆公曾经赠送给流亡的重耳很多马匹，秦国在征服西戎后引入的马匹就数量更多了，春秋时期诸侯国之间相互聘问时也经常以马匹作为礼物，成书于战国时期的《逸周书》中有大夏、莎车等地向内地输送骆驼、野马等记载。到战国后期赵武灵王（公元前325年~公元前299年）时，草原游牧民族擅长的骑射技术在中原地区得到推广，胡服广泛流行，赵国的"胡服骑射"对战国时期的诸侯国形势带来了深刻影响。胡服衣冠和具有草原游牧民族特点的青铜短剑、带钩、野兽（或动物）纹装饰艺术、蚀花肉红石髓珠和琉璃珠等，也在春秋战国时期传入中国。

学术界以"动物意匠"这个概念，来泛指公元前十世纪左右至公元前后流行于欧亚草原地区游牧或半游牧民族所采用的以动物造型为母题的装饰艺术。春秋战国时期，这种装饰艺术不仅广泛流行于中国北方，而且在云南地区的滇文化遗存中也有较多的发现，如曲靖八塔台出土的属于春秋早期的虎面纹扣饰和春秋中晚期的猴面纹扣饰、呈贡天子庙出土的属于战国中期偏晚的鹰头形扣饰，以及动物相食搏斗纹、狩猎纹、祭祀纹装饰等，同时传入的还有权杖、兵器等②。张增祺先生认为，滇文化中有部分斯基泰文化遗物的存在，是古代欧亚草原的游牧民族"塞人"通过青藏高原经澜沧江河谷传入的，包括双环首青铜短剑、曲柄青铜短剑、弧背青铜刀、立鹿、马饰、带柄铜镜、金珠与金片、"和田玉"、有翼虎银带扣、狮身人面形铜饰、蚀花肉红石髓珠、

---

① 参见高西省：《战国时期鎏金器及其相关问题初论》，《国家博物馆馆刊》2012年第4期。
② 霍巍、赵德云：《战国秦汉时期中国西南的对外文化交流》，四川出版集团巴蜀书社，2007年10月。

琉璃珠等，它们或来自北方草原，或受斯基泰文化影响①。

　　春秋战国时期是一个中外文化和艺术交流盛行的时期，不仅活跃在中国北方游牧民族的动物纹造型艺术传播到了中原地区，来自更遥远的西亚艺术风格也对中原地区的器物制作产生了深刻的影响。陕西神木县出土的圆雕金鹿形鹰头兽，呼和浩特附近出土的螺旋纹屈足鹿都证明了这一点，在内蒙古自治区凉城县发现的春秋战国时期墓葬群出土的鸟头虎身怪兽纹的青铜饰牌，被专家认为具有典型的黑海东岸以东至外贝加尔地区的欧亚草原深处常见出土文物的风格。尽管我国新石器时代的良渚文化遗址中曾多次出土玉带钩，但战国晚期普遍使用的带钩装饰却受到北方游牧民族的影响，《汉书·匈奴传》颜师古注："犀毗，胡带之钩也，亦曰鲜卑，亦谓师比，总一物也，语有轻重耳。"斯基泰人或曰塞人，不仅将现欧洲地区生产的黄金制品、兵器及动物纹装饰风格通过北方丝绸之路和北方草原之路传入到了现中国的广大地区，也将中国式的青铜剑等传到了远在欧洲的塔加尔文化中②。中原地区的物品也在这种双向交流中传到了西域地区以至更远的地区，在新疆阿尔泰发现的战国时期的素面铜镜和在新疆阿拉沟东口发现的春秋战国时期的丝织物和漆器③，都是中原地区的产物。

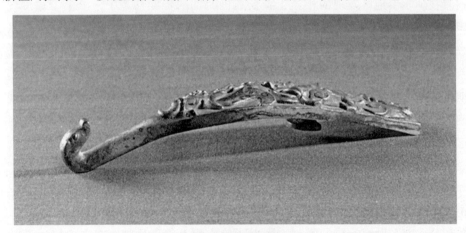

春秋战国时期的带钩

---

　　① 张增祺：《云南青铜时代动物纹牌饰及北方草原文化遗物》，《考古》1987 年第 9 期，引自霍巍、赵德云：《战国秦汉时期中国西南的对外文化交流》，四川出版集团巴蜀书社，2007 年 10 月。

　　② 沈福伟：《中西文化交流史》，上海人民出版社，1987 年 2 月。

　　③ 见王介南：《中外文化交流史》，书海出版社，2004 年 3 月。

　　但是，北方丝绸之路名称的由来，却是因为中国生产的丝绸被游牧民族特别是西方人所喜爱并通过游牧民族作为中介大量西传。西周时期，金文中有了"帛"、"丝"等字，《诗经》中有不少篇章都涉及了蚕、桑、丝绸及丝织品的染色技术等，陕西宝鸡出土了西周早期的绫、绮残迹。这一时期，王后、诸侯夫人都要"亲蚕事"①。西周厉王（公元前 878 年～公元前 828 年）和幽王（公元前 781 年～公元前 771 年）时期"畴人子弟分散，或至诸夏，或至夷翟"②，从内地带走的不仅有天文、历法知识，也有丝绸制品和丝织技术。他们在与戎狄的交往中，必然将丝绸传入西北地区的游牧部落，并进而继续向西传播。西周时期，丝绸还具有交换媒介的作用，如清代在西安出土的曶鼎上就有"我既赎汝五夫劾，用匹马束丝"铭文。春秋战国时期，丝织业有了长足发展，已经出现了"锦绣"，贵族之间赠送礼物的"束帛"也因此改为"束锦"。

　　春秋战国时期，随着提花机和织锦机的使用，中国已经能够织出文绮、纨素、绫罗甚至五色彩锦，精美的锦衣、锦绣等，深受河西走廊和北方草原上的游牧民族的喜爱，以至于成为中原地区各国与他们交换物品的重要等价物。在阿尔泰地区发现的相当于春秋战国时期的贵族墓葬中，出土了很多丝织物，如巴泽雷克 3 号墓出土的斜纹绮、5 号墓出土的凤凰和孔雀图案刺绣平纹绸。后者墓主的骨骼测定属于塞人，而且可能是与中国和亲的阿尔泰部落首领③，因此也不排除 5 号墓出土的丝绸制品是来自中原诸侯国的礼物。新疆地区的塞人墓地中，还出土了菱纹链式罗等战国时期中原地区新发明的丝绸制品，足以证明当时对丝绸外传的迅速与重视。因此，沈福伟先生断言："由这些史实可以知道，斯基泰人在公元前 6 至公元前 3 世纪时充当了中国丝绸最大的中介商和贩运者"④。

　　沿着早期的北方丝绸之路，中国产的丝绸至迟在战国时期已经到达了丝绸之路西段的希腊，那些用丝绸制作的细薄透明的衣服受到上层人物的喜爱，并在公元前 5 世纪希腊的雕刻、陶器彩绘人像上得到反映。在古希腊地理学

---

① 《周礼·天官》。
② 《史记·历书》。
③ 沈福伟：《中西文化交流史》，上海人民出版社，1987 年 2 月。
④ 沈福伟：《中西文化交流史》，上海人民出版社，1987 年 2 月。

家斯特拉波的著作中，西方公元前 3 世纪已经把中国称作"赛里斯国"，由希腊语的"塞尔"和"赛里斯"二词而来，"塞尔"是蚕，"赛里斯"是蚕丝产地或贩卖丝绢者。还有学者认为，"塞尔"和"赛里斯"是汉语"蚕"转化而成的①。这些西传的丝绸中，有的可能是作为礼物赠送的，但目前我们还没有发现国家间交往的确凿证据。上述足以证明，在春秋战国时期已经存在一条由河西走廊、天山北麓越阿尔泰山，再经过阿姆河和伊朗高原，穿过美索不达米亚，最终到达地中海北岸的丝绸之路②。2012 年 5 月 15 日，中国、哈萨克斯坦、吉尔吉斯斯坦三国在北京举行会议，决定共同提出第一批丝绸之路跨国申报项目，即"丝绸之路：起始段和天山廊道的网络"，力争在 2014 年列入《世界文化遗产名录》，古老的丝绸之路焕发新春。学术界也有一种观点认为，从古代中国传到西亚乃至欧洲的丝绸，是经由南方丝绸之路传播的，我们将在下文予以介绍。

（三）西南地区的对外联系及南方丝绸之路的开通

按《尚书·禹贡》所记，现中国的西南地区古称梁州，其西为南北走向的横断山脉，北以秦岭与秦川分割，东北有大巴山与中原地区阻隔，东部山水重障外是楚国占据的江汉地区，南面就是亚洲次大陆即中南半岛，在中原王朝和诸侯国看来，西南地区属于蛮夷之地。秦国在战国时期灭亡巴、蜀后，将势力扩展到了现中国的西南地区。春秋及战国中前期，巴、蜀两国是西南地区最重要的两个国家，而且与中原诸侯国及楚国、越国都有文化交流。《史记·西南夷列传》对秦灭巴蜀后的西南夷范围和古代民族有如下记载："西南夷君长以什数，夜郎最大；其西靡莫之属以什数，滇最大；自滇以北君长以什数，邛都最大；此魋结，耕田，有邑聚。其外西自同师以东，北至叶榆，名为嶲、昆明，皆编发，随蓄迁徙，毋常处，毋君长，地方可数千里。自嶲以东北，君长以什数，徙、筰都最大。自筰以东北，君长以什数，冉駹最大。其俗或土著，或移徙，在蜀之西。自冉駹以东北，白马最大，皆氐类也。此

①　姚宝猷：《中国丝绢西传史》，商务印书馆，1944 年。见王介南：《中外文化交流史》，书海出版社，2004 年 3 月。

②　王介南：《中外文化交流史》，书海出版社，2004 年 3 月。

皆巴蜀西南外蛮夷也。"由此可见，当时的西南地区部族林立而且各有文化特色，即使是战国时期被秦国吞并的巴、蜀两国，真正融入汉文化也是在西汉中期。值得关注的是，在北方丝绸之路初步开通的同时，西南地区对外联系的大通道即南方丝绸之路，也在春秋战国时期开通，并在以后的北方丝绸之路交通遇到障碍之时发挥了很大的作用，成为古代中国与西亚联系的唯一陆上通道。

西南地区与周边地区的交流与互动由来已久，考古发现证实，横断山区的新石器时代文化"既有本地文化的特征，也有西北地区原始文化和东南地区原始文化的因素"[1]。西北地区的石刀、彩陶等器物，粟米等农作物，以及建筑、葬俗等，都曾随着族群沿横断山区南北向的移动传入到了西南地区。四川新繁水观音遗址发现的与郑州二里岗和湖北黄陂矿水库工地形制相似的戈[2]，殷墟卜辞中的"蜀"和周原卜辞中的"伐蜀"、"克蜀"[3]，说明西南地区与其他地区的联系并早已引起商周王室的关注。战争文化是古代文化的重要组成部分，战争也是古代文化交流的重要组表现形式。蜀人曾经参加过周国讨伐商王朝的战争，四川彭县竹瓦街发现的铜器窖藏中的饕餮纹尊、牧正父己觯、覃父葵觯等均属殷商器物[4]，或是蜀人的战利品，或是灭商后周王的赏赐，也不排除是周王作为礼物赠送的。而广汉三星堆遗址中出土的玉璋、玉琮、玉璧等礼器及盉、高柄豆等陶器，更是巴蜀地区与中原地区文化交流的重要见证[5]，横断山东侧是主要通道。

战国中期，秦献公于前384年对发动了对狄源戎的攻伐，学者们认为这导致西北地区的羌人沿"半月形文化传播带"[6] 大批进入西南地区。实际上，

---

① 张建世：《论横断山区新石器时代文化的几个问题》，《史前研究》1984 年第 4 期。

② 四川省博物馆：《四川新繁县水观音遗址试掘简报》，《考古》1959 年第 8 期。

③ 陕西周原考古队：《陕西岐山凤雏村发现周初甲骨文》，《文物》1979 年第 10 期；陕西周原考古队：《岐山凤雏村再次发现周初甲骨文》，《考古与文物》1982 年第 3 期。

④ 王家祐：《记彭县竹瓦街出土的铜器》，《文物》1961 年第 11 期；四川省博物馆、彭县文化馆：《四川彭县西周铜器窖藏》，《考古》1981 年第 6 期；徐中舒：《四川彭县濛阳镇出土的殷代二觯》，《文物》1962 年第 6 期。

⑤ 霍巍、赵德云：《战国秦汉时期中国西南的对外文化交流》，巴蜀出版社，2007 年 10 月。

⑥ 童恩正：《试论我国从东北至西南的边地半月形文化传播带》，《文物与考古论集》，文物出版社，1986 年 12 月。

在这次攻伐中进入西南地区的还应包括西北地区的其他族群，而且最重要的是它引起了西南地区、中原地区及整个亚欧大陆的联动效应，为西南地区、中原地区与亚欧大陆西部的国家之间的文化交流提供了难得机遇。秦国于前316 年灭亡巴蜀后，促使西南地区与中原地区及亚欧大陆的文化交流发生了根本性的改变，加快了南方丝绸之路的开通和繁荣步伐。

根据考古发现和学者多年的研究，认为南方丝绸之路国内段以蜀文化的中心成都为起点，向南分为东、西两路。其中西路沿着牦牛道南下，经今邛崃、雅安、荥经、汉源、越西、西昌、会理、攀枝花、大姚，西折至大理；东路从成都南行到今乐山、犍为、宜宾，再沿五尺道经今大关、昭通、曲靖，西折经昆明、楚雄，进抵大理。两道在大理会为一道，又继续西行，经保山、腾冲，出德宏抵达缅甸八莫，或从保山出瑞丽进抵八莫，跨入现中国的外域。另有一条从蜀入滇至域外的国际交通线，分为西、中和东三条路线，其中西路从缅甸八莫至印度阿萨姆地区，是南方丝绸之路的延伸；中路从步头起点，利用红河下航越南，是沟通云南与中南半岛交通的一条最古老水路，从云南通海北至晋宁再至昆明，即步入滇、蜀之间的五尺道，可直抵成都；东路从蜀入滇至昆明，经弥勒渡南盘江，经文山出云南东南隅，经河江、宣光，循盘龙江（清水河）直抵河内。从云南至西亚的交通线经由云南到缅甸、印度、巴基斯坦至中亚就是历史上的"蜀—身毒道"（又称为"滇缅道"），由中亚可顺利进入西亚①。蜀文化从南亚、中亚以至西亚传入的某些文化因素，都是经由这条道路往来进行的。

在西南诸国和部族中，蜀国势力最强。传说蜀王是黄帝的后世②，"历夏、商、周。衰，先称王者蚕丛国破，子孙居姚、嶲之地"③，一直在西南地区独立发展。西周时期，"（蜀王）杜宇称帝……以汶山为畜牧，南中为园苑"④，可见南中已经成为蜀国的附庸和势力范围。从蜀入滇再分别伸入东南亚、南亚和中亚、西亚的国际交通线在商代就已初步开辟，杜宇就是沿着蜀、滇之

---

① 段渝：《巴蜀古代文明与南方丝绸之路》，见段渝主编：《南方丝绸之路研究论集》，巴蜀书社，2008 年 8 月。

② 《史记·三代世表》。

③ 《正义》引《谱记》。

④ 《华阳国志·蜀志》。

间的五尺道，从朱提（云南昭通）北上入蜀立为蜀王的。战国时期，蜀国受到秦、楚两个强邻的压迫而转头向南开拓，考古发现也证明了战国后期巴蜀文化有明显的向南延伸的趋势。《大越史记全书》记载安阳王乃巴蜀人，公元前316年，秦国军队南下灭掉蜀国，蜀王子安阳王率众三万人沿岷江和横断山脉东部边缘南下，进入安宁河流域以及滇西部地区，之后南入交趾、雄长北越，在今越南北方并建立了国家，向越南北部地区传播了蜀文化，约130年后于公元前180年被南越王赵佗所灭。据段渝先生研究，蜀王子安阳王从蜀进入越南的路线，是沿着南方丝绸之路的牦牛道，南下至四川凉山州西昌后，再出云南的仆水（今礼社江）、劳水（今沉江），低红河地区，即古交趾之地。考古工作者在川、滇之间发现的许多战国晚期的巴蜀墓葬和文物，正是安阳王所率蜀人南迁时遗留，而北越东山文化中的无胡式青铜戈，是安阳王征服当地的王、侯、将，建立蜀朝历史的见证①。秦灭巴蜀后继续向南推进，开通了一条从四川通往西南夷的官道，并积极经营成都平原，形成了一个以成都为中心西南地区的工商业区，其中成都、郫县、雒县主要生产丝、麻等纺织品和青铜器、漆器，临邛主要生产铁器，为西南丝绸之路贸易的繁荣奠定了物质基础。毫无疑问，独立于中原之外的古蜀国所处的地理环境及其具有优势的文化的发展，是促进南方丝绸之路开通的重要保障，同北方丝绸之路一样，古蜀国的丝绸在南方丝绸之路的商品贸易中发挥了无以替代的作用。

古蜀文化的开放性和兼容性在三星堆文化时期就表现的很充分。在商周时期，巴蜀丝绸织锦的生产就已经达到了比较成熟的阶段，战国时期已经成为输往远处商品的重要品种。因此，西南地区与域外联系的大通道也被称为南方丝绸之路，季羡林先生在《中印文化关系史论文集》中明确指出：成都所产的锦经南方丝绸之路国内段传到缅甸，再由缅甸传到印度②。更有学者认为，西方的古希腊、罗马最早知道的中国丝绸就是蜀国生产的，前文所述的公元前4世纪古希腊人的书中出现的"赛里斯"应译为"赛力丝"，意即

---

① 段渝：《巴蜀古代文明与南方丝绸之路》，见段渝主编：《南方丝绸之路研究论集》，巴蜀书社，2008年8月。

② 季羡林：《中印文化关系史论文集》，三联书店，1982年。见王介南：《中外文化交流史》，书海出版社，2004年3月。

"丝国"，指的是古代蜀国①。因此，在建成于公元前4世纪后半期的阿富汗喀布尔以北亚历山大城（约）发现许多中国丝绸，应该是从成都滇缅道运至印巴次大陆再到达中亚的②。公元前2世纪张骞出使西域归来后，向汉武帝汇报在大夏见到了蜀布、邛竹杖，其来源系"从东南身毒国，可数千里，得蜀贾人市"③。考虑到西汉前期匈奴和月氏曾多次阻碍了沿河西走廊西行的北方丝绸之路的畅通，并不能排除当时运至中亚乃至欧洲的中国丝绸是成都生产的。但在春秋战国时期，南方丝绸之路并不是通向西亚和中亚的唯一通道，而且，南方丝绸之路国内段的起点除成都外，还有一条随着楚国的强盛所开辟的由楚国都城郢都（今湖北江陵）经青阳（今湖南长沙）到矩州（今贵州贵阳）再到滇、叶榆，经永昌到滇越、缅甸、身毒的通道。无论如何，至迟在战国晚期，由成都和长江中游地区通向东南亚、南亚、西亚的交通大通道，即南方丝绸之路已经开通，而发生在这条通道上的中外文化交流，或许可以追溯到更遥远的新石器时代晚期。

文化交流与传播最有效的方式，是商品交换和民族迁徙，在这两种方式中都可能存在礼物赠送行为。根据童恩正先生"半月形文化传播带"的理论，从新石器时代后期开始，处于黄河流域中下游地区的农耕民族与长城线以外的游牧或半游牧民族在经济类型、生活习惯、宗教信仰等方面已经出现了较大的差异，在华夏民族中形成的严格的"夷夏"观念，阻止了北方民族的南下或西部民族的东进。黄帝时期的"北逐荤粥"④，殷商时期的北伐鬼方、西伐羌方，以及周代虢季子白盘、兮甲盘所记载的伐玁狁和小盂鼎记载的伐鬼方，说明中原文化对边地文化的排斥是一以贯之的。从新石器时代后期直到铜器时代，活动于环绕中原地区的游牧部族在半月形地带上，留下了若干共同的而文化因素，如石棺葬、大石墓、石头建筑、青铜动物纹饰等，沿半月形文化传播带的民族迁徙和文化传播不仅到春秋战国时期仍在继续，魏晋时

---

① 杨宪益：《释支那》，《译余偶拾》，三联书店1983年。见段渝主编：《巴蜀古代文明与南方丝绸之路》，段渝主编：《南方丝绸之路研究论集》，巴蜀书社，2008年8月。
② 段渝：《巴蜀古代文明与南方丝绸之路》，见段渝主编：《南方丝绸之路研究论集》，巴蜀书社，2008年8月。
③ 《史记·西南夷列传》。
④ 《史记·五帝本纪》。

期的辽东半岛吐谷浑仍然是按这条传播带先是向西迁徙，继而到达青海西宁一带，最终到达岷江上游地区①，可见其影响力之久远。

分布在云南东部地区以滇池区域为中心的滇文化，是古蜀国的近邻，但在时间进程上远远滞后于蜀文化。在滇、蜀文化相遇时，蜀文化处于优势和主导地位。新中国成立以来，在云南发现的晋宁石寨山、江川李家山墓葬群都有明显的成都平原早期和中期青铜文化的因素，例如用青铜铸造人物雕像和动物雕像，用杖表示权力和地位，青铜兵器中有大量的无格式青铜剑和三角形援无胡戈等，在风格上与三星堆青铜文化极为相似②。但如果没有滇文化在中间地带所发挥的衔接作用，也就很难有蜀文化向东南亚的传播。

东南亚地区的文化发展较内陆滞后更多，古代东南亚的很多文化因素也直接来源于古蜀文化，包括农作物中的粟米种植、葬俗中的岩葬和船棺葬、大石文化遗迹以及一些青铜器的器形和纹饰等③。来源于印度洋的贝币经在云南地区流行后，也传到了古蜀国，在广汉三星堆祭祀坑中曾有大量贝币出土。商周时期，贝币的使用为金、铜、锡的交易提供了等价物，古蜀国的贸易商队经过云南地区前往东南亚一带，促进了古蜀国与东南亚的文化交流更加繁荣。滇文化与东南亚地区的文化具有明显的渊源关系，这种部族和文化上的共性和认同为古蜀文化通过滇文化向东南亚直接或间接地传播了提供了便利。中国的古籍中身毒是中国古代对印度的称呼，滇越是印度东部阿萨姆地方的古国迦摩缕波，均位于南亚次大陆。根据公元前4世纪印度孔雀王朝第一代王旃陀罗笈多朝时期的《国事论》"支那产丝与纽带，贾人常贩至印度"的记载，在春秋战国时期，蜀国特产的丝绸、蜀布和毛织品已经行销印度。

通过现印度、缅甸地区，古蜀文化与更遥远的近东和欧洲文明通过南方丝绸之路的接触，在公元前14、15世纪就开始了④，三星堆文明是双方交流和借鉴的最典型文明遗存，所经过的就是早期南方丝绸之路。春秋战国时期，

---

① 童恩正：《试论我国从东北至西南的边地半月形文化传播带》，《文物与考古论集》，文物出版社，1986年12月。

② 段渝：《巴蜀古代文明与南方丝绸之路》，见段渝主编：《南方丝绸之路研究论集》，巴蜀书社，2008年8月。

③ 童恩正：《试谈古代四川与东南亚文明的关系》，《文物》1983年第9期。

④ 段渝：《三星堆文明》，四川人民出版社，2006年1月。

随着蜀国产的丝绸经东南亚再传到近东和欧洲，南方丝绸之路更加繁荣。根据《圣经》《旧约全书》中关于丝绸的记载，至少在公元前6世纪，古蜀人的足迹及丝绸就已出现在巴勒斯坦地区①。除丝绸之外，经南方丝绸之路向外传播的还有铁器等。公元前4世纪，成都附近的临邛（现四川邛崃）铁器传入到缅甸、孟加拉和印度，"铁器加工技术从中国南部经过越南东京（河内）而传入印度尼西亚"②。战国后期，伊朗在安息王朝时期（约公元前249年~公元前226年）就已经有中国铁器传入③。传入的物品主要是用丝绸换取的黄金、棉花、宝石、海贝等。

木本亚洲棉的发源地是印度的阿萨姆邦，经哀牢夷地区（今云南保山、永平两县）传到西蜀后，被蜀人制成高品质的棉布又返销回印度，并远传达到大夏国④。《后汉书·哀牢夷传》记载哀牢地区出"光珠、琥珀、水精、琉璃、轲虫（即海贝）、蚌珠"，这些特产并不是哀牢地区所产，而是由印度、缅甸经南方丝绸之路传入哀牢的。海贝出自印度洋，早在殷商时期就大批输入中原，在殷墟中多有出土。春秋战国时期，蜀国继续通过云南输入大批来自印度洋的海贝。宝石、翡翠一部分是由缅甸传入，还有很多来自今西亚和欧洲地区。《石笋行》是唐代诗圣杜甫寓居成都时写过的一首诗，诗中有"雨多往往得瑟瑟，此事恍惚难明论。是恐昔时卿相墓，立石为表今仍存"之句。所谓的"瑟瑟"，本是古代波斯宝石名，明代以后多指有色玻璃珠或烧制料珠。唐代时，成都西门一带尚有先秦时期古蜀王国的墓葬区，雨后常有瑟瑟被冲刷出土，可见随葬之多。中国古代称呼为大秦的古罗马帝国，其特产珍珠、琉璃等被视为宝物，战国时期的古蜀国从西亚地区输入了琉璃珠、蚀花肉红石髓珠等。重庆发现的两颗具有明显的西亚风格蚀花琉璃珠、茂县石棺墓中发现的钙钠玻璃、理塘县发现的琉璃珠以及云南江川李家山、晋宁石寨

---

① 段渝：《巴蜀古代文明与南方丝绸之路》，见段渝主编：《南方丝绸之路研究论集》，巴蜀书社，2008年8月。

② 房仲甫：《我国铜鼓之海外传播》，《思想战线》，1984年第4期。

③ 朱杰勤：《中国和伊朗历史上的友好关系》，《中外关系史论文集》，河南人民出版社，1984年。见王介南：《中外文化交流史》，书海出版社，2004年3月。

④ 赵冈、陈钟毅：《中国棉纺织史》，中国农业出版社，1997年。见王介南：《中外文化交流史》，书海出版社，2004年3月。

山出土的属于西亚早期的肉红石花石髓珠和琉璃珠等①，都是春秋战国时期从西亚输入西南地区的，而且一直延续到汉代。

（四）海上丝绸之路的端倪

古代中国不仅通过北方丝绸之路和南方丝绸之路向域外输送中国特产的丝绸制品，而且还通过海路向外输送。输送的路线一是从胶东半岛出发的东方海上丝绸之路，一是从东南沿海出发的南方海上丝绸之路。一般认为，最早出现的海上丝绸之路是东西方通向印度的航线在西汉时期的开通，实际上，古代中国通过海上与域外联系的历史较汉代更为悠久。

如前文所述，经由现我国东北地区到达朝鲜以及经过白领海鲜到达美洲的交通路线，早已有之。而胶东半岛三面环海，尽管商王朝时期已经将势力扩展至胶东，但这里的"夷人"所建立的国家一直对商王朝不从，如果不是商纣王将精锐部队派到胶东征服夷人，周武王灭商或许会难以恰在那时实现。周灭商后，一部分商人从胶东半岛渡海到达了朝鲜、日本甚至美洲，箕子更是在朝鲜半岛建立了国家。西周建立之初，胶东地区仍然被莱夷所控制。《尚书·尧典》记："嵎夷，曰旸谷"。孔安国注："东表之地称嵎夷。"马蝸注："嵎，海隅也，夷，莱夷也。"莱夷族最晚在商朝后期就建立了莱国，西周建立之初，莱国成为姜尚在山东地区建立齐国的主要威胁之一。据《史记》记载，周武王灭商后，"封师尚父于齐营丘"，但"莱侯来伐，与之争营丘"②。齐国直到公元前567年才灭了莱国，从此占领了胶东半岛。

齐国一开始实行的就是"改革开放"政策，对内"因其俗，简其礼"，实行"通商工之业，便鱼盐之利"、"劝女工，极技巧"，以农、工、商三业并举作为治国策略③，对外则"毋曰不同国，远者不从"④ 和"开其国门者，玩之以善言"⑤，既不盲目依从外国的经验，又要打开国门，积极汲取外国的长处。齐桓公建立霸业时，更是把刚柔并济的外交策略用到了极致。考古发

---

① 张增祺：《战国至西汉时期滇地区发现的西亚文物》，《思想战线》1982年第2期。
② 《史记·齐太公世家》。
③ 《史记·齐太公世家》。
④ 《管子·牧民》。
⑤ 《管子·侈靡》。

现证明，早在大汶口文化到龙山文化时期，胶东半岛就开启了中朝、中日文化交流的先河，长岛大浩发现龙山时代的船尾更进一步证明至少在龙山文化时期，胶东半岛沿海地区就有了比较发达的航海业。春秋战国时期，芝罘港（今烟台芝罘区）、斥山港（今威海荣成石岛）、琅琊港（今青岛胶南）已经成为当时对外联系的重要出海港口，胶东半岛也成为对北方燕国和南方吴、越诸国的商品集散地，并将与朝鲜、日本的商贸关系提高到一个新水平，《国语·齐语》有"倭人贡鬯"记载。胶东半岛至今还有较为发达的养蚕制丝业，山东内陆地区的养蚕业也是历史悠久，著名的"秋胡戏妻"就发生在春秋时期鲁国的一处桑园里。因此，古代东方海上丝绸之路的起点即在胶东一带，而"劝女工，极技巧"当包括养蚕和丝织业。

我国东南沿海地区海岸线漫长，在河姆渡文化的基础上成长起来的百越文化，在新石器时代后期就经过南海岛屿，向北进入日本，向南传入中南半岛、菲律宾等，并远至西南太平洋的群岛，带去了先进的以有段石锛和印文陶为特征的新石器时代文化。春秋战国时期，在各个诸侯国的争霸战争中，出现了大陆居民向东南亚地区移民的浪潮，带去了先进的青铜文化①。古本《竹书纪年》记载越王曾向魏国进献犀角、象齿等来自东南亚的特产，秦统一后，百越成为"犀角、象齿、翡翠"等非中国所产物品的重要输入地。南方海上丝绸之路的端倪肇始于春秋战国时期。

（五）先秦时期外国对中国的认知

古代的"中国"一词不同于我们今天所说的作为国家概念的中国。陕西宝鸡贾村出土的青铜器"何尊"上有"唯王初迁宅于成周……，武王既克大邑商，则廷告于天曰，余其宅兹中或"的铭文，"或"通"国"。这段铭文的意思是说周成王迁到了成周这个地方，追述周武王灭商后在朝廷祭祀于天时说："我将从此居住在中国"。这是目前所知古文字中最早出现的"中国"一词。中国古文献中最早出现"中国"一词，是《诗经·大雅·民劳》中的"惠此中国，以绥四方"，此处的"中国"意为"京城"。

---

① 徐松石：《东南亚民族的迁徙路线》，《东南亚学报》1965年第5期。见王介南：《中外文化交流史》，书海出版社，2004年3月。

青铜器"何尊"

现在的中国有"华夏"、"中华"、"中夏"、"诸夏"、"神州"等不同的代称，尤以"华夏"、"中华"最为常见。华夏民族的形成时期是从"三皇五帝"就开始的，经历了氏族部落大联盟后，到"夏有万邦"时，视天下为一家的观念形成，已经开始承认黄河中下游的中原河洛地带为天下的中心，一个松散联盟式的"中国"开始出现。西周以后，"中国"一词使用频频，在春秋前期主要是与蛮、夷、戎、狄对举而使用的，如《左传·庄公三十一年》中的"凡诸侯有四夷之功，则献于王，王以警于夷。中国则否"以及《礼记·王制》中的"中国夷戎，五方之民，皆有性也……中国、蛮、夷、戎、狄，皆有病"等，因此齐桓公救援邢国、卫国等被视为"救中国"。在东周战国诸子的书中，"中国"非常明确地主要是指中原地区，即华夏民族所在地，如《孟子·滕文公上》中的"陈良产地，悦周公仲尼之道，北学于中国"和"兽蹄鸟迹之道，交于中国"，《庄子·田子方》中的"中国之君子，明乎礼义而陋干知人心"等。先秦时期，所谓的"中国"即后世所指的"中原"地区，初期大致相当于今黄河中下游河以南大部和陕西南部、山西南部地区，甚至战国时期占据江汉流域的楚国人都说"我蛮夷也，不与中国之号谥"①。直到汉代，"中国"一词仍有代表中原地区之意，1995 年 10 月在新疆尼雅遗址出土的了大量的汉代丝绸制品，其中有一件绣有"五星出东方利中国"字样的织锦护膊（护臂），"中国"即指中原。随着"诸夏"国家范围的扩大和民族融合，"中国"的范围和概念也不断扩大，并逐渐有了王朝统治正统性的意义，直到形成今天中华人民共和国政治

---

① 《史记·楚世家》。

版图。

　　中国古代的丝织品中，以识采为文称为锦，织素为文称为绮。绮在商代已经外销，春秋战国时期，文绮的制作工艺水平进一步提高。按《六韬·盈虚》："帝尧王天下之时，金银珠玉不饰，锦绣文绮不衣"，以及《三国志·吴志·华核传》："美貌者不待华采以崇好，艳姿者不待文绮以致爱"，文绮是一种华丽的丝织品。战国时期楚国大夫屈原《楚辞·招魂》有"纂组绮绣"之句，将绮与绣并列而用。上文所述古希腊很早就知道东方有个以盛产丝绸闻名的"丝国"，公元前329年～公元前323年之间马其顿亚历山大远征到达五河流域时，已经离中国很近了，并且也已经知道在不远处就是一个叫赛里斯的国家。约在公元前5世纪的波斯文献中，称其东方的文明古国中国为"支尼"，或发音接近于"秦"、"绮"等与粟特语接近的称呼。由于文绮深受异域喜爱，因此其他国家以"绮"的发音来称呼古代中国当可理解。但当时中国正处于春秋战国时期，关于"绮国"的具体所指，学术界意见不一，曾被认为指的是曾征服西戎的秦国，或是长江中游的"荆国"即楚国。

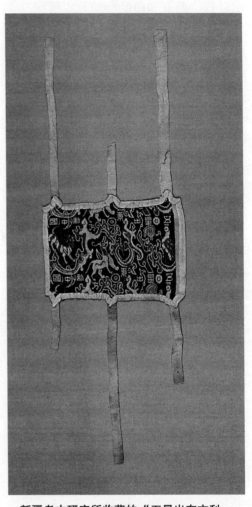

新疆考古研究所收藏的"五星出东方利中国"织锦护膊

　　至迟在公元前4世纪或更早，古代印度地区在梵文对中国称呼"支那"，古印度两大史诗《摩诃婆罗多》和《罗摩衍那》则记载了"中国所出由带捆扎的丝"，称在其北方有一个国家叫"支那"。成书于公元前4世纪的印度古籍《政事论》中也提到支那产丝与纽带，贾人常贩卖到印度。沈福伟先生认为，"支那"、"支尼"都不是源于春秋战国时期的秦国，理由是无论是波斯文还是梵文中的中国名称，都不是春秋战国时期的"秦"的对音，西亚和印度所知的"绮国"均非秦国，但"'支那'得名实由于'绮'"①。段渝先生认为，秦国到公元前 3 世纪初在西北地区取得决定性胜利时，支那一词早已在印度出现，因此"支那"与秦国断然无关，至于认为"支那"是荆则没有立论基础。由于古蜀文化在商代以来就对南中地区有着长期而深刻的影响，印度古籍中所记载的蚕丝和皮纽带恰恰就是古蜀的特产，战国时期蜀人在印度频繁的贸易活动必然会使印度人对古蜀国有一定的认识。因此，"梵语里的 Cina，在古伊朗语、波斯语、粟特语以及古希腊语里的相对字，均与'成'的古音相同"，根据南方语音和西方双语音考证，"支那"应该是成都的对音或转生语②。

　　毫无疑问的是，古代中国与域外族群和文明的接触有着悠久的历史，但有文字记载以来，外部世界大都是首先通过丝绸认知古代中国的。

---

① 沈福伟：《中西文化交流史》，上海人民出版社，1987 年 2 月。

② 段渝：《巴蜀古代文明与南方丝绸之路》，见段渝主编：《南方丝绸之路研究论集》，巴蜀书社，2008 年 8 月。

后　记

　　本书完成之际，有三点需要交代：

　　一是声明。您如果有机会看到这本书，千万别把它当成是学术作品，因为笔者根本不具备研究所谓"国礼与国家外交"这个问题的能力。我更愿意把它看做是一本读书笔记，或是一本资料汇集。

　　二是初衷。编写本书的想法源自我在国际友谊博物馆工作的经历和体会。1981年开始筹备、1991年正式建制的国际友谊博物馆，曾经是国内唯一收藏、研究、宣传和展示新中国成立以来我国党和国家领导人在对外交往中接受的外国政府、组织和社会团体馈赠礼品的专题博物馆。通过国际友谊博物馆的收藏，我们基本可以看到一幅新中国成立以来在外交领域取得辉煌成就的壮丽画卷。2004年初，笔者到国际友谊博物馆任职，开始对当代即1949年新中国成立以来中外交往中收到的国际礼品有了一些初步的了解和认识。由此，笔者联想到中国古代国家之间交往中的礼品赠送，并开始有目的地搜集相关资料。当然，现代外交不同于古代外交，但现代外交是在古代外交的基础上发展起来的；现代外交中的礼仪以及礼品赠送也不同于古代，但古代不同时期、不同方式、不同目的的礼品赠送也从一个侧面反映了古代国家之间交往的情况，特别是物质文化交流情况，其中的一些内涵值得我们总结和思考。

　　由于国际友谊博物馆的收藏品仅限于当代外国首脑、政府和组织赠送的国礼，笔者曾希望研究人员能够拓展视野，往前追溯到古代的国家交往与礼品赠送，在当代则关注双向交流。这样，可以使国际友谊博物馆更为名副其实，而不仅仅是一个收藏外国赠送礼品的"礼品馆"。即使从纯粹的学术研究角度，这也是很值得去做的有意义的事情。2007年在讨论基本陈列大纲时，另外一位馆领导和我曾设想在新的陈列中实现往前追溯和反映双向交流的目标，哪怕只是探索式的，哪怕只是"过渡"和"引用"一下，毕竟经过努力是可以实现的。国家文物局领导在现场办公会上肯定了这个设想。然而，事与愿违，终究没有实现。而此时，我搜集的资料已经比较多了，偶与文物出版社张自成先生谈起，获得了他的鼓励与建议，于是就有了写这本书的愿望。

由于最初只是为工作之便搜集了一些资料，常作为事例与同事在工作中交流，希望对引导大家的研究有所帮助，当自己要来以此写作，确实感到力不从心。因为这一方面需要了解和把握古代历史特别是文化交流史，另一方面需要了解和把握古代政权的性质和外交政策，这两方面的知识我都极其缺乏。尽管如此，面对手头那么多的资料，我还是尝试着动手了。好在有很多前辈和研究者的成果供我参考和借鉴，有很多人的帮助和支持，于是就有了这本显得拼凑和资料堆砌的拙作。

尽管我没有能力进行较深入的研究，但如果整理出的这样的一份资料能为他人提供使用上的方便或借鉴，我也就十分满足了。正因为此，我尽量将资料的出处予以注明，一方面表示对历史文献资料和他人研究成果的尊重和感谢，另一方面给他人深入研究和校核提供方便。书中引用了很多专家学者的研究成果，部分因为时间已久且当初没有记录来源，如果恰好有您的研究成果在拙作中引用而没有注明，请您包含。如果您能给我提供更多的信息资料，我将不胜感激。

三是感谢。我要衷心地感谢文物出版社张自成先生，他不仅惠赠资料，而且提出了将"物"放在历史大背景下去写等有益建议，对本书的编写提供了很大的帮助。

感谢南开大学黄春雨教授，他与我关于国家性质、礼仪制度及近现代用工艺成就和文化符号来代表国礼的一席长谈，给了我很多启发。

感谢我在国际友谊博物馆工作时的同事相瑞花副馆长，她向我提供了很多的有益建议和资料，包括她将自己购买收藏的书籍送给我，对我编写此书提供了很多帮助。

感谢很多文物博物馆界同仁，他们都曾在我讨教时不吝赐教，在此恕不一一列举。

感谢我的妻子刘珂菁，我正是在她的鼓励和支持下，于 2007 年报考参加了在职研究生三年的学习并顺利通过毕业论文答辩，2010 年正式边阅读《史记》、《左传》、《国语》、《战国策》等历史文献边开始了本书的整理，期间陆续发表了几篇小文，2011 年拿到了高级职称评审所需要的资格证书并如愿以偿。我感觉到，日常繁杂的工作之余，能沉下心来看书学习，真是一件幸福的事。在完成先秦时期这一部分后，我希望能有精力和能力再整理汉唐时期及以后部分。

最后，我要感谢已经整体划转到国家博物馆的国际友谊博物馆，在那里工作过 8 个春秋的经历和体会，必定成为我残年的宝贵财富。我对在这期间所有关心和帮助过我的人，都感恩在怀，永志不忘。

书中错误和不足之处，恳请方家批评指教。

张　健

2012 年 8 月于北京